"登高望远　奋力争先"专题纪实系列丛书

泰安新型工业化强市建设实录

第二卷

泰安市新型工业化强市建设推进委员会办公室
中共泰安市委党史研究院（泰安市地方史志研究院）　编

中国文史出版社
CHINA CULTURAL AND HISTORICAL PRESS

图书在版编目（CIP）数据

泰安新型工业化强市建设实录 . 第二卷 / 泰安市新型工业化强市建设推进委员会办公室，中共泰安市委党史研究院（泰安市地方史志研究院）编 . -- 北京 : 中国文史出版社，2024.6

ISBN 978-7-5205-4685-0

Ⅰ . ①泰… Ⅱ . ①泰… ②中… Ⅲ . ①工业城市—城市建设—研究—泰安 Ⅳ . ① F299.275.23

中国国家版本馆 CIP 数据核字 (2024) 第 099153 号

责任编辑：梁玉梅

出版发行：中国文史出版社

社　　址：北京市海淀区西八里庄路 69 号　　邮编：100142

电　　话：010-81136606　81136602　81136603（发行部）

传　　真：010-81136655

印　　装：山东麦德森文化传媒有限公司

经　　销：全国新华书店

开　　本：787mm×1092mm　　1/16

印　　张：34.75

字　　数：465 千字

版　　次：2024 年 6 月北京第 1 版

印　　次：2024 年 6 月第 1 次印刷

定　　价：108.00 元

《泰安新型工业化强市建设实录（第二卷）》
编审委员会

前　言

2023 年是全面贯彻党的二十大精神、全面推进中国式现代化建设的开局之年，也是泰安纵深推进新型工业化强市建设的关键一年。市委、市政府坚持把新型工业化强市建设作为加快发展的总引擎，坚持以"链长制"为核心抓手，以培育壮大特色优势产业链（集群）为根本任务，持续加压发力，走出了一条绿色低碳高质量发展之路。为忠实地记录和研究好泰安市纵深推进实施新型工业化强市战略进程，市新型工业化强市建设推进委员会办公室和市委党史研究院（市地方史志研究院）联合启动纪实类资政丛书《泰安新型工业化强市建设实录（第二卷）》编纂工作。

本卷以泰安市委、市政府贯彻落实党的二十大精神、纵深推进泰安新型工业化链式发展为重点，围绕"链长制""法治化""规范化"为核心抓手，培育壮大特色优势产业链（集群）的根本任务，全程记述各重点产业链和重点要素保障部门及各县（市、区）、泰安高新区在执行、落实新型工业化强市战略决策部署中所形成的各具特色的创新创造性做法和年度取得的成效。记录时限为 2023 年 1 月至 12 月。根据记述内容，本卷共设置综述、大事记、专记、典型经验、附录五大板块。

"综述"板块：围绕市委、市政府贯彻落实党的二十大精神，推进中国式现代化建设，突出加快推进项目建设、高位推动实施新型工业化强市建设为主线，系统梳理以党的建设为统领，纵深实施新型工业化强市战略目标任务的主要做法以及主要成果等。

"大事记"板块：重点记述全市纵深实施新型工业化强市建设战略目标以来的大事、要事，包括市委、市政府出台的政策措施、工作部署、重要会议、重大活动等。记事条目设计坚持以时间为经，以事件为纬，采取编年体和纪事本末体相结合的体例。

"专记"板块：包含产业链（集群）发展、要素保障、链主企业发展三部分内容。本板块旨在凸显全市在纵深推进新型工业化战略过程中，13条产业链（集群）、6个县（市、区）、泰安高新区以及重点要素保障部门在坚持以创新为核心，以"链长制"为抓手，合力推动科技赋能和数字转型，突出链式发展思维和纵深推进新型工业化强市战略中取得的成效，重点突出了各产业链链主企业的发展情况和重要作用。

"典型经验"板块：从"跟进创新、即时交流"入手，重点记述全市各重点产业链和各县（市、区）、泰安高新区在纵深推进新型工业化强市建设过程中形成的在全市、全省、全国推广的典型性、创造性做法。本卷精选收录典型经验20篇。

"附录"板块：主要收录在纵深推进实施新型工业化强市建设过程中形成的工作方案、实施意见等重要文件。

本卷以图文并茂的形式，对实施新型工业化战略链式纵深发展进行记述，力求达到真实、迅速、直观记录的效果。系统布局五大板块，融合运用大事记、编年体、专题史等治史体例和方法，力求增强本书的专业性和可读性。

　　编辑本卷是即时记录、跟进研究新时代新实践的探索性工作，仍有需要改进和提升的地方。真诚欢迎社会各界人士提出宝贵意见和建议，以便于我们在今后的工作中进一步提高编纂质量和水平，更好地发挥存史、资政、育人的作用，为奋力谱写中国式现代化泰安篇章作出应有的贡献。

本书编写组

2024 年 6 月

目录

★ 专 记

【产业链（集群）发展】

★ 典型经验

★ 附　录

综述

ZONGSHU

吹响工业强市冲锋号
勇攀现代产业新高峰　聚力打造新型工业化建设的先行区、示范区、引领区

《泰安新型工业化强市建设实录》课题组

　　党的二十大报告提出，建设现代化产业体系，坚持把发展经济的着力点放在实体经济上，推进新型工业化。泰安市委、市政府立足市情，科学分析泰安发展现状，作出了实施新型工业化强市战略的重要抉择，走出了一条绿色低碳高质量发展之路。

12 月 23—25 日，全市重点项目集中观摩大比拼活动举行。市委书记、市人大常委会主任、市工业推进委主任、总链长杨洪涛（前排中）带队观摩重点项目　　　（司　刚　摄）

2023年是全面贯彻党的二十大精神、全面推进中国式现代化建设的开局之年，也是泰安纵深推进新型工业化强市建设的关键一年。泰安市委坚持把新型工业化强市建设作为加快发展的总引擎，聚焦绿色低碳高质量发展，坚持以"链长制"为核心抓手，以培育壮大特色优势产业链（集群）为根本任务，聚焦规模以上工业企业主营业务收入和企业数量"双倍增"目标，聚力"双大双强"，推进五链融合协同发展，打出"321"链式发展"组合拳"，搭建起工业经济发展的"四梁八柱"。推动新型工业化强市建设不断取得新成效、迈上新台阶。2023年，全市规模以上工业增加值同比增长11.3%、居全省第7位；实现工业税收118.45亿元，净增17.21亿元，同比增长18.9%，占全部税收收入比重达到37.75%，为2018年以来历史新高。全市工业投资同比增长12.4%，制造业投资同比增长20.8%，工业技改投资同比增长10.8%、居全省第3位，制造业技改投资同比增长19.1%、居全省第1位；批复工业项目用地新增5293.92亩，同比增长71.96%，后续随着新投资项目落地达产，全市工业经济保持了更加强劲的发展后劲和增长势头。

坚持强力推动，深化聚力攻坚新格局

市委、市政府始终把新型工业化作为加快发展的重中之首，作为经济工作的总引擎、总抓手，持续加大领导力度、要素资源、政策保障倾斜力度，举全市之力纵深推进新型工业化强市建设。

高位组织推动。2023年以来，市委、市政府多次合并召开市委常委会会议、市政府常务会议，定期召开市工业推进委会议，专题研究有关工作要点、工作制度、重点项目清单、要素保障办法、考核办法、阶段性评估等重点工作，确保各项任务扎实有序推进。市委、市政府主要负责人作为推进委主任、总链长，亲自研究谋划、亲自安排部署、亲自组织推动，在推动新型工业化强市建设中站前台、打头阵。全市金融工作推进会议、全市制造业数字化转型现场推进会、全市重点策划项目推介会、全市工业发展工作座谈会、全市企业上市工作推进会、全市高质量发展工作推进会、全市制造业协同发展工作推进会、市委人才工作领导小组会议等会议先后召开,多措并举、全方位为新型工业化强市建设提供强力支撑。市工业推进机构主抓任务分解、强化调度督导、开展比拼问效、持续撬动全市优质资源力量聚焦聚力新型工业化,推动新型工业化强市建设不断实现新突破。

链长领衔攻坚。"一企带一链,一链成一片"。推动新型工业化强市建设必须打造一批能够为泰安代言的企业。全市持续深化梯次培育,加大"链主"企业、骨干企业跟踪服务力度,激发企业发展动力,推动企业聚链成势,梯次成长。把"双大双强"作为突破口,优选确定15家重点企业、15个重点项目,由总链长、链长提级包保,组建攻坚作战单元,集中领导力量重点推动。总链长,13个产业链链长、副链长以身作则、靠上服务,深入企业、现场办公,召开调度推进会,协调解决融资贷款、项目用地等难

2月14日,全省高质量发展重大项目建设现场推进会暨泰安市2023年第一季度"项目开工大比拼"集中开工

（司　刚　摄）

题，带队开展招商推介活动。截至 2023 年末，全市组织开展现场办公会 40 余次，领衔开展招商推介活动 60 余次，合计解决企业项目发展难题 46 项，有力推动了做大培强企业转型扩规发展和招大引强项目落地建设。泰山玻纤、润德生物等一批骨干企业发展信心和欲望得到显著增强，努力打造百亿级企业；瑞福锂业、泰山石膏等多家企业入选省领军企业库，发挥了链主企业、骨干企业的示范带动作用。

强化体系保障。树牢系统观念，强化体制机制创新，持续完善三个"1+N"工作体系，加快释放链式裂变效能。在全国首创新型工业化立法工作，制定出台《泰安市新型工业化促进条例》（以下简称《条例》），2023 年 9 月 1 日《条例》正式实施，同步制定《条例》任务分工，聚焦重点任务，逐一明确责任单位、推进方案、督导办法，全力推动重点工作落实落地。《条例》以立法形式，固化抓实链长制的做法，持续强化"规划引领、政策支持、要素保障、平台建设"等重点推进措施，明确尽职免责情况和人大监督方式，确保新型工业化强市建设久久为功见实效。深入开展新型工业

5 月 11 日，市委书记、市人大常委会主任、市工业推进委主任、总链长杨洪涛（左四）主持召开《泰安市新型工业化促进条例（草案）》立法座谈会

（山东泰山蓝天律师事务所　供）

化强市建设阶段性评估,系统盘点《新型工业化强市发展战略总体规划》目标任务、重点项目等工作情况,总结提炼经验做法,找准存在问题,提出精准策略和措施;结合实际对规划体系、推进体系、考核体系进行优化调整,提升工作效能,精准指导各项工作持续高质高效开展。

坚持比拼问效,掀起项目建设新热潮

着眼项目推进全生命周期管控,持续强化新型工业化项目策划、签约、开工、要素保障、集中观摩"五大比拼",以及链长问效和市委、市政府主要领导一线问效"两大问效"推进机制,营造大干快上项目的浓厚氛围。

跑出项目建设加速度。聚焦优质产业项目,盯上靠上服务,压茬推进项目建设。对项目储备,立足优势产业链,围绕延链补链强链环节,高质量抓好项目策划;对在谈项目,发挥各级领导带头招商的引领作用,拿出最大诚意,全力推进项目签约落地;对签约项目,由专班靠上办理手续,加快开工速度;对开工项目,县(市、区)明确专人盯靠工地,协调解决各类要素资源,力促项目尽快建成投产;对投产项目,跟踪做好工程验收、设备调试、工人培养等后续服务,力促项目尽快达产满产。2023年,全市共策划各类新型工业化入库项目1170个;累计签约产业链项目154个,引进了液晶面板高端间隔材料等一批延链补链强链项目;累计集中开工新型工业化项目342个,总投资1627.64亿元;集中开工项目中已有98个项目当年实现竣工投产。

布局产业发展新赛道。坚持质量第一,大力招引建设产业赛道新、创新活跃、技术密集、发展前景广阔的产业项目,光伏器件、储能电池、半导体材料、精细化工材料、现代食品等重点项目投资拉动明显。其中,通过大力推动晶优3吉瓦光伏组件生产制造、皇氏晶华10吉瓦高效Topcon电池片、江苏瑞晶10吉瓦Topcon电池项目等40吉瓦光伏组件和电池片项目建设，全市光伏装备制造规模进入全省第一梯队。大窑饮品智能工厂项目，投产后泰安厂区年产能达80万吨，成为全国最大的大窑饮品生产基地。国星宇航泰安卫星互联网产业基地项目将打造商业卫星研发、总装测试、卫星试验"三大中心"，着力构建区域空天科技新高地。室内空气质量与微生物污染控制产业基地项目，多项产品均属国内首创、行业唯一。北京同益中防弹衣、防弹头盔等全产业链制品项目，二期已试生产，三期主体工程已完工，企业正在布局绳网、渔具等新的应用场景。山东由由新材料高强刚性网及大跨度隔水幕布项目，产品主要用于矿山巷道防护、解决大型水电站分层取水等环保问题，受到国家生态环境部重点推广。

强化要素保障硬支撑。要素保障部门立足工作职能，主动担当、靠前服务，确保项目顺利实施推进，千方百计提高服务工业企业质效。深入落实《泰安市重点工业项目要素保障实施办法》及《实施细则》，市级层面每年统筹能耗、煤耗、环境容量等总量指标，优先支持新型工业化重点项目建设。开展要素保障大集活动，强化双向对接，集中解决企业要素方面的诉求，2023年6月13日举办首场要素保障大集活动，现场收集要素需求269项，当场办结159项，拿出解决方案110项。创新绘制项目地图，实行五色标识，指导企业按图索骥、精准选址、快速落地。纵深推进"才聚泰安·链通未来"人才赋能行动，深入实施"十万大学生留泰工程"，为推动新型工业化强市建设汇聚人才动能。

坚持五化引领，激增培强做大新动力

突出科技引领、数字化赋能、绿色低碳转型，以高端化、协同化、数字化、智能化、零碳化为手段赋能企业高质量发展，大力培植新质生产力。

瞄准高端化培育链上龙头。深入实施企业梯度培育工程，推进"千项技改扩规、千企转型升级"，增强"链主"企业对全产业链及链上关键环节的控制力，重点培育一批产业联动能力强、成长空间大、提升潜质高的龙头"链主"。建立瞪羚企业、"专精特新"企业培育库，设立"专精特新"企业加速中心，"一企一策"为企业量身定制培育方案，形成龙头企业引领、大中小企业融通发展的格局。自新型工业化强市战略启动以来，全市新增国家专精特新"小巨人"38家、总数达到52家；新增国家级制造业单项冠军5家、总数达到20家；新增高新技术企业400家以上，总数突破900家；新增省级瞪羚企业42家，总量达到94家；新增省级专精特新中小企业284家，总量达到480家；净增规模以上企业408家，总数达到1554家。2023年，迪尔化工、泰鹏智能家居成功登陆北交所，全市集团营收过百亿企业达到6家，比2021年增加2家；过50亿企业达到2家，比2021年增加1家。

瞄准协同化加速链式融合发展。大力推进制造业协同发展，出台实施方案，聚焦产业链内部、产业链之间、区域之间、产学研之间、要素之间、政策之间、一二三产之间等重点领域，梳理细化协同发展项目清单，以项目化思维推动制造业协同发展"实效化"。高起点谋划建设泰山产业会客

2月20日，市委副书记、市长、市工业推进委主任、总链长李兰祥（前排右一）到合众新能源汽车有限公司考察
（张中乾　摄）

厅，运用数字化手段面向全社会全景展示泰安的资源禀赋和企业产品，为产业上下游企业提供一站式供需对接和金融、物流服务，着力打造支撑制造业协同发展的综合网络平台。树牢链式发展理念，增强"链主"企业对全产业链及链上关键环节的领导力，加强产业链上下游企业联动配套，推动企业降低物流成本、加速科技研发、共同做大做强，不断提升产业链集聚集约发展水平。新型电池电极材料入选国家级中小企业特色产业集群，盐穴储能储气产业集群入选全省未来产业集群名单，省特色产业集群总数达到9个，省"十强"产业"雁阵形"集群总数达到10个。

瞄准数字化推动转型"换道"。注重数字经济与实体经济深度融合，制定出台《泰安市制造业数字化转型实施方案（2023—2025年）》和"数转八条"支持政策，开展"十百千数字赋能""共性场景复制推广"行动，实施"培基、固本、强链、育群"四大工程，在全省率先探索实践"一县一策、一链一策、一企一策"数字化转型新路径。全年开工项目351个，争创省级及以上智能工厂（车间、场景）46个、省级数字经济园区4家，入选

4月18日，山东华阳迪尔化工股份有限公司在北交所上市　　　　（司　刚　摄）

省数字经济"晨星工厂"174 家、"晨星工厂"试点园区 3 家、试点县 3 个。石横特钢入选工信部"数字领航"企业，龙辉起重入选国家级特色专业型工业互联网平台，泰安中联水泥入选国家级智能制造示范工厂揭榜单位。

瞄准智能化强化科技支撑。大力开展"五链融合、科技支撑"行动，纵深推进 10 项行业领域卡脖子问题攻关、10 项重大科技成果转化项目落地"双十"攻坚，深入开展"百名专家泰安行""百家企业院校行"活动，精准链接匹配科创资源。以服装学院与纺织服装产业链企业校城融合发展为样板，大力推广"人才共育、技术共研、资源共享、招商共促、项目共建"的"校链企"融合发展模式。组织实施重点产业链项目"揭榜挂帅"，截至 2023 年末，成功揭榜项目 38 个，新培育国家级智能制造示范工厂 2 家，新入选省级工业企业"一企一技术"研发中心 11 家、省技术创新示范企业 8 家，路德新材料荣膺"中国工业大奖"，石横特钢获批第 29 批国家级企业技术中心，实现近五年来的重大突破。

瞄准零碳化选准赛道深耕。坚持以最低能耗、最低排放推动工业制造业经济大发展，把绿色低碳根植赛道选择、项目策划、招商引资、企业培育全过程。泰安正在着力打造千万千瓦级"储能之都""泰山锂谷""光伏＋装备制造"产业基地。储能方面，形成了以抽水蓄能、盐穴储能储气、电化学储能为主，以制氢储能、储热储冷等为辅的新型多元储能体系。锂电方面，形成了"锂盐加工—正负极材料—辅材生产—电池组装—废旧电池回收利用"的全生命周期产业链条。光伏＋装备制造产业，依托鲁西南采煤沉陷区光伏基地建设，推进分布式光伏整县制试点，新上了一批光伏装备制造项目。2023 年，全市新能源装机容量达到 428 万千瓦，占电力装机的 52.7%，居全省第 2 位。

坚持满意导向，塑造产业发展新生态

把优化营商环境作为头号工程，推动企业吹哨、部门报到，着力厚植工业经济发展"沃土"。

持续优化营商环境。打响"泰好办"服务品牌,深化重大项目"绿卡"制度,为"绿卡"项目累计解决问题1000余个,审批提速75%以上。纵深推进"我为企业办实事",全方位、深层次打造便捷高效的政务服务环境。强化金融服务保障,创新推出"链长行""产业链金融辅导队""金企协同·融链共赢对接会""上市赋能团"等专项服务,截至2023年底,全市连续6个月贷款增速超过存款增速,工业贷款余额突破千亿元大关,较年初增长17.2%,有力保障了工业企业融资需求。建立企业服务专员制度,把每月1日至20日设定为"企业宁静日",做到有求必应、无事不扰。认真贯彻落实《泰安市重点工业企业(项目)问题协调处置办法》,坚持"谁主管谁负责、属地管理、分级解决"原则,对企业和项目单位反映的各类诉求,分级分类抓好解决,切实提升企业满意度、获得感。

持续提升素质能力。巩固提升企业管理者、机关干部"双赋能"成果,赴深圳、四川、武汉、上海等地开展5批次"标杆游学",18名链长、副链长与"双赋能"学员实地参观了华为、比亚迪、京东集团等30余家行业领军企业,通过看现场、听实情、学真经,有力提升了赋能培训实效。针对百亿企业、百亿市值企业、专精特新及瞪羚企业等不同类型企业,持续开展"精准滴灌式"赋能培训和战略辅导,助力企业向高而攀、向上而进、向远而行。筛选14名创新能力强、发展意愿强的企业优秀学员和6名党政领导干部,组织举办科技创新"海外班",积极对接学习发达国家科技创新投资、体制机制等,促进金融、项目、企业多方合作,全面提升企业创新发展能力。成立泰山数字经济工匠学院,着力培养工业互联网、人工智能、企业上云、专业运维、软件研发、网络安全等专业技能人才,打造产业链发展"加速器"。

持续深化考核激励。充分发挥考核指挥棒作用,对县(市、区)、功能区和产业链实行差异化考核,对市直部门(单位)实行"清单式"考核,大力实施产业链赛马,重点任务进展快的标"骏马",按时完成的标"黄牛",进展缓慢的标"蜗牛",2023年完成赛马标识4次,以高质量综合考核，助力项目建设提速增效，营造竞相发展的浓厚氛围。主动配合做好经济运行及重点工作"六比争先·标旗夺金"季度考核，倒逼各级各部门单位把主要精力放在抓工业、抓发展上，推动各项工作位次前移、争创一流。

持续搭建协会平台。充分发挥商（协）会桥梁纽带作用，组建"1个制造业联盟（协会）+13个产业链行业商（协）会"的商（协）会体系，成立市制造业联盟内设科技创新专委会（联盟）、金融服务专委会（联盟）、数字化服务专委会（联盟）等5个专委会（联盟），每个产业链商（协）会组建科技创新专业委员会，加强技术难题联合攻关，搭建政企之间、企业之间、校企之间合作交流平台，全面助力政产学研金服用融合发展。立足全市发展现状、行业发展特点和企业发展需求，创新开展企业互访交流、产品推介、学术交流、以商招商、技术攻关、企业把脉问诊等各类活动，为产业发展注入更强动能。

持续强化党建引领。坚持把党组织建到产业链上，实施"泰山红链"工程，完成产业链党委功能性党委组建，积极发挥产业链党委"把方向、

12月25日，泰安市重点项目集中观摩大比拼暨新型工业化强市建设述职评议工作会议举行

（司 刚 摄）

议大事、聚合力、促发展"职能作用，着力以党建推动资源整合、发展融合。坚定不移推进全面从严治党，扎实开展学习贯彻习近平新时代中国特色社会主义思想主题教育，从严抓好市工业推进机构自身建设，全力打造学习型、实干型、服务型、纪律型"四型"铁军。认真贯彻落实《关于在新型工业化强市建设等重大任务、重点工作一线培养考察使用干部的实施意见》，精准识别推荐在工业推进机构中综合表现突出、符合条件的优秀干部，切实把新型工业化打造成锻炼干部、培养干部的主战场、主阵地，培育输出一批具备工业思维的党政干部。

2023年9月22日至23日，全国新型工业化推进大会在北京召开，习近平总书记就推进新型工业化作出重要指示指出，新时代新征程，以中国式现代化全面推进强国建设、民族复兴伟业，实现新型工业化是关键任务。中央对新型工业化的最新定位，为泰安市推进新型工业化强市建设指明了新的前进方向。2023年11月30日，全省新型工业化推进大会在济南召开。会议提出了推进新型工业化的目标方向和总体要求，系统部署了当前和今后一个时期推进新型工业化的重点任务、保障措施。为泰安市扎实做好新型工业化各项工作，全面加快新型工业化进程提供了坚实支撑。

征程万里风正劲，重任千钧再奋起。在国家和全省战略的支持下，泰安市将深学笃行习近平总书记重要指示精神，深入落实全国新型工业化推进大会精神，以推动绿色低碳高质量发展为主题，聚焦量的合理增长和质的有效提升，突出招大引强、做大培强，着力培育一批顶天立地的产业集群和重点企业，努力打造新型工业化先行区、示范区、引领区，为新时代社会主义现代化强市建设提供硬核支撑，在强国建设、民族复兴伟大征程中更好展现泰安担当、贡献泰安力量。

大事记

DASHIJI

2023 年

1 月

29 日 省政府《关于下达 2023 年省重大项目名单的通知》印发，市高端化工产业链的山东德普新材料年产 20 万吨碳酸二甲酯及系列产品生产项目、山东润林新材料科技有限公司年产 30 万吨新型环保增塑剂建设项目，市新型建筑材料产业链的山东威宝节能科技集团有限公司微晶节能新材料及其智能装备制造产业基地项目、山东省财金统筹城乡发展集团有限公司凤凰绿色节能（装配式）建筑产业园项目、泰安金石矿业有限公司新型建筑材料智能环保生产线项目入围 2023 年省重大项目名单。

31 日 市属企业集团成立一周年总结大会暨助力新型工业化强市建

1 月 31 日，市属企业集团成立一周年总结大会暨助力新型工业化强市建设项目集中签约仪式举行

（司　刚　摄）

设项目集中签约仪式举行,市委书记、市人大常委会主任杨洪涛讲话,市委副书记、市长李兰祥主持。活动中,泰山城建集团与中石油天然气销售山东分公司签订泰岳燃气新平台组建项目;泰山产业发展集团与国电投中国康富国际租赁股份有限公司签订综合智能微电网园区示范项目;交通发展集团与百度集团智能驾驶事业群智慧交通业务部签订泰安市智能网联与智能交通产业项目;泰山文旅集团与山东土地乡村振兴集团签订泰山文旅·乡村振兴齐鲁样板项目。泰山城区热力公司与中国农业银行泰安分行、泰山产业发展集团与招商银行济南分行、交通发展集团与中国农业银行泰安分行、泰山文旅集团与齐鲁银行泰安分行分别签订银企合作项目。

2月

2日 市数字经济产业链有关领导会见中煤科工清洁能源股份有限公司董事长孙庆彬,双方就在泰安落户数字经济企业和引进数字经济人才等事宜进行深入洽谈。

3日 省委常委、副省长曾赞荣到泰安调研督导工业经济运行工作,查看全市工业企业复工复产、新增长点项目建设和安全生产制度落实等情况,听取一季度和全年工业生产计划、目标、步骤打算和意见建议,帮助企业解决困难问题。市委书记、市人大常委会主任杨洪涛陪同调研。调研强调,随着新型工业化强市战略的深入推进,泰安市工业经济发展明显呈现出稳中向好态势,多项关键指标增幅位居全省前列。泰安要进一步提高政治站位,以更大力度、更实举措,推动工业经济再提速增效,为"走在前、开新局"作出新的更大贡献。要强化政策激励,做好服务保障,推动企业加快复工开工、达产达效,努力夺取"开门红""开门好"。要着力培育新的增长点,全力抓好项目建设,推进新旧动能转换,加快传统产业改造升级,培育壮大新兴产业,抓好生产性服务业,不断提升产业能级。要统筹政策资源,做好要素供给,加强督导考核,狠抓安全生产,优化营商环境,抢抓机遇加力提速推进工业经济高质量发展。

同日 全市工业和信息化工作暨一季度工业运行开门红推进会召开,总结2022年全市工信工作情况,部署2023年全市工信领域重点工作。2022年,全市规模以上工业增加值增速9%,居全省第三位;工业技改投资增幅34%,居全省第二位;制造业技改投资增幅40%,居全省第一位。

同日 市新型建筑材料产业链链上企业立瀚(泰安)环保科技有限公司泰安市建筑垃圾资源化再利用项目、山东新博木业有限公司年产节能环保新型家居建筑材料40万立方米项目成功入选2023年省新旧动能转换优选项目。

6日 全市金融工作推进会议召开。会议传达学习市委书记、市人大常委会主任杨洪涛,市委副书记、市长李兰祥关于全市金融工作的批示,安排部署全年金融重点工作。2022年以来,全市金融系统发挥金融对新型工业化强市建设支撑保障作用,存贷款余额等主要指标增长较快,不良贷款处置率居全省前列,直接融资实现较大增长,打破全市12年没有A股上市的局面,有力助推了全市经济社会发展。全市金融系统要继续坚持服务实体经济不动摇,围绕新型工业化、现代服务业、文旅融合、黄河战略等重点领域,全力提升信贷规模和质量,加快推进"种子企业"上市融资,大力发展绿色金融、科创金融、供应链金融和数字金融,扎实做好防范化解金融风险各项工作,为泰安高质量发展提供强力支撑。

7日 市人民政府与交通银行山东省分行战略合作签约仪式举行,交通银行山东省分行行长童波,市委书记、市人大常委会主任杨洪涛出席签约仪式。此次战略合作协议的签订,标志着双方战略合作迈入更高层次、更宽领域,为全市加快新型工业化强市建设、推动高质量发展提供了有力资金支持。仪式上,市政府与交通银行山东省分行签署战略合作协议,交通银行泰安分行分别与泰山产业发展投资集团有限公司、泰安市城市环保工程有限公司、泰山玻璃纤维有限公司、泰开集团有限公司、山东德普新材料科技有限公司、山东岱银纺织集团股份有限公司、山东九鑫集团有限公司、山东聚多土能源科技有限公司签署合作协议。

同日 上海专家企业家山东行（泰安站）对接洽谈会在泰安市召开。省政府驻沪办党委副书记、副主任陈金秀，市委常委、市政府副市长姜宁出席活动。会上，九品贡与上海珍滋味共创乡村振兴战略合作项目签约。

同日 专利导航工作推进会举行。该会议由市特色金属材料产业链专班联合市市场监管局、市知识产权事业发展中心、市知识产权协会、山东专利工程公司举办，标志着泰安市特色金属材料产业链专利导航项目全面启动。

同日 全市新能源企业协同发展现场推进会在新泰市召开，与会人员实地观摩新泰吉利远程本途新能源商务用车项目、零碳新能源装备制造产业园项目、德普年产60万吨新能源电池关键新材料项目，市委常委、市政府副市长，市新能源产业链链长常绪扩参加活动。

8日 后浪出版咨询（北京）有限公司董事长一行到泰安考察。市委常委、宣传部部长、市出版印刷产业链链长王爱新参加活动，双方就项目落地事宜开展洽谈交流。

8—11日 市委书记、市人大常委会主任杨洪涛率队到广东开展精准务实招商活动，围绕泰安产业规划发展布局，按图索骥，招大引强，进一步补链延链强链，努力提升产业韧性，掀起了2023年新春招商的第一波热潮，吹响了实干兴泰的冲锋号。

13日 市委副书记、市长李兰祥到市民之家调研，强调要始终坚持以人民为中心的发展思想，持续优化工作流程，提高为群众办事的效能，以更加精细化的工作举措服务好企业发展、项目落地，矢志打造区域领先、现代一流的营商环境，为泰安高质量发展注入强劲动力。

14日 全市2023年第一季度"项目开工大比拼"集中开工活动举办。市委书记、市人大常委会主任、市工业推进委主任、总链长杨洪涛宣布集中开工，市委副书记、市长、市工业推进委主任、总链长李兰祥主持市开工活动。活动通过视频连线方式分阶段进行。主会场设在肥城市中储国能

300兆瓦压缩空气储能示范项目现场,各县(市、区)、泰安高新区、泰安旅游经济开发区、市徂汶景区设市集中开工活动分会场,分别为泰山区的东华绿色智能高档面料生产基地项目现场,新泰市的矿用刚性支护网项目现场,宁阳县的绿色包装产业小镇暨食品级包装材料项目现场,东平县的新型建筑材料产业园项目现场,泰安高新区的道得10吉瓦光伏电池生产制造项目现场,泰安旅游经济开发区的数字科技产业园项目现场和市徂汶景区的泰安福星高端装备产业园项目现场。市政协主席、市输变电装备及电线电缆产业链链长武林中,市委常委、各重点产业链链长,市工业推进委副主任,市工业推进委党委书记,各重点产业链副链长,市直有关部门主要负责人,各重点产业链专班组长,各县(市、区)、泰安高新区、泰安旅游经济开发区、市徂汶景区主要负责人及开工现场项目嘉宾参加活动。

同日 市委书记、市人大常委会主任杨洪涛,市委副书记、市长李兰祥会见嘉道资本董事长龚虹嘉和微医集团董事长兼CEO廖杰远一行,就中医药产业发展、推进项目投资合作等方面进行深入交流。

16日 市委副书记、政法委书记,市数字经济产业链链长于瑞波带队到北京调研百度智能云。

17日 全市"金融支持实体经济保障新型工业化强市战略"2023年政银企合作工作会议召开,旨在贯彻落实党的二十大精神和中央、省委、市委经济工作会议精神,全力保障新型工业化强市等重大战略实施,动员政府、金融机构和广大企业统一思想、协调联动,充分发挥金融服务保障作用,为现代化强市建设贡献更多金融力量。市委书记、市人大常委会主任杨洪涛出席会议并讲话,市委副书记、市长李兰祥主持会议。活动中泰安市"金融助力·益企惠民"服务品牌创建行动启动仪式举行,各县(市、区)、功能区组织银行和企业进行了现场签约。

19—22日 市委副书记、市长李兰祥带队到杭州、嘉兴、上海开展招商引资活动,推进在谈及签约项目。市委常委、市政府副市长姜宁等参加相关活动。

19—23 日　市委常委、组织部部长、市医药及医疗器械产业链链长刘泮英到绵阳、重庆、成都开展招商活动。

20 日　市工业推进委党委第 17 次会议及 2022 年度民主生活会、市工业推进办主任办公会召开，市工业推进委副主任、党委书记、市一级巡视员宋洪银主持。

21 日　"泰商政企吧"启动仪式暨第一讲"发改大讲堂"政策解读宣讲会举行，围绕当前经济发展形势和全市民营经济发展实际，宣传解读惠企政策措施。会议要求，各级各部门要学好政策方针，提振发展信心，努力开创全市现代化建设新局面；要实施"泰商政企吧""泰商律企社""泰商银企会""泰商校企桥""泰商亲企站"五大服务品牌，助力民营经济发展；要精心组织实施，切实把好的政策措施转化为企业发展动力，发挥桥梁纽带作用，做好政策推介，帮助企业解决实际问题，助力民营企业实现高质量发展。

同日　市出版印刷产业链现场推进会在宁阳县召开。市委常委、宣传部部长、市出版印刷产业链链长王爱新出席活动。

22 日　市特色金属材料产业链 2023 年度工作会议召开，市政府副市长、市公安局局长、链长窦清波出席会议并讲话。

同日　市纺织服装产业链商会（协会）标准化技术委员会成立大会暨团标会第一次会议召开，审定并通过 7 项团体标准的立项。

23 日　山东能源集团高端液压支架制造再制造项目开工仪式暨招商引资签约活动在山能装备新泰工业园举行，山东能源集团党委书记、董事长李伟，市委书记、市人大常委会主任杨洪涛出席活动并致辞，市委副书记、市长李兰祥出席。此次项目的开工、签约，是泰安推进新型工业化强市建设的又一生动实践。签约活动中，山能装备分别与上海煤科公司、天地奔牛公司、中铁装备公司签署项目合作框架协议；新泰市政府与山能电力集团、新矿集团签署项目合作框架协议。

同日　全市一季度经济运行调度推进会议召开。市委常委、市政府副市长常绪扩参加会议。会议围绕一季度经济运行"开门好""开门红",调度各县(市、区)、功能区一季度主要经济指标预期目标及实现目标的具体措施打算,安排部署抓好一季度经济运行重点任务。

同日 泰安市推进优质中小企业梯度培育暨山东省瞪羚企业发展促进会泰安分会成立大会举行。市工业推进委副主任、党委书记、市一级巡视员宋洪银出席活动。活动现场举行了山东省瞪羚企业发展促进会泰安分会揭牌仪式,并为企业作专项政策辅导。泰安分会是省瞪羚企业发展促进会设立的第一个市级分会,泰安分会要对标瞪羚企业发展促进会工作标准积极引进省级资源,为全市企业提供全方位、全周期的精准服务;各产业链专班和市工信局要密切配合,分产业、分领域梯次推进优质企业培育工作;市、县两级要成立工作专班,研究制定培育方案,努力在培育优质中小企业方面取得一批标志性成果。

24日 京·泰跨区域产业项目对接会在北京深圳大厦举行。市委常委、市政府副市长姜宁出席。此次合作,开启了京·泰跨区域产业项目对接新路径,重点围绕泰安"441X"现代产业体系,结合13条重点产业链发展方向,搭建起与首都企业合作的桥梁。

同日 市政府副市长、市新型建筑材料产业链链长唐传营听取泰石节能材料股份有限公司有关工作情况汇报。

26日 泰安市医疗发展集团2023年合作项目集中签约仪式举行,市委书记、市人大常委会主任杨洪涛出席并致辞,中国原子能科学研究院党委书记薛小刚,威高集团总裁龙经出席,市委副书记、市长李兰祥主持。泰安市委、市政府高度重视医疗事业发展,特别是把医药及医疗器械产业作为全市"441X"现代产业体系中的四大优势产业之一,集中资源力量,重点扶持培育,当前已成为全市经济成长性好、发展最为活跃的产业之一,中医药现代化产业化项目、硼中子肿瘤治疗项目、血液透析和发热重症中心等一批高端、科技、前沿医疗卫生项目接续落地泰安,为优化全市医疗卫生服务体系、提升公立医院诊疗服务能力提供了先进技术支持,有力促进了全市经济社会高质量发展。中国原子能科学研究院、威高集团公司、中以康联国际医疗科技有限公司、山东扁鹊中医药健康产业集团、人民保健服务公司等单位，在各自领域深耕细作，实力雄厚、经验丰富，有强大的科研能力和先进的发展理念。此次签约，为泰安医疗卫生服务能力提升和优势产业发展注入新的强劲动力。市委常委、组织部部长刘泮英，市委常委、秘书长张颖，市政府副市长刘峰梅等参加活动。

27 日 全市制造业数字化转型现场推进会召开。市委书记、市人大常委会主任杨洪涛出席会议并讲话，市委副书记、市长李兰祥主持，市政协主席武林中，市委副书记、政法委书记于瑞波出席。会议通报了全市制造业数字化转型有关情况，宣读了第一批全市制造业数字化转型先行企业、服务单位名单。市领导成丽、程远军、刘泮英、张颖、姜宁、宋洪银和各重点产业链链长、副链长，各县（市、区）、功能区主要负责人，市直有关部门单位主要负责人，四大市属国有企业集团、省属以上驻泰有关单位主要负责人，各产业链链主企业、全市工业领军 50 强企业主要负责人参加会议。

2 月 27 日，全市制造业数字化转型现场推进会举行 （司　刚　摄）

28 日　市工业推进委副主任、党委书记、市一级巡视员宋洪银带队到山东发展投资集团实地考察,对接合作项目。

同日　市政府副市长、市新型建筑材料产业链链长唐传营会见央企协会、中国化学工程集团、中国建筑标准设计研究院等央企,现场参观山东联强建筑工业科技有限公司、泰安师范附属学校虎山路校区项目、养心谷项目,听取泰山城建集团、山东联强建筑工业科技有限公司、山东威宝节能集团有限公司汇报,共同探讨合作方向。

28 日至 3 月 1 日　市政府副市长、市汽车及零部件产业链链长冯能斌带队到江西、浙江考察招商。

3 月

1 日　全市"百名专家泰安行、百家企业进院所"行动启动仪式举行。活动采取视频连线形式举行,主会场设在泰山区,各县(市、区)和泰安高新区设分会场。中国工程院院士苏义脑、倪光南,市委书记、市人大常委会主任杨洪涛,省科技厅副厅长潘军,市委常委、组织部部长刘泮英,市委常委、秘书长张颖,市委常委、市政府副市长姜宁等出席活动。泰安市开展"双百行动",利用高校科研院所的创新资源,助力企业科技创新和成果转化,有力推动新型工业化强市建设进程。院士专家团队发挥科研优势,让更多的科技成果转化落地,为泰安的高质量发展提供更多智力支持。

同日　市工业推进办主任办公会议召开。市工业推进委副主任、党委书记、市一级巡视员宋洪银主持,研究审议《关于强化科技支撑攻坚突破推动产业链、创新链、人才链、数字链融合发展的实施方案》等。

同日　全市纺织服装产业链 2023 年工作会议召开,深入贯彻落实全市经济工作会议、新型工业化强市建设推进机构工作会议精神,总结工作、分析形势、安排部署全年重点任务。市委常委、统战部部长、市纺织服装产业链链长成丽出席会议并讲话。

2日　泰安市人民政府与中国农业银行山东省分行举行金融助力新型工业化强市建设战略合作签约仪式,中国农业银行山东省分行党委书记、行长刘仁举,市委书记、市人大常委会主任杨洪涛出席活动并致辞。此次签约是双方更深层次、更广领域合作的重要标志。活动中,泰安市政府与中国农业银行山东省分行签署战略合作协议,农业银行泰安分行与18家企业签署合作协议。市领导张颖、姜宁,市直和驻泰有关部门单位主要负责人,驻泰银行机构主要负责人,有关市属国有企业和签约企业主要负责人参加活动。

同日　市委书记、市人大常委会主任杨洪涛会见江苏瑞晶太阳能科技有限公司副董事长李智一行,双方就加强投资合作进行座谈交流,达成广泛共识。

同日　全面注册制政策解读培训会议召开。市委常委、市政府副市长姜宁强调,各县(市、区)、功能区要对条件基本成熟、能够上市的企业成立专班,全力助推企业上市;各有关部门单位要主动靠前服务,对企业上市过程中需获得的合法合规证明或其他需协调解决事项,落实好"一函通办"制度;企业要增强资本市场意识,把上市作为提升现代企业管理水平、壮大企业的有效途径,以上市推进企业跨越发展。

3日　"政策赋能银企双赢"2023年泰安市扩大制造业中长期贷款投放工作会议召开。市委常委、市政府副市长常绪扩强调,各县(市、区)、功能区要高度重视,理解和把握国家出台扩大制造业中长期贷款投放政策的重要性,支持制造业企业发展的重点领域和薄弱环节,抓住机遇,把企业做活;要把相关政策传达到企业的主要负责人,对照政策支持的16大领域、144个细分领域,全面摸底企业需求;要把政策吃透,更好地与金融单位对接,找到政策的落地通道;相关部门要做好协调配合,指导企业策划项目,帮助对接金融机构,打通企业的堵点、难点。

4日　市高端化工产业链工作推进会召开,市委常委、市纪委书记、市监委主任、市高端化工产业链链长程远军参加会议并对产业链2023年度工作做出安排。

6—10日　市矿山装备及工程机械产业链专班到江浙沪开展招商活动,市工业推进委副主任、党委书记、市一级巡视员宋洪银带队到中国船舶第704研究所考察洽谈,市政府副市长、市矿山装备及工程机械产业链链长刘峰梅参加。

8日　市委常委会会议召开。会议审议通过《关于强化科技支撑攻坚突破推动产业链、创新链、人才链、教育链、数字链融合发展的实施方案》,要求市工业推进办会同相关单位,牵头抓好制造业创新联盟创建、产教精准对接等六大重点任务,逐一细化方案措施,明确推进路径,全力抓好落实,确保年内在科技创新引领新型工业化强市建设方面取得一批标志性成果。审议通过《泰安市制造业数字化转型实施方案(2023—2025)》《泰安市支持制造业数字化转型八项措施》,要求各级把推进数字化转型作为新型工业化强市建设的关键举措来抓,实施好"培基、固本、强链、育群"四大工程,建立良好的产业发展生态,着力培育壮大数字经济新动能。审议通过《泰安市科技创新"双十工程"实施意见》《泰安市"百名专家泰安行、百家企业进院所"行动实施意见》,要求各级各有关部门坚定走好科技创新和绿色低碳发展道路,以实施"双十工程"和"双百行动"为抓手,打通政府引导企业对接高校的渠道,发挥好政策的正面导向作用,强化企业创新主体地位,尽快突破一批制约产业发展的"卡脖子"技术难题,转化落地一批强链延链补链科技成果,培育一批创新型领军企业,为新型工业化强市建设提供强力科技支撑。

9日　市高端化工产业链专班到上海组织招商推介活动并参观上海化工园区及相关企业。推介会上,泰安市新型工业化强市建设推进委员会副主任、党委书记、市一级巡视员宋洪银,山东省人民政府驻上海办事处主任陈金秀,商协会(企业)代表分别致辞。此次招商推介会共签约项目20个,总投资额84亿元。

9—10日　市委常委、宣传部部长、市出版印刷产业链链长王爱新带队到北京电子工业出版社、人民出版社等考察招商。

10日 市委书记、市人大常委会主任杨洪涛与北京上奇数字科技有限公司董事长孙会峰座谈交流，双方就工业运行监测平台和泰山产业会客厅建设展开深入交流探讨。市领导张颖、姜宁、宋洪银参加会议。

同日 泰安市首届"泰山杯"工业设计大赛颁奖仪式举行。市委常委、市政府副市长姜宁出席仪式并指出，工业设计作为典型的现代服务业，是支撑企业不断发展、持续创新的重要武器，也是促进制造业和服务业深度融合的重要发力点。

同日 全市金融助力现代食品暨乡村产业高质量发展推进会议召开，副市长、市现代食品产业链链长马保文主持并参加会议。

同日 新加坡国家科技奖最高奖获得者、山东理工大学特聘教授吴永玲女士受邀到泰安考察，就水性纳米材料等科研技术成果在纺织服装领域应用开展洽谈交流。

11日 市工业推进委副主任、党委书记、市一级巡视员宋洪银主持召开专题会议，研究讨论2023年度重点产业链（集群）季度和专项考核办法。

15日 新型工业化强市建设巡礼展览举办。市委书记、市人大常

3月15日，新型工业化强市建设巡礼展览举办，市领导参观展览　　（司　刚　摄）

委会主任杨洪涛，市委副书记、市长李兰祥，市政协主席武林中，市委副书记、政法委书记于瑞波等市领导参观展览。此次巡礼展共分前言、进八争五奔前三、谋篇布局、三个"1+N"体系、五大比拼两大问效、产业生态打造、链式发展、2023年纵深推进持续攻坚8个方面，利用40天的时间，组织市各大班子领导、市直各部门单位、省属以上驻泰有关单位、各产业链专班和商协会部分企业观展，为全市新型工业化强市建设凝聚更大共识、激增更强动力，助推全市新型工业化强市建设取得更多标志性成果。

16日 市新型建筑材料产业链2023年工作会议召开，市政府副市长、市新型建筑材料产业链链长唐传营参加。通过听取汇报、现场座谈和参观新型工业化强市建设巡礼展览等方式，全方面、高定位推进2023年产业链重点工作。

16—17日 市数字经济产业链专班到西安开展招商活动，市工业推进委副主任、党委书记、市一级巡视员宋洪银带队到浙江大华西安研发中心、华为全国政务云运维中心、西安软件园管委考察洽谈。

17日 "登高望远 选择泰安"书记、县长高校行专项行动启动仪式在山东农业大学举行。市委书记、市人大常委会主任杨洪涛，省委组织部副部长龚文东，省人社厅副厅长周春艳，市委副书记、市长李兰祥，山东农业大学党委书记徐剑波，山东农业大学党委副书记、校长冷畅俭出席。开展此次专项行动，是做好青年人才来泰、留泰、回泰的具体举措。仪式现场为"泰安市青年人才就业创业服务基地"和"泰安市大学生创新兴业示范基地"揭牌。

同日 全市重点策划项目推介会举行。本次推介会聚焦2023年全市新型工业化强市建设重点任务，精心筛选了100个建链、延链、补链、强链重点产业项目进行推介。山东省建鲁智华工程咨询研究院与8家企业签订合作协议，推动项目落地转化。

20日 省委书记林武到泰安调研。在企业、园区、项目现场和乡村振兴示范片区、干部教育基地等调研时强调，产业是高质量发展的根基，要深入贯彻落实习近平总书记重要指示要求，锚定绿色低碳方向，持续运用高新技术和数字技术改造提升传统产业，着力培育壮大战略性新兴产业，推动先进制造业固本强基，加力提速工业经济高质量发展。省委常委、秘书长张海波，市委书记、市人大常委会主任杨洪涛陪同。市领导刘泮英、张颖、宋洪银等参加活动。

20—21日 中国建筑学会科技服务团到泰安考察，市新型建筑材料产业链有关人员和中国建筑学会科技服务团就新型建筑材料产业科技创新与合作发展等有关事宜进行对接洽谈。

21日 泰山产业会客厅建设推进协调会召开，市工业推进委副主任、党委书记、市一级巡视员宋洪银主持。

22日 "牵手泰山　感知泰安"2023年境外旅行商（泰安）推广周和主题推广活动启动仪式举行。市委书记、市人大常委会主任杨洪涛，市委副书记、市长李兰祥，省文化和旅游厅副厅长张明池和境外旅行商刘伟康等代表出席活动。主题推广活动中，举办了"泰山祈福仪式"表演，播放了泰安旅游推介视频，进行了泰安旅游主题推介和境外旅行商代表签约活动，发表了《泰山宣言》。来自马来西亚、日本、韩国、新加坡、越南、菲律宾、美国、澳大利亚等8个国家的近30名境外旅行商聚首泰安，携手推动入境旅游市场快速复苏。市领导张颖、王爱新、唐传营等参加活动。

同日 全市政法机关提升法治化营商环境护航新型工业化强市建设启动仪式举行。市委副书记、政法委书记于瑞波，市工业推进委副主任、党委书记、市一级巡视员宋洪银，市政府副市长、市公安局局长窦清波出席仪式并为"提升法治化营商环境护航企业直通联系点"揭牌。

同日 市政府副市长、市现代食品产业链链长马保文到山东泰山啤酒有限公司开展"链长问效"活动。

23日 促进数字经济和实体经济深度融合全国行暨泰安市工业企

业数字赋能大会在宁阳县召开。国家工业信息安全发展研究中心党委副书记吕坚，市委常委、市政府副市长姜宁出席会议。大会以"乘云而上 加数前行"为主题，旨在强化数字科技创新引领，加速数据要素价值释放，促进数字经济和实体经济深度融合，推动产业体系优化升级，助力工业经济高质量发展。

24日 市委书记、市人大常委会主任杨洪涛到企业调研安全生产工作，要求全市各级各企业进一步强化底线思维、筑牢红线意识，以信息化建设推动应急管理、安全生产工作转型升级，有效提升风险隐患监测、感知、预警、处置能力，从根本上解决生产运营过程中的本质安全问题。

同日 全市经济运行调度视频会议召开，客观分析当前经济发展形势，研究部署重点工作。市委副书记、市长李兰祥出席会议并强调，要统一思想、坚定信心，采取积极有效措施，努力交出最佳成绩单，确保实现"开门红"，为全年经济运行持续稳定向好打下坚实基础。

同日 市数字经济产业链一季度重点项目网上集中签约仪式举行。市委副书记、政法委书记，市数字经济产业链链长于瑞波出席签约仪式。这次数字经济产业链一季度集中签约重点项目都是围绕数字经济提质升级，按图索骥招引的强链、补链、延链项目，为泰安工业经济高质量发展注入强劲动力。签约仪式以视频形式召开，各县（市、区）共有29个重点项目进行了签约，总投资84.7亿元。

27日 市政府副市长、市新型建筑材料产业链链长唐传营出席产业链第一季度招商引资项目集中签约仪式。12个项目顺利签约，计划总投资37.6亿元。

28日 "登高望远 选择泰安"泰安经济合作洽谈会在济南举办，市委书记、市人大常委会主任杨洪涛出席活动。会上，市政府负责人作泰安营商环境和重点产业推介。市领导成丽、刘泮英、张颖、姜宁等参加活动。

29日 市委书记、市人大常委会主任杨洪涛，市委副书记、市长李兰祥会见到泰安考察调研的洪泰基金创始合伙人、董事长盛希泰，山东豪驰智能汽车有限公司创始人、董事长刘传富等客商，围绕推动项目落地进行深入座谈交流，达成广泛共识。市领导常绪扩、张颖参加会见。

同日　泰安市重点产业项目推介会暨第一季度"项目签约大比拼"活动举行，签约项目 58 个。市委书记、市人大常委会主任、市工业推进委主任、总链长杨洪涛，市委副书记、市长、市工业推进委主任、总链长李兰祥，市委常委、市新型工业化强市建设推进委党委书记等领导出席活动。

同日　市政府副市长、市公安局局长、市特色金属材料产业链链长窦清波带队到肥城石横特钢集团有限公司、隆泰金属制品有限公司开展"链长问效"活动。

同日　市现代食品产业链第一季度重点项目集中签约仪式举行。市政府副市长、市现代食品产业链链长马保文出席签约仪式。马保文指出，现代食品产业链要牢固树立"与企业共成长"的理念，把重大项目建设摆在更加突出的位置，强化要素保障和协调服务，营造一流营商环境，不断开创高质量发展新局面。

29—31 日　第九届中国国际风电复合材料高峰论坛暨展览会在泰安万达嘉华酒店举行，市领导李兰祥、常绪扩、张颖、李华民出席相关活动。活动由市高性能纤维及复合材料产业链、泰安市岱岳区人民政府、泰山玻璃纤维有限公司共同承办。

30 日　市政府与中国复合材料工业协会战略合作签约暨市高性能纤维及复合材料产业链重点项目集中签约仪式举行。中国复合材料工业协会秘书长孟弋洁，市委副书记、市长李兰祥出席活动。本次集中签约的产业链重点项目，单体投资大、项目质量高、市场前景好、带动能力强，随着项目的落地建设和投产，将加快全市新材料产业链强链、延链、补链步伐，推动全市高性能纤维及复合材料产业链实现更高质量发展。仪式上，市政府与中国复合材料工业协会签订战略合作协议，8 个重点项目进行签约。

同日　第九届中国国际风电复合材料高峰论坛暨展览会在泰安开

幕。活动由市高性能纤维及复合材料产业链、泰安市岱岳区人民政府、泰山玻璃纤维有限公司共同承办。市委常委、市政府副市长常绪扩，市委常委、秘书长、市高性能纤维及复合材料产业链链长张颖等市领导出席活动。

4月

1日 第一届泰山（肥城）光伏建筑一体化高质量发展论坛在肥城市开幕，省住房和城乡建设厅副厅长王润晓，市委书记、市人大常委会主任杨洪涛，市委常委、秘书长张颖，市政府副市长、市新型建筑材料产业链链长唐传营等出席论坛开幕式。参加本届论坛的业内专家、业界权威为新型建材产业把脉会诊、传经送宝，对全市经济社会高质量发展起到强有力的推动作用。

4月1日，第一届泰山（肥城）光伏建筑一体化高质量发展论坛在肥城市开幕

（司　刚　摄）

5—6日 市委副书记、市长李兰祥带队到北京市开展招商对接洽谈活动,推进在谈及签约项目的进展。李兰祥一行考察了北京英视睿达科技股份有限公司,就项目合作推进情况进行座谈交流,双方合作项目有着广阔的发展空间和前景,英视睿达能够充分展现数字技术前沿领域水平,推动科技成果转化和创新创业人才培养,持续提高卫星产业的应用扩展,争取达成更多合作成果。李兰祥一行还考察了新松机器人投资有限公司,通过交流,双方进一步紧密联系对接、深化交流合作,推动形成合作共赢、携手共进的新局面。

同日 市工业推进委党委第18次会议及市工业推进办主任办公会议召开。市工业推进委副主任、党委书记、市一级巡视员宋洪银主持,研究审议《泰安市新型工业化促进条例(草案)》等。

8日 "数智引航 开创未来"千企行启动仪式暨制造业数字化转型肥城现场会举行。省工信厅总经济师王楗夫,市委常委、市政府副市长姜宁,市工业推进委副主任、党委书记、市一级巡视员宋洪银出席启动仪式。本次活动旨在搭建数字化转型的经验交流和供需对接平台,聚合更多优质资源,赋能县(市、区)、产业链、园区、企业数字化转型,分级分类进行标杆示范引领。全市各级各部门要强化工业素养和数字化思维,认真落实推进措施,真心实意帮助企业,做一流服务、创一流环境。

10日 市工业推进办主任办公(扩大)会议及市工业推进委党委第19次(扩大)会议召开,市工业推进委副主任、党委书记、市一级巡视员宋洪银主持,研究开展"三个能力"提升行动、审议产业链2023年招商行动计划等。

11日 市数字经济产业链专班到山东永昌志合教育科技集团有限公司调研企业做大做强路径、发展计划及诉求,双方就企业开展亲情招商、园中园招商以及通过产品换市场的新做法进行深入交流。

12日 市工业推进委副主任、党委书记、市一级巡视员宋洪银带队到中国移动上海产业研究院考察洽谈。

同日　首届土工合成材料智能制造先进工艺装备高端论坛在泰安市举办，市委常委、秘书长、市高性能纤维及复合材料产业链链长张颖出席并为中国土工合成材料工程协会智能制造专业委员会成立仪式揭牌。智能制造专业委员会的成立，为泰安加快推进土工合成材料关键核心技术攻关、加快先进工艺研发和推广应用，提供了交流与合作平台。

同日　市汽车及零部件产业链推介招商大会在上海举办，市工业推进委副主任、党委书记、市一级巡视员宋洪银出席会议。

13日　市工业推进委副主任、党委书记、市一级巡视员宋洪银带队到同济大学汽车学院考察，洽谈技术合作。

13—16日　市委常委、组织部部长、市医药及医疗器械产业链链长刘泮英带队到珠海、广州、深圳开展招商活动。

14日　2023年中国（山东）团餐食材博览会暨现代食品产业博览会在泰山国际会展中心开幕。市委副书记、市长李兰祥出席开幕仪式。本届展会设立好品山东展区、预制菜展区、米面粮油展区、餐饮设备展区、网红带货展区等专区，同期举办第十八届国际团餐产业大会暨首届中国团餐惠享美食节、第五届中国农业创富大会等活动，内容涵盖宏观政策宣贯、餐饮"新赛道 新未来"高峰论坛、美食争霸赛、烹饪大师厨艺表演赛、"盛世中华—国泰民安"名菜名宴展览和行业荣誉颁奖盛典等。团餐食材博览会在我国北方举办尚属首次，吸引了全国团餐行业前300强企业以及近万家社会餐饮企业、食品生产企业等到会采购、观展，数十家企业现场签约。

17—20日　围绕产业数字化智能化转型，市政府党组成员、市政府副市长、市矿山装备及工程机械产业链链长刘峰梅带领市矿山装备及工程机械产业链考察组及新泰市部分企业代表先后到北京煤机、西安煤机、西北奔牛、中信重工等多家企业开展考察座谈，并召开产业招商推介活动。

18日　迪尔化工上市仪式暨全市企业上市工作推进会议举行，市委书记、市人大常委会主任杨洪涛为迪尔化工颁发企业上市奖金 1000 万元，并为泰安市企业上市赋能团授旗，市委副书记、市长李兰祥致辞。活动中，15 家拟上市企业与券商签约；对 11 家企业兑付奖金；为新增"种子企业"授牌。市委常委，市工业推进委党委书记，市各重点产业链链长、副链长、工作专班组长，各县（市、区）、功能区和市直有关部门主要负责人，有关企业单位及驻泰证券机构主要负责人参加活动。

19 日 "推动校城融合助力经济和社会高质量发展"双月专题协商会召开，市委书记、市人大常委会主任杨洪涛出席会议并讲话，市政协主席武林中主持会议。会上，10 名政协委员、专家和企业代表围绕健全完善校城融合协调运行机制、推动科技成果转化、加强人才培养使用等方面提出意见和建议。

20 日 泰安市人民政府与中国联通山东省分公司推动"十四五"数字强市战略合作签约仪式举行，市委书记、市人大常委会主任杨洪涛出席，中国联通山东省分公司党委书记、总经理韦海波，市委副书记、市长李兰祥致辞。活动中，市政府与山东联通签订战略合作协议，泰安高新区管委会与联通数科山东公司签订战略合作协议，泰安联通与企业签订战略合作协议，中国联通工业互联网（泰安）创新中心揭牌。市委常委、秘书长张颖，市委常委、市政府副市长姜宁等参加活动。

21 日 市工业推进委副主任、党委书记、市一级巡视员宋洪银带队到山东服装职业学院调研校链企融合工作，并召开座谈会。宋洪银强调，山东服装职业学院和市纺织服装产业链专班密切合作，探索出了一条校链企融合发展的有效路径和特色做法。学校要坚持市场需求导向，调整专业设置和师资力量配置，跟进企业需求，联合攻关技术难题，推动科研技术成果转化落地；引导毕业生留泰就业创业，协助毕业生做好创新创业工作。企业要为学校提供良好的人才创新创业平台和实习实训就业基地，与学校联合攻坚技术难题，持续开展数字化、智能化技术改造，承接好科研转化成果和留泰毕业学生。产业链要掌握企业在人才、科技等方面需求，为企业寻求解决方案，持续推动校企合作。工业推进办和制造业联盟要做好顶层设计，搭建好线上合作平台，建立企业需求信息库和科技人才资源库，发挥好督导考核指挥棒作用，推动校链企融合发展，为新型工业化强市建设提供有力支持。

23 日 全市工业发展工作座谈会召开，围绕全市工业经济发展特别是专精特新"小巨人"企业培育等工作进行座谈交流，分析问题不足，研究下重点任务。市委副书记、市长李兰祥出席会议并强调，要进一步明确思路、强化措施，持续加强专精特新"小巨人"企业服务体系建设，帮助企业持续健康发展，在更高水平上推动全市新型工业化强市战略不断走向深入。

同日 市工业推进委副主任、党委书记、市一级巡视员宋洪银带队到市制造业联盟现场调研。

24 日 市工业推进委副主任、党委书记、市一级巡视员宋洪银带队到岱岳区、新泰市现场调研制造业协同发展工作。

同日 泰安市特色金属材料产业链工会联合会成立大会在东平县举行，推动工会工作融入和服务产业链发展。会议选举产生市特色金属材料产业链工会联合会第一届委员会委员，第一届委员会主席、副主席，并为市特色金属材料产业链工会联合会揭牌。市总工会为市特色金属材料产业链工会联合会颁发补助资金 10 万元。

26 日 盈科资本董事长钱明飞携拟合作项目企业负责人到泰安考察，并召开金梧桐产业集群项目对接会。市委书记、市人大常委会主任杨洪涛出席会议，双方围绕基金合作及产业项目对接、落地开展深入细致座谈交流，达成广泛共识。盈科资本精准对接泰安产业发展需求，充分发挥全产业链优势，整合投资布局，推动双方合作走深走实、取得实际成效。市领导常绪扩、张颖、姜宁等参加会议。

同日 全省规划与技术改造工作现场会在泰安市召开。省工信厅党组成员、副厅长焉杰，市委常委、市政府副市长姜宁出席会议。焉杰实地观摩调研了泰安市新型工业化强市建设巡礼、泰开集团总部及高压开关公司、泰山玻璃纤维有限公司，并对泰安工业技改取得的成绩给予充分肯定。焉杰强调，各市要切实加强运行监测分析和投资调控，加强项目建设和管理服务，增强政策保障和要素集成，推动全省工业技改工作实现高质量发展。

27 日 山东省高速养护集团特种工程机械研发制造及养护中心项目开工奠基仪式暨矿山装备及工程机械产业链项目集中签约仪式在宁阳县举行，市工业推进委副主任、党委书记、市一级巡视员宋洪银，市政府副市长、市矿山装备及工程机械产业链链长刘峰梅出席并参加活动。

28 日 国泰民安年产 20 万吨高端宠物食品全链条产业园项目投产仪式暨全国一线品牌招商签约大会举行，市委书记、市人大常委会主任杨洪涛宣布产业园投产，市委副书记、市长李兰祥，中国农业科学院博士、硕士生导师、宠物营养与食品课题组组长王金全出席。项目致力于打造市场辐射北到京津冀、南到长三角的现代宠物食品全链条产业园。项目一期已新建年产 3.5 万吨的全自动膨化主粮生产线 3 条，年产 1.2 亿罐的全自动宠物湿粮生产线 1 条，整体产值超 10 亿元。仪式上，市国泰民安宠物食品有限公司与全国一线品牌签订合作协议。市领导常绪扩、张颖、宋洪银、马保文参加活动。

5 月

5 日 全市工业推进机构一季度重点工作调度会议召开，市工业推进委副主任、党委书记、市一级巡视员宋洪银出席会议并讲话，各产业链专班、县（市、区）推进办、泰安高新区推进办、市工业推进办各工作组分别进行会议发言和书面交流。

6 日 市数字经济产业链到高新区调研"神农智谷"与中科曙光合作事宜。

7 日 中国科学院院士、中国科学技术大学教授谢毅，洪泰基金创始合伙人、董事长盛希泰和山东省人才发展集团党委副书记、总经理张祝秀一行到泰安就液晶面板高端间隔材料、气凝胶项目进行洽谈推进并召开座谈会。市委书记、市人大常委会主任杨洪涛，市委副书记、市长李兰祥出席会议并讲话。会上，各方就项目的合作及推进情况进行了充分交流，明确了推进的具体措施办法，聚力破除项目落地过程中的问题阻碍。项目方负责人介绍了产品的技术优势、性能优势和应用场景，对项目落地进行了沟通对接，共同推动项目早落地、快投产。市领导常绪扩、刘泮英、张颖、宋洪银、李华民，有关县（市、区）、功能区和市直有关部门单位主要负责人参加会议。

8 日 市委书记、市人大常委会主任杨洪涛到宁阳县调研经济社会发展情况。强调要坚持以习近平新时代中国特色社会主义思想为指导，进一步明确发展方向和工作着力点，运用法制化、市场化、系统化思维，让政府之手和市场之手协同发力，以更加坚毅、自信的状态开创各项工作新局面，在高质量发展的道路上不断书写新篇章。

9 日 市委书记、市人大常委会主任杨洪涛到岱岳区调研。强调要坚决扛牢提升泰城首位度的使命担当，强化系统性思维，加快产业转型升级，聚力培育壮大特色优势产业链和产业集群，全力推进经济社会高质量发展。

同日 市委副书记、市长李兰祥到新泰市调研经济社会发展情况。强调要坚持把新型工业化作为经济工作的总引擎、总抓手，重点突破、强力攻坚主导产业，聚力打造标志性、引领性核心产业，守牢生态环保和安全生产底线，奋力谱写中国式现代化新篇章。

10 日 市委副书记、市长李兰祥到泰山区调研经济社会发展情况时强调，要以实现绿色低碳高质量发展为目标，持续壮大自身优势产业，积极布局未来新兴产业，精心打造特色产业园区，创新路径、靶向发力，擎起新型工业化强市建设新高度。

同日　市委副书记、市长李兰祥会见中冶建工集团有限公司党委书记、董事长田贵祥一行，双方就加强合作进行洽谈沟通。泰安市始终全力支持中冶建工在泰安开展业务、不断壮大、再创辉煌。中冶建工集团高度重视与泰安的合作，紧扣泰安发展规划，整合资源优势，强化项目对接，参与到泰安基础设施、产业开发和城市更新等重点项目建设中，努力在合作中实现发展共赢。

同日　全市"校链企"融合发展现场推进会召开。市委常委、统战部部长、市纺织服装产业链链长成丽，市工业推进委副主任、党委书记、市一级巡视员宋洪银出席会议。会前与会人员观摩了泰安市大型仿真实训基地项目、校园专场招聘活动现场、学生实训教室等。会上，山东服装职业学院、市纺织服装产业链工作专班、岱银集团主要负责人作交流发言，"校链企"三方集中签约、授牌、颁发聘书等仪式相继举行。

同日　市政府副市长、市现代食品产业链链长马保文带队到山东肥城福宽生物工程有限公司开展"链长问效"活动。

10—11日　全市组织市级退休领导参观视察新型工业化强市建设重点项目，市委常委、组织部部长刘泮英，市工业推进委副主任、党委书记、市一级巡视员宋洪银陪同参加。

11日　市委副书记、市长李兰祥到泰安旅游经济开发区调研经济社会发展情况，强调要充分发挥泰安旅游经济开发区的区位优势和生态环境优势，构建特色鲜明的产业体系，大力培育新型文旅、数字经济等主导产业，不断推动转型跨越发展，奋力谱写产城融合高质量发展新篇章。

同日　中国工程院院士、环境工程专家侯立安，人民日报出版社总编辑丁丁一行到泰山新闻出版小镇参观调研，市委常委、宣传部部长、市出版印刷产业链链长王爱新陪同。

11—12日　市政府副市长、市现代食品产业链链长马保文带队到滨州中裕食品有限公司、山东香驰健源生物科技公司考察。

12日 省发改委党组成员、副主任,省能源局党组书记、局长胡薄带队到泰安调研新型储能产业发展工作。市委常委、市政府副市长常绪扩,市政府副市长刘峰梅分别陪同活动。胡薄一行实地调研了中储国能300兆瓦压缩空气储能项目、10兆瓦压缩空气储能国家示范电站项目、泰山抽水蓄能电站一期项目等。座谈会上,汇报了全市盐穴储能储气工作情况,与会人员进行了交流发言,共同研究推动盐穴储能储气产业发展的思路办法。

同日 市工业推进委副主任、党委书记、市一级巡视员宋洪银到浪潮软件股份有限公司调研,为山东省数据开放创新应用实验室揭牌。

同日 市委常委、统战部部长,市纺织服装产业链链长成丽带队到安徽宇航派蒙健康科技股份有限公司考察,出席"石墨烯热管理应用研发及产业化"招商项目签约仪式。

16日 市工业推进办重点工作调度会召开,市工业推进委副主任、党委书记、市一级巡视员宋洪银主持。

同日 市高端化工产业链重点工作调度会召开,会上通报全市高端化工产业链一季度工作情况,市委常委、市纪委书记、市监委主任、市高端化工产业链链长程远军安排部署工作。

17日 市委常委、组织部部长、市医药及医疗器械产业链链长刘洋荚丰持召开2023年上半年产业链调度工作推进会,重点调度泰邦生物血液制品增产扩能项目、康潮生物医药中间体项目两个攻坚突破项目的进度,帮助远望海天智能产业园项目认定其"中国脑谷·海天智能医疗器械产业园项目"为新产业项目(M0),解决了建设容积率问题。

同日 市工业推进委副主任、党委书记、市一级巡视员宋洪银带队到山东泉利汽配城、山东超星数控设备产业园、山东宝鼎重工等地考察项目,并在济南市泰安商会召开座谈会。

同日　市数字经济产业链到青岛参加山东会客厅海外专场经贸对接及城市推介交流活动。

18日　全市企业北交所上市培训会议召开，会议充分解读了当前北交所的上市规则和路径，助力企业进一步做好规范提升，加快上市步伐。市委常委、市政府副市长姜宁出席会议。

同日　市委常委、市纪委书记、市监委主任、市高端化工产业链链长程远军开展一线问效活动，到岱岳区、新泰市、宁阳县就攻坚突破、项目建设进行调研并协调解决汉威化工Ⅱ期项目、恒信高科1万吨氢源项目土地问题和德普新材料20万吨碳酸二甲酯项目资金问题。

同日　市纺织服装产业链工作专班到东平县调研纺织服装产业发展情况，市委常委、统战部部长、市纺织服装产业链链长成丽及专班有关人员参加。

19日　新型高效光伏电池系列产品研发制造项目签约仪式举行，市委书记、市人大常委会主任杨洪涛，湖畔英启、远航集团及其战略合作伙伴企业负责人出席活动。杨洪涛指出，新能源产业是国家明确定位的战略性新兴产业，是山东省重点发展的"十强"产业。此次签约10吉瓦新型高效光伏电池片研发制造项目，是政企联合、优势互补、合作共赢的重大成果，对发展壮大全市新能源产业、加快推进新型工业化强市建设，具有重要推动作用。

同日　宇航派蒙石墨烯热管理应用研发及产业化项目开工仪式在泰安高新区举行。市委书记、市人大常委会主任杨洪涛，安徽宇航派蒙健康科技股份有限公司董事长潘智军出席仪式。此次开工的项目，是纺织服装产业链重点项目之一。开工项目填补了泰安市石墨烯行业在纺织服装领域应用的空白，对提升全市纺织服装产业科技水平和竞争力具有重要推动作用。

同日　"长江情怀　泰山论剑"长江商学院企业家泰安市产业推介交流会举行，市委书记、市人大常委会主任杨洪涛和安徽宇航派蒙股份公

5月19日，宇航派蒙石墨烯热管理应用研发及产业化项目开工仪式在泰安高新区举行　　　　　　　　　　　　　　　　　　　　　　　　　　（司　刚　摄）

司董事长潘智军，山东鲁班金圣投资公司董事长田光谱，汇特文化产业控股集团董事长刘涛等出席。交流会对泰安市产业发展和营商环境进行推介，13位企业家结合自身实际，围绕对泰安发展的深切期许和加深合作的共同愿景作了发言，大家纷纷表示，将在积极融入泰安发展的同时，广泛宣传推介泰安，努力成为泰安城市合伙人。

同日　全市现代食品产业链惠企靶向政策集中兑现视频会议召开。会议通报惠企政策标准及兑现情况，介绍了兴农政策联结贷助力企业高质量发展情况，为61家企业兑现奖励资金737.46万元，并为部分兑现企业代表授奖。充分体现了奖优、奖勤、奖新的鲜明导向，让企业感受到政府助力企业发展的真心实意和坚定决心，为企业发展注入资金支持。

20日　国家先进印染技术创新中心建设推进会在泰安市举行。会上，国家先进印染技术创新中心汇报了建设情况，与会院士、高校校长、中心战略咨询委员会专家等进行了交流发言，为国创中心的建设发展把脉会诊、传经送宝。国家先进印染技术创新中心与东华大学、青岛大学、南京航空航天大学、大连理工大学、天津工业大学、浙江理工大学、苏州大学、江南大学、武汉纺织大学、西安工程大学10所高校签署合作协议。

同日 市纺织服装产业链专班到浙江服饰创意协会开展商务洽谈，推介泰安市纺织服装产业发展情况，重点就浙江服装加工订单向泰安转移等合作事宜开展对接。

21日 泰安市新型工业化赋能研修院"双赋能"精英班毕业典礼举行，市委书记、市人大常委会主任、市新型工业化赋能研修院院长杨洪涛出席会议并讲话。他强调，赋能研修院真正的"课堂"在新型工业化强市建设的实践中。要以时不我待的紧迫感、登高望远的精气神、舍我其谁的责任心，坚定信心、保持定力，真抓实干、担当作为，为新型工业化强市建设作出新的更大贡献。

5月21日，泰安市新型工业化赋能研修院"双赋能"精英班毕业典礼举行

（司 刚 摄）

同日　电子级硅烷项目签约仪式举行,市委书记、市人大常委会主任杨洪涛和项目方主要负责人,市委副书记、市长李兰祥出席活动。活动中,新泰市与电子级硅烷项目方签约。电子级硅烷项目总投资 15 亿元,规划建设年产 5000 吨硅烷、50 吨乙硅烷及 1000 吨二氯氢硅、10 万吨三氯氢硅的生产装置及配套质检、公用工程、车间、仓库、公司办公楼等设备设施,建设氟硅高端材料项目及相关设施。

21—23 日　市委副书记、市长李兰祥到北京与万达集团、中国企业体育协会对接联系工作。

21—25 日　市纺织服装产业链专班组织部分企业,先后到江苏衫数科技集团、宁波大发化纤有限公司、广东德美精细化工集团股份有限公司、深圳市同益实业股份有限公司、深圳大学开展合作洽谈。

22 日　原产地证书便利化自助打印服务在中国银行泰安分行正式开通。此项服务从根本上解决企业为了打印原产地证书"来回跑、多次跑"问题,实现企业"零成本"开通自助打印,助力原产地签证便利改革政策惠及更多中小企业。

同日　2022 年度山东省新材料领军企业 50 强名单公布,泰安市泰山玻璃纤维有限公司、山东瑞福锂业有限公司、山东路德新材料股份有限公司、山东泰鹏环保材料股份有限公司 4 家企业入选。山东鲁普科技有限公司、泰石节能材料股份有限公司等 14 家企业入选 2022 年度山东省新材料领军企业培育库名单。

同日　第七批全国工业领域电力需求侧管理示范企业名单公示,全国共 16 家企业入选,泰安市高性能纤维和复合材料产业链链上企业肥城联谊工程塑料有限公司成为山东省唯一一家上榜企业。

23 日　市工业推进委副主任、党委书记、市一级巡视员宋洪银带队到普瑞特信息科技、远望数字科技公司现场调研并召开座谈会。

24 日　市政府常务会议召开,市委副书记、市长李兰祥主持。听取《关于市属国有企业创新驱动高质量发展的实施意见》《泰安市盐穴储能储气综合利用规划》《关于促进盐穴储能储气产业高质量发展的实施意见》《泰安市稳定和扩大就业促增收促消费促增长若干措施》有关情况汇报。

同日 泰安市医药及医疗器械产业链·南京市栖霞高新区管委会·宁阳经济开发区管委会合作签约仪式举行。市委常委、组织部部长、市医药及医疗器械产业链链长刘泮英出席签约活动。

同日 第六届"泰山区企业家日"招商引资暨扩大对外开放项目签约仪式举办,共签约 3 个项目,合同引资额 13 亿元。项目包括以新能源为主的"零碳城市"建设项目、数字经济为主的应急管理元宇宙平台项目、纺织服装为主 100 万件功能性服饰智能化实训项目。

同日 泰安"科创中国"海智工作校地企合作会暨泰安市高性能纤维及复合材料产业链项目集中签约仪式在泰安举办。市委常委、秘书长、市高性能纤维及复合材料产业链链长张颖出席。活动由泰安市知识产权研究院、山东科技大学资源学院、市高性能纤维及复合材料产业链等 5 家单位共同承办,旨在贯彻落实市委校城融合精神,服务全市新型工业化强市建设,充分发挥中国科协海智计划泰安工作基地的重要作用,为产业链企业应用高端创新资源打通了绿色通道。

25 日 市委常委会会议召开,传达学习习近平总书记重要讲话精神,研究全市经济运行情况等事宜。市委书记、市人大常委会主任杨洪涛主持会议并讲话,市委副书记、市长李兰祥及市委常委出席会议,有关市领导列席会议。会议审议通过了《泰安市直相关单位 2023 年度新型工业化强市建设重点任务清单》和《关于推进制造业协同发展的实施方案》,研究了 2023 年泰安市新型工业化赋能培训事宜。

同日 市委书记、市人大常委会主任杨洪涛到泰安高新区和肥城市调研现代物流业发展情况,动员各级各有关部门单位和企业进一步解放思想,聚焦物流业与制造业"两业融合",聚力推动工业企业和物流企业双向赋能,大力促进物流业降本增效,加快构建现代物流体系,有效服务和支撑现代产业发展,为新型工业化强市建设提供坚强保障。

同日 清华大学建筑设计研究院有限公司建筑产业化设计研究分院技术研究工作室主任彭涛到泰安市高性能纤维及复合材料产业链企业山东斯福特实业有限公司考察新产品市场化应用等情况。在企业考察中,双方就河北省装配式超低能耗示范农宅初步设计条件和要求项目,在"五恒系统"设计,尤其是在节能宜居、成本控制等方面作了深入交流与探讨。双方结合最新设计理念,共同对下一步创新融合提出了概念思维。

25—27日 第七届中国民营企业合作大会在武汉举行。市政府副市长、市矿山装备及工程机械产业链链长刘峰梅带领全市13家矿山装备等企业和市场监管系统相关负责人参加活动。刘峰梅在城市营商环境与民营经济发展交流会上作主题演讲,市市场监管局在中小企业数字化发展推进会上做典型发言。会议期间,刘峰梅考察走访了相关企业,洽谈对接招引合作事宜。

26日 现代服务业与新型工业双向赋能项目签约暨水发兴业能源集团落户泰安揭牌仪式举行,市委书记、市人大常委会主任杨洪涛和水发集团党委书记、董事长刘志国共同为水发绿色能源股份有限公司揭牌,市委常委、秘书长张颖致辞,市政府副市长、市公安局局长窦清波出席。活动中,水发集团与市政府签署合作框架协议。水发兴业能源集团、泰山区、水发绿碳能源山东公司、江苏日托光伏科技有限公司、江阴久鑫金属科技有限公司共同签署合作协议。仪式上,为水发绿色能源股份有限公司和水发绿碳能源山东公司揭牌。

27日 2023年新型建材产业绿色创新发展论坛暨"科创中国"绿色新型建材科技服务团泰安对接会开幕式举行,中国建筑学会理事长修龙,市委书记、市人大常委会主任杨洪涛,省住建厅厅长王玉志,市工业推进委副主任、党委书记、市一级巡视员宋洪银,市政府副市长、市新型建筑材料产业链链长唐传营等出席会议。活动中,泰安市新型建筑材料产业链协同发展委员会揭牌,山东泰安建筑工程集团有限公司、山东联强建筑工业科技有限公司"中国建筑学会泰安服务站"揭牌。活动还进行了项目推介签约,助力泰安社会经济和城乡建设高质量发展。

27—29 日 市委副书记、市长李兰祥到深圳市开展经贸科技对接活动。李兰祥一行到铜锣湾集团,座谈对接商业综合体及文旅项目;在中科院深圳先进技术研究院,座谈交流有关合作事宜,为深圳先进技术研究院专家颁发"科技合作特聘专家"聘书,为"科技成果直通车工作站""泰安市创新创业基地"揭牌;在深圳东华集团,参观了鲁深新旧动能转化促进中心展厅,座谈交流了合作事宜。活动期间,市政府与深圳先进技术研究院签署战略合作协议,市交通发展集团、市泰山文旅集团与深圳东华集团签订战略合作协议。

29 日至 6 月 2 日 市委副书记、市长李兰祥率泰安市代表团到香港、澳门参加 2023 年港澳山东周活动。活动期间,代表团参加了山东省高质量发展开放合作推介会及重点项目签约仪式,举办了 2023 年(香港)泰安投资合作恳谈会,取得丰硕成果。其间,签约项目 3 个,总投资 2.2 亿美元,合同外资额 8800 万美元,其中 2 个项目参加省重点项目签约仪式,总投资 2 亿美元,合同外资额 6800 万美元;通过对接洽谈达成合作意向 6 个。在港澳期间,李兰祥率泰安代表团先后走访了香港中电集团、香港国际经贸合作协会、香港国际菁英会、华电香港有限公司、光大环境集团、华润集团、香港康弘集团、香港乐奇科技有限公司、澳门世界华人企业家联合会、澳门通帆国际控股集团、澳门泓月坊有限公司、中信环境技术投资有限公司、澳门山东商会、澳门美高梅国际酒店集团等世界 500 强及知名企业、社团机构,开展了富有成效的对接洽谈,达成了一批合作意向。活动期间,泰安市政府与香港国际菁英会签订了战略合作协议,泰安高新区与澳门通帆国际控股集团签约了通帆出行网约车总部项目。

30 日 市政府副市长、市现代食品产业链链长马保文带领调研组到肥城市调研国家生猪市场山东交易平台建设情况并召开座谈会。

同日　全市数字经济产业快速发展分片推进座谈会在泰山区召开，会议围绕全国全省数字经济发展形势，结合本地数字经济发展未来方向，进一步研究了加快全市数字经济产业的任务目标和具体措施。

31日　中宣部巡视组组长、一级巡视员高书生一行，到泰山新闻出版小镇、国家文化大数据（泰山）产业城考察调研，市委常委、宣传部部长、市出版印刷产业链链长工爱新陪同活动。

同日　宁阳县锐顺药业竣工试产仪式举行，市委常委、组织部部长、市医药及医疗器械产业链链长刘泮英出席活动。

同日　宁阳县政府、泰山产业投资集团与浙江快驴科技有限公司签约仪式举行。活动中，泰山产业投资集团与浙江快驴科技有限公司签署《增资扩股协议》；与泰安远望创投公司签订《泰安远望新能源产业投资基金合伙企业协议》；与泰安市洪泰新型工业化基金签订《泰安市洪泰新能源创业投资基金合伙企业协议》。宁阳县政府与浙江快驴科技有限公司签订《招商引资合作协议》。

同日　市新型建筑材料产业链招商考察组到福建、浙江、上海进行招商推介，走访了金强（福建）建材科技股份有限公司、福建威固科技有限公司、中国科学院海西研究院泉州装备制造研究中心、长江精工钢结构（集团）股份有限公司、浙江中南绿建科技集团有限公司、上海畅停信息科技有限公司。招商考察组通过与负责人座谈交流、实地参观，深入了解技术产品特色优势、产业布局、发展规划与投资意向等信息，并积极推介泰安产业，就有关合作事宜进行了洽谈。

6月

1日　市工业推进委副主任、党委书记、市一级巡视员宋洪银带队到北京对接洽谈 2×300 兆瓦盐穴压缩空气储能电站项目。

同日　2023年山东省第一批技术创新项目计划发布，泰安市获批项目 125 项,涉及新一代信息技术、高端化工、高端装备、新材料等行业,拟申请专利总数 342 项,其中发明专利 103 项。项目研发总计投入 10.8 亿元。

同日 市数字经济产业链到北京参加"科创双百 助力泰安"泰安旅游经济开发区数字科技产业园暨前沿科技成果展示交流系列活动,并开展招商推介。

4 日 国家标准化管理委员会《关于下达第九批社会管理和公共服务综合标准化试点项目的通知》公布,"山东泰安新泰市重点项目代办服务综合标准化试点"成功获批。该项目是全国唯一一个政务服务领域帮办代办类试点项目,也是继国家级服务业标准化试点、示范项目后,新泰市争取到的又一项国家级标准化试点项目。

5 日 全市重点生物高科技创新项目合作签约仪式举行,泰山产业发展投资集团与山东迈科珍生物科技签订合作协议。国家卫健委食品安全标准与监测评估司副司长田建新,市委副书记、市长李兰祥,市委常委、组织部部长刘泮英,市委常委、市政府副市长姜宁等出席仪式。

同日 全市化工行业安全生产整治提升专项行动动员部署会议召开,安排部署化工行业安全生产整治提升专项行动。市委副书记、市长李兰祥出席。会议要求各级各有关部门单位要站在政治和全局的高度,不断强化红线意识、底线思维,坚决扛牢安全生产重大责任,坚决维护好社会大局和谐稳定。

7 日 山东能源集团发展服务集团有限公司揭牌仪式举行。市委副书记、市长李兰祥,山东能源集团党委副书记、董事、工会主席岳宝德出席活动。山东能源集团是省属国有特大型能源企业,在能源领域处于领先地位。发展服务集团有限公司是山东能源集团新成立的一家多元化公司,业务覆盖面广、核心竞争力强,该公司总部经济项目落户岱岳区,既是助力地方发展的重要举措,也是壮大全市现代服务业的重点项目。

同日 泰山城建集团与清华海峡研究院举行产业引导基金签约仪式。基金项目的签约标志着泰安市与清华海峡研究院的合作步入了一个新阶段，对推动全市新型工业化强市建设将起到促进作用。该基金项目由泰山城建集团与清华海峡研究院联合组建，旨在为泰安产业发展、企业上市提供资金支持，为泰安新型工业化强市建设赋能增势。

同日　市新型建材产业链链上企业泰安中联水泥有限公司的水泥制造行业 +5G 智能矿山项目和山东大唐宅配家居有限公司的全屋定制柔性化智慧工厂项目入选山东省人工智能应用场景名单，被省工信厅作为典型案例在全省推广。

7—8 日　第四届泰山光伏论坛暨首届泰山储能论坛在泰安市举办。来自全国各地的行业专家和光伏、储能行业从业者交流行业观点、分享前沿技术，共享创新经验、共商能源大计。论坛以"光伏市场趋势分析及展望""绿色低碳高质量发展条件下的储能前景""先进压缩空气储能技术研发及产业化进展"等为题作演讲。在泰安市举办盛会对于探索光伏和储能的结合具有重要意义；利用盛会这一平台，凝聚发展共识，推动以光伏、储能等为代表的新能源产业发展，为"3060 碳达峰、碳中和"贡献智慧和力量。

8 日　泰山产业会客厅建设工作专题汇报会议召开。市委书记、市人大常委会主任杨洪涛，市委副书记、市长李兰祥，市工业推进委副主任、党委书记、市一级巡视员宋洪银出席会议。泰山产业会客厅建设成效明显，对市委提出的功能要求，已基本搭建起了整体框架，为新型工业化强市建设提供了服务新平台和工作新抓手。会议听取泰山产业会客厅建设总体情况汇报，观看会客厅各项功能演示。高标准建设泰山产业会客厅是市委、市政府推动实施新型工业化强市战略的重要举措之一，目的是搭建一个集政策服务、洽谈招商、供应链协同、决策参考等功能于一体的综合性服务平台。整个平台共设计 7 个版块，其中，泰安概况、工作动态、泰好客招商平台、"泰企通"服务平台、泰好品供需平台五大版块已基本建成。

同日　省工程咨询院党组书记、院长李天生一行到泰安调研黄河流域能源高质量发展情况。市委常委、市政府副市长常绪扩出席会议。调研期间,实地考察了华电肥城 200 兆瓦智慧农业 + 光伏、10 兆瓦空气压缩储能国家示范电站和中储国能 300 兆瓦先进压缩空气储能示范电站等项目情况,听取了全市能耗双控、"两高"项目核查管理等工作情况汇报,充分肯定了能源开发和储备工作成绩。

9 日 市委常委会会议召开,传达学习习近平总书记重要讲话精神,传达有关会议精神,审议有关文件,研究贯彻落实意见。市委书记、市人大常委会主任杨洪涛主持会议并讲话,市委副书记、市长李兰祥及市委常委出席会议,有关市领导列席会议。会议审议了《泰安市盐穴储能储气综合利用规划》《关于促进盐穴储能储气产业高质量发展的实施意见》《泰安市现代服务业考核办法》《2023 年度全市高质量发展综合绩效考核方案》《"泰安工作创新奖"评选办法》,研究贯彻落实意见。

同日 资本助力泰安新型工业化暨蓝海股权交易中心集中挂牌仪式举行。中信证券(山东)有限责任公司董事长陈佳春,市委书记、市人大常委会主任杨洪涛,市委副书记、市长李兰祥出席。活动中,市政府与华融资产管理股份有限公司签署战略合作协议,50 家企业挂牌。挂牌企业主要分布在新能源、现代食品、新型建材、矿山设备、新一代信息技术等领域。市领导张颖、姜宁、宋洪银参加活动。

同日 市工业推进办主任办公会和党委会召开,市工业推进委副主任、党委书记、市一级巡视员宋洪银主持,研究审议企业产业链归属问题会商制度等事宜。

同日 "金企协同·融链共赢"产业链金企对接系列活动首场暨高端化工产业链专场金企对接会举行,会上共向银行机构推送 17 个化工企业的融资需求 32.39 亿元,7 家银行与 13 家企业成功签约,签约金额 16.5 亿元。

同日 山东理工大学党委书记胡兴禹一行到泰安考察,与市纺织服装产业链签订"校链企"战略合作协议并洽谈合作事宜。市委常委、统战部部长、市纺织服装产业链链长成丽出席。

12 日 "国泰民安·星空永恒"——国星宇航星时代 –16（泰安号）卫星出征暨永生乘客登舰仪式成功举办。该卫星是一颗高分辨率商业遥感卫星，将搭载高光谱遥感相机以及由国星宇航自主研发的创新型可视化区块链在轨存证系统——卫星链（ADAChain）等载荷，可为用户提供全方位、高质量的遥感数据服务。此次国星宇航星时代 –16（泰安号）卫星出征是泰山城建集团在建设卫星生产基地、打造全链条产业的总体布局上取得的重大突破。

13 日 全市制造业协同发展工作推进会召开。市委书记、市人大常委会主任杨洪涛出席会议并讲话，市委副书记、市长李兰祥主持。会议通报表扬了 2022 年度新型工业化强市建设先进单位，新泰市、肥城市、宁阳县、市自然资源和规划局、市高端化工产业链专班、市纺织服装产业链专班、泰山玻纤、泰开集团负责人作了发言，泰山产业会客厅、泰安市制造业科技创新联盟揭牌运行。市领导张颖、姜宁、宋洪银等出席。

6 月 13 日，全市新型工业化强市建设要素保障大集暨要素保障周活动举办

（赵　坤　摄）

同日 市政府常务会召开，市委副书记、市长李兰祥主持。会议分析当前经济运行形势，听取《泰山产业会客厅建设工作方案》有关情况汇报。

同日 第二届中国混凝土与水泥制品行业共建"一带一路"高质量发展论坛在南京召开，公布了第三批《"一带一路"重点产品、装备及技术服务推荐目录》名单，泰安肥城鲁泰建材无石棉纤维水泥平板成功入选。

同日 2022年度山东省留学人员来鲁创业启动支持计划21家入选企业名单公布，泰安市2家企业——山东国仓健生物科技有限公司和博纳空调设备（山东）有限公司入选并被评为优秀类企业。

同日 全市要素保障大集暨要素保障周活动举办，15个市直要素保障部门、10家金融机构现场与有需求的企业对接政策解读、业务受理、联合会商、金融服务等问题。本次活动共征集74家攻坚突破企业项目88项要素需求，集中进行对接和解决。

同日 市委副书记、市长李兰祥会见盈科资本总经理陈光水一行，双方就推进基金合作方案及投资项目合作有关事宜进行座谈交流。

14日 市工业推进委副主任、党委书记、市一级巡视员宋洪银带队到济南橙仕集团山东豪驰智能汽车有限公司考察推进在谈项目。

同日 全市危险化学品企业主要负责人安全生产谈话活动举办，进一步落实生产经营单位安全生产主体责任，增强企业主要负责人安全生产责任意识，使其更好地全面履行安全生产职责。会议指出，各危险化学品企业要时刻保持高度警醒，切实把做好安全生产工作作为一项重要的政治任务，始终绷紧安全生产这根弦；要集中时间、集中力量开展起底式隐患排查，建立隐患台账，摸清重大事故隐患底数，切实抓好整改；要切实落实安全生产主体责任，坚决抓好事故防范措施落实。

同日 "泰山纺织服装大讲堂"举办，江苏衫数科技集团有限公司CEO向清华围绕服装产业数智化供应链作路演讲座。市委常委、统战部部长、市纺织服装产业链链长成丽,市工业推进委党委书记、副主任、市一级巡视员宋洪银出席。

14—15日 市数字经济产业链专班到中国科学院赣江创新研究院就合作项目洽谈对接,推进精准合作。

15日 全市现代物流业高质量发展大会召开。市委书记、市人大常委会主任杨洪涛出席会议并讲话,市委副书记、市长李兰祥主持。会议要求全市各级各部门要提高思想认识,增强工作的主动性和预见性,大力推广新型组织模式、管理模式、运营模式,以时不我待的责任感和紧迫感,推动现代物流业高质量发展,为新时代现代化强市建设助力赋能。市领导常绪扩、姜宁、宋洪银,各县(市、区)、功能区主要负责人,市直及省属以上驻泰有关部门单位主要负责人、驻泰有关高校分管负责人,13条产业链一、二级链主企业,全市"三十"主体培育行动企业主要负责人参加会议。

同日 市委人才工作领导小组会议召开。市委书记、市人大常委会主任、市委人才工作领导小组组长杨洪涛出席会议并讲话,市委副书记、市长、市委人才工作领导小组组长李兰祥主持。会议指出,加快泰安经济社会高质量发展,特别是深入推进新型工业化强市建设等重点任务,对人才特别是战略人才的需求尤为迫切。市委人才工作领导小组副组长刘泮英、姜宁、马保文等参加会议。

16日 英视盛华卫星星座项目签约仪式举行。市委书记、市人大常委会主任杨洪涛,北京英视睿达科技股份有限公司董事长尹文君,洪泰基金董事长盛希泰,市委副书记、市长李兰祥出席活动,共同见证卫星产业落地泰安。活动中,北京英视睿达科技股份有限公司与泰山区签署战略合作协议;北京英视睿达科技股份有限公司与山东盛华产业投资集团签署英视盛华卫星星座项目合作协议;北京英视睿达科技股份有限公司与泰安市洪泰新型工业化基金签署投资合作协议。市领导张颖、姜宁等参加活动。

同日 "泰山产业会客厅"新型工业化综合服务平台上线新闻发布

会召开。"泰山产业会客厅"现已启动上线"泰安概况""工作动态""泰好客招商平台""泰企通服务平台""泰好品供需平台"五大功能版块，已入驻企业 1068 家,完成信息维护 526 家。"工业政策超市"模块已汇聚中央、省、市、县政策 1421 条。"泰山产业会客厅"由市工业推进办、市工业和信息化局会同市发改、教育、科技、财政、商务、国资、金融、大数据、泰山产投等部门组成专班按照服务宣传推介、服务招商引资、服务企业发展、服务产业协同、服务科技支撑、服务指挥决策的总体定位共同建设而成,着力打造"既能看又能用、既好看又好用"的新型工业化综合服务平台。

18 日 泰安市 2023 年第二季度"项目开工大比拼"集中开工活动通过视频连线方式举行, 主会场设在泰山区"泰安卫星互联网产业基地",各县（市、区）、泰安高新区设分会场。市委书记、市人大常委会主任、市工业推进委主任、总链长杨洪涛宣布集中开工,市委副书记、市长、市工业推进委主任、总链长李兰祥主持,市政协主席、输变电及电线电缆产业链链长武林中出席。此次集中开工活动共有 117 个项目, 总投资 713.82亿元, 2023 年计划完成投资 210.07 亿元。其中,新型工业化项目 111 个,总投资 621.8 亿元, 2023 年计划完成投资 192.68 亿元。集中开工的项目规模大、质量高、数量多,充分展现了新型工业化强市建设的丰硕成果。

同 日 石横特钢集团有限公司国家认定企业技术中心揭牌仪式举行, 市委书记、市人大常委会主任杨洪涛, 市委副书记、市长李兰祥出席活动并为国家认定企业技术中心揭牌。国家企业技术中心是我国规格最高、影响力最大的技术创新平台之一。石横特钢集团立足于加快推动山东先进钢铁制造产业基地建设的重大战略,以技术创新驱动高质量发展,2016 年被认定为省级企业技术中心, 2017 年、2020 年连续被认定为国家高新技术企业,围绕特种建筑用钢绿色生产,累计取得专利 298 项,主持或参与制定国家、行业、团体标准共 42 项,获山东省科技进步奖 8 项、冶金进步奖 106 项,企业工艺技术、产品质量、产线效益、能效利用、智能化水平等多项指标处于国内和国际领先水平, 2023 年 2 月被认定为国家企业技术中心，同时拥有院士工作站、博士后创新实践基地、重点实验室、劳模创新工作室等 4 个省、市级创新平台。

同日　2023 年"山东制造·齐鲁精品"名单公布，123 家企业的产品入选。泰安市山东泰开隔离开关的高压交流开关、华能（泰安）光电科技有限公司的通信用室外光缆、山东齐利得重工集团有限公司的集装箱门式起重机等 6 项产品入围。

18—19 日　市政府副市长、市矿山装备及工程机械产业链链长刘峰梅带领专班及部分重点企业到贵州参加 2023 年中国贵州国际能源产业博览交易会暨中国煤矿智能化技术创新发展高端论坛。会议期间，与六盘水市人民政府及相关企业进行洽谈交流，并考察贵州省山东商会，与贵州省山东商会签订战略合作协议。

19 日　浙江省服饰创意协会到泰安市考察洽谈，市工业推进委副主任、党委书记、市一级巡视员宋洪银参加。

同日　市高端化工产业链第二季度线上签约活动举行，共签约化工项目 15 个，总投资 68 亿元，市委常委、市纪委书记、市监委主任、市高端化工产业链链长程远军出席。

20 日　省属国资国企与泰安市合作交流座谈会暨高质量发展战略合作框架协议签约仪式举行，省国资委主任满慎刚，市委书记、市人大常委会主任杨洪涛，市委副书记、市长李兰祥出席。会上，市政府与鲁商集团、山东高速、山东国惠、山东健康、山东文旅、山东海洋 6 家省属企业签订高质量发展战略合作框架协议。市领导张颖、姜宁，市直有关部门单位和岱岳区、东平县主要负责人，市属国有企业集团主要负责人参加活动。

同日　山东省首批数字经济"晨星工厂"入库培育名单以及数字经济"晨星工厂"试点园区、试点县（市、区）等名单公布。其中，泰安市肥城新华印刷、泰安易捷数字印刷、泰中特种纸、山东润声印务 4 家出版印刷企业入选。

21 日　2023 年泰安市文化旅游发展大会开幕式举行。省文化和旅游厅党组书记、厅长王磊，市委书记、市人大常委会主任杨洪涛，市委副书记、市长李兰祥等出席。仪式上为"全市文旅发展新典型""全市新闻出版（版权）先进单位"颁奖，11 个全市重点文旅项目进行了签约。

同日　市政府与山东能源集团战略合作签约仪式举行，山东能源集团董事长李伟，市委书记、市人大常委会主任杨洪涛出席，市委副书记、市长李兰祥代表泰安市人民政府和山东能源集团签署战略合作框架协议。

同日　市现代食品产业链第二季度重点项目集中签约仪式举行，活动采取主会场 + 分会场视频连线方式进行。集中签约的重点项目共有 35 个，总投资 44.17 亿元。

同日　2023 年度山东省"十强"产业"雁阵形"集群和集群领军企业名单公布，泰安市岱岳区新材料和新型建材产业"雁阵形"集群、水浒之旅·水韵东平精品旅游产业集群成功入选 2023 年度省"十强"产业"雁阵形"集群库；泰山集团股份有限公司、山东超威电源有限公司、山东泰鹏集团有限公司 3 家企业入选 2023 年度省"十强"产业集群领军企业库。

同日　2023 年度省级"专精特新"和首批创新型中小企业名单公布，泰安市新型建材产业链上的山东联强建筑工业科技有限公司等 9 家企业新入选省级"专精特新"中小企业名单；山东华杰新型环保建材有限公司等 34 家企业入选首批创新型中小企业名单，申报成果创历年之最。

26 日　市数字经济产业链到市旅游经济开发区调研泰岳宇宙数字经济产业创新示范园项目。

26—27 日　市十八届人大常委会第十一次会议召开。会议表决通过了《泰安市新型工业化促进条例》《泰安市大气污染防治条例》等。

27 日　市新能源产业链链长"一线问效"活动在肥城市举办。市委常委、市政府副市长、市新能源产业链链长常绪扩参加活动。与会人员实地参观了中储国能 300 兆瓦先进压缩空气储能电站项目、中电建 2×300

兆瓦压缩空气储能项目、中能建 350 兆瓦压缩空气储能项目现场，了解项目进展情况，研究下一步推进措施。

同日 市工业推进委副主任、党委书记、市一级巡视员宋洪银带队到德州市学习考察纺织服装产业发展情况，市纺织服装产业链主要负责人参加。

28 日 中国科协《关于支持 2023—2025 年度创新驱动示范市建设的通知》印发，全国共确定 39 个创新驱动示范市，泰安市成功入选。

同日 肥城赫里欧绿色智能发电建材产业园 6.4 兆瓦绿色建材光伏项目顺利通过阶段试验、设备安装调试等各项环节，泰安市首个绿色建材光伏发电项目实现并网发电。

同日 泰安市 2023 年第二季度矿山装备及工程机械产业链项目集中签约暨要素赋能对接活动举行。市政府副市长、市矿山装备及工程机械产业链链长刘峰梅出席。此次签约的 28 个项目科技含量高、合作地域广、发展后劲足，要坚定产业信心，扎实开展系列要素赋能活动，为链上企业送政策、解难题，促进企业发展。

同日 市新型建筑材料产业链第二季度招商引资集中签约仪式暨山东鑫阳升绿色建材基地项目投产仪式举行。市政府副市长、市新型建筑材料产业链链长唐传营参加活动。

28—30 日 山东省绿色低碳高质量发展重点项目现场观摩会举行。省委书记林武，主题教育中央第九指导组组长胡泽君，省委副书记、省长周乃翔，省政协主席葛慧君，中央第九指导组副组长李萌，省委副书记、青岛市委书记陆治原，省人大常委会副主任、党组书记杨东奇，省委常委和有关省领导，中央第九指导组成员，市委书记、市人大常委会主任杨洪涛，市委副书记、市长李兰祥和各市党政主要负责人，省直有关部门、部分中央驻鲁单位主要负责人等出席。现场观摩先后在菏泽、聊城、泰安三市进行。29—30 日，与会人员在泰安现场观摩了石横特钢特种建筑用钢、泰山玻纤高模高强玻璃纤维智慧生产线、泰开新能源箱式变电站、路德高性能复合材料、泰山新闻出版小镇、国泰大成新材料科技产业园等项目。30 日下午，在泰安召开现场观摩工作会议，听取 2023 年以来全省重点项目建设情况汇报。林武总结点评指出，这次观摩的三个市，地处山东省中西部，经济相对欠发达，但观摩项目让人眼前一亮、为之一振。主要有五个鲜明特点：一是规模体量大，二是行业竞争力强，三是生态底色足，四是融合水平高，五是新兴产业发展基础较好。同时，大项目好项目总体偏少、新业态新模式等创新型项目不够多、招商项目储备不足、部分项目建设缓慢等问题也比较突出。对于这些问题，必须采取针对性举措，认真加以解决。

29 日 市医药及医疗器械产业链招商引资项目签约仪式举行。市委常委、组织部部长，市医药及医疗器械产业链链长刘洋英出席签约仪式。

同日 市农副产品供应链协会成立，各会员单位现场签订合作协议。省供销社党组成员、监事会副主任胡文朴，市政府副市长马保文出席成立大会。市农副产品供应链协会的成立为促进全市农副产品供应链上下游有效衔接、提升全市农副产品流通效率搭建了合作平台。

30 日 市工业推进委党委第 22 次会议召开，市工业推进委副主任、党委书记、市一级巡视员宋洪银主持会议，开展党委理论中心组学习，研究党员发展、七一表扬等事宜。

同日 市汽车及零部件产业链重点项目集中签约仪式在肥城举行。签约投资过亿元项目 9 个，总投资 25 亿元，涉及新能源整车及零部件、汽车新材料等多个热点领域。市政府副市长、市汽车及零部件产业链链长冯能斌参加活动。

7 月

2 日 市委书记、市人大常委会主任杨洪涛到新泰调研产业生态集群打造、重点项目建设和全域旅游工作情况。调研强调，要培育龙头企业，推动协同发展，狠抓项目建设，推动产业集群向产业生态集群转变、同质化竞争向分工协同转变、资源占有向资源共享转变，加快提升产业集聚力和核心竞争力。各级要有"一张蓝图绘到底"的决心和"功成不必在我"的定力，坚持"有解思维"，高标准规划引领，创新工作思路和方式方法，聚焦企业"痛点""堵点"，精准施策搞好服务、解决难题，打造良好发展生态，全力助推项目建设。要创新要素保障机制，构建亲清新型政商关系，为项目实施全生命周期管理服务，努力突破要素保障"卡脖子"制约因素，确保应保尽保。要真抓实干、担当作为，以项目突破带动全局发展，以项目建设成效体现工作能力、展现责任担当，以时不我待的紧迫感、登高望远的精气神、舍我其谁的责任心，夯实经济社会高质量发展的根基。

同日 2023年度省新旧动能转换重大产业攻关项目奖励补助资金计划下达，对全省51个通过省级中期评估的项目予以2亿元专项激励。泰安市百亿线缆数字化产业园、高性能（可降解）聚酯复合非织造材料关键技术研究及产业化、泰山黄精文化产业园、新型绿色农药创新连续化关键技术4个项目顺利通过中期评估，获得省级奖励补助资金1600万元，项目数量、资金额度均居全省第4位。

同日 中国工程项目管理发展与治理体系创新学术报告会在泰安举行，活动由市新型建筑材料产业链举办。专家分别以"中国建设工程项目生产力与治理体系创新""绿色建造发展与推进""数字化精益建造范式研究"为题，全面阐述了项目治理体系和治理能力现代化建设的理论体系，报告会有力促进了校城融合，为泰安市科教兴市、人才强市和创新驱动发展提供了智力支持。

3日 市矿山装备及工程机械产业链专班与中国机械工业集团项目对接洽谈活动举行，市政府副市长、市矿山装备及工程机械产业链链长刘峰梅出席活动。

4 日　市政府常务会议召开,市委副书记、市长李兰祥主持,听取《泰安市化工行业安全生产整治提升专项行动总体工作方案》《关于成立全市化工行业安全生产整治提升专项行动领导小组及工作专班的通知》有关情况汇报,听取全省科技创新大会会议精神及贯彻落实意见。

5 日　全市第二季度"项目签约大比拼"活动举行。市委书记、市人大常委会主任杨洪涛出席活动并讲话,盈科资本董事长钱明飞出席,市委副书记、市长李兰祥主持。此次项目签约大比拼集中签约项目 39 个,都是各县(市、区)、功能区、各产业链,立足自身优势,围绕延链补链强链招商引资的项目,产业特色比较突出,市场前景好,发展后劲也比较足。活动中,盈科资本和东方汇富嘉宾致辞,泰山区、宁阳县主要负责人分别作重点产业和园区推介,活动介绍了全市二季度"项目签约大比拼"签约项目情况,市政府、市财金集团和宁阳县、泰安高新区与盈科资本签署了有关合作协议,各县(市、区)、泰安高新区、旅游经济开发区、徂汶景区分别进行项目签约。

7月5日,全市重点项目对接会暨第二季度"项目签约大比拼"签约仪式举行

（司　刚　摄）

同日　山东省《关于印发山东省国有科技型企业深化市场化改革提升自主创新能力专项行动企业名单的通知》下发，泰安市泰山产业发展集团所属山东国泰民安玻璃科技有限公司和山东瑞达峰生物医药技术有限公司2家市属国有企业位列其中。

同日　第二届全国文化出版领域文创产品交易博览会在泰山国际会展中心开幕。中国出版协会副理事长兼秘书长王利明，市工业推进委副主任、党委书记、市一级巡视员宋洪银出席。

5—6日　第二届全国文化出版领域文创产品交易博览会在泰山国际会展中心成功举办。中国出版协会、中国新华书店协会、中共山东省委宣传部及市委市政府相关领导出席。

7日　2023年山东省"一企一技术"研发中心名单公布，泰安市浪潮软件股份有限公司、普瑞特机械制造股份有限公司等18家企业成功入选。"一企一技术"研发中心旨在推动企业突破掌握行业领域关键核心技术，开展技术研发和技术成果转化，实施产学研合作和创新人才培养，推进企业技术创新。

同日　市政府副市长、市汽车及零部件产业链链长冯能斌带队到泰安高新区调研航天特车、五岳重汽、泰开重工等重点链内企业，听取企业生产经营状况、存在的困难问题、企业需求等情况汇报。

11日　中宣部印刷发行局印刷复制处处长、二级调研员路洲一行到山东新巨丰科技包装股份有限公司调研。调研组详细听取了山东新巨丰科技包装股份有限公司情况介绍，深入了解了新泰市出版印刷产业发展情况。调研组对全市出版印刷产业发展取得的成绩给予充分肯定。

11—14日　市政府副市长、市现代食品产业链链长马保文带队到北京、河南等地进行食品产业考察。

12日　市医药及医疗器械产业链与山东第一医科大学联合举办"校链企"深度融合助推医药康养产业高质量发展会议，市委常委、组织部部长、链长刘泮英参加。

同日 市工业推进委副主任、党委书记、市一级巡视员宋洪银带队到青岛考察对接洽谈合作项目。

13 日 泰安市质量大会召开。市委书记、市人大常委会主任杨洪涛出席会议并讲话。会议宣读《第八届山东省省长质量奖提名奖获奖个人》《"好品山东"品牌获奖企业》《2022 年度山东省高端品牌培育企业》《泰安市质量强县》《2022 年泰安市质量强市标杆企业》名单,为获奖代表颁奖授牌。山东路德新材料股份有限公司、山东泰开高压开关有限公司和泰山区、新泰市主要负责人作交流发言。

同日 市医药及医疗器械产业招才引智、招商引资工作洽谈会召开,市委常委、组织部部长、市医药及医疗器械产业链链长刘泮英主持并参加会议。

14 日 市工业推进委副主任、党委书记、市一级巡视员宋洪银带队调研新型建筑材料产业链协同发展工作情况。

15 日 邦得科技控股集团董事长苗珍录率专家和公司团队到泰安考察,泰安市委书记、市人大常委会主任杨洪涛和相关市领导出席座谈会,双方开展了深入交流,共商绿色低碳产业项目落地事宜,达成合作共识。

17 日 市出版印刷产业链项目集中签约仪式举行。市委常委、宣传部部长、市出版印刷产业链链长王爱新出席会议强调,签约的 14 个重点项目质量高、发展前景广阔,为出版印刷产业延链、补链、强链注入了强劲动力。市、县出版印刷产业链专班和项目属地负责单位要全天候、全流程、全方位服务,力争使项目早落地、早建成、早达产。

同日 市工业推进委副主任、党委书记、市一级巡视员宋洪银带队调研市高端化工产业链商(协)会建设及协同发展情况。

18 日 2023 年度山东省特色产业集群名单,全省共 35 家,泰安市宁阳县高端化工特色产业集群、岱岳区精细化工特色产业集群、肥城市高性能纤维及复合材料特色产业集群成功入选。

同日 2023 年度山东省新型储能入库项目名单公布，泰安市 5 个项目成功入选，项目建设容量达 125 万千瓦，项目数量、建设容量均居全省 16 市首位。其中，协合宁阳钠锂组合 100 兆瓦 /200 兆瓦时储能电站、新泰山东高速新能源开发有限公司 100 兆瓦 /200 兆瓦时储能电站、中能建山东泰安 350 兆瓦压缩空气储能项目、中电建肥城 2×300 兆瓦（一期）盐穴压缩空气储能项目 4 个项目被列为优选项目；岱岳区道朗镇 100 兆瓦 / 200 兆瓦时电网侧电化学储能项目被列为鼓励项目。

19 日 市工业推进委副主任、党委书记、市一级巡视员宋洪银调研市出版印刷产业链商（协）会建设及协同发展情况，先后到山东综艺联创包装有限公司、泰山新闻出版小镇北区、泰山新闻出版小镇南区走访调研，并在小镇南区展示中心召开座谈会。

20 日 市委副书记、市长李兰祥到宁阳县调研经济社会发展及包保项目有关情况。李兰祥一行首先来到包保项目晋煤明升达项目，召开现场办公会，听取项目规划设计及工作进展情况，研究解决项目推进过程中遇到的问题和困难。在山东恒信高科能源有限公司、铁路物流园项目、宝胜（山东）电缆有限公司、天和纸业有限公司和凌云中央大厨房项目，现场调研企业发展、重点项目建设等情况，听取企业经营情况汇报。市工业推进委副主任、党委书记、市一级巡视员宋洪银参加有关活动。

同日 2023 年全省特色产业集群发展工作会议在肥城召开，数字化转型服务行（泰安站）活动启动。省工业和信息化厅党组成员、副厅长安文建，市工业推进委副主任、党委书记、市一级巡视员宋洪银出席会议。

20—21 日 山东省外事研究与发展智库联盟专家学者到泰安市开展"服务全省高质量发展的外事实践"专题调研。调研期间，调研组先后到山东岱银纺织集团股份有限公司、鲁普耐特集团、泰山啤酒有限公司、泰开机电设备进出口有限公司、路德新材料有限公司、力博重工科技股份有限公司等市重点涉外企业,就外事服务高质量发展情况、企业经营现状、国际经营战略布局等与企业进行了深入探讨并提出指导性意见和建议。

21 日 全市经济运行调度视频会议召开,听取经济运行情况和重点工作推进情况汇报,研究部署重点工作任务。市委副书记、市长李兰祥出席会议并强调,要进一步统一思想,锚定发展目标,坚定信心、铆足干劲、奋力争先,加快推动全市绿色低碳高质量发展。要积极对上协调争取,打好对上争取主动仗,力争更多政策和资金在泰安落地。要持续转变作风,强化责任落实,把实干贯穿工作始终,脚踏实地干好每一项工作,确保下半年经济取得超预期的好成绩。要时刻绷紧安全生产这根弦,牢固树立防汛救灾底线思维,坚决防范遏制各类事故发生,全力保障人民群众生命财产安全。市领导常绪扩、冯能斌、马保文参加会议。

22 日 "泰安号"(星时代 –16)卫星搭载谷神星一号 Y6 运载火箭,在酒泉卫星发射中心成功发射入轨。"泰安号"(星时代 –16)卫星采用国星宇航自研 ADASAT–30 轻量化智能卫星平台,配置高性能高光谱遥感载荷,同时首次搭载国星宇航创新研发的星载区块链 ADAChain 载荷及星屏系统,将执行全球首次可视化区块链在轨存证及相关商业服务,并启动全球首个太空数字生命社交平台(硅么)等系列空间计算内容应用,全新打造面向大众用户的太空数字经济新平台、新业态,助力我国平台经济向太空寻找新空间,挖掘新潜力。"泰安号"(星时代 –16)卫星配置的高光谱遥感载荷,可在获取地表图像信息的同时,重点获取目标区域地表丰富的光谱信息,实现地物精细化分类与识别,在精准农业、水资源管理、矿产资源调查等领域提供天基数据服务,为星时代 AI 星座对地观测综合能力迈向高空间分辨率、高光谱分辨率、高时间分辨率的"三高"目标打下坚实基础。本次卫星平台搭载的国星宇航自主研发的创新型可视化区块链在轨存证系统,可实现在轨可视化区块链多重签名认证、在轨视频可视化播录等功能，打造区块链与空间技术的深度融合，将应用于金融与政务服务等行业，是泰安开启卫星应用迈出的关键一步。

23—27 日 市政府副市长、市现代食品产业链链长马保文带队到湛江、深圳等地开展招商引资活动，学习借鉴外地食品产业发展经验，促进招商引资工作提质增效。

24 日 市政府副市长、市矿山装备及工程机械产业链链长刘峰梅带队到新泰市现场调研羊流起重机产业园区和链上企业项目建设情况，并召开市矿山装备及工程机械产业链重点攻坚突破项目现场办公会。

同日 山东省第五批专精特新"小巨人"企业名单公示，泰安市山东泰开电力电子有限公司、泰山信息科技有限公司、泰安汉威集团有限公司等 15 家企业成功入选。专精特新"小巨人"企业创新能力突出、掌握核心技术、细分市场占有率高、质量效益好，是中小企业的典型代表和佼佼者。

25 日 市委书记、市人大常委会主任杨洪涛，市政府副市长、市新型建筑材料产业链链长唐传营会见中国建筑材料联合会副会长、国建投资公司董事、总经理孙凯文一行，双方座谈沟通党建联建促发展的创新举措，并就推进无机非金属新材料发展合作进行深入交流。新型建材产业链作为泰安市 13 条重点产业链之一，坚持产业集群优势互补，推动高端要素和创新资源聚集，已取得明显成效。泰安在双方以往良好合作的基础上，进一步优化环境，用心用情做好服务，推动实现更高层次的共同发展。

同日 泰安市政府与微医集团和扁鹊集团战略合作框架协议签约仪式在泰安扁鹊中医药健康产业园举行。市委副书记、市长李兰祥，微医集团董事长兼 CEO 廖杰远，市委常委、组织部部长刘泮英，市工业推进委副主任、党委书记、市一级巡视员宋洪银，市政府副市长刘峰梅等领导出席活动。

同日 市委常委、组织部部长、市医药及医疗器械产业链链长刘泮英现场调研泰山药谷科技产业园项目进度。

同日 市纺织服装产业链在泰山区举行链长现场办公活动,研究解决有关问题瓶颈,推动企业项目发展。市委常委、统战部部长、市纺织服装产业链链长成丽参加活动。

26 日 中国硅酸盐学会玻璃纤维分会学术年会暨全国玻璃纤维专业情报信息网第 43 届年会在泰安举行。市委副书记、市长李兰祥,中国硅酸盐学会玻纤分会理事长郭伟,市委常委、市政府副市长姜宁等出席开幕式。此次活动由泰安市高性能纤维及复合材料产业链、大汶口工业园、泰山玻璃纤维有限公司共同承办,采用"线上 + 线下"双线同步网络直播模式,现场来自玻璃纤维及复合材料行业上下游近 500 名代表与线上参会的 1600 名代表共聚一刻,围绕"凝聚创新发展共识 汇聚高质量发展合力"会议主题,就当前形势下国内玻纤及复材行业的发展趋势、技术研究、创新应用等方面进行专题研讨交流,共同探索如何引领行业高质量发展,增强内需发展动力,开拓合作共赢的新局面。仪式后举行了第七届"玻纤产业技术成果展示会"专题报告会,泰安市人民政府与南京玻璃纤维研究院签订战略合作协议,同时进行了产业链重点园区(产业)和项目推介,举行了产业链第二季度重点项目签约。

26—28 日 市工业推进委副主任、党委书记、市一级巡视员宋洪银带领市矿山装备及工程机械产业链专班及部分企业到内蒙古鄂尔多斯市参加 2023 年煤矿与煤化工环保产业大会暨鄂尔多斯煤矿企业合作洽谈会,并开展系列推介招引活动。

27 日 百度与泰山城建集团战略合作协议签约仪式举行。百度副总裁石清华、市政府副市长唐传营出席。北京百度网讯科技有限公司在人工智能、大数据、云计算等领域具有较大的技术优势。双方通过深入合作导入百度数据标注产业基地,打造独具泰安特色的基础数据产业集群,共同推进人工智能(泰安)数据标注产业基地落地,覆盖地图交通、无人驾驶、数字孪生等数据智能重点领域,助力数字人才发展。同时,延伸到更多人工智能产业,形成数据智能产业"泰安模式",打通数据智能服务产业链,立足泰安市,打造面向华东乃至全国的基础数据产业新生态。

同日 标识解析社会公共安全设备及器材制造行业和生产专用起重机制造行业2个二级节点建成运行,启动仪式在新泰市举行。省工信厅二级巡视员吴炎、市政府副市长冯能斌出席活动。

同日 泰安市矿山装备及工程机械企业与鄂尔多斯市煤炭企业合作洽谈会召开,市工业推进委副主任、党委书记、市一级巡视员宋洪银参加。

同日 市数字经济产业链主要分责人带队到泰山区国兴宇航泰安卫星互联网产业基地项目及新泰市鸿锦盛电子科技(山东)有限公司现场办公,解决企业发展难题。

28日 泰安市政府与中铁六局集团战略合作座谈会及项目签约仪式举行。中铁六局集团有限公司总经理王波,市委副书记、市长李兰祥,市委常委、市政府副市长姜宁出席活动。中铁六局选择泰安、扎根泰安,与泰安成为战略合作伙伴,对双方全面深化战略合作有着重大的里程碑意义,将推动双方迈入长期互利共赢、合作发展的新阶段。

同日 现代食品产业链链上企业山东碧蓝生物科技有限公司,技术成果入选2023年山东省绿色低碳技术成果目录,"土壤重金属微生物原位钝化修复技术成果"由山东碧蓝生物科技有限公司推荐。该技术成果适用于非地质背景原因造成的轻度和中度镉铅等重金属污染农田土壤治理修复,已在长沙拓实农业发展有限公司示范。

28日至8月6日 应马来西亚柔佛州政府、新加坡企业发展局和菲律宾达沃市政府邀请,市委书记、市人大常委会主任杨洪涛率团到马来西亚、新加坡、菲律宾进行经贸项目洽谈和友好访问。杨洪涛率团访问期间,与政商界人士进行广泛深入的座谈交流,推介泰安市的经贸项目、投资环境、历史文化、人文旅游,搭建了合作机制和交流平台,为泰安市与三国有关城市、机构和企业的友好往来及长远合作奠定了坚实的基础。

29日 全市"项目策划大比拼"工作推进会召开。市委常委、市政府副市长常绪扩出席会议并讲话,市工业推进委副主任、党委书记、市一级巡视员宋洪银主持会议。会议公布了二季度全市项目策划优秀案例,展示重点策划项目,并签署咨询合作协议。上半年,全市各级共策划入库项目931个,同比增长54.6%。其中新型工业化强市项目753个,占比达到80.9%。

8月

1日 市委副书记、市长李兰祥会见水发集团党委书记、董事长刘志国一行,双方就推进当前在建项目、谋划新时期战略合作进行座谈交流。

2日 泰山智造科创平台建设工作推进会议召开,市工业推进委副主任、党委书记、市一级巡视员宋洪银主持。

同日 东平中联水泥有限公司技术中心入选山东省发改委新认定省级企业技术中心。

3日 2022年度山东省工业强县名单公布,新泰市成功入选,成为2022年度全省十个工业强县之一。

3—5日 市新型建筑材料产业链参加广东省山东泰安商会理事会就职典礼暨粤港澳大湾区泰安商会联盟筹备启动仪式。其间,产业链有关人员拜访了广东东鹏集团总部、佛山市沃杰森建材有限公司和广州绿色与功能建筑材料产业协会,并开展招商引资推介活动。

4日 泰安市重点产业招商推介会暨粤港澳大湾区泰安商会联盟筹备启动仪式在广州举行,市委常委、统战部部长、市纺织服装产业链链长成丽,市工业推进委副主任、党委书记、市一级巡视员宋洪银,市政府副市长、市汽车及零部件产业链链长冯能斌参加。

5 日 第九届中国图学大会在泰安市开幕。市委副书记、市长李兰祥，中国图学学会理事长、清华大学党委副书记、教授赵罡，中国科协科学技术创新部副部长许光洪，省科协副主席张波，市政府副市长刘峰梅等出席开幕式。本届大会吸引了 700 余名图学领域的专家学者共聚泰山脚下，大会征文 98 篇、安排分论坛和报告会 23 场次、邀请报告人 108 位，搭建起一个面对面、高质量的交流、学习平台。仪式上，泰安市与中国图学学会签订战略合作协议，双方将从"组建科技服务团、协作服务创新驱动发展、协作开展学术交流活动、共同开展科学普及和人才培养"等方面加强合作。

7 日 全市企业家座谈会召开，听取企业家对经济发展的意见建议，凝聚政企一条心、共创新型工业化强市建设新局面的强大合力。市委副书记、市长李兰祥主持会议。

9 日 2023 年山东省级工业互联网平台公示名单公布，全省共评出 61 个重点平台、46 个储备平台，泰安市 9 个项目入选，其中重点平台 5 个，储备平台 4 个，入选数量居全省前列。

同日 2023 年（第 30 批）新认定山东省企业技术中心名单公布，泰安山东新沙单轨运输装备有限公司、泰安市永乐食用菌科技有限公司等 10 家企业技术中心全部成功入选。此次新认定的 10 家省级企业技术中心主要集中在新一代信息技术、生物医药、高端装备制造、新材料等产业领域，标志着泰安市自主创新能力在相关领域进一步推进加强。

同日 《2023 年山东省绿色低碳技术成果目录》发布，包括水治理、大气治理、碳减排等领域 78 项先进适用技术成果。泰安市山东迈科珍生物科技有限公司、山东恒驰矿业装备科技有限公司、中储国能（山东）电力能源有限公司、山东大禹水处理有限公司、山东碧蓝生物科技有限公司、山东帅迪医疗科技有限公司这 6 家企业推荐的 6 项技术成果成功入选。

10 日 由中国出版协会发起，泰安市委宣传部、市出版印刷产业链、泰安高新区组织，泰山新闻出版小镇承办的"风雨同舟　守望相助"协同解决书业灾后恢复生产座谈会在北京召开。中国出版协会副理事长兼秘书长王利明，中国新闻出版传媒集团党委书记、董事长马国仓，泰安市委常委、宣传部部长、市出版印刷产业链链长王爱新出席会议。

同日　"2023年中国硅酸盐学会玻璃纤维分会学术年会暨全国玻璃纤维专业情报信息网第43届年会"在泰安举行，此次活动由市高性能纤维及复合材料产业链、大汶口工业园、泰山玻璃纤维有限公司共同承办，采用"线上＋线下"双线同步网络直播模式，围绕"凝聚创新发展共识、汇聚高质量发展合力"会议主题，就当前形势下国内玻纤及复材行业的发展趋势、技术研究、创新应用等方面进行专题研讨交流，共同探索如何引领行业高质量发展，增强内需发展动力，开拓合作共赢的新局面。在招商推介中，市高性能纤维及复合产业链，岱岳区、肥城市产业链专班以翔实的数据介绍了在新型工业化强市建设中取得的实质成效，以园区建设为载体，积极培育重点企业、重点项目，实现"共享机遇、同心携手、共赢未来"的发展目标。在项目签约中，市高性能纤维及复合产业链共签约多功能石墨烯高性能纤维康护面料研发制造、航空航天新材料生产基地等12个重点项目，签约金额31.6亿元。签约的项目紧扣基础材料制造和产业链高质量发展主题，从航天、海洋到居民生活三位一体全面布局，整体呈现单体投资大、项目质量高、市场前景好、带动能力强的特点。

11日　市重点项目集中观摩大比拼暨新型工业化强市建设述职评议工作会议召开。市委书记、市人大常委会主任杨洪涛出席，市委副书记、市长李兰祥对观摩项目作点评讲话。与会人员利用两天半的时间现场观摩了6个县（市、区）、泰安高新区和13个重点产业链的32个项目。11日下午召开会议，对观摩项目进行打分评议，对13个重点产业链专班、各县（市、区）、泰安高新区和有关市直部门进行述职测评。

12日　山东省首批"产业大脑"建设试点和入库培育名单公示，泰安市高端化工产业链链上的宁阳煤基精细化工产业大脑项目入选山东省首批"产业大脑"建设试点名单。

13日 全市科技创新大会召开,深入学习贯彻习近平总书记关于科技创新的重要论述、重要指示批示精神,认真落实全省科技创新大会精神,总结工作、表彰先进、部署任务,进一步营造创新发展的良好氛围,为现代化强市建设提供有力支撑。市委书记、市人大常委会主任杨洪涛出席会议并讲话,市委副书记、市长李兰祥主持,市政协主席武林中出席。会议宣读泰安市人民政府《关于2022年度科学技术奖励的决定》和《关于下达2023年泰安市科技创新"双十工程"项目的通知》,为2022年度科学技术奖获奖代表颁奖。2022年度市科技进步一等奖获得者、力博重工副总经理常欣和2022年度市青年科技创新奖获得者、山东农业大学园艺学院蔬菜学系主任史庆华作大会发言。

14日 市委书记、市人大常委会主任杨洪涛,市委副书记、市长李兰祥会见中国建设银行总行业务总监张为忠和中国建设银行山东省分行行长杨军一行。市领导张颖、姜宁参加会见。

同日 全市数字强市建设领导小组扩大会议召开。市委书记、市人大常委会主任、数字强市建设领导小组组长杨洪涛出席会议并讲话,市委副书记、市长、数字强市建设领导小组组长李兰祥主持。会议指出推进数字强市建设,是顺应数字变革大势、抢占发展先机的必然要求,是建设新型工业化强市、促进高质量发展的重要支撑,是推动治理体系和治理能力现代化的关键举措,要抢抓数字经济快速兴起的关键时间窗口,推动数字技术与实体经济深度融合,进一步提高生产效率和行政效率,促进企业降本增效,为新型工业化强市建设注入强大动能,进一步提升社会治理数字化智能化水平。数字强市建设领导小组副组长常绪扩、张颖、姜宁,市直有关部门主要负责人,各县(市、区)、功能区主要负责人参加会议。

同日 第一届"百名专家泰安行"暨科技成果引进洽谈会开幕式

在泰安市举行。十三届全国政协常委、国际核能院院士张勤，市委书记、市人大常委会主任杨洪涛，市委副书记、市长李兰祥，省科技厅副厅长于洪文以及来自高校科研院所的 180 余位院士、专家出席仪式。首届"百名专家泰安行"暨科技成果引进洽谈会是"百名专家泰安行、百家企业进院所"行动的重要部分，旨在为泰安新型工业化强市建设注入强劲动力。开幕式上，7 个校地、校企合作共建的科研平台进行了揭牌，40 个合作项目进行了现场签约。市领导刘泮英、张颖、姜宁、宋洪银等参加活动。

同日 白俄罗斯维捷布斯克州乌沙奇区代表团到泰安考察。市政府副市长、市新型建筑材料产业链链长唐传营出席活动。座谈会上，双方围绕建筑建材、中医中药、文化商业等领域进行了深入的交流和座谈，双方签署友好合作关系意向书。

15 日 市政府常务会议召开，市委副书记、市长李兰祥主持。听取《关于开展推进高校毕业生等青年就业攻坚行动的实施方案（审议稿）》《泰安市知识产权强市建设纲要（2023—2035 年）》《关于进一步明确有关行业领域安全生产监管职责的通知》有关情况汇报。

同日 山东虎彩数字印刷工厂项目竣工投产仪式在泰山区举行。市委常委、宣传部部长、市出版印刷产业链链长王爱新出席。山东虎彩数字印刷工厂项目致力于打造智能生产、文化创意、工业旅游相融合的产业聚集地。

同日 市政府副市长、市新型建筑材料产业链链长唐传营到新泰市调研，实地察看山东华杰新型环保建材有限公司、山东书豪建材科技有限公司，了解企业运营和项目建设推进情况。

16 日 2023 年度山东省专利导航项目名单公布，山东农业大学申报的"缓控释肥产业专利导航"、山东农大肥业科技股份有限公司申报的"高端化工（绿色肥料）产业专利导航"和华能（泰安）光电科技有限公司申报的"非色散位移单模光纤及光棒技术的企业导航"3 个项目成功入选。

同日 （国家）建筑材料工业技术情报研究所山绿建科绿色产品认证推广中心落户泰安。（国家）建筑材料工业技术情报研究所隶属国务院国有资产监督管理委员会，是全国建材行业最大的国家级公益性研究事业单位，主要职能是跟踪分析和研究国内外建材科技、碳减排、碳中和前沿动态，制定建材行业标准，提供建材产品检测及认证评价服务等。该中心主要依托（国家）建筑材料工业技术情报研究所，秉承"立足行业、服务企业、引领发展、缔造卓越"的服务理念，为客户提供专业和高效的认证评价服务，为泰安及泰山区经济社会高质量发展提供助力。

16—23日 应韩国龙仁市政府、日本八王子市政府邀请，市委副书记、市长李兰祥率团到韩国、日本进行经贸洽谈和友好访问。访问期间，拜访了两国友城政府、重要企业、商会协会、华人华侨等，围绕推进重点合作项目、加强经贸科技合作、夯实友好合作关系进行深入交流洽谈，着力推介了泰安产业发展情况、招商引资优惠政策及产业链重点招商项目，就双方合作交流事宜达成一致意见，为进一步加深泰安市对日韩经贸交流与合作奠定了良好基础。访问期间，李兰祥分别与韩国友城龙仁市市长李相逸和泰安郡郡守贾世鲁签署了《友城交流合作协议书》，与日本富士山协会会长堀内诏子签署了《泰山和富士山基于缔结友好山的友好交流协议书》。

17日 泰安市人民政府与中国平安驻山东机构金融助力新型工业化强市建设战略合作签约仪式举行，市委书记、市人大常委会主任杨洪涛，平安产险副总经理刘铮，市委常委、秘书长张颖，市委常委、市政府副市长姜宁，市工业推进委副主任、党委书记、市一级巡视员宋洪银出席活动。此次战略合作的签约，标志着中国平安与泰安市的合作进入了全面深化的新阶段。仪式上，市政府分别与平安银行济南分行、平安产险山东分公司、平安证券山东分公司签署战略合作协议。平安银行泰安分行、平安产险泰安中心支公司共与全市 8 家企业签约。

17—18 日 市政府副市长、市汽车及零部件产业链链长冯能斌带队到安徽广德和德州考察推进汽车检测认证项目。

18 日 2023 年度"山东省专利导航项目"名单公布,市高端化工产业链链上企业山东农大肥业科技股份有限公司申报的"高端化工(绿色肥料)产业专利导航"项目成功入选。

18—20 日 "2023 年全国纺织服装标准创新大会暨中国纺织工程学会标准技术委员会年会"在泰安举办,市委常委、统战部部长、市纺织服装产业链链长成丽出席并致辞。

20 日 山东省数字建造创新成果应用交流活动暨第九期齐鲁建设科技大讲堂在泰安市举行。活动邀请建筑业领域相关单位、科研机构、龙头企业,围绕加快数字信息技术与建筑业融合发展进行探讨交流,并为 2023 年度全省数字建造创新应用职业技能竞赛中获奖作品及选手颁奖。其中,泰安市"装配商墅深化设计及施工过程 BIM 应用"和"山东农业大学动物科技楼建设项目 BIM 技术施工应用"两项作品获评一等奖,3 个作品获二等奖,6 个作品获三等奖。

20—21 日 坦桑尼亚商务代表团一行 102 人到泰安开展经贸考察活动,举办贸易对接暨产品推介会,市政府副市长刘峰梅出席活动并讲话。会上推介了矿山装备及工程机械产业、汽车及零部件产业;力博重工科技股份有限公司、山东能源装备集团等重点企业作了产品推介。结合坦桑尼亚商务团的采购需求,邀请了全市 47 家企业参会对接洽谈。

23 日 2023 年秋季全省高质量发展重大项目现场推进会举行。活动通过视频连线直播方式进行,省里设主会场,泰安分会场设在宁阳县明升达产业园强链、延链、补链医药中间体项目现场。市委书记、市人大常委会主任杨洪涛在分会场出席活动并发言汇报泰安市集中开工项目总体情况。此次集中开工项目 43 个,总投资 476.2 亿元,年度计划投资 72.4 亿元。

8月23日,秋季全省高质量发展重大项目建设现场推进会举行,图为泰安分会场

（司 刚 摄）

同日 市政府副市长、市矿山装备及工程机械产业链链长刘峰梅到东平县参加国家水资源计量装备产业计量测试中心现场评审活动，并现场调研东平力创科技有限公司。

25日 市政府副市长、市汽车及零部件产业链链长冯能斌带队市工信局、市自然资源和规划局和产业链专班到"双大双强"项目建设现场办公。

26日 首批入驻泰山新闻小镇企业签约仪式在北京举行，16家即将入驻泰山新闻出版小镇的企业代表共同参加仪式。仪式由人天书店集团总经理施春生主持，市出版印刷产业链专班有关领导到场见证助签。

27—28日 市纺织服装产业链到福建省开展招商活动，先后调研考察石狮市六胜供应链管理有限公司、益盛化纤织造有限公司、万航纺织服饰有限公司、卡宾服饰有限公司及鸿星尔克体育用品有限公司，并与福建省教育装备行业协会洽谈了校园鞋服项目推进事宜。市委常委、统战部部长、市纺织服装产业链链长成丽参加。

28日 市政府副市长、市公安局局长、市特色金属材料产业链链长窦清波带队开展"双大双强"项目现场办公活动。

29—30日 全市新型工业化特色产业园区现场推进会召开，现场观摩东平县现代食品产业宠物食品产业园。

30 日 市委书记、市人大常委会主任杨洪涛调研问效泰山新闻出版小镇运营和涿州受灾图书公司安置情况，现场办公解决制约高质量发展的瓶颈难题。调研强调，全市各级各有关部门单位要集中优势资源和力量，把小镇打造成为一个链条完整、生态完备、配套完善的宜居宜业产业聚集地和产城融合高质量发展新样板。

同 日 "科创中国"制造业数字化转型科技服务团助力泰安制造业数字化转型发展会议召开。市委常委、市政府副市长姜宁出席会议。会上，国建（泰安）数智研究院揭牌，中国仪器仪表学会与泰安市人民政府签订战略合作框架协议。

同 日 市工业推进委党委第 26 次会议召开，市工业推进委副主任、党委书记、市一级巡视员宋洪银主持，研究审议《关于进一步提升工业企业满意度的实施方案》等事宜。

同 日 市纺织服装产业链专班与市工业推进办组织召开"'独'具慧眼 '链'接未来"——泰安市跨境电商独立站与产业链对接会议，帮助泰安市企业拓展销售渠道、布局海外市场，推动"泰安制造"跨洋出海。

31 日 市新型建筑材料产业链链内企业高校行暨科技创新交流会举办，泰山学院专家学者与企业负责人进行了良好互动，与会人员参观了泰山学院绿色低碳建筑材料泰安市工程研究中心。

9 月

1 日 市新型工业化强市建设推进委员会第 13 次会议召开，审议通过了《关于进一步提升工业企业满意度的实施方案》（以下简称《实施方案》)、《泰安市工业推进机构"企业服务专员"制度优化方案》（以下简称《优化方案》) 和《任务分工表》。市委书记、市人大常委会主任、市工业推进委主任、总链长杨洪涛主持会议并讲话，市委副书记、市长、市工业推进委主任、总链长李兰祥，部分产业链链长，市工业推进委副主任，市工业推进委党委书记参加会议。《实施方案》对工业企业最关心的要素保障、政策支持等工作进行了明确，对如何推动企业问题分级分类解决、优化提升联系服务企业制度等任务作出细化安排。《实施方案》的出台对纵深推进"我为企业办实事"活动，进一步提升工业企业满意度具有较强的促进作用。会议强调，服务企业发展是市工业推进机构重中之首的工作任务。《优化方案》的出台进一步明确了市工业推进机构工作人员联系服务企业的范围及形式、工作的内容及方式、常态化的工作机制等，形成了集联系服务、问题发现、问题解决、即时反馈、督导考核于一体的闭环工作体系。各产业链链长、市工业推进办、产业链专班以及市直有关部门单位要高度重视企业服务专员收集反馈的问题，定期分层级开展现场一线办公活动，推动问题及时高效解决。《任务分工表》对《泰安市新型工业化促进条例》（以下简称《条例》）中涉及的重点工作任务进行了细化，明确了牵头和责任部门单位。相关责任部门单位要强化责任担当，切实把《条例》落实作为重中之重的工作任务，逐一细化量化推进方案，明确具体任务、推进措施、责任人员、形象进度，挂图作战、挂账销号，全力抓好任务落实。工信部门要进一步将推动新型工业化发展作为法定职责，切实扛起《条例》规定的"协调、推进、督促"职能，加大日常督促调度力度，推动《条例》全面落地见效。

4 日 2023 年山东金秋双节直播季——泰安市"封坛大典"电商直播活动启动仪式举行，市委常委、市政府副市长姜宁出席。此次"封坛大典"电商直播活动，形式新颖、寓意深厚，蕴含着美好祈愿的情感祝福，弘扬着传统酒文化的时代风采，对于泰安酒产业和现代食品产业发展也有着重要意义。

同日 中国工程院院士瞿金平一行到新泰市与山东由由新材料科技有限公司举行项目合作签约仪式。市政府副市长、市矿山装备及工程机械产业链链长刘峰梅出席仪式。

6日 2023年中国泰安投资贸易合作洽谈会开幕。市委书记、市人大常委会主任杨洪涛，商务部投资促进局副局长于广生，省政府驻韩国经贸代表处首席代表贾继庆出席会议并致辞，市委副书记、市长李兰祥主持。来自日本、韩国、英国、德国等国家和地区以及国内嘉宾、客商近200人参会。杨洪涛向投资合作项目签约表示祝贺，向长期以来关心支持泰安发展的各界人士表示感谢。泰安依托泰山"金字招牌"，以泰山国际登山节为平台，每年举办一次投资贸易合作洽谈会，招引八方来客，共话高质量发展，一大批优势企业和重点项目在泰安落地生根、开花结果，"登高望远选择泰安"，活力无限、创新创业的强大磁场正在泰安加速汇聚。活动期间，进行泰安市绿色低碳高质量发展推介，举行第三季度项目签约大比拼签约仪式，共签约48个投资合作项目，其中8个利用外资项目。本次活动还举办电化学储能高峰论坛、中国（泰安）跨境电子商务综合试验区泰山园区开园仪式暨贸易对接会、泰安市重点产业链项目推介会、泰安市跨境电商跃升发展行动启动仪式暨泰山论道等分项活动。市领导成丽、程远军、张颖、姜宁、王爱新、宋洪银、王淑玲、冯能斌、窦清波、马保文、张步军、苏雪峰、董彦和，市13个重点产业链副链长、专班组长单位主要负责人，市工业推进办常务副主任、副主任及有关工作组组长，各县（市、区）、有关功能区主要负责人，市直有关部门单位主要负责人参加活动。

同日 2023年第七届泰山国际福祉暨康复设备博览会·全国假肢矫形工作暨残疾人事业发展年会·2023年首届泰山医药及医疗器械成果展·首届泰山医药及医疗器械高质量发展论坛开幕式在泰举行。中国康复研究中心党委书记、主任吴世彩，市委副书记、市长李兰祥，中国残疾人辅助器具中心副主任史志强，省残疾人联合会副理事长沈晓勇，市委常委、市政府副市长姜宁，市工业推进委副主任、党委书记、市一级巡视员宋洪银出席开幕式。泰山国际福祉暨康复设备博览会是山东省唯一的专业康复辅助器具博览会，在深化企业合作、促进产业发展、强化残疾人服务方面发挥了重要作用。本届展会同期举办全国假肢矫形工作暨残疾人事业发展年会、首届泰山医药及医疗器械成果展、医药及医疗器械高质量发展论坛,市县残联与康复辅具生产企业进行合作签约。

同日 市高端化工产业链2023年上半年重点工作调度会议举行。会议通报了全市高端化工产业链上半年工作情况,各县(市、区)化工产业链链长围绕上半年化工产业经济运行情况、县(市、区)牵头的"双大双强"企业项目进展情况、存在问题及下步打算进行了发言。市高端化工产业链链长程远军就做好下半年工作提出了具体要求。

同日 2023年中国泰安投资贸易合作洽谈会电化学储能高峰论坛举办。市委常委、市政府副市长,市新能源产业链链长常绪扩出席。活动中,7名国内储能领域的知名专家、企业负责人、学者作了主旨演讲,共话储能产业新技术、新业态、新趋势,助力储能产业高质量发展,为泰安新能源产业发展提供启迪、赋能助力,对电化学储能产业发展大有裨益。

7日 2023年中国(泰安)跨境电商综试区泰山园区项目签约仪式暨贸易对接会举行,境外采购商、跨境电商产业园、展览公司与全市25家

9月7日,全市重点产业链项目推介会举行　　　　　(毕凤玲　摄)

企业签署战略合作协议；50家企业现场展销产品、洽谈合作。签约仪式现场，英国Podoco、德国FECOS公司、刚果金BIC国际贸易公司和突尼斯ENTRAC公司等境外采购商与泰安市企业签订意向订单协议，远望跨境电商产业园与入驻企业签订协议，山东中展贸促国际会展有限公司、山东新世力会展服务有限公司分别与部分企业签订开拓国际市场合作协议。

同日 泰安市重点产业链项目推介会举行。市工业推进委副主任、党委书记、市一级巡视员宋洪银出席活动。会上，8个市重点产业链专班分别进行项目推介。

10日 中国电子信息产业发展研究院《2023中国数字城市竞争力研究报告》发布，围绕城市数字化转型发展的建设内容，形成了"2023数字城市百强榜"，泰安市居第94位。报告同时对"数字百强市"数字经济发展水平进行了排名，泰安市居第79位。

同日 第四届山东高端化智能化绿色化技改展洽会召开。泰安市普瑞特机械制造股份有限公司、山东众志电子有限公司、山东征途信息科技股份有限公司3家服务商入选全省首批30家技术改造服务商名单。

11日 山东聚多士能源科技有限公司与中国矿业大学校企合作签约暨高层次专家聘任仪式举行。市政府副市长、市矿山装备及工程机械产业链链长刘峰梅出席仪式并讲话。

12日 2023年中国民营企业500强峰会暨全国优强民营企业助力山东绿色低碳高质量发展大会在济南召开。泰安市石横特钢集团有限公司入选"2023中国民营企业500强"，列第202位；石横特钢集团有限公司、泰开集团有限公司入选"2023中国制造业民营企业500强"，分列第138位、第394位。会上，组织进行了民营企业"双招双引"项目现场签约，泰安市零碳智慧新能源项目、泰安泰和供应链2个项目顺利签约。

同日 2023年第二十届中国国际化工展览会在上海新国际博览中心举办。泰安市高端化工产业链重点企业山东阿斯德科技有限公司参加展览会。

同日　山东省第十届杰出工程师评选结果揭晓，泰安市 4 位工程师上榜。其中，山东健源生物科技有限公司王诚获评"山东省卓越工程师"，山东泰开箱变有限公司刘建萍获评"山东省杰出工程师"，山东能源集团装备制造（集团）有限公司曹成铭、尤洛卡（山东）矿业科技有限公司韩雪峰获评"山东省青年优秀工程师"。

13 日　2023 年山东电商直播企业和山东电商云仓名单公布，泰安市山东赢响力网络科技发展有限公司、睿驰（山东）电子商务有限公司等 7 家企业被认定为山东直播电商企业，速恒物流电商云仓、泰安泰宠宠物食品有限公司等 6 家企业被认定为山东电商云仓，并被纳入山东电商生态链企业"白名单"。

14 日　市委书记、市人大常委会主任杨洪涛带队到百度集团开展招商活动，双方围绕数据标注基地建设、人工智能、智慧交通等展开交流，推动双方务实合作。活动中，百度集团、岱岳区、泰山城建集团三方签约，共同建设石棚山 AI 人工智能产业园区，一体化发展数据采集、标注、应用、交易等产业，打造面向华东乃至全国的基础数据产业新生态。

同日　全市招商引资协商座谈会召开。市委常委、统战部部长成丽主持会议，市委常委、市政府副市长姜宁出席会议并讲话。

同日　市委常委、组织部部长、市医药及医疗器械产业链链长刘泮英到北京参加泰安市医药及医疗器械产业链商会（协会）北京办事处、中共泰安市医药及医疗器械产业链商会（协会）北京办事处支部委员会、泰安市驻京知名专家公益服务中心、泰安市中心医院北京医疗服务站揭牌仪式，为泰安、北京两地医疗技术交流提供绿色便捷通道。

同日　第八届山东省非公有制经济人士优秀中国特色社会主义事业建设者表彰大会在济南召开。全省 145 名非公有制经济人士和新的社会阶层人士被授予"山东省非公有制经济人士优秀中国特色社会主义事业建设者"称号，泰安市山东赢响力网络科技有限公司董事长、九三学社社员、市政协委员李会；泰盈科技集团股份有限公司党委书记、董事长，中共党员，省人大代表王志利；山东华岳科技文化产业有限公司党委书记、董事长，中共党员，市人大代表高建喜；山东征途信息科技股份有限公司董事长、总经理，致公党党员，市人大代表王征；泰安高新区三棵树家庭农场总经理、省人大代表赵森5人受到表彰。

15日 在约翰内斯堡举行的2023年金砖国家职业技能大赛（金砖国家未来技能挑战赛）农业物联网赛项南非赛区国际总决赛中，来自中国、俄罗斯、南非、巴西等金砖国家的15支队伍参赛，泰山职业技术学院生物技术工程系和信息技术工程系组成的代表队代表我国出征，参加了农业物联网（智慧农业）赛项的比赛，并以总分第一名的成绩在比赛中勇夺本赛项金奖，为国家争得荣誉。

16日 市工业推进委党委第27次会议召开，市工业推进委副主任、党委书记、市一级巡视员宋洪银主持，研究审议《中共泰安市新型工业化强市建设推进委员会关于深入开展学习贯彻习近平新时代中国特色社会主义思想主题教育实施方案》和在市工业推进机构学习贯彻习近平新时

9月16日，市工业推进机构召开学习贯彻习近平新时代中国特色社会主义思想主题教育工作会议

（赵 坤 摄）

代中国特色社会主义思想主题教育工作会议上的讲话。

18 日　市委书记、市人大常委会主任杨洪涛到山东国泰大成科技有限公司调研企业生产情况，并现场办公解决制约企业高质量发展的要素制约难题。调研强调，要进一步拉长产业链条，推进企业降本增效，全面塑造企业综合竞争新优势，为新型工业化强市建设注入源源不断的新动能。

19 日　山东省 2023 年"质量月"活动仪式启动，第二批"好品山东"品牌名单发布。泰安市 7 个产品和服务项目入选第二批"好品山东"品牌名单。泰安路德工程材料有限公司梁训美成为山东省首批 10 名企业首席质量官典型之一。第二批"好品山东"品牌名单（泰安企业）包括山东泰开电力电子有限公司的特高压电抗器、静止无功发生器，山东金恒力机械制造有限公司的矿用高强度圆环链 34×126-D，石横特钢集团有限公司的锚杆用热轧带肋钢筋、铁塔用热轧角钢，肥城联谊工程塑料有限公司的玻璃纤维复合工程材料，泰安市泰山索道运营中心的索道游客运输服务。泰安路德工程材料有限公司梁训美入选山东省首批企业首席质量官典型名单，是山东省首批 10 名、泰安市唯一一名上榜的质量官。

20 日　现代食品产业链重点项目签约仪式举行，市委书记、市人大常委会主任杨洪涛，大连韩伟集团董事长韩伟，中裕食品有限公司董事长宋民松出席活动。此次签约的两个项目，投资大、赛道新，对补强泰安产业短板、拉长相关产业链条，具有非常重要的作用。市领导张颖、宋洪银、马保文、董彦和，有关县（市、区）和市直部门主要负责人参加活动。

同日　由吉林大学青岛汽车研究院、市汽车及零部件产业链、泰山职业技术学院和产业链商会（协会）四方联合组建的泰安市汽车及零部件产业产教融合共同体在泰山职业技术学院成立，同时，举行共建泰山汽车产业创新研究院签约仪式。市工业推进委副主任、党委书记、一级巡视员宋洪银，市政府副市长、市汽车及零部件产业链链长冯能斌出席活动。

同日　市委常委、市政府副市长常绪扩，市政府副市长、市汽车及零部件产业链链长冯能斌带队到松果新能源汽车有限公司考察交流。

同日　泰岳宇宙数字经济文旅融合创新产业园签约仪式举行，市地方金融监管局二级巡视员、市数字经济产业链主要负责人参加。

21 日　市委书记、市人大常委会主任杨洪涛，市委副书记、市长李兰祥会见中盐集团党委书记、董事长李耀强一行，双方围绕产业合作进行深入交流，并达成广泛共识。泰安盐业资源丰富，盐穴储能及综合开发利用更是被作为战略性新兴产业重点培育，为扎实推进能源绿色低碳转型、打造千万千瓦级"储能之都"奠定了坚实基础。中盐集团作为国内盐行业龙头企业，与泰安有着良好的合作基础。中盐集团深化与泰安在盐化工、盐穴综合利用等方面的合作，布局落地更多项目，为培育绿色低碳产业集群贡献更多力量，助推泰安新型工业化强市建设再上新台阶。

同日　市纺织服装产业链专班到宁阳县调研纺织服装产业发展和重点项目建设情况，市委常委、统战部部长、市纺织服装产业链链长成丽参加活动。

22 日　市新型工业化强市建设推进委员会第十四次会议召开，听取泰安市优秀企业家和优秀企业评选情况汇报。市委书记、市人大常委会主任、市工业推进委主任、总链长杨洪涛主持会议并讲话，市委副书记、市长、市工业推进委主任、总链长李兰祥，市政协主席、输变电及电线电缆产业链链长武林中及部分产业链链长，市工业推进委副主任，市工业推进委党委书记参加会议。会议指出，企业家和企业是推动高质量发展的重要力量。开展评先树优，是为了更好引导企业家和企业担当实干、创新创业。要强化激励，制定优秀企业家享受待遇的具体办法。要做好宣传，通过召开新闻发布会等形式，宣传好优秀企业家的先进事迹，大力弘扬企业家精神。要搞好服务，落实中央决策部署和省、市工作要求，毫不动摇鼓励、支持企业家成长和企业发展，结合开展"双满意"提升工作，营造更好的营商环境。

同日　市委副书记、市长李兰祥会见中建三局党委副书记、总经理周圣一行，双方就在国省干线、文旅公路、民生工程、新能源等领域建立战略合作关系进行深入交流。中建三局始终高度重视与泰安的合作,立足企业所能、紧扣泰安所需,积极参与泰安国省干线、文旅公路、民生工程、新能源等领域的建设发展,实现互惠互利、共赢发展,开创地企合作共赢新局面。

同日 由泰安市特色金属材料产业链、泰山区人民政府主办的院士专家泰山行暨泰山区新材料产业创新发展大会举行。中国工程院院士,浙江大学氢能研究院院长、博士生导师郑津洋教授等全国压力容器行业的专家学者及业界精英参加大会,市政府副市长、市公安局局长、市特色金属材料产业链链长窦清波出席活动并讲话。

26 日 山东能源装备集团新泰园区重点建设项目竣工投产仪式举行。山东能源集团党委书记、董事长李伟,市委书记、市人大常委会主任杨洪涛出席活动。此次竣工投产的高端液压支架等项目,数字化、智能化、绿色化生产水平高,市场前景广阔。项目开工以来,各方密切合作、并肩作战,确保了项目的高质高效推进,创造了山能装备项目建设的"泰安速度"。市领导张颖、宋洪银、刘峰梅,新泰市和市直有关部门主要负责人参加活动。

同日 2023 年泰山智慧矿山建设发展大会暨新技术新产品展洽会在泰山国际会展中心开幕。市委常委、市政府副市长姜宁出席活动并致辞。2023 年泰山智慧矿山建设发展大会暨新技术新产品展洽会是全方位呈现智慧矿山建设成果经验、示范应用及新模式、新技术、新产品的一次盛会,为泰安新型工业化强市建设注入强大新动能,助力全国矿山装备行业高质量发展。大会同期举办新技术新产品展洽会,全面展示智慧矿山建设创新发展成果。会上,市矿山装备及工程机械产业链与 5 家金融信息科技机构签订战略合作框架协议,三季度项目同步签约。

同日 市现代食品产业链第三季度重点项目集中签约仪式举行。市政府副市长、现代食品产业链链长马保文参加活动,此次签约的重点项目共有 30 个,总投资 56.97 亿元。

27 日　2023 年泰山智慧矿山建设发展大会暨新技术新产品展洽会开幕式在泰山国际会展中心举办。市委常委、市政府副市长姜宁出席仪式。

同日　市新型建筑材料产业链第三季度招商引资重点项目集中签约仪式举行,13 个重点项目现场签约,项目涉及新型装饰材料、装配式建筑、循环经济产业园等。

28 日　市输变电装备及电线电缆产业链第三季度项目集中签约活动举行,集中签约了包括"超高压开关断路器三相智能联动操纵装置关键制造技术研究及产业化"项目在内的 10 个重点项目。此次集中签约的 10 个项目,质量高、潜力大、前景好,既是产业链项目招引成果的集中展示,也为全市产业发展提供了强劲动能。

10 月

3 日　2023 年度山东省先进计算典型应用案例名单公布,泰安市石横特钢集团有限公司"基于大数据的板卷工业大脑建设"和泰安中联水泥有限公司"泰安中联智能制造示范应用案例"榜上有名,入选数量居全省第六位。

同日　国网泰安供电公司全省首个"光储充"一体化充电驿站在泰山方特欢乐世界附近建成投入使用,为出行游客提供 24 小时"充电 +"一体化服务。

7 日　泰山新闻出版小镇书企转移调度会召开,市委常委、宣传部部长王爱新就书企转移具体情况及物流工作情况进行调度。

同日　市工业推进办主任办公会、党委会召开,市工业推进委副主任、党委书记、市一级巡视员宋洪银主持,研究审议泰安市新型工业化强市战略实施阶段性评估等方案,安排部署下一步工作。

10 日　市委副书记、市长李兰祥调研现代物流产业发展情况,研

10 月 7 日，市工业推进办主任办公会、党委会召开，研究审议有关方案、安排部署下一步工作
（赵　坤　摄）

究解决企业发展堵点难题。调研强调，要坚持问题导向和发展导向并举，分析解决存在问题，明确发展规划，推动物流业提质增效降本，加快推动现代物流产业跨越发展，为全市经济社会高质量发展奠定坚实的基础。活动中，参观了"不见面审批"、智慧流程等政务服务改革创新成果。

11 日　2023 年泰安市（青岛）投资合作恳谈会在青岛举办，市委书记、市人大常委会主任杨洪涛出席会议，与出席峰会的嘉宾和青岛方面的企业家畅谈合作。泰安市 7 个外资项目在此次活动上签约，总投资 6 亿美元。

12 日　市委书记、市人大常委会主任杨洪涛带队在青岛走访企业、考察项目、洽谈合作，学习借鉴先进经验，推动企地深度融合同频共振，牵手泰安"城市合伙人"，打造协同命运共同体。

13 日　市委副书记、市长李兰祥到泰安高新区泰山新闻出版小镇调研。李兰祥一行先后察看了泰山新闻出版小镇新建书企项目选址情况、隆基科技城涿州受灾书企临时安置场所等现场，听取相关工作情况汇报，研究解决遇到的困难和问题。

14 日 2023 年山东科技金融生态建设大会在济南召开，泰安市赫里欧新能源（肥城）有限公司作为泰安市唯一一家路演企业进行了重大科技项目融资路演，并与创投机构签署了投资意向书。

16 日 2023 年跨国公司与中国主题展在青岛国际会议中心成功举办，泰安市 14 家先进制造业企业参展。在城市展区，泰安市推荐的极创机器人智能科技（山东）有限公司、泰安航天特种车有限公司、泰安德美机电设备有限公司、山东恒通膨胀节制造有限公司、山东国泰科技有限公司等共计 12 家企业参展；在跨国公司在中国展区，泰安市推荐法国知名品牌安德鲁公司山东分公司参展；在商务休闲区展区，泰安市九品贡（山东）食品有限公司参展。

17 日 第 109 届秋季全国糖酒商品交易会在深圳举行，泰安市泰山酒业集团股份有限公司和山东亚圣食品有限公司 2 家特色食品企业参展。

同日 全省产业链商会（协会）工作现场推进会在泰安举行。省委统战部副部长、省工商联党组书记张鲲，市委常委、统战部部长成丽出席会议。会上，泰安市新型建筑材料产业链商会（协会）作典型经验交流发言。会前，参会代表现场观摩了市纺织服装产业链商会（协会）、高性能纤维及复合材料产业链商会（协会）、市数字经济产业链商会（协会）。

17—18 日 市委书记、市人大常委会主任杨洪涛带队到中南大学、上海证券交易所对接交流，深化市校合作，洽谈有关事宜，共谋发展新篇章。中南大学与泰安市政府签订科技创新合作协议，共同推动中南大学"双一流"建设和泰安市经济社会高质量发展。中南大学冶金与环境学院与石横特钢签署"高品质特种钢铸坯质量控制关键技术研究"合作协议，中南大学资源循环研究院与瑞福锂业签署"矿石高效提锂及锂渣综合利用技术开发"合作协议，中南大学低碳有色冶金国家工程研究中心与泰安盛源粉体有限公司签署"高导热氧化铝深度开发与产业化"合作协议，中南大学资源与安全工程学院与山东路德新材料股份有限公司签署"新型支护材料性能研究及其在深地工程中的应用"合作协议。

23 日 中国中小城市发展指数研究课题组和国信中小城市指数研究院发布《2023 年全国千强镇发展报告》,泰安肥城市石横镇、宁阳县磁窑镇、岱岳区满庄镇、新泰市西张庄镇入选千强镇名单。其中肥城市石横镇位列第 139 位。

同日 来自柬埔寨、拉脱维亚、越南、老挝等 15 个共建"一带一路"国家的 65 名工商界代表到泰安开展商务考察。

24 日 泰山学院与西班牙奥维耶多大学合作举办机械设计制造及其自动化专业本科教育项目开班仪式举行。这是泰山学院首个中外合作办学本科项目,旨在培养具有创新能力、团队精神、国际视野,能够在机械设计、制造及其自动化相关领域从事机械产品设计、制造、技术开发、应用研究、工程项目管理、生产管理等工作的高级工程技术人才。

同日 中国工业经济联合会制造业单项冠军企业现场会暨第三期培训班在泰安举办。中国工业经济联合会执行副会长荣剑英,省工信厅党组成员、副厅长安文建,市工业推进委副主任、党委书记、市一级巡视员宋洪银出席会议。

25 日《山东省能源领域新技术、新产品和新设备目录(2023 年度)》发布,涉及新能源、传统能源、能源数字化、新型电力系统、新型储能系统等 6 个领域的 82 个项目。泰安市共有 11 个项目入选,数量占全省入选项目总数的 13%,此次入选的新技术、新产品和新设备涉及传统能源领域、能源数字化领域、新型电力系统领域,涵盖了煤矿智能化、储能、电力系统等应用场景,进一步展现了泰安市能源企业的自主研发及创新能力。其中,储能电站用抗谐振型超高压电压互感器可避免高效储能电站开关操作过程中发生铁磁谐振,从而保障产品安全运行;智能防爆型油浸倒立式电流互感器实现了产品整机防爆性能,解决了现阶段压力传递受阻、无法快速泄压的难题以及一体式膨胀器外罩限制压力释放及在压力释放瞬间外罩观察窗脱离、飞逸的问题；超高压弹性压榨压滤机突破了高水分煤泥难处理、难利用的行业痛点，提高了煤泥的综合利用价值，实现了企业节能增效。

25—28 日　市政府副市长、市矿山装备及工程机械产业链链长刘峰梅带领市企业家代表团参加第二十届中国煤矿采煤技术交流及设备展览会。

26 日　泰安市第三季度"项目开工大比拼"集中开工活动举行，再掀项目建设新高潮，为新型工业化强市建设增添新动力。市委书记、市人大常委会主任、市工业推进委主任、总链长杨洪涛出席活动并宣布项目开工，市政协主席、市输变电装备及电线电缆产业链链长武林中出席。2023年第一、二季度，共集中开工项目 236 个，其中新型工业化项目 224 个，截至 10 月底，已竣工投产 55 个。从投资情况看，已开工项目计划总投资 1151.36 亿元，年内计划完成投资 374.89 亿元，截至 9 月底，累计完成投资 280.65 亿元，占年度投资计划的 74.9%；其中，完成投资 5000 万元以上的项目 156 个，完成投资过亿元项目 85 个，完成投资过 5 亿元项目 12 个，完成投资额度最大的为新泰市特变电工百亿线缆数字化产业园项目，完成投资 10.2 亿元。本次集中开工项目共 119 个，其中新型工业化项目 114 个，其他项目 5 个。总体来看，本次集中开工过亿元项目达 92 个，过 10 亿元的项目 9 个，过 50 亿元的项目 2 个，新能源、新材料项目达 41 个。与此同时，本次集中开工内部挖潜力度逐步加大，共有 32 个项目进行技改扩规，数智化改造，实现产线优化、提档升级。各产业链链长、市工业推进委副主任、市工业推进委党委书记，各产业链副链长以及市工业推进办、各产业链专班、市直部门单位负责人及开工现场项目嘉宾参加活动。

同日　泰安高新区科创金融大会暨金融创新赋能科创企业高质量发展论坛举办。活动以"汇产教智源　守金融初心　谋科创新局"为主题，架起金融机构与融资企业特别是初创期科技企业对接的桥梁，以金融创新赋能科技企业高质量发展,全力为科技企业赋能。

同日　市纺织服装产业链专班协同市工业推进办产业政策组组织召开安徽宇航派蒙健康科技股份有限公司与泰安市重点产业链协同发展对接会,推动石墨烯热应用技术在各相关产业链的跨链应用,促进产业协同发展。

27日　市委书记、市人大常委会主任杨洪涛会见百度集团副总裁石清华一行,双方就推进人工智能数据标注基地、泰安智慧出行平台等项目建设,提升大模型赋能数智化应用水平等方面展开深入交流,达成广泛共识。

同日　"2023山东科技大学百名校友泰山行"重点合作项目签约仪式举行。山东科技大学党委书记罗公利,市委书记、市人大常委会主任杨洪涛出席。活动中,播放了泰安市和山东科技大学宣传片,校地双方签约5个合作协议和14个重点合作项目。市领导张颖、宋洪银、王淑玲、袁久党,各县(市、区)、功能区主要负责人,市工业推进办、13个重点产业链专班组长单位及市直有关部门单位主要负责人参加活动。

30日　"2023看发展——央媒泰安行"大型主题采访活动启动。市委书记、市人大常委会主任杨洪涛会见11家重点央媒记者并接受集体采访。杨洪涛围绕记者提问介绍了泰安市新型工业化强市建设等相关情况。市领导张颖、王爱新、宋洪银参加活动。

同日　"2023年度智能制造示范工厂揭榜单位和优秀场景名单"公示。泰安市"泰安中联水泥智能制造示范工厂"入选2023年度智能制造示范工厂揭榜单位公示名单,普瑞特机械制造股份有限公司的"工艺数字化设计"等3家企业的4个场景入选2023年度智能制造优秀场景公示名单。

31日　市政府副市长、市汽车及零部件产业链链长冯能斌带队到山东润通齿轮有限公司等企业调研,座谈交流企业运营、协同发展和数字化转型等工作,帮助解决困难问题。

11月

2日 泰山产业发展投资集团、新泰市政府与浪潮集团战略合作签约仪式举行。浪潮集团党委书记、董事长邹庆忠,市委书记、市人大常委会主任杨洪涛出席活动。活动中,浪潮软件与泰山产业集团签署战略合作协议,浪潮智能终端与新泰市签署战略合作协议。

同日 2023年山东省百强企业名单公布,泰安市石横特钢集团有限公司入选2023年山东省综合百强企业名单,石横特钢集团有限公司、泰开集团有限公司、瑞星集团股份有限公司等企业入选2023年山东省工业百强企业名单。

4—6日 市委副书记、市长李兰祥带队到上海市开展招商引资活动。李兰祥一行先后来到华住集团、薪太软(上海)科技发展有限公司、新易泰物流有限公司和360上海城市安全大脑平台参观考察,详细了解企业生产运营、科技创新、产品研发、布局拓展等情况,并就高档酒店落户泰安、数字化统筹结算平台项目、供应链物流项目、城市安全数字化建设项目等合作有关事宜进行沟通交流。

6—9日 市委常委、组织部部长、市医药及医疗器械产业链链长刘泮英带队到上海、苏州、南京考察招商。

8日 全市重大项目谋划储备及建设推进专题会议召开,会议贯彻落实全省重大项目谋划储备和建设推进工作会议精神,研究部署全市项目策划储备和建设推进工作。市委书记、市人大常委会主任杨洪涛出席会议并讲话,市委副书记、市长李兰祥主持。会议听取2024年省市重点项目及争取国家政策支持重大项目谋划储备情况,部分县(市、区)和市直部门主要负责人分别汇报有关重大项目谋划储备、建设推进情况。市委常委、市工业推进委党委书记、市政府副市长、市直有关部门单位主要负责人参加会议。

同日 省科技厅厅长孙海生带队到泰安调研科技创新工作,市委书记、市人大常委会主任杨洪涛陪同。孙海生一行到泰山玻璃纤维有限公司、山东泰邦生物制品有限公司、泰开集团总部、山东宝来利来生物工程股份有限公司、国家先进印染技术创新中心开展现场调研，并到山东农业大学作物生物学国家重点实验室等处，听取学校科技创新、全国重点实验室重组、小麦和果树育种创新等有关情况汇报。

9日 市工业推进办主任办公会和党委会召开，市工业推进委副主任、党委书记、市一级巡视员宋洪银主持，研究审议《关于2022年度先进制造业贷款财政贴息项目资金分配建议方案》《关于研究绘制全市先进制造业协同发展典型案例和供应链图谱工作的报告》等事宜。

同日 市现代食品产业链链上企业山东泰尚黄精生物科技有限公司成功入选《山东省绿色低碳高质量发展先行区建设试点示范工作方案》试点企业名单。

11日 15时19分，中储国能（北京）技术有限公司在山东肥城建设的国际首座300兆瓦盐穴先进压缩空气储能示范电站倒送电一次成功，高低压厂用电系统顺利受电，全球最大规模新型压缩空气储能电站建设迎来重要里程碑，标志着山东肥城300兆瓦盐穴先进压缩空气储能示范电站开始进入带电调试阶段。

12日 2023年度省级服务业发展引导资金支持平台企业名单公布，全省共有30家企业入选。泰安市泰盈科技集团股份有限公司、山东前程似锦人力资源有限公司名列其中。

14日 市现代食品产业链"强化政策引领 突出项目支撑 推动现代食品产业高质量发展"新闻发布会召开，加大惠企政策宣传力度。

15日 市委理论学习中心组开展集体学习，围绕学习习近平总书记关于推进新型工业化的重要指示和全国新型工业化推进会议精神进行交流研讨。市委书记、市人大常委会主任杨洪涛主持会议并讲话，市委副书记、市长李兰祥，市政协主席武林中和中心组成员参加学习。会议指出，全市实施新型工业化强市战略以来，全市多项主要工业经济指标增幅位居全省前列，工业经济呈现出持续高位增长、后劲充足的良好态势。下一步，全市各级要认真学习贯彻习近平总书记重要指示要求，深入贯彻全国新型工业化推进大会精神，进一步坚定信心决心，持之以恒、久久为功，以更高的标准、更实的作风、更饱满的热情，不断开创新型工业化强市建设工作新局面。

同日 2023 年"科创中国"高端学术论坛在泰安举行。本次论坛由市科学技术协会主办、市眼科学会承办，以"聚焦医学科技创新，推动高质量发展"为主题，以满足多层次的眼健康需求为出发点，以推动高质量成果转化为临床应用为导向，旨在携手共筑"健康中国"。2020 年泰安市获批"科创中国"首批试点城市，现已与 110 家全国（省）学会建立了密切合作关系，建立政产学研合作平台 103 个，引进 1000 多位高层次专家莅临指导，解决企业技术难题 400 余项，产生了巨大的综合经济效益。2023 年 2 月，在全国"科创中国"年度会议上，中国科协公布了"科创中国"试点城市三年建设评估结果，泰安市位居全国第四。2023 年 6 月，泰安市被中国科协确定为全国 39 个"全国创新驱动示范市"之一，为全市进一步强化与全国学会的合作、引进更多创新资源奠定了良好基础。

同日 泰安市新能源产业（氢能）产品推介会举行，市工业推进委副主任、党委书记、市一级巡视员宋洪银出席活动。

同日 泰安市人民政府新闻办公室"攻坚突破 勇争一流 纵深推进新型工业化强市建设"第三场系列新闻发布会召开，介绍全市新型工业化建设中关于矿山装备及工程机械产业链的相关情况，并就数转智改、园区建设、招引推介、要素赋能等方面回答记者提问。

16 日 泰鹏智能上市仪式举行，泰安市委书记、市人大常委会主任杨洪涛，山东省地方金融监管局副局长李坤道，山东证监局副局长韩汝俊，市委副书记、市长李兰祥等领导嘉宾为企业敲钟开市。仪式上，杨洪涛为泰鹏智能颁发泰安市上市奖励资金；肥城市委主要负责人为泰鹏智能颁发肥城市上市奖励资金。市领导成丽、张颖、姜宁、宋洪银、辛海明，市各重点产业链副链长、工作专班组长等主要负责人参加活动。

同日 齐鲁股交集中挂牌仪式暨企业上市推进会举行，市委书记、市人大常委会主任杨洪涛出席活动并讲话，省地方金融监管局副局长李坤道，山东证监局副局长韩汝俊出席，市委副书记、市长李兰祥主持，中泰证券党委书记、董事长王洪出席。活动中举行齐鲁股交泰安市企业"户口本"信息系统上线仪式和企业齐鲁股权交易中心集中挂牌仪式，116 家企业成功登陆齐鲁股权交易中心。市领导张颖、姜宁、宋洪银等参加活动。

11 月 16 日,齐鲁股交集中挂牌仪式暨企业上市推进会举行　　　　　（司　刚　摄）

同日 市数字经济产业链专班到泰岳宇宙数字经济产业创新示范园调研。

16—17 日 全省服务业高质量发展现场培训会议在泰安市召开。山东省新旧动能转换综合试验区建设办公室副主任王福栋，市委常委、市政府副市长常绪扩出席会议。与会人员先后到中国泰山人力资源服务产业园、山东众志电子有限公司等进行现场观摩。济南、青岛、烟台、泰安市发改委相关负责人在座谈会上交流发言。

18 日　泰山医养高质量发展大会项目集中签约仪式举行,中国康复医学会会长方国恩出席活动并致辞,市委书记、市人大常委会主任杨洪涛为"苏定冯院士科创中心"揭牌,市委常委、组织部部长刘泮英为"泰瑞生物技术临床研究及转化中心"揭牌,市政府副市长刘峰梅与中国康复医学会代表签订《泰安市人民政府中国康复医学会战略合作框架协议》,市政协副主席倪庆宾为泰安市医疗发展集团科技发展战略委员会委员颁发聘书。

同日　山东省创新驱动发展大会——国际土工复合材料智库论坛在泰安市召开。省科协党组成员、副主席袁慎庆,市委常委、秘书长、市高性能纤维及复合材料产业链链长张颖出席活动。会议邀请国内外专家围绕土工复合材料高质量发展作专题报告。会上,山东科技大学资源学院与市高性能纤维及复合材料产业链商(协)会签订战略合作协议;市高性能纤维及复合材料产业签约 8 个重点项目。

同日　数字经济产业园项目专题论证会议召开,市工业推进委副主任、党委书记、市一级巡视员宋洪银主持,听取神农智谷项目和泰岳宇宙项目有关汇报。

19 日　《关于公布山东省首批专项职业能力考核机构名单的通知》印发,泰安市 23 家单位获批专项职业能力考核机构,数量居全省第四位。

同日　第七批山东省制造业单项冠军企业名单公布,泰安市山东泰开电缆有限公司、德盛合成材料等 18 家企业入选。截至本月,全市共有国家级制造业单项冠军企业 17 家、省级 73 家。

20 日　第二十五届中国国际高新技术成果交易会在深圳开幕。在由国家信息中心、亚洲数据集团共同主办的中国智慧城市评选活动中,泰安市荣获"2023 中国领军智慧城市奖"。

同日　2023 年中国中小城市高质量发展指数研究成果发布,2023 年度全国综合实力百强县市等系列榜单发布。泰安肥城市、新泰市入选 2023 年度全国综合实力百强县市榜单。同时,肥城市入选 2023 年度全国绿色发展百强县市榜单。肥城市、新泰市入选2023年度全国投资潜力百强县市榜单。泰山区入选2023年度全国投资潜力百强区榜单。新泰市、肥城市入选2023年度全国科技创新百强县市榜单。新泰市入选2023年度全国新型城镇化质量百强县市榜单。

21日 全国第四批农村物流服务品牌名单公示，全省共4个项目入选，其中，宁阳县"智慧物流＋交快融合"项目在列。该项目以智慧物流园区为主体，通过城乡公交与快递企业共享运力，开通客货邮融合线路，依托沿线三农服务站、超市等设立客货邮综合服务点，形成了"智慧物流＋交快融合"的服务模式。

21—27日 市现代食品产业链专班深入到各县（市、区）、高新区进行调研，并召开助企纾困座谈会，听取企业发展的实际困难和问题，针对性地为企业排忧解难。

22日 2023年山东省新一代信息技术与制造业融合发展示范项目名单公示，全省评选出7大类、114个项目，其中泰安市11个项目入选，数量居全省第一位，连续两年在项目申报中取得较好成绩。

同日 市高端化工产业链重点工作调度会暨四季度项目签约活动举行。活动现场，17个项目签约，总投资34.6亿元，涵盖化工新材料、精细化工等门类，对于提升高端化工产业链绿色低碳发展水平、拉伸拓宽产业链条和推动企业转型升级具有重要意义。

23日 由文化和旅游部主办的智慧旅游发展大会暨智慧旅游示范展示活动在江苏南京开幕。会上，文化和旅游部、工业和信息化部公布了全国第一批30个5G＋智慧旅游应用试点项目，泰山景区5G＋智慧旅游试点项目入选并被授牌。

同日 全市杰出企业家和优秀企业表扬大会暨数智赋能新型工业化泰安交流会举行，大力褒奖企业家，弘扬企业家精神，全力营造关心关爱企业家的浓厚氛围，进一步激发企业家干事创业的激情，奋力开创新时代现代化强市建设新局面。市委书记、市人大常委会主任杨洪涛，市委副书记、市长李兰祥等参加活动。

同日 山东农业大学与山东省金马宝力生物科技有限责任公司合作共建基地揭牌仪式举行。

24日 泰安市人民政府与省财金集团、省新动能基金公司、德邦证券公司战略合作签约仪式举行，开启了泰安与各方全面战略合作的新篇章。省财金集团、省新动能基金公司、德邦证券公司为泰安新时代社会主义现代化强市建设注入更多"源头活水"、提供更加强大的金融助力。市委书记、市人大常委会主任杨洪涛，市委副书记、市长李兰祥，省财金集团董事长、省新动能基金公司董事长梁雷，德邦证券总裁左畅出席。

同日 市委常委、宣传部部长、市出版印刷产业链链长王爱新带队到济南出版社开展对接活动，就泰安市出版印刷产业建设发展有关情况进行推介，积极邀请企业到泰安投资兴业。

25日 市矿山装备及工程机械产业链专班邀请中国个体劳动者协会副会长兼秘书长庹登夫一行到泰安调研，召开全国重点矿山装备及工程机械企业"泰山行"活动筹备汇报会。

27日 泰山文旅健身中心项目签约仪式举行。市委书记、市人大常委会主任杨洪涛，北京寰聚商业管理有限公司董事长王思聪出席活动。仪式上，泰安市城市发展投资有限公司与北京寰聚商业管理有限公司签署项目合作协议。泰山文旅健身中心项目位于长城路以西、泮河公园以南，主要建设综合场馆、景观公园以及配套商业等设施。

同日 中国电商讲师大赛直播电商（山东）分赛区决赛暨泰安直播电商高质量发展大会举行。本次直播电商讲师大赛和直播电商发展大会在泰安召开，对泰安培养直播电商人才、提高直播电商整体水平起到重要的推动作用。

28日 市委副书记、市长李兰祥到普瑞特机械制造股份有限公司、山东泰开互感器有限公司、泰山集团股份有限公司部分制造业单项冠军企业调研企业发展情况。

同日 工业和信息化部网站发布了《2023年度绿色制造公示名单》，泰安市8家企业上榜。山东农大肥业科技股份有限公司、山东省联合农药工业有限公司、山东泰开高压开关有限公司、华能（泰安）光电科技有限公司、山东鲁泰建筑产业化材料有限公司、山东鲁珠水泥有限公司6家企业获评国家级绿色工厂，山东泰开隔离开关有限公司、山东泰开互感器有限公司2家企业获评国家级绿色供应链管理企业。

同日 "好客山东　好品山东"2023年北京推介活动在北京展览馆成功举办，泰安市有6家企业参加展览展示。山东金恒力机械制造有限公司、泰山玻璃纤维有限公司、特变电工山东鲁能泰山电缆有限公司参加了"硬核制造的好品山东"展区展示，山东鸿熹文化用品有限公司、泰安市铜金蟾文化创意有限公司参加了"乐享生活的好品山东"展区展示，泰安泰山亚细亚食品有限公司参加了"跃动舌尖的好品山东"展区展示。

29日 30万吨功能纸基及辅助材料建设项目开工仪式在东平县经济开发区举行。中国科学院院士谢毅，洪泰基金董事长盛希泰，泰安市委书记、市人大常委会主任、市工业推进委主任、总链长杨洪涛，市委常委、秘书长、市高性能纤维及复合材料产业链链长张颖共同为项目建设按下启动键。30万吨功能纸基及辅助材料建设项目通过与中国科学技术大学谢毅院士及其团队合作，利用二维纳米晶体材料研究成果，实现液晶面板间隔材料设计优化、技术落地，产品列入山东省重点研发计划（重大科技创新工程），打破国外"卡脖子"技术垄断，实现间隔材料国产化替代，填补国内空白，相关技术达到国际领先水平。项目的实施可提高全市新材料产业层次、拓宽产业赛道，抢占技术高地，加速形成新的产业竞争优势，全力把泰安打造成为具有全国影响力的新材料产业新高地，为新型工业化强市建设贡献力量。

同日 国家金融监督管理总局泰安监管分局组织开展泰安市银行保

险机构"走万企 提信心 优服务"工作推进暨风采展示活动。国家金融监督管理总局山东监管局党委委员、二级巡视员许彦峰，市委常委、市政府副市长姜宁参加活动。活动期间，7 家金融机构展现了"走万企 提信心 优服务"活动的阶段性成效，10 家银行与泰山玻纤举行现场联合授信签约。

29—30 日 市委常委、宣传部部长、市出版印刷产业链链长王爱新带队到北京中国文联出版社、中国农业出版社开展座谈交流。

30 日 2023 年山东省软件工程技术中心名单公布，泰安市山东四维卓识信息技术有限公司榜上有名。

同日 首批全国县域商业"领跑县"名单公布，宁阳县入围，成为山东省 15 个上榜县（市、区）之一。"山东省宁阳县打造数字经济集聚区推动数字化转型升级"经验做法入选第一批全国县域商业"领跑县"案例集。

同日 泰安市人民政府新闻办公室召开"攻坚突破 勇争一流 纵深推进新型工业化强市建设"系列新闻发布会第五场，介绍"泰安市新型建材产业链"相关工作情况。

30 日至 12 月 2 日 市现代食品产业链到厦门参加"2023 年海峡两岸现代博览会·海峡两岸花卉博览会"，在闽期间，市现代食品产业链实地考察了厦门乐聚食品有限公司、联华（厦门）航空食品有限责任公司生产基地，积极促进相关企业与泰安产业对接和创新协同发展，探索务实合作的新方法、新途径。

12 月

1 日 中国农业出版社党委书记、董事长、社长刘天金一行到泰山新闻出版小镇考察洽谈，就仓储、建立校对平台、设立印刷厂等方面达成初步意向。

4 日 山东省《关于公布 2023 年山东省级智能工厂、数字化车间、智能制造场景和系统解决方案供应商名单的通知》印发,泰安市 29 家企业的 45 个项目入选,数量居全省第二位,比上年增长 181%。

同日 省教育厅 2023 年省级现代产业学院建设名单公布,泰山学院申报的泰山智慧文旅产业学院成功获批建设。

5 日 兖矿泰安港公铁水联运物流园建设推进会议在东平举行,标志着全市正式开启"通江达海、多式联运"发展新阶段。副省长周立伟,山东能源集团党委书记、董事长李伟,市委书记、市人大常委会主任杨洪涛,市委副书记、市长李兰祥出席。联运物流园是全省重大项目,采用公铁水多式联运模式,是打造现代化综合立体交通体系的有益探索,也是深化国企改革、保障能源安全的生动实践,对供应链、产业链安全和增强能源供应保障能力具有重要意义。园区具备货物转运、仓储、配煤等功能,可根据客户需求,提供多样式、一站式的综合物流服务,现已与 60 多家客商签订物流服务合同和框架合作协议。

同日 市政府与山东省煤田地质局战略合作签约仪式举行。山东省煤田地质局党委书记、局长范宇新致辞,市委书记、市人大常委会主任杨洪涛出席,市委副书记、市长李兰祥致辞。此次双方签订战略合作协议,确定在黄河流域生态保护和高质量发展、能源资源保障、生态保护修复、防灾减灾、城市地质、乡村振兴、重大基础设施建设等领域开展深度合作,对全面提升泰安地质工作水平、促进经济社会高质量发展起到重要助推作用。活动中,市政府和山东省煤田地质局签署战略合作协议。合作双方为共建的"黄河流域泰安生态修复技术研究院"和"泰安市应急救援物资仓储基地"揭牌。

5—8 日 市医药及医疗器械产业链到广州市参加第 87 届全国药品交易会,调研考察企业,洽谈招商引资项目情况,并聘请广州博济医药生物董事朱泉担任产业链"双招双引"特邀咨询。

7 日 市委专题调度会议召开,调度全市"双大双强"企业项目和数字化转型推进工作,进一步转变作风、加压鼓劲、攻坚克难,推动"双大双强"和数字化转型工作再上新台阶。市委书记、市人大常委会主任、市工业推进委主任、总链长杨洪涛主持会议并讲话,市委副书记、市长、市工业推进委主任、总链长李兰祥,市政协主席、市输变电装备及电线电缆产业链链长武林中出席。会议听取"双大双强"企业项目工作情况汇报,要求各级树立"功成不必在我"的政绩观,持之以恒、久久为功,深入企业,真正替企业着想,聚焦企业所需,进一步发挥主观能动性,提高工作效率,以"坐不住的紧迫感"和实实在在的工作业绩,推动新型工业化强市建设向纵深发展,按照高端化、智能化、绿色化、集群化方向,扎实做好各项工作。要坚定"双大双强"的导向不动摇,继续鼓励企业上市,抓好市值维护,做好上市后半篇文章,大力弘扬企业家精神,全力打造一批标志性项目,同时要积极转变思想、开阔眼界,树立争先创优意识,专心致志把头部企业做得更大更强,精准招引一批重大项目,持续优化完善"双大双强"企业项目清单,把资源要素进一步向"双大双强"倾斜。要坚定"有解思维"的导向不动摇,着力破解制约企业发展的困难问题,紧盯需求抓服务,实事求是抓问题整改,进一步加大对上争取,盯上靠上搞好服务,帮助企业降低融资成本,加强对人才的引进培养使用。要坚定"企业满意"的导向不动摇,真心实意为企业办实事,一切围绕高质量发展干,抓好政策落实,帮助企业解决实际问题,改进工作作风,把企业满意不满意作为衡量营商环境水平的重要标尺,努力为企业提供更优质的政务服务、解决更多的发展难题。要坚定"奖罚分明"的导向不动摇,引导党员干部担当作为、真抓实干,进一步强化责任落实、过程管控、考核奖惩,凝聚起攻坚克难抓落实的强大力量。会议听取数字化转型工作情况汇报,要求各级把推进数字化转型作为企业持续降本增效的有效途径,以"三个能力"大提升推动思想大解放、素质大提高、工作大落实,全力以赴抓紧抓实抓到位。要强化标杆引领,调动企业数字化转型的主动性,通过"十百千数字赋能"和"共性场景复制推广"两大行动,分类分级做大做强制造业企业。要培育壮大本土企业,做大做强总部经济,提升核心竞争力。要进一步优化服务供给,高标准建好用好数字化转型促进中心,坚持链主企业建平台、链上企业用平台,实施工业互联网平台培优工程,常态化开展供需对接活动,广泛征集具备核心服务能力、成熟解决方案的服务商,做大做优服务供给"资源池"。要进一步强化支撑保障,持续巩固市县一体、部门协同、上下联动攻坚机制,进一步加强基础设施建设,强化数据要素支撑,落细落实"数转八条",叠加各类惠企政策,打造一批成效好、接地气的标杆企业,探索具有自身特色的数字化转型之路。市重点产业链链长,市工业推进委副主任,市工业推进委党委书记,部分重点产业链副链长和重点产业链专班组长,各县(市、区)、泰安高新区主要负责人参加会议。

同日 泰安市人民政府与中国电信山东分公司战略合作签约仪式举行。中国电信山东分公司党委书记、总经理文勇,市委书记、市人大常委会主任杨洪涛,市委副书记、市长李兰祥出席活动。活动中,市政府与中国电信山东省分公司签订战略合作协议,中国电信泰安分公司与12家企业签订战略合作协议。这次战略合作协议的签署是双方贯彻新发展理念,落实省委、省政府"加强数字变革创新、赋能高质量发展"要求的具体行动。活动中还举行了中国电信泰山大数据中心启动仪式,并为中国电信泰安数智公司揭牌。市领导张颖、姜宁、宋洪银,市直有关部门单位主要负责人参加活动。

8日 2023年智能制造示范工厂揭榜单位和优秀场景由工信部等五部门联合发布,泰安中联水泥智能制造示范工厂入选智能制造示范工厂揭榜单位,普瑞特机械制造股份有限公司的"工艺数字化设计"和"产品数字化研发与设计"、泰安汉威集团有限公司的"安全风险实时监测与应急处置"、宝胜(山东)电缆有限公司的"精准配送"4个场景入选智能制造优秀场景,入选数量均居全省第四位。

同日 首批国家级服务业标准化试点(商贸流通专项)验收通过名

单公布,泰安泰山亚细亚食品有限公司承担的试点项目顺利通过验收,成为全市首个国家级服务业商贸流通标准化专项试点项目。

同日 山东省 2023 年度生产性服务业领军企业认定名单公布,泰安市浪潮软件股份有限公司和山东征途信息科技股份有限公司成功入选。

10 日 市委书记、市人大常委会主任杨洪涛,市委副书记、市长李兰祥带队调研数字经济工作并召开座谈会,进一步探讨研究全市数字经济未来发展方向,抢抓新机遇、新赛道,在推进数字经济产业发展上确立更高追求、展现更大作为。会议要求全市各级各部门要提高认识,以"坐不住""等不及"的紧迫感,从战略和全局的高度,深刻认识加快发展数字经济的重要意义,进一步坚定发展信心,发挥好泰安的基础优势、产业优势、企业优势、人才优势,借势借力、创新发展,早谋划、快布局、强推进,实施一系列数字赋能行动,筑牢数字经济关键支撑,全面塑强数字经济高质量发展新优势。市领导张颖、姜宁、宋洪银参加活动。

11 日 市委常委会会议召开,传达习近平总书记重要讲话重要指示和部分贺信精神,研究数字经济发展三年行动等工作有关事宜。省委常委、秘书长张海波到会指导。市委书记、市人大常委会主任杨洪涛主持会议并讲话,市委副书记、市长李兰祥及市委常委出席会议,市政协主席武林中和有关市领导列席会议。会议审议了《泰安市数字经济发展三年行动方案(2023—2025 年)》,要求全市各级各部门单位把发展数字经济作为 2024 年新型工业化的突破口,实施好三年行动,加快塑造数字经济高质量发展新优势。要加强学习研究,及时了解前沿动态,精准把握国家政策导向。要围绕六大行动、十大工程,做好细化分解,把责任落实到岗到人。要坚持系统思维,统筹抓好数字产业化和产业数字化,统筹发展数字经济和未来产业。要坚持结果导向,建立台账,定期督导,狠抓落实,积极总结推广典型经验,促进整体水平不断提升。

同日 2023 年泰安民营企业 50 强榜单发布。评选以企业自愿参与为原则,依据为企业 2022 年度营业收入总额,分为审核、评议、公示等环节。在 2023 年的榜单中，企业入围门槛再创新高，50 强企业营业收入入围门槛达到 11.2 亿元，较上年增加 1.4 亿元；企业规模持续增长，50 强企业营业收入总额达到 2930.5 亿元，纳税总额达到 58.9 亿元，吸纳就业人数达到 11.6 万人，为推进经济社会高质量发展作出了积极贡献。

12 日 全市矿山装备重点企业与贵州省六盘水市煤矿企业组织推介会召开，市工业推进委副主任、党委书记、市一级巡视员宋洪银，市矿山装备及工程机械产业链链长刘峰梅出席会议。

13 日 市医药及医疗器械产业链到肥城市老城街道调研医药及医疗器械产业链重点项目建设情况。

14 日 上海文化产权交易所常务副总裁宁江生、齐鲁金融研究院执行院长李春蕾一行 7 人到泰山新闻出版小镇现场考察调研。市委常委、宣传部部长、市出版印刷产业链链长王爱新陪同。会上，王爱新介绍了泰安相关情况，就图书数字化的发展达成共识。次日在东岳山庄召开"文化产权交易与数字版权及元宇宙产业发展主题讲座"。

同日 诺莱医学脑科学临床研究中心启动暨诺莱医学肝癌疫苗工程项目签约仪式举行，中国健康促进基金会创会理事长白书忠，市委书记、市人大常委会主任杨洪涛出席活动，市委常委、组织部部长、市医药及医疗器械产业链链长刘泮英致辞，市委常委、秘书长张颖出席。诺莱医学脑科学临床研究中心和诺莱医学肝癌疫苗工程项目共投资 6 亿元，致力于助推泰安医疗产业高速发展，以科技创新撬动医疗健康千亿元市场，填补了泰安市乃至山东省细胞靶向治疗领域的科研及市场空缺，在疾病预防诊断治疗、群众生活质量提升等方面实现新突破。

同日 2023 年山东省轻工纺织行业数字"三品"示范县（市、区）及示范企业名单公布。泰安市天和纸业有限公司、大唐宅配家居有限公司、路德新材料股份有限公司、泰鹏环保材料股份有限公司、安琪尔生活科家居有限公司 5 家企业入选山东省轻工纺织行业数字"三品"示范企业。

同日 泰安市纺织服装产业链上海招商推介暨供应链对接签约仪式

举办。市委常委、统战部部长、市纺织服装产业链链长成丽出席,市工业推进委党委书记、副主任、市一级巡视员宋洪银主持。

15 日 全市第四季度"项目签约大比拼"活动举行,市委书记、市人大常委会主任杨洪涛出席活动。活动中集中签约 39 个项目,岱岳区、东平县主要负责人分别作重点产业和营商环境推介。

12 月 15 日,全市重点产业项目推介会暨第四季度"项目签约大比拼"签约仪式举行
(司 刚 摄)

同日 《泰安市技术创新示范企业认定管理办法》11 月 27 日正式印发。《泰安市技术创新示范企业认定管理办法》由总则、认定、评价与管理、附则 4 个部分、22 条组成。总则部分明确了开展市级技术创新示范企业认定的目的、依据、定义、工作原则和部门职责。认定部分规定了技术创新示范企业的申报周期、基本条件、认定程序、申报材料等。根据申报标准,凡在泰安市注册的工业企业、软件和信息服务类企业、科学研究和技术服务企业符合财务、信用、规模、试验设施、管理

体系等条件的，均可申报。评价与管理部分规定了技术创新示范企业的评价、管理、变更程序等。技术创新示范企业每年提报技术创新发展情况，每 3 年进行一次评价。评价参照认定工作程序和标准组织，对评价合格的予以确认，评价不合格的将被撤销称号。附则部分对县（市、区）、功能区工信部门作用发挥、评价指标体系、文件解释机关及文件有效日期作了规定。

同日 新泰市农产品加工产业链重点项目集中签约仪式在泰安举行。市政府副市长、市现代食品产业链链长马保文出席活动。

16 日 2023 年"泰好吃"区域公用品牌深圳宣传活动在深圳举办，为推动"泰好吃"品牌农产品走进粤港澳大湾区奠定基础。市政府副市长、市现代食品产业链链长马保文带队参加。

17 日 第七批山东省首版次高端软件名单公布，泰安市山东大通前沿电子科技股份有限公司"业务综合管理系统 V3.0"等 4 个软件产品入选。

同日 《关于公布山东特色优质食品目录 2023 年度产品名单的通知》下发，其中，泰安市东平湖水泊食品有限公司、山东亚圣食品有限公司、山东泰山安康生态乳业有限公司等 8 家企业的东平湖粥粉、瓦罐带鱼和蚕蛹等 13 个产品入选山东特色优质食品目录。

18 日 市政府与人保财险山东省分公司战略合作签约仪式举行，人保财险山东省分公司党委书记、总经理薛柏，市委书记、市人大常委会主任杨洪涛共同为科创企业风险减量管理实验室揭牌，市委副书记、市长李兰祥致辞。仪式上，市政府与人保财险山东省分公司签署战略合作协议，泰山区政府与人保财险山东泰安市分公司签署战略合作协议，有关企业与人保财险山东泰安市分公司签署战略合作协议和"泰科保"保险合作协议。市领导张颖、姜宁参加活动。

20 日 泰安市制造业联盟（协会）第三次党委（扩大）会召开，市工业推进委副主任、党委书记、市一级巡视员宋洪银主持，会议传达学习泰安市新型工业化强市建设推进委员会办公室印发《关于更好发挥制造业行业协会商会在新型工业化高质量发展中作用的指导意见》的通知，研究审议《泰安市制造业联盟（协会）内设专业委员会调整设立工作方案》《泰安市制造业联盟（协会）工会联合会筹建工作方案》。

同日 泰安泰山农村商业银行股份有限公司与泰安市泰山新基建投资运营有限公司战略合作协议签约仪式举行。此次签约活动对推动全市数字经济提质增效、探索数据赋能金融新路径起到积极的推动作用。

同日 市政府副市长、市汽车及零部件产业链链长冯能斌带队到肥城山东泉利国际汽配产业园和宁阳县汽车内饰产业园现场调研，了解产业园项目建设进度情况，协调解决项目建设中遇到的困难问题。

21日 泰安市现代食品产业链第四季度重点项目集中签约仪式举行，签约仪式采取"主会场＋分会场＋视频连线"方式进行。参加本次集中签约的重点项目共有27个，总投资42.61亿元。其中，泰山区签约项目2个，投资额1.9亿元；岱岳区签约项目2个，投资额1.25亿元；新泰市签约项目9个，投资额9.72亿元；肥城市签约项目9个，投资额21.44亿元；宁阳县签约项目1个，投资额2.2亿元；东平县签约项目2个，投资额0.6亿元；泰安高新区签约项目2个，投资额5.5亿元。

同日 市委常委、宣传部部长、市出版印刷产业链链长王爱新带队到东平走访调研，先后在山东润声印务有限公司、山东晨鹏纸业有限公司等规模以上企业调研企业发展情况。

同日 市纺织服装产业链在新泰市举办第四季度链长现场办公活动暨招商项目集中签约仪式，市委常委、统战部部长、市纺织服装产业链链长成丽参加。

23—25日 泰安市重点项目集中观摩大比拼暨新型工业化强市建设述职评议工作会议举行。市领导杨洪涛、李兰祥、武林中带队观摩了6个县（市、区）、泰安高新区和13条重点产业链的32个项目，并对观摩项目打分评议，对13个重点产业链专班、各县（市、区）、泰安高新区和有关市直部门进行述职测评。会上，李兰祥对观摩项目进行点评。重大项目是带动经济发展的强大引擎,是实现发展方式转变的重要载体,是把泰安市诸多优势转化为经济增量的重要途径。2023 年以来,全市上下把项目建设作为经济工作的重要抓手,坚持不懈抓项目、跑项目、上项目,一批大项目、好项目相继落地开工、建成投产,为经济回升向好和全市高质量发展提供了坚实支撑、注入了强劲动力。李兰祥强调,要突出一个"新"字,抓好项目精准谋划,围绕传统产业技改扩规、新上项目量质齐升、老项目盘活、城建项目更新,聚焦重大战略落实抓项目谋划、聚焦构建现代产业体系抓项目谋划、聚焦织密基础设施网络抓项目谋划、聚焦补齐社会民生短板抓项目谋划,激发企业内生动能和新活力,切实为项目建设打下坚实基础。要突出一个"干"字,抓好项目建设推进,按照"续建项目快建设、拟建项目快开工、新上项目快筹备、上级项目快协调"的思路,树立问题导向、有解思维,出实招硬招,做好全周期跟踪协调,盯上靠上破解制约项目建设进度的难题,千方百计抢进度、出效益。要突出一个"拼"字,推进招商量质齐升,聚焦产业链空白点、转型点、支撑点,加强对上争取,用好专业招商、以商引商、基金招商等手段,加速补齐产业短板、拉长产业链条、做强产业实力,努力抢占新领域、新赛道先机。要突出一个"实"字,全力做好服务保障,围绕项目和市场主体需求,精准对接研究制定好政策,坚持"要素跟着项目走",协调统筹好力量,进一步完善用地、资金、环境容量、能耗煤耗等要素需求清单,做好要素服务保障和高效配置,发挥要素最大效益,切实支撑项目建设发展。会上,13 个重点产业链专班,各县(市、区)、泰安高新区,市直有关部门单位进行述职,并为观摩项目测评打分。

25 日 《关于公布 2023 年度评估合格标准化项目的通知》印发,泰安市泰山医养中心、力博重工等单位承担的 6 个省级标准化项目经省局组织评估顺利通过验收。

27 日 全市新型工业化强市建设数字经济产业发展现场推进会召开。市工业推进委副主任、党委书记、市一级巡视员宋洪银出席会议并讲话。会前，与会人员共同观摩了普瑞特数智产业园、空天信息科技应用产业示范园、泰山数谷（瞳见科技）3个项目现场，交流推广产业发展的经验做法。会议指出，数字赋能对实体经济有着明显的放大、叠加、倍增作用，要把培育数字经济产业作为泰安跨越赶超的关键变量、区域经济发展的关键赛道。会议强调，要优化细化发展规划，明确主攻方向，布局未来产业；要全力做大数字产业，持续扩规模、优结构、提质量，打造一批高能级数字产业集群；要加速推进数字化转型，突出抓好双招双引，建强工作推进机制，为纵深推进新型工业化强市建设提供坚强数字支撑。

同日 山东泰西水泥有限公司"泰西水泥产品智能数字化制造平台创新应用"入选国家级工业互联网平台创新领航应用案例，是泰安市唯一入选企业。

28日 中电建2×300兆瓦、中能建350兆瓦盐穴压缩空气储能电站项目开工仪式暨储能装备制造项目签约仪式在肥城市举行。市委书记、市人大常委会主任杨洪涛，市委副书记、市长李兰祥，省能源局副局

12月28日，泰安市制造业联盟（协会）工会联合会成立大会召开 　　（赵 坤 摄）

长刘学军出席活动。此次开工的中电建2×300兆瓦、中国能建350兆瓦盐穴压缩空气储能电站项目，是全省2023年度首批新型储能入库项目和重要的补链延链项目，对全市打造千万千瓦级"储能之都"具有重要意义。活动中，肥城市政府、肥城经开区分别与中储国能、北京前沿动力签约压缩空气储能和二氧化碳储能装备制造项目。市领导常绪扩、张颖、王淑玲，肥城市和市直有关部门主要负责人参加活动。

同日　泰安市制造业联盟（协会）工会联合会成立大会举行。市工业推进委副主任、党委书记、市一级巡视员宋洪银，市人大常委会副主任、市总工会主席蒋永斌出席会议。会议选举产生泰安市制造业联盟（协会）工会联合会第一届委员会委员、主席、副主席。

29日　市新型工业化强市建设推进委员会第16次会议召开，研究泰安市新型工业化强市建设工作先进集体和先进个人表彰事宜。市委书记、市人大常委会主任、市工业推进委主任、总链长杨洪涛主持会议并讲话，市委副书记、市长、市工业推进委主任、总链长李兰祥，市政协主席、输变电及电线电缆产业链链长武林中和部分产业链链长，市工业推进委副主任，市工业推进委党委书记出席会议。会议指出，近两年来，全市各级各部门单位认真贯彻落实习近平总书记关于新型工业化的重要论述，树牢工业"一业定乾坤"理念，大力实施新型工业化强市战略，创新打出"党的领导、专班推进、赛道选择、资源统筹、科技赋能、金融助力、双招双引、数字转型、体系保障、双轮驱动、链式发展、生态打造"组合拳，走出一条绿色低碳高质量发展之路。经过一段时期的火线攻坚，新型工业化强市建设取得阶段性成果，这条战线上也涌现出一批担当作为、苦干实干、凝聚力强的优秀集体和具有工业思维、乐于担当奉献、工作实绩突出的先进个人，对这些先进典型进行表彰，能够进一步鼓舞士气、激励斗志、树立榜样。会议强调，对泰安市新型工业化强市建设工作先进集体和先进个人表彰，要强化对年度考核结果的运用，将考核结果与表彰工作紧密结合，真正把敢担当、贡献大、付出多的单位和个人筛选出来。各级要认真贯彻落实市委《关于在新型工业化强市建设等重大任务重点工作一线培养考察使用干部的实施意见》，注重在新型工业化一线考察识别干部，把对工业经济的重视体现在干部使用上，激励广大党员干部更好担当作为、干事创业。

同日 市新型建材产业链第四季度重点项目集中签约仪式暨招商引资工作交流会举行，集中签约 12 个重点项目，项目涵盖碳纤维叠合板、外墙保温装饰一体板、智能玻璃、钢结构制件等多类新型建筑材料。

31 日 2023 年度山东省新型建筑工业化示范项目名单公布，泰安市方舱医院建设项目（一期）、泰安师范学校附属学校虎山路校区 2 个项目入选新型建筑工业化示范项目，泰山职业技术学院智能制造实训大楼、水泉社区回迁楼五期 21# 住宅楼 2 个项目入选新型建筑工业化示范创建项目。

专记

ZHUANJI

【产业链（集群）发展】

创新引领　服务先行
推动产业链转型升级快速发展

市输变电装备及电线电缆产业链（集群）专班

　　2023 年以来，市输变电装备及电线电缆产业链专班紧紧围绕"双大双强"和"五大突破"要求，以"抓头部、强腰部"为总思路，以"小投入、大产出"为总方向，以"数字化、智能化"为总抓手，以"纾企困、解企难"为总保障，立足产业实际，强化攻坚措施，产业结构持续优化，产业发展持续向好。2023 年，产业链实现营收 407.2 亿元，占全市规模以上工业的比重由 2021 年的 10% 提升至 13.7%，同比增长 19.9%；实

2 月 15 日，市政协主席、市输变电装备及电线电缆产业链链长武林中（左三）现场调研泰开集团有限公司
（产业链专班　供）

现利润 24.4 亿元，占全市规模以上制造业利润总额的比重达到 17.3%，同比增长 43.5%；实现工业税收 12 亿元，位居 13 个产业链首位，占比达到 15.9%，同比增长 39.6%。

抓项目建设提速，壮大了综合实力

全年共策划项目 45 个，签约项目 12 个，开工项目 16 个。在全市项目策划优秀案例评选中，市输变电装备及电线电缆产业链获得 3 金 2 银 3 铜的好成绩。"双大双强"项目强势推进，特变电工山东鲁能泰山电缆有限公司"百亿线缆数字化产业园项目"已累计完成投资 7.9 亿元，列入 2023 年省新旧动能转换重大产业攻关项目，建成后可带动企业新增产值 56 亿元，7 月初中标荷兰 21 亿元高压一体化项目；投资 12 亿元的山东鲁能泰山电力设备有限公司"智能输变电制造基地项目"顺利建设，建成后可实现 1∶8 的投入产出比。投资 20 亿元的宁阳县北信民安智慧产业园项目被列为全市第二季度"项目开工大比拼"集中开工活动重点项目；引进国内领先的能源数字化领域领军企业航天集团北京清科新能公司"绿色双碳 + 数字安全智慧电力项目"，已开展试点工作；泰安市泰和电力设备有限公司与世界 500 强浙江正泰合作组建新公司，实施高压有载分接开关项目，并引进正泰产业链下游成熟产品，现已签订合作意向书。

抓技改升级提档，激发了内生动力

引导支持骨干企业积极推进重点技改项目建设，鼓励实施新技术、新工艺、新材料、新装备的研发与应用，全年共实施技改项目 46 个。山东泰开变压器有限公司投资 1.2 亿元的"双百万变压器智能化生产改造项目"，利用原有厂房接建双百万线圈车间，投产后带动公司营收由 22 亿元增长到 45 亿元；特变电工山东鲁能泰山电缆有限公司最大化挖潜高压立塔产线产能，聘请德国公司将"一塔八线"升级为"一塔九线"；与特变电工新疆总部共同策划引进"高压车间改造和新能源线缆项目"，并将线缆产业技术中心设在新泰，由总公司直接组织实施和研发投入支持，线缆技术中心编制 15 人，已经到位 11 人；宝胜（山东）电缆有限公司争取到总部"中压智能制造产能升级项目"，策划引入上海两条生产线的扩规项目；投资 5.5 亿元的华网电力装备股份公司高端智能电力装备项目已完成智能研发中心及制造厂房建设，完成投资 2 亿元；泰安市泰和电力设备有限公司投资 1 亿元新上"超高压全自动流水线项目"，已新增产值 4000 万元。

抓数智转型提质，厚植了发展潜力

制订实施产业链数字化转型实施方案和行动计划，鼓励企业新上快上数字化转型重点项目，加速转型升级，形成数字化转型入库项目 30 个，培育制造业数字化转型产业链标杆企业 6 家，市数字化转型先行企业 3 家，省级工业互联网平台 2 个，省级数字化车间 2 个，省级智能工厂 2 个，13 家重点需求企业数字化转型率达到 100%。山东泰开互感器有限公司引进数字化立体仓储系统等设备，有效优化产品质量和生产周期，大幅增强了产品交付能力；山东泰开电力电子有限公司新上无功补偿装配、链节装配等智能化生产线，生产效率提高 75%，使 26 人的生产车间年产值达到 7 亿元；宝胜（山东）电缆有限公司高端中低压电缆智能化数字工厂项目引进国际最先进的智能制造生产管理系统，生产流程达到国际领先水平，项目完成后可实现产值翻番，达到 40 亿元；特变电工昭和（山东）电缆附件有限公司智能化仓储建设项目，可大幅提升出入库作业效率 4 倍，缩减仓库人员需求 50%。

抓科技赋能提效，迸发了创新活力

引导骨干企业深度融入"双十"工程、"双百"行动，提升研发实力，强化核心竞争。产业链 2 个项目获市科技创新"双十工程"重大技术攻关项目立项支持，1 个项目获重大成果转化项目立项支持，山东泰开高压开关有限公司"超高压直流气体绝缘开关设备项目"获省重点研发计划立项支持，山东泰开高压开关有限公司、山东泰开电力电子有限公司和特变电工山东鲁能泰山电缆有限公司分别列入 2023 年泰安首届"双十"工程项目。组织企业与大院大所深度对接，推进最新科技成果转化，共开展校企对接活动 44 次，达成合作意向 31 个。策划完成山东迅康电气有限公司与西安科技大学共同策划组合电器产业化项目。山东科德电子有限公司与中科院合作研发的国内首创智能超声波水表芯片模组，替代进口，已注册成立水之声（山东）电子科技有限公司。

抓产业协同提级,增强了融合效力

围绕提高产业链条延伸度、产业集群聚集度和关联企业协作度，内抓提升，外抓融合，全力推动产业链协同发展再上新台阶。山东泰开精密铸造有限公司、泰安市泰和电力设备有限公司、泰安泰山高压开关有限公司等建立高压开关核心部件协作关系，合作金额超 1 亿元，区域协同发展优势逐步显现。山东泰开变压器有限公司每年采购山东以利奥林电力科技有限公司硅钢片约 4700 吨，采购额达 5 亿元，降低运输采购成本同时，拉动产业链整体增长。山东泰开电力电子有限公司优先采购本地配套工业品，新增山东海力同创散热制冷技术开发有限公司、山东创新电气设备有限公司等本地供货方，在泰安市常供方达到 100 家，占公司同类物资全年采购额的 70%，按期履约交货率达 89%，高于外地供方 15 个百分点。围绕国家新型电力系统建设、大宗原材料采购加工，加强与新能源、特色金属材料等领域的合作，聚力打造协同发展的现代化输变电装备产业链体系。

抓服务保障提优，彰显了实干合力

探索实施"一横三纵"服务保障体系，详实梳理企业问题需求 26 个，解决 21 个。协调解决山东山能电缆有限公司遗留 20 多年的土地产权过户问题，助力企业获得国网投标资格；山东鲁能泰山电力设备有限公司企业项目应缴纳农民工工资保证金数额较大，协调相关单位形成按最低标准缴纳的解决方案，极大缓解了项目资金压力；针对正泰电气泰山智造产业园项目高压线迁改、土地腾空等问题召集泰山区有关部门召开现场会，并提出解决方案；第一时间联合行政审批、自然规划等要素保障部门，现场办公解决山东泰开变压器有限公司新建厂房规划红线审批难题；助力泰开集团在国家电网陇东至山东 800 千伏特高压直流工程东平段项目中获得 2 亿元产品订单；特变电工山东鲁能泰山电缆有限公司地方市场订单下降，专班与商会积极对接本地企业，优先采购特变产品，链内企业的凝聚力、战斗力进一步彰显。

抓自身建设提升，培养了过硬能力

扎实开展党组织活动，深度融入学习习近平新时代中国特色社会主义思想主题教育活动，通过小组研讨、专家讲座、一线锻炼等方式，组织支部党员集体学习 14 次，研讨交流 6 次，生产车间实践教学 6 次。联合市科技局机关党支部、泰和电力设备有限公司第一党支部举办"党建引领聚合力·科技赋能促发展"主题党日活动，共同签订《党建结对共建协议》。精心打造泰和电力"输变引领·光启泰和"党建品牌，大力培育信念似火、心态归零、反哺大地的"火线、零线、地线"三线精神，投资 500 万元建成全市面积最大的非公企业党性教育智能展厅。商会党支部充分发挥自身职能，既当好政企联结的桥梁纽带，又推动企业在"链内"加强协作融合、对"链外"加强交流联系，成为推动产业链聚合发展、融合发展的重要力量。

坚持问题导向　靶向精准发力
推进产业链高质量发展

市矿山装备及工程机械产业链（集群）专班

2023 年，市矿山装备及工程机械产业链专班围绕制约产业链高质量发展的短板问题，在项目推进、协同发展、招引推介等方面精准发力，产业链呈现扩容提质的良好态势。新增升规纳统和卡位入链企业 46 家，规模以上企业达到 247 家。1—12 月，产业链固定资产投资 44.5284 亿元，全年目标

2 月 20 日，市政府副市长、市矿山装备及工程机械产业链链长刘峰梅（右五）带队到淄博考察
（产业链专班　供）

完成率达到 102.6%，占 13 个产业链总投资的 9.14%；营业收入总额 220.8 亿元；利润总额 3.2 亿元；税收总额 6.87 亿元，增速 114.97%；工业总产值 194.5 亿元。全年认定策划项目 113 个，签约项目 46 个，新开工项目 43 个。

链长问效，项目落地实现了强保障

深化"定任务、建清单、强督导"的工作推进机制，把全部工作分解为七大类，细化为 24 项，逐一形成台账，实行清单化管理。山东能源装备制造（集团）有限公司在新泰市总投资 16 亿元建设山东能源高端综采装备系统化集成项目，新上高端液压支架、采煤机（掘进机）和刮板机 3 个再制造项目，年产值 30 亿元。2023 年 2 月 23 日，市委、市政府主要领导出席山东能源高端综采装备系统化集成项目开工仪式。在建设过程中，链长先后专题调度 10 余次，及时解决了施工许可证办理、园区修建辅路、申报省级重大项目等 9 个问题，项目进度提前了 2 个月。项目于 9 月 26 日全面投产，历时 216 天完成建设，实现了当年开工、当年建设、当年投产的目标。山东由由新材料科技有限公司刚性网和挡水幕墙项目是招大引强项目，计划投资 10.5 亿元，产品主要用于矿山巷道防护以及解决水电站分层取水等环保问题，产品技术世界唯一，国家环保部重点推广，年营收可达 30 亿元以上。自 2023 年 2 月项目开工建设以来，产业链链长 2 次现场督导，帮助企业协调解决土地性质变更难题，牵线华南理工大学，引进院士 1 名、博士 1 名，无偿使用新泰中关村信息谷办公场所 400 平方米建立研发中心，助推企业进一步研发核心技术，帮助企业取得发明专利 2 项、实用新型专利 9 项，产品标准正在编制。截至 2023 年末，设备采购基本完成，一期项目 2.5 万平方米的生产车间已全部建成投产，二期项目 2024 年一季度开工。2023 年，产业链 32 个新建及智改数转项目建成投产，20 个骨干项目顺利推进。新增省级制造业单项冠军企业 4 家，国家级、省级专精特新"小巨人"企业 34 家。

园区提质,协同发展拥有了硬支撑

把园区建设作为促进产业协同发展的重要平台载体,充分发挥有为政府和有效市场两个作用,坚持规划先行、龙头带动和数转智改三管齐下,有力推动了新泰羊流起重机、宁阳钢球、高新区泰山智造等8处产业园区转型升级、加快发展,共入驻企业2300余家,产值近100亿元,成为延伸产业链、提升价值链、稳固供应链的可靠保障。全国首家水资源计量装备产业测试中心获批筹建,联手东平编制"计量小镇"建设规划,省委、省政府主要领导阅示并作出肯定性批示。在市局特监科的帮助下,助力羊流起重机械产业建成国家质量基础设施(NQI)平台,新泰起重产业列入市场监管总局质量提升三年行动计划,被评为省级"晨星工厂"试点园区,高新区智造机械装备产业园主体完工,泰山智造科技产业园签约企业21户。宁阳辰信零部件产业园、肥城高端装备产业园、泰山智能制造产业园等园区基础建设即将完成,山口工业园、泰山智能制造产业园征地拆迁等前期工作有序开展。

模式创新,招引推介开辟了新路径

针对企业订单不足、利润减少等困难,专班以"政府搭台、企业唱戏"的方式帮助企业拉订单、抢市场。制定2023年招商工作实施方案,链长牵头参与招商推介活动,县(市、区)及时上报招商推介活动成果。组织150多家企业参加江浙沪招商行、武汉民企合作大会、贵州能博会、鄂尔多斯环博会、北京国际采矿展、六盘水能矿装备产业大会等9次大型推介洽谈活动,对接省、市级山东商会、相关企业及科研机构100余家,帮助企业签约产品销售及合作项目46个,成交额近20亿元。市工业推进委副主任、党委书记、市一级巡视员宋洪银带领10余家企业参加鄂尔多斯环博会，与 11 家煤矿达成销售意向 20 余项，金额 2.8 亿元；链长刘峰梅带队组织企业参加贵州国际能源产业博览交易会，与 25 家企业达成销售及合作意向 46 项，金额 7 亿多元。聚多士能源科技有限公司研发的超高压弹性压滤机在鄂尔多斯尔林兔煤矿应用后产生良好效益，当地多家企业表示泰安产品科技含量和性价比高、口碑好，今后要增加泰安煤机产品的采购。

要素赋能，产业发展集聚了新动能

制定赋能新型工业化强市建设 14 项清单，扎实开展"标准提升强企、质量兴企、品牌亮企、知识产权助企、执法护企、安全保企"赋能行动。发布 47 项惠企政策，面向 13 个产业链编制专利分析及特种设备安全报告，4 家企业入选国家知识产权优势企业，7 个产品入选"好品山东"和省优质品牌，排名全省前列。帮助企业融资 9.8 亿元，争取贴息资金 130 万元。深入开展质量门诊进企业活动，为 350 多家企业提供技术服务。高新区专班邀请山东认证讲师团高级讲师为企业讲解认证认可赋能企业高质量发展，有效提升链内企业质量安全管理意识；泰山区局协同市局举办知识产权高质量发展培训会、标准政策宣讲会及企业品牌建设培训会，累计开展活动 4 次。

纳统入库，产业发展夯实了新基础

围绕"产业图谱暨 2022—2025 行动计划"，瞄准产业链短板弱项，加强对企业的论证研判，谋划入链了一批有实力、有优势、有前景的好企业、大企业。各县（市、区）专班不断调研走访，挖掘升规纳统潜力，向产业链企业宣传升规纳统政策，动员符合条件的企业主动申报。举办企业升规纳统培训，实施精准对接服务，增强企业积极性。加大对产业运行的分析和调度，统筹重点项目的建设，新开工项目及时纳统。持续开展"小升规"边缘企业清底行动，建立"小升规"培育库，大力宣传入规后享受的优惠政策和奖励措施，提高企业申报的主动性和积极性。在市县专班的共同努力下，46家企业实现了升规纳统和卡位入链。

智改数转，产业协同打造了新引擎

制定《市矿山装备及工程机械产业链制造业数字化转型实施方案（2023—2025年）》，确定首批次32家数字化转型重点项目，鼓励企业自主与数字化转型服务商对接，通过数字化和信息化技术为传统制造业赋智赋能。承办智慧矿山建设发展大会暨新技术新产品展洽会、山东省装备制造业科技创新暨产业链绿色低碳高质量发展大会，组织链内企业开展促进条例、数字化转型、产业协同发展和知识产权等业务培训，收到良好效果。龙辉起重智慧云5G全链接工业互联网平台列为市智改数转重点项目，齐利得七彩云平台被评为国家级"工业互联网＋供应链"示范项目，嘉和重工高端机械绿色数智示范工厂项目建成投产。帮助企业培养和引进省级以上人才68人。泰山区专班计划与泰安职业技术学院达成产学研合作，聚多士与中国矿业大学签订战略合作协议；岱岳区专班与济南科创开展人才培育、数字转型、技术改进合作，争取新增合作项目；肥城专班邀请山东农业大学机电学院电气工程及其

9月26日，2023泰山智慧矿山建设发展大会暨新技术新产品展洽会启动仪式举行　　　　（陈奕帆　摄）

自动化系到腾阳装备开展人工智能专题调研活动，积极构建智能机器人产业合作体系；宁阳专班协助举办山东省装备制造业协会 2023 年度常务理事会议，开展山东省装备制造产业协会送政策、送服务到企业活动。

红链聚魂，理想信念筑牢了强根基

产业链党委坚持统领全局、凝聚力量、引领发展，发挥政治引领作用，锚定"把方向、议大事、聚合力、促发展"职责定位，深入实施"泰山红链"工程，以党建联建聚合力，以制度创新强动能，促进产业体系提升再造，初步构建起产业集群高质量发展的良好格局。组建"红链服务员"队伍，常态化走访帮扶企业党建工作，帮助企业申办争取各项人才、资金等政策，切实做到企业"免申即享"，为企业提供放心投资、安心创业的良好环境。围绕党的建设、产业发展、企业经营等内容，开展企业负责人、党组织书记和党员培训，引导企业积极贯彻党的理论、路线方针和重大决策部署，帮助企业了解好、运用好经营管理知识和优惠扶持政策，汇聚产业发展合力。开展"红链示范企业"创建活动和"技术先锋""生产先锋""经营先锋""销售先锋"等"党员先锋"评选活动，引导党员发挥好先锋模范作用。与主流媒体合作，大力宣传企业在党建引领促发展、守法合规抓经营、回报社会树形象等方面的先进经验和典型事例，持续强化典型引领和示范带动。

守正笃实谋发展　乘势实现新跨越

市汽车及零部件产业链（集群）专班

　　2023 年，市汽车及零部件产业链专班以"扩总量、促转型、提效能"为目标，以项目建设和生态优化为工作主抓手，强化措施，攻坚克难，推动产业经济驶入高质量发展的快车道。全年新增规模以上企业 19 家，近两年累计完成双倍增目标的 84%。企业工业效益大幅度提升，83 家规模以上企业完成营业收入 127.1 亿元，增速 22.1%，在 13 个产业链中排名第一；实现利润 5 亿元，增速 114%；税收 3.22 亿元，增速 232.46%，利润

5 月 12 日，市政府副市长、市汽车及零部件产业链链长冯能斌（左六）带队赴宁阳县现场调研汽车及零部件产业链"双大双强"项目，进行现场办公　　（产业链专班 供）

和税收增速均排名第二。新增国家级高新技术企业 10 家，新增国家级专精特新"小巨人"企业 2 家，省级以上专精特新 5 家，省级"瞪羚"企业 1 家，省级工程实验室 1 个，企业创新能力持续增强。全年季度考核的各项指标均获得"骏马"称号的好成绩。

项目建设实现新跨越

产业链坚持以项目建设为中心，加强要素保障和包保服务，恒义轴承智能制造等 62 个项目开工建设，德泰 170 万件 / 年制造机械通用零部件等 27 个项目竣工投产，122 个在建项目完成固定资产投资 27.29 亿元，年度任务完成率 165.4%。组建攻坚作战单元，聚力攻坚"招大引强、做大培强"，两个项目均超进度完成工作计划。惠鑫汽车配件智造工业园分两个片区建设，其中惠鑫（东区）占地 90 亩，投资 5 亿元利用原闲置厂区，落地重庆恒凌年产 70 万套比亚迪汽车座椅护面项目和李尔集团配套比亚迪宋 L、海狮、新能源厢货座椅护面项目。截至 2023 年末，已完成厂房、办公楼等改造 1.6 万平方米，35 万套恒凌座椅护面项目已投产；新建标准化厂房 2 万平方米，生产设备已订购，近期完成安装调试。比亚迪年产 70 万套汽车座椅护面项目当年开工、当年投产，年销售收入突破 1.5 亿元。泰安航天特种车有限公司依托军用特种车强大的研发实力和生产能力，在现有厂区计划投资 10 亿元，开发自有知识产权、4×2 ～ 6×6 驱动形式的高性能越野车底盘平台，生产军民用系列电动轻型高机动越野车，截至 2023 年末已完成了三个批次样品车的研发与制造，升级改造专用生产线 1 条，具备了小批量生产能力。

招商引资再创新佳绩

产业链把招商引资作为做大做强产业的突破口，创新实行"六个一批"招商模式,围绕强链、延链、补链的工作目标,不断优化营商环境,巩固提升传统优势,加速抢占新兴赛道,招商引资到位资金 17.92 亿元,同比增长 98.23%,完成年度任务的 199.1%。一是坚持全周期服务。服务项目策划、签约、落地全过程。新策划入库项目 106 个,在优秀项目策划评选中取得 2 金 2 银 4 铜的好成绩。蔚蓝钠离子电池产业园等 28 个投资过亿元的招商项目在市级集中签约活动中成功签约,项目总投资 272.4 亿元。二是坚持全链条发力。专班在上海、温州和无锡、长春、太原等地成功举办产业推介和精准招商对接会,主动对接中国汽车后市场总会、《中国汽车报》等多家商(协)会和行业媒体,多渠道获取招商信息 42 条,组织承办 14 次推进办和产业链领导带队外出招商活动,跟踪对接 1500 万套锻造轮毂、矩阵魔方智能汽车、深兰科技熊猫汽车等一批过 10 亿元大项目。三是坚持多业态并进。引进山东驰恒智测科技等 12 个涵盖设计研发、工业物流、后市场服务等领域的现代服务业项目落地,助力现代服务业与先进制造业两业融合,为完成全年营收和固投任务提供了坚实的支撑保障。

数转智改激发新动能

坚持把数字化转型作为推动企业技改工作的首要任务,切实增强企业竞争实力和发展后劲,产业链新开工德泰机械 170 万件通用零部件等技改项目 38 个,企业技改覆盖率达到 59.38%。一是明确数字化转型路径。制定了《泰安市汽车及零部件产业链数字化转型实施方案(2023—2025 年)》,精心编制了数字化转型路线图,瞄准整车、散热器、齿轮、刹车片等汽车零部件优势领域进行数字化升级示范,围绕提升铝合金轮毂、活塞、汽车内饰等领域的数字化水平,开展数字化示范推广,有力推动全产业链数字化工厂建设水平。二是加大项目培育力度。山东振挺精工活塞有限公司等 12 家企业成功入选山东省数字经济"晨星工厂"入库培育项目名单。润通齿轮 5G 智慧工厂项目等 27 个项目入选全市制造业数字化转型重点项目库，转型企业覆盖率达到 42.18%，超额完成全年任务。三是优化提升服务。邀请江苏省材料协会、苏州市智能制造产业联盟专家举办数字化转型研讨沙龙，对精益智能化变革与工业数字化转型领域进行授课和案例分享，帮助企业拓视野、出思路；联合市工信局举办政策解读培训，全力服务汽车及零部件产业链企业加快数字化转型步伐。

园区建设打造新亮点

进一步明确"一区四园"的功能定位，围绕打造汽车产业链四大特色园区，通过优化空间布局，推动"腾笼换鸟"，加快产业结构化升级和集聚化发展，重点加快新泰泰山新能源汽车产业园项目填充，完善新泰汶南泰山汽车智能制造产业基地和肥城泉利汽配智造产业园规划建设及相关手续，加快实施惠鑫汽配智能制造基地建设，推动园区链条化、市场化、差异化、特色化发展。着力攻坚园区建设、项目引进和服务保障，取得明显的成效。4 个在建园区当年完成基础设施投资 2.9 亿元。新泰泰山新能源汽车产业园围绕吉利本途新能源商用车项目等项目落地，完成 4 万多平方米厂房、研发楼改造，配套建设了试车跑道等相关设施。肥城市泉利汽车配件产业园一期工程建设已完成，已入驻企业 7 家，其中，普瑞而齿轮、锐仕高空作业车、索菲尔和新六环润滑油分装 4 个项目已达产；二期工程已建成厂房 1.6 万平方米，恒义轴承项目近百台加工设备已完成安装调试。惠鑫汽配智能制造基地一期已全部投产，实现营收 1.5 亿元。2023 年，"一区四园"实现营业收入 41 亿元，同比增长 11.2%；在建项目 27 个，同比增加 13 个，完成固定资产投资 2.8 亿元，同比增长 56.4%，为产业链实现主要任务指标提供了重要保障。

协同发展开创新局面

为提高产业链条延伸度、产业集群聚集度和企业协作度，产业链重点在产业链协同、区域协同、产学研协同、要素协同等方面开展一系列工作。一是畅通创新合作渠道。积极对接高端外部资源和本地高校，联合泰山职业技术学院、吉林大学青岛汽车研究院、泰安智能汽车产业技术研究院和链内43家企业，成立了产业产教融合共同体；与山东科技大学签订校链技术合作协议，组织企业走访同济大学、中科院长春应化所等行业知名院所，充实产业人才库和专利技术库，推动了产学研深度合作。二是夯实协同合作基础。先后举办了汽车及零部件产业链协同发展座谈会、热管理企业协同发展座谈会，搭建协同发展平台，梳理航天特车、鼎鑫冷却器等整车及部件生产企业需求，编制了供应链图谱。筹划出10个制造业协同发展项目，推动实现产业链内部协同互补、产业相互间跨界融合。三是推动供应链本地化重构。加强链内企业合作研发和共联共享，推动签订13个本地采购协议。为链内整车企业泰安航天特种车有限公司与上游泰安昊达、泰安恒泰车桥有限公司牵线搭桥，进行铸钢件的生产协作；为埃索润滑油有限公司联系中国重汽五岳专用车有限公司、山东泰开汽车制造有限公司等链内整车企业，推动车用润滑油领域的合作；为泰安启程车轮制造有限公司联系泰安瑞朗科技有限公司，利用

6月14日，市汽车及零部件产业链协同发展座谈会举办
（产业链专班　供）

瑞朗公司的先进检测设备，进行轮毂的研发合作；为山东大隆蓝盾机车工业有限公司联系山东惠尔新材料科技有限公司，开展摩托车用外饰材料的供需合作。

惠企服务迈上新台阶

专班倾力为企拓市场解难题，企业满意度持续提升。一是加大政策扶持力度。联合产业链商会（协会），在做好现有政策兑现落实的基础上，推动出台《市商务局关于助力汽车及零部件企业拓展市场扶持政策》《关于印发〈关于鼓励在城区使用新能源渣土运输车的实施方案〉的通知》《关于加快新能源和甲醇汽车推广应用的实施意见》等一系列靶向措施。二是推进企业市场多元化。组织企业到东欧、中亚境外考察，参加法兰克福汽配展、中国国际商用汽车展览会等知名展会，签订合作意向2.8亿元。推动惠尔集团新产品入选比亚迪供应链体系，推荐17家企业成为一汽富晟、青岛一汽候选供应商。三是推进为企服务制度化、常态化。开展链长问效和现场办公，压实企业服务专员责任，会同交管部门建立整车企业定期会商机制，圆满解决涉企土地规划、政策兑现、资质审批等需求42项。四是推进企业上市加速度。6月12日，邀请市地方金融监督管理局到泰安航天特车有限公司对企业上市进行专题辅导，加快企业上市推进工作。山东润通齿轮有限公司成为全市首批上市"种子"企业，2023年8月与开源证券正式签约，顺利进入上市尽职调查和辅导阶段。

"四项攻坚行动"推动产业发展转型突破

市特色金属材料产业链（集群）专班

2023 年，市特色金属材料产业链专班准确把握新型工业化强市建设工作要点，聚焦数字化、高端化、集群化、协同化、绿色化"五化"发展方向，实施金融赋能、项目提升、数字转型、产业协同"四项"攻坚行动，推动产业发展转型突破。2023 年，产业链 52 家规模以上企业实现营业收入 466.3 亿元，同比增长 18.6%；实现固定资产投资 54.8 亿元，完成年度任务目标的 107.4%，占 13 个产业链投资总额的 11.24%；实现工业总产值 403.4 亿元，同比增长 12.9%，呈现出稳中向好的积极态势。

3 月 29 日，市政府副市长、市公安局局长、市特色金属材料产业链链长窦清波（前排右一）带队到石横特钢集团有限公司现场办公　　　　　　　　　　（李　哲　摄）

引金融活水,助力稳企纾困

面对面问需,提振企业发展信心。一方面,结合"我为企业办实事"活动,深入开展"访企业、听诉求、送服务"大走访,通过与企业"零距离接触""贴心式交流",畅通企业诉求表达渠道,真正做到干部沉下去、问题带上来。解决企业诉求 37 项。另一方面,在落实"企业服务专员"制度的基础上,推出"助企服务员"机制。专班人员每月一次到包保企业现场办公,构建快速受理、解决、跟踪、反馈全流程服务模式,重点对企业诉求逐项分析研判,形成分级问题清单,提出分级解决方案,实现了责任落实到人、时限明确到天。如对即接即办的诉求,办理时限最长不超过 1 个工作日;对较为复杂的诉求,原则上答复不超 3 个工作日;对需多部门联动解决的诉求,建立联席会议制度,推动尽快解决。通过限时办结、限时反馈,让企业吃下"定心丸",真正把助企发展的诚意带给企业,提振企业发展信心。

实打实帮扶,解决企业发展难题。联合相关金融机构开展"金融服务进企业"活动,为企业量身定制融资方案,对症化解融资难题。通过融资担保,支持索力得焊材等 13 户企业 7.2 亿元;通过商业银行,支持麦丰钢业等 14 户企业 6.9 亿元;为九鑫集团、盛德大业申请基金延期 1.36 亿元;帮助华伟重工、九鑫机械申请省级"技改专项贷"2.36 亿元;积极协调泰安银行为奥士康新材料提供贷款 970 万元,为九鑫机械提供贷款 500 万元。极大缓解企业经营压力,提振发展信心。2023 年规模以上企业实现利润总额 19.8 亿元,增长 13.7%,金融助力作用显著。

抓项目提升,聚力攻坚突破

攻坚"招大引强"。充分发挥基金公司、三大招商联络处、龙头企业、产业链商会（协会）、特色园区招商载体作用，借助其资讯渠道、商务渠道、人脉资源，开展基金招商、以商招商、园区招商，以高端新材料产业为突破口，提升产业发展层次。其中，依托港晟基金招引投资 15 亿元电子级硅烷项目；依托石横特钢，招引投资 18 亿元德乐钢铁产业链深加工项目；依托大明协好，招引大明集团总部投资 4 亿元建设高端装备制造项目；依托东平高端金属表面处理产业园，招引 12 家企业入驻；促成奥士康新材料与韩国企业合作打造不锈钢快速插拔组合管件项目；促成惠乐喜乐公司与国有平台合作建设泰安产教融合基地。同时，依托深圳招商办事处、驻京商会，走访 10 家新材料企业，寻求合作契机；与中科科技培训中心在基金、与德国中小企业合作以及数字赋能方面达成初步合作意向；依托民生证券拟策划碳光级芯片、微风发电及电力存储运输等一系列项目；与深圳洛梵狄智能有限公司达成合作意向，拟在新泰市打造以变速器生产为主的"洛梵狄智能变速器产业园"。

攻坚"做大培强"。建立"一企一档一策"制度，因企施策、精准滴灌。鼓励石横特钢完善产品体系，打造棒材生产、废钢加工和含铁含锌尘泥综合利用项目，延伸产业链条；"链长"现场办公，成功解决大明二期项目所需环保排放指标，争取泰安银行贷款 5000 万元；帮助华伟重工核电换热器项目争取省级"技改专项贷"1.5 亿元，对接山东大学材料研究院，解决项目建设技术瓶颈；帮助中科力祥解决铸造指标，打造航空航天轻量化材料项目；帮助电子级硅烷项目和德乐钢铁项目解决项目所需用地问题；帮助惠乐喜乐项目与政府国有平台公司和泰山职业技术学院合作，助力项目尽快落地；帮助索力得焊材通过自建分布式光伏，减少综合能耗，打造焊材技改扩能项目。

攻坚园区建设。为尽快推动产业链向高端化、集约化、智能化、绿色化转型升级，泰安市特色金属材料产业链专班大力开展园区提升行动，充分发挥园区的载体作用，着力补齐产业集聚短板、基础设施短板、营商环境短板、对外开放短板，打造一批专业园区、特色园区。重点发挥石横特钢引领带动作用，打造山东省特种建筑用钢产业集群；发挥技术优势，以九鑫集团为龙头，打造东平县高端金属表面处理循环经济产业园。深度挖掘泰山区膨胀节产业、新泰不锈钢、宁阳铝型材等特色产业发展潜力，推动集群化发展，形成产业品牌。同时实行"政府平台＋企业"合作模式，借助政府专项债券，不断提升完善园区基础设施配套水平，打造强有力的载体平台，凝聚市场主体发展合力。

促融合创新，赋能数字转型

坚持创新驱动。制定《泰安市特色金属材料产业链数字化转型实施方案（2023—2025年）》，明确主要目标、重点任务、工作措施。开展专利导航，特色金属材料产业链专利导航项目成功入选省级名单。与泰山区联合开展院士专家泰山行活动，为4名专家教授颁发泰山区特聘专家证书，进一步帮助企业找准发展定位、激发创新活力。助力石横特钢与华为技术有限公司签署全面合作协议，共同研发钢铁工业互联网应用项目，成功入选国家级智能制造示范工厂、国际级"数字领航"企业，零碳智慧管控中心项目全面启动，11项科技创新成果荣获山东省冶金科技进步奖。助力索力得焊材技改扩能项目，与华为公司合作实施数字化改造，被认定为省级数字化车间。

强化校企融合。石横特钢与泰山职业技术学院签订了《共建特钢智能制造现代产业学院战略合作框架协议》。促成麦丰新材料与济大抛光材料技术研究所联合攻关芯片晶体用高纯纳米氧化铝制备，泓江智能设备与山东省科学院能源研究所联合攻关智能空气预热器研发。帮助博宇重工与山东冶金设计院、华伟重工与山东大学材料研究院达成合作，有力破解了企业发展中"卡脖子"的技术难题。新培育省级"专精特新"中小企业7家。

搭合作桥梁，推动协同发展

搭建上下游合作平台。产业链专班立足产业链发展实际，以石横特钢为龙头，依托税收征管系统，对链内 52 户规模以上企业购销货物发票明细进行比对分析，寻找链内企业间货物购销业务的关联点，绘制产业链供需图谱。以产业链商会（协会）为载体，深入开展"牵线搭桥　合作共赢"活动，帮助石横特钢与盛德大业等多家下游企业达成产品合作；帮助山东奥士康新材料与普瑞特机械成功签署战略合作协议；帮助明珠科技与上游金沂铝业和下游建材企业威宝集团、联强科技形成产供销"一条龙"衔接；帮助盛德大业与大明协好、泰山石膏补齐产业链条。为企业打通上下游间各个环节，形成"龙头带动＋产业协同"发展布局，开启产业融合带动发展的新模式。

搭建融合发展平台。推动现代服务业同先进制造业深度融合，完善泰山钢材大市场基础设施，提升其交易辐射能力，做强盛德大业供应链、鲁威铜材供应链，以平台为基础，面向中小企业提供代理采购、仓储物流、金融服务等，引领钢贸产业数字化转型升级。根据链内企业发展需求，成功招引沈阳北辰技术系统控制有限责任公司落户泰山区，为链内企业提供电能质量治理，降低生产成本。

树牢新型链式思维　强化产学研用融合
全力推进产业链高质量发展

市高性能纤维及复合材料产业链（集群）专班

　　2023 年，市高性能纤维及复合材料产业链专班锚定"双倍增"目标，压实"指导员""协调员"责任，落实"五大比拼、两大问效"推进机制，细化产业链工作目标任务，全力推进产业链高质量发展。全市 89家产业链规模以上企业实现营收 165.9 亿元，税收 4.44 亿元，利润 13.5亿元。

4 月 11 日，市委常委、秘书长、市高性能纤维及复合材料产业链链长张颖（左）出席中国土工合成材料工程协会智能制造专业委员会成立仪式　　　　　（沈传法　摄）

围绕落实"五大比拼、两大问效"行动，聚焦项目建设和招商引资，为产业强市建设和推动高质量发展蓄势赋能

建立链长领衔的攻坚作战单元，紧盯四大主业和两大潜力领域，加强项目策划。以本土企业为依托，辐射企业上下游，组织项目签约，实现产业链"强基"发展。将岱岳区、肥城市、新泰市作为招商主阵地，落实"一把手"招商工程，坚持"三顾茅庐""程门立雪"精神，定点、定人敲门招商，发扬不达目的不退缩的钉子精神，精准引进一批高端前沿项目。

全产业链开展要素保障"即时办"和链长、副链长问效、问责、问奖惩活动。优化服务，优化营商环境，以"虹吸效应"实现以商招商。产业链先后到深圳、南京、青岛等地开展精准招商活动，对接推进 11 个项目，其中 FR-4 覆铜板项目计划投资 2.2 亿元，已在肥城高新区选址。

聚焦商会优势和国企资源，链长、副链长带头精准招商。同益中高强高模聚乙烯纤维全产业链制品产业化项目完成投资 1.2 亿元；国泰大成产能 7500 吨原丝及 3000 吨 T700/T800 碳纤维生产线已投产运营。

狠抓项目策划、签约、开工，推动项目落地见效。2023 年共策划项目 114 个，计划投资 399.5 亿元，过 10 亿元项目 12 个，9 个项目入选全市优秀策划项目案例；组织集中签约 4 次，签约项目 39 个，签约金额 110.18 亿元；新开工项目 40 个，总投资 67.4 亿元。

围绕落实"五链融合、科技支撑"行动，以论坛交流，持续提升产业链高质量发展主动力

按照"五链融合"实施方案，充分发挥商会职能，举办中国国际风电复合材料高峰论坛、首届"土工合成材料智能制造高端论坛"、"科创中国"海智工作校地企合作会、山东省创新驱动发展大会——国际土工复

合材料智库论坛。设立中国科协海智计划泰安基地，为企业解决技术难题开通绿色通道；成立泰安市中国土工合成材料工程协会智能制造专业委员会，以先进制造装备创新、工艺创新与精细化控制，促进制造企业从信息化到数字化再到智能化转型升级。

在推进制造业数字化转型中，产业链结合实际，依据《泰安市制造业数字化转型实施方案（2023—2025 年）》部署要求，出台了数字化转型和协同发展靶向政策，全方位持续提升产业链高质量发展主动力。

针对产业链企业"转型难、成本高、见效慢"的现状，引导企业复制推广山东路德新材料股份有限公司数智化转型经验；举行"砖助智连 见臻未来"数字化服务对接洽谈会，实现企业从数据可视化、分析自动化的数字车间到企业多系统数字化闭环管理，再到全面资源集成，构建人文数字化生态圈的转变。通过对接洽谈，浙江砖助智连科技有限公司与产业链重点"绿卡"项目——30 万吨泰中特种纸数字化车间的建设初步形成共识，并邀请技术专家来企业进行深度沟通和交流。

围绕"我为企业办实事"，发挥制造业联盟和产业链商（协）会作用，实现产业链协同发展

组织开展各县（市、区）、功能区在推进企业高质量发展中，以问题完结率、企业满意度，开展比效果、比服务、比效率活动，以"快、准、实"把"我为企业办实事"贯彻到每天思维中，落实到每一个工作环节中。产业链按月进行通报、排名，有效提升了工作成效。

产业链创新实施要素保障"即时力"活动，链长、副链长 18 次深入企业现场解决问题，累计收集诉求 79 项，76 项已办结。

加强金融服务。组织 8 家银行现场受理资金需求 16 项，为企业解决资金需求。其中，肥城昌盛特种石墨有限公司 1.1 亿元，泰鹏环保新材料有限公司 1 亿元，德盛合成材料有限公司科技成果转化贷 1000 万元，有

力促进了项目建设和企业发展。

多方位强力推进产业协同。充分利用党建网格化组织、商（协）会职能、小区域"镇能量"、县（市、区）特色产业链等实现产业发展和招商引资同频共振与高质量发展。

2023 年，产业链促成清华大学建筑设计院有限公司与山东斯福特实业有限公司、泰安坤泰石墨制品有限公司与浙江鸿鑫防护用品有限公司、泰山玻璃纤维有限公司与本土下游 12 家企业协同发展。肥城市高性能纤维及复合材料特色产业集群入选 2023 年度山东省中小企业特色产业集群；泰山玻璃纤维有限公司和山东国泰大成科技有限公司在生产原材料和废弃物中实现互补利用。7 月 26 日，利用中国硅酸盐学会玻璃纤维分会学术年会暨全国玻璃纤维专业情报信息网第 43 届年会期间，泰安市人民政府与南京玻璃纤维研究院签订战略合作协议；11 月 18 日，山东省创新驱动发展大会——国际土工复合材料智库论坛期间，产业链商（协）会与山东科技大学资源学院签订战略合作协议，为泰安市高性能纤维及复合材料实现多领域、多层次合作提供了更多机遇。

聚焦"双大双强"项目，做到服务"有态度、有速度、有温度"，构筑营商环境新高地

在快审批、快建设、快达产中，加大建链、强链、畅链投资力度，为加快项目推进和新型工业化高质量发展做出快速反应。以"帮办、代办、协办"的形式，实现重点产业链项目建设由"单部门依次审查"向"多部门同步审批"的转变，让服务有态度、有速度、有温度，构筑营商环境新高地。全市首个院士持股的 30 万吨功能纸基项目，链长召开 2 次专题会议，并在联合会商中达成责任落实一致意见，于 11 月 29 日顺利开工。

聚焦"双大双强"项目，量体裁衣、一事一议，在土地、规划、节水、能评等关键手续，以"服务专员"的形式，跟上、靠上，制定企业用水、用电、

用热等问题专项解决方案。肥城昌盛特种石墨有限公司余热发电及石墨化负极材料项目,完成投资 1.5 亿元,公司在 2023 年实现营收 29.14 亿元,同比增长 18.12%。

畅通企业资本市场融资渠道,推动实现金融高水平循环,为企业上市做好"资"力支持

支持企业高质量发展,金融力量不可或缺。产业链专班与中泰证券泰安分公司企业上市负责人先后三次到县(市、区)、功能区考察了解后备企业上市情况。针对产业链上市种子企业以外的 10 家企业,如何在新形势下畅通企业,尤其是民营企业的资本市场融资渠道,提升资本市场健康供给,规范企业发展模式,提振民营经济信心、激发民营经济活力,以新型链式思维促进产业链企业和产业优化升级。

注重引导金融"活水"服务实体经济,为成长型、创新型实体企业提供全方位、多功能的优质金融服务,不断提升企业发现价值、创造价值的能力,以更高维度布局企业未来发展格局,搭建企业发展坚实的"四梁八柱",增强企业发展信心与后劲。针对山东裕鑫新材料有限公司获得华为订单难得的发展机遇,中泰证券泰安分公司企业上市负责人在综合分析的基础上,多次联系业内关联风险投资公司来企业进一步考察、评估,支持企业发展。

在持续引入优质证券化资产中,产业链积极响应国家发展战略,充分发挥券商作为直接融资体系中重要中介机构的作用,深入开展"我为企业办实事",聚焦产业链重点产业领域,引导金融资源支持创新驱动发展、绿色低碳转型,为企业提供股权及债务融资、并购等服务,加快优质企业,尤其是创新型民营企业的培养和转化,保荐或推荐企业进入资本市场,畅通科技、资本和实体经济的高水平循环,助力企业高质量发展。

围绕"登高望远、选择泰安"，打造科创名片，强化品牌效应，塑造"泰山"魅力

　　"单项冠军""专精特新""小巨人"等企业荣誉，是市场建立信任的基础，是品牌含金量的直接体现，能有效提升市场竞争力。2023年，产业链专班立足"我为企业办实事"服务职能，以人才为中心，以政策赋能，凝心聚力做好企业提档升级。产业链新增省专精特新企业8家，瞪羚企业1家，"好品山东"品牌1个，省智能制造标杆企业2家，山东省新材料领军企业50强3家，首批省级数字经济"晨星工厂"13家，省级绿色工厂1家，海关"AEO高级认证企业"1家。山东路德新材料股份有限公司获中国工业大奖，肥城联谊塑料工程有限公司获评山东省唯一一家全国工业领域电力需求侧管理示范企业，泰山玻璃纤维有限公司获省长质量奖。在打造"泰山"这个金字招牌中走在了前列。

　　2023年，市高性能纤维及复合材料产业链在智慧园区、智能制造、要素联配、人才引进、行业自律等方面，实现了产业链向价值链、智慧链的提升。同时，以"总部"思维，在新型工业化强市建设中走在前，开新局，实现了"解好方程式，答出满意卷"的既定目标。

锚定目标砥砺奋进　勇毅前行再谱新篇

市新型建筑材料产业链（集群）专班

2023年，市新型建筑材料产业链专班聚焦"攻坚突破、双大双强、产业集聚、协同发展"，抓重点破难点，强弱项补短板，全力推动新型建筑材料产业高质量发展。全市新型建材产业链241家规模以上企业实现营收151.3亿元，完成固定资产投资35.6亿元，实现利润总额15.3亿元。

3月27日，市新型建材产业链一季度招商引资集中签约仪式举行，市政府副市长、市新型建筑材料产业链链长唐传营（后排左二）参加活动　　　　　（张　伟　摄）

坚持"贴心服务",助企纾困解难

践行"摸实情、出实招、办实事、求实效"工作理念,落实落细"服务企业专员"制度,纵深推进"我为企业办实事"活动,紧盯企业急难愁盼,主动靠前强服务,高效精准解难题,助力企业促发展。

强化要素保障。围绕产业链 241 家重点企业,市产业链链长、副链长、专班组长、副组长经常到各县(市、区)、功能区专班和有关重点企业及项目一线现场调研,听取企业需求清单,建立企业项目问题清单,配备企业服务专员,与企业保持常态化联系,集中力量做好服务保障等工作,破解影响企业发展问题,协助项目解决难点堵点问题。土地要素方面,会同自然资源规划部门,及时收集推送项目用地需求,协调保障了中南锦城、新泰金石矿业等项目用地 472 亩,鲁泰建材、新博木业等 7 个项目用地 510 亩。资金要素方面,积极搭建银企沟通桥梁,建立企业融资需求清单,及时推送泰安银行、浦发银行等金融机构,组织金融机构到威宝节能、金铭芮装配式、华杰环保建材等企业实地考察,协调帮助开岩新材料有限公司融资贷款 300 万元、金铭芮装配式工程有限公司贷款 750 万元。政策要素方面,注重产业发展政策扶持供给,针对新型建材行业特性和发展趋势,结合国家、省有关部门政策,积极向上级有关部门争取专项补贴,山东鲁泰建材科技集团有限公司等 20 余家企业获得省级以上补贴近 300 万元。积极做好省政府《关于进一步提振扩大消费的若干政策措施的通知》、省财政厅《关于进一步强化政府采购政策功能支持绿色低碳高质量发展的指导意见》、市住建局《泰安市绿色建材推广应用三年实施方案(2022—2025 年)》和《泰安市城乡建设领域碳达峰实施方案》等文件宣贯工作,助推新型建材产业绿色低碳高质量发展。营商环境方面,"有需必应"建立企业项目常态化联系机制,全力以赴帮助企业协调解决各方面问题诉求,严格落实"企业宁静日"制度,"无事不扰",让企业安心生产静心发展,持续优化营商环境,提升企业满意度,激发市场主体活力。

强化多元赋能。聚焦企业发展,打造科技创新平台,以科技创新支撑引领产业高质量发展,举办2023年新型建材产业绿色创新发展论坛、泰山(肥城)光伏建筑一体化高质量发展论坛、低能耗建筑研讨会等活动,搭建合作交流平台,探索新型建材产业转型升级绿色发展新路径,山东联强建筑工业科技有限公司、山东威宝节能科技集团有限公司分别与中国建筑学会、中国建材总院和中国标准院签订技术合作协议,山东威宝节能科技集团有限公司与泰山学院联合创建技术中心。积极开展"专家大师企业行"活动,先后2次邀请中国建筑学会科技服务团12名专家来泰为企业释疑解惑。多措并举推动制造业数字化转型,联合泰山学院开展企业"高校行"暨科技创新交流会、举办中国建设工程创新学术报告会和数字转型绿色低碳发展暨绿色建材认证培训会等数字化转型活动,泰安中联水泥有限公司等4家企业数字化智能制造应用场景年度新增认定为国家级数字化转型试点示范项目(案例);泰山石膏有限公司等14家企业入选省级数字经济"晨星工厂"培育名单、东平中联水泥有限公司等6家企业智慧生产线项目年度新增认定省级数字化转型试点示范项目;山东大唐宅配家居有限公司和泰安中联水泥有限公司2家企业新增认定泰安市制造业数字化转型先行企业。

坚持"项目为王",深化延链补链

项目是推动经济稳定增长的重要支撑,也是推动高质量发展的重要抓手。工作专班不断强化"项目为王、项目为先、项目为大"理念,不断增强项目意识,聚焦项目建设源头活水,聚力抓好项目策划和招引,积极争取大项目、好项目落地建设,为产业发展筑基赋能。

抓好项目策划。围绕黄河流域生态保护和高质量发展等重大战略,聚焦延链补链、绿色低碳、转型升级,以招大引强、招新引高为重点,建立策划项目储备库，围绕延链补链强链，积极策划一批重点项目，并积极申报市级优秀策划项目案例。年度累计策划项目75个，3个项目入选2023年省重大项目，2个项目入选2023年省新旧动能转换优选项目，17个项目入选泰安市推动绿色低碳高质量发展三年行动计划重点项目，12个项目被评为泰安市项目策划优秀案例。

抓好项目招引。按照"有的放矢，按图索骥"总要求，打好招商组合拳。梳理国内建材产业上下游龙头企业名单，发挥泰安市绿色建筑产业园、宁阳县绿色建材循环经济产业园等园区虹吸作用，借助商（协）会信息优势，加强与北京、上海、深圳招商联络处沟通，建立招商重点项目库，制订招商计划，开展"走出去、请进来"招商推介，面向京津冀、长三角、粤港澳大湾区等经济发达地区，积极对接央企及行业领军企业、中国500强、民企500强等优势企业，邀请央企投资协会、中国建筑学会等来泰考察，到上海、浙江、福建等地招商洽谈。2023年，累计签约市外项目41个，泰山区绿色建材加工产业园、衡通新材循环经济产业园、晟源新材料科创研发中心等多个投资过10亿元项目成功签约，精准引进中应建设发展集团智慧应急产业园等层次高、带动效应大、延伸配套好的项目，（国家）建筑材料工业技术情报研究所山绿建科绿色产品认证推广中心落户泰山区。

抓好项目建设。动态调整策划项目、签约项目、开工项目台账，跟踪服务重点项目建设，推动策划项目早签约、签约项目早开工、开工项目早投产，同时抓好项目纳统，推动应纳快纳、应纳尽纳，扩大固定资产投资。全力做好新上项目开工、建设、投产等环节服务保障。2023年，新开工项目56个，赫里欧光伏建材一体化"BIPV"项目、东原永新新型建筑材料产业园、凤凰绿色节能建筑产业园、鑫阳升绿色建材基地等项目建成投产。

坚持"企业培强"，扩大产业规模

激发企业增收内生动力。实施"强头壮腰固基"梯次培育，围绕泰山石膏、中联水泥、鲁泰建材、联强科技、威宝节能等龙头骨干企业，按照绿色化、低碳化、高端化、智能化转型要求，培植壮大本土企业规模实力，推动企业做大培强。支持泰山石膏有限公司实施"石膏板＋"营销模式，全年增加营收 9.33 亿元，山东威宝节能科技集团有限公司新培育为省级瞪羚企业、省级制造业单项冠军企业，全力做好服务保障，助力泰石节能材料股份有限公司等企业加快上市步伐，山东腾飞机电科技有限公司与中泰证券签约，汶河水泥在蓝海股权交易中心挂牌；围绕营收过亿腰部企业，推动实施千项技改、千项转型行动，强化政策扶持，鼓励支持不断加大技改投入，扩大企业规模，不断提高企业市场竞争能力，山东美壁丽新型建材科技有限公司等 9 家培育为省级"专精特新"中小企业，山东华杰新型环保建材有限公司等 34 家企业入选省级首批创新型中小企业名单，山东威宝节能科技集团有限公司和山东大唐宅配家居有限公司 2 家企业入选山东省"一企一技术"研发中心名单；把企业"小升规"培育作为重要抓手，建立后备企业清单台账，完善实施企业服务专员制度，做好企业发展跟踪管理，促进小微企业升规增效，推动形成营业收入新的增长点，凤凰节能、书豪建材、金友联再生资源等企业成功升规纳统。

激活企业创收外在动能。创新在产业链商会（协会）内部成立协同发展委员会，组织开展供需对接、技术研讨、投资合作等活动，推动产业链企业强强联合、优势互补、协同发展，加强房地产开发、建筑施工、建材等企业信息共享和资源互通，引导支持企业在产品配套等方面开展合作，赫里欧 BIPV 首批产品应用于凤凰节能建筑产业园，联强科技、威宝节能、赫里欧新能源与俄罗斯企业签订合作协议，成功开拓国外市场，产业整体竞争优势不断提高。

坚持"园区筑巢"，推动集群发展

优化园区产业布局。依托新型建材骨干企业、重大项目，科学谋划布局,强化资源要素,在岱岳区、肥城市、宁阳县等地,加快建设新型建材产业园区,发挥园区虹吸效应,筑巢引凤,推动产业集聚集群发展。泰安市建材新材料产业集群、肥城市新材料产业集群、岱岳区新材料和新型建材产业集群入选山东省"十强"产业"雁阵形"集群库。

发挥园区特色优势。聚焦协同发展,加快建设泰安市绿色建筑产业园,以引进装配式建筑、保温材料等全产业链项目为重点,打造设计、生产、施工纵向链条和检测、物流、金融横向链条。聚焦建材业与建安业融合发展,建设肥城建安制造产业园,已引进凤凰节能、福建威固等企业项目。聚焦循环利用,建设宁阳绿色建材循环经济产业园,打造石材开采、高端定制、板材加工、固废利用"闭环式"产业链。截至2023年底,入驻园区企业23家,目标是建成江北最大锈石综合开发利用示范区。

创新园区运营机制。积极推进泰安市绿色建筑产业园建设,发挥泰山城建集团市级国有企业优势,与民营企业联强科技、威宝节能深度合作谋划共同成立园区运营公司,引进关联性大、带动性强的龙头企业,发挥辐射示范作用,同步发展研发、物流等生产性服务业,推动园区企业配套协作、优势互补,组织供需对接、投资合作等活动,在材料采购、产品销售等方面全方位信息共享,打造园区利益共同体。

坚持党建引领,提升攻坚能力

扎实开展习近平新时代中国特色社会主义思想主题教育,学思想、强党性、重实践、建新功,切实把学习成效转化为高质量发展生动实践。重视加强党建引领,着力提高党员干部政治素质和综合能力,深入开展"三个能力"提升行动,努力锻造学习型、实干型、服务型、纪律型"四型"铁军队伍,以高质量党建和优良作风保障各项工作高效落实,凝聚干事创业强大合力。

强化综合素质。建立学习制度,定期组织专班党员干部开展集体学习,加强对现代产业知识、经济发展规律、产业政策和相关法律法规的学习,更加注重对产业链专业知识的学习,对产业链上下游产品、技术路线、生产工艺等,做到了如指掌、如数家珍,努力成为新型建材产业的行家里手和业务骨干,切实以过硬能力保障攻坚突破任务的完成。

提升攻坚能力。推进工作的过程就是解决问题的过程。工作专班全体人员大力发扬无私奉献精神,准确把握职责定位,找准工作的切入点、着力点和关键点,树立"说了算、定了干、按期完"的鲜明导向,大胆创新破局,担当作为抓落实。坚持一线工作法,经常跑企业、进项目、解难题,深入一线,对上级安排的工作,不打折扣,不找理由,坚决完成;对既定的考核任务,了然于心,志在必得;把"急活""硬活"看成难得的锻炼机会,提高反应速度,增强战斗精神,加班加点也要按期完成,带头招大引强、做大培强、优化服务,持续攻坚,全力推动了产业链专班各项工作快速推进。

保持优良作风。全力破除一切不利于"走在前、开新局"和"登高望远、奋力争先"的思想观念、作风积弊和各种顽瘴痼疾,摒弃松劲心态、厌战情绪,立争先之志,兴实干之风,拿出冲刺的劲头、决战的姿态,深入学习贯彻市委、市政府关于推进新型工业化重要指示,进一步提高站位、实干担当,拼上豁上干工作、抓落实,为产业链发展提供强有力的纪律作风保障,为火线攻坚凝心铸魂,真正把新型工业化打造成锻炼干部、培育干部的主战场、主阵地,以良好的工作状态和精神面貌投身工作、创造价值,以优良作风和优异成绩在新型工业化强市建设的新征程中奋楫扬帆,接续奋斗。

锚定目标抓落实　聚力攻坚求突破
开创现代食品产业发展新局面

市现代食品产业链（集群）专班

2023年，市现代食品产业链聚焦企业培育、招商引资、项目推进、园区建设等重点工作，精准发力攻坚，强化服务保障，扎实推进各项工作任务落实，产业发展取得明显成效。

9月26日，市现代食品产业链第三季度重点项目集中签约仪式举行，市政府副市长、市现代食品产业链链长马保文（后排中）参加活动　　　　　　　　　（王新会　供）

锚定目标,强化服务,推进现代食品产业高质量发展

紧紧锚定"双倍增"总体目标,围绕八个重点赛道,强企业、促投资、强链条、树品牌,产业规模不断扩大,经济运行持续向好。

企业发展提质增效。突出龙头带动,围绕福宽生物、蒙牛乳业、众客食品三家企业,制订三年规划,实施五大项目,着力打造1个百亿级、2个50亿级产业集群;加快山东泰山啤酒有限公司(以下简称泰山啤酒)、普瑞特机械制造股份有限公司(以下简称普瑞特机械制造)、山东泰乐源农业科技有限公司(以下简称"泰乐源")等种子企业上市步伐,2家企业完成券商签约。加快数转智改,普瑞特机械制造获批"国家级智能制造场景"企业,打造省级"智能工厂"企业1家、"数字化车间"企业2家;新培育省级专精特新中小企业17家、省级"一企一技术"研发中心2家。小微企业成长壮大,21家企业升归纳统,产业链规模以上企业总数181家,营收规模340.9亿元。

项目投资加快增长。高水平策划项目,共策划入库项目96个,在全市优秀策划项目评选中共获得1个金牌案例、3个银牌案例、6个铜牌案例。高质量招商引资,开展链长招商10次,推动108个重点项目签约,大连韩伟食品有限公司、滨州中裕食品有限公司、深圳前海粤十信息技术有限公司等行业知名企业成功落地投资。推动大窑饮品智能工厂等62个项目开工建设,投资额86.18亿元。高效率推进项目,山东福宽生物工程有限公司阿洛酮糖项目(以下简称"福宽集团阿洛酮糖")、早天下冷链(中国)交易基地项目(以下简称"早天下冷链基地")等"双大双强"市级重点项目,均超额完成年度建设任务。2023年,共实现固定资产投资54.5亿元,完成年度目标任务的139.5%。

产业平台支撑有力。高标准打造东平健康食品产业园等六大县域产业园区,建设国泰民安宠物食品产业园等十大特色产业园,夯实现代食品

集群发展坚实载体。现代食品产业链在全市特色产业园区现场推进会上作典型发言。同时，发挥产业商会平台作用，引导 23 对链上企业开展技术、业务、产销等常态化合作，推动 14 家骨干企业与山东农业大学、中科院等市内外科研院所合作，打造技术孵化与产业化转化园区。

品牌影响不断扩大。"泰山茶""肥城桃""泰山板栗"入选中国农业品牌目录，拥有 5 个山东省知名农产品区域公用品牌，培育 97 个知名农产品品牌。在北京召开"泰安农品·泰好吃"市级农产品区域公用品牌发布会，组织 100 余家企业到深圳、东莞、潍坊等地参展，扩大品牌知名度和影响力。成功举办现代食品产业博览会，交易 7071 单。

服务保障精准高效。强化政策支持，制定 3 项现代食品产业靶向政策和 2 项配套政策，在企业融资、贷款、投资等方面给予企业大力支持，组织召开全市靶向政策兑现落实大会，集中兑现扶持资金 737.46 万元。强化纾难解困，以协调推进会、链长现场办公会和提级办理报告等途径，解决企业资金、用地等方面需求 43 项，有效保障企业生产经营。

抓关键，求创新，打造现代食品产业发展新亮点

产业链狠抓项目投资、产业园区、政策引导三个关键支撑，创新创优，提质增效，打造现代食品产业发展新特色新亮点。

聚焦项目建设，推行"三高"架构下的招商引资模式。一是高水平策划项目。围绕产业链缺失和薄弱环节，针对性开展项目策划。2022 年以来，共策划入库项目 200 个，投资额 575.1 亿元，在全市优秀策划项目评选中获 1 个金牌案例、3 个银牌案例、6 个铜牌案例。二是高规格对接招商引资。基于优质策划项目，综合运用以商招商、基金招商、链长招商等方式，着力提高招商引资质量和效率。突出链长招商，对生产技术新、市场前景好、带动能力强且投资规模 5 亿元以上项目，列为"链长项目"，开展一对一对接、点对点洽谈，有效提高了项目落地成功率。共开展链长招商 10

次。三是高效率推进项目落地。建立一个专班跟进、一套政策引导、一个联盟助力、一个智库配合的"四个一"项目推进机制,开展重大项目全生命周期服务,全力全面保障重点项目顺利推进。

突出园区建设,推广政府主导、国企参与、专业运营的"链接式"管理模式。在园区规划布局、标准定位、开发建设、管理运营等方面创新创优。政府在园区规划布局、投资建设、管理运营等各个环节进行全程审核把关、咨询建议、服务保障;国企负责项目建设、融资,打造高品质、低成本的优质产业发展空间;运营公司专注于园区后续管理,为企业提供研发、集采、物流等全链条服务。产业链现已涌现出新泰汶南食品特色产业园、东平现代食品产业园、范镇绿色健康食品产业园等有规模、有特色、高层次、高效益的现代化"超级工厂",初步形成原料供应、精细加工、仓储营销等"多位一体"的现代食品产业园格局。该创新做法在全市特色产业园区现场推进会上作典型推广。

强化政策扶持,构建"全产业链式"靶向政策支持体系。充分发挥政策引导和支持作用,先后制定出台了《加快推进现代食品产业高质量发展的实施意见》《加快中央厨房(预制菜)产业发展八条措施》《"兴农政策联结贷"实施方案》等3项食品产业发展靶向政策,在企业培育、项目投资、信贷融资等方面实行最优惠扶持措施。同时,梳理现代食品产业上下游,聚焦现代食品产业链短板,以政策引导加快产业延链、补链,先后制定出台《加快农业优势特色产业高质量发展实施意见》和《党建引领乡村振兴加快农业农村现代化建设的实施意见》2项配套政策,加快构建稳定的农产品供应体系和营销体系,为食品产业发展提供强力支撑。注重惠企政策落地,召开了首期政策兑现大会,为61家企业兑现奖励资金737.46万元,均足额拨付到企业。

把握发展趋势　秉承发展理念
推动化工产业转型升级

市高端化工产业链（集群）专班

　　新型工业化强市战略实施以来，市高端化工产业链专班准确把握化工产业发展趋势，秉承"高端、绿色、创新"的发展理念，以高质量发展为主题，以优化产业结构为目标，以四大化工园区为载体，以科技创新为抓手，全面推动化工产业向"下游精细化、产品高端化、应用协同化"转型升级。

5月18日，市委常委、市纪委书记、市监委主任、市高端化工产业链链长程远军（右二）开展一线问效活动
（吴殿奎　摄）

2023 年度，高端化工产业链各项工作取得了一定成效，规模以上企业完成营收 377 亿元，固资 47.3 亿元。4 次季度考核，累计获得 14 项"骏马"，上半年和年终项目观摩均为第二名，满意度测评均为第一名。产业链共培育规模以上企业 115 家，其中，高新技术企业 33 家，单项冠军企业 8 家，专精特新"小巨人"企业 30 家，瞪羚企业 9 家，绿色工厂企业 4 家，市级 50 强企业 12 家，上市种子企业 12 家，8 家企业产品被认定为中国驰名商标。2023 年 4 月，迪尔化工在北交所成功上市。产业链先后成功举办"全国环氧树脂高峰论坛""全国腐植酸 + 护理中国土壤健康高峰论坛""全国纳米农药青年科学家论坛"。高端化工产业入选省"十强"产业"雁阵形"集群，岱岳区精细化工特色产业集群、宁阳县高端化工特色产业集群入围 2023 年度山东省中小企业特色产业集群，肥城、宁阳化工园区入围 2023 年度山东省数字经济园区，宁阳煤基精细化工产业大脑入选山东省首批"产业大脑"建设试点和入库培育名单。

聚力攻坚项目建设

牢固树立"项目为王"的理念，坚持把项目建设作为推动产业发展的主攻方向。一是突出策划招引。实施"五个聚焦"精心策划项目，不断为产业发展蓄能；全面落实产业链招商行动计划，创新实施"五步法"招商思路，采取"线下 + 线上"相结合方式，建立季度集中签约制度。累计策划入库项目 120 个，在策划大比拼中获得 2 金 4 银 3 铜的成绩，签约项目 73 个，到位资金 35 亿元。二是紧盯项目开工。实施"三精准"项目推进法，建立"六张"清单，实行"梯次化"包保，重大项目邀请总链长督导问效，累计新开工项目 49 个，签约项目开工率达 69%。三是强化要素保障。把土地、能耗、资金等指标要素作为推进项目建设的先导条件，创新"三三制"问题处理机制，累计收集要素需求 58 项，解决 47 项。

聚力攻坚数转智改

始终将推进数转智改作为产业升级的主攻方向，大力探索"数实融合"发展路径。一是借助外脑破题。通过专家问诊、团队会商等方式提供专业化指导，帮助企业制定经济实用的转型方案，提高企业主动性。11家重点企业全部实现数字化转型，累计45个化工项目纳入全市数字化转型重点项目库。二是打造智慧园区。以数字化赋能为抓手，系统推进园区管理和基础设施建设融入"5G新基建"，实现一屏全维度监控企业安全运营等事项。三是典型经验推广。注重发挥示范引领带动作用，对数字化转型工作开展较好的县（市、区）企业，通过召开现场会、编制优秀案例等方式，推广学习借鉴，形成数字化转型升级的浓厚氛围。先后举办数字化转型活动4次，打造省级数字化转型标杆企业4家、市级标杆企业3家，累计13个项目纳入省级以上数字化转型示范项目。

聚力攻坚企业服务

全面当好企业的"服务员""协调员""宣传员"，精准发力、强力推进。一是破解产业发展问题。依托现场调研、服务专员、专员信息系统、泰企通四个平台，梳理企业政策诉求80项，解决78项。构筑"党委＋商会＋会员"沟通机制，解决产业协同问题5项。完善制定园区靶向政策14项，为产业发展提供政策保障。走访链内企业，完成涉氯、涉氢、经济运行分析等调研报告3篇。二是破解企业成长问题。用好"五链融合"等机制，构建产品互供、创新融合转型体系。推动正大焦化、明升达等企业建设生产性服务业项目，实现多元化经营。借助瑞银等企业资源优势，引导化工产业向医药中间体等下游延伸。三是破解换挡升级问题。推动恒信煤基化工产业大脑建设；利用园区载体，打造城投等科创平台，发挥博士后工作站优势，助力产品走向高端；破解传统行业瓶颈，使德普新材料等 4 家国家绿色工厂规范企业健康发展；开展"工业升级"行动，助力德源环氧等企业换挡升级。

聚力攻坚产业协同

紧紧围绕产业协同发展工作部署，着力延伸产业链条、力促产业聚集、提升产业协作，打造"三个版本"，构建产业协同新模式。一是打造链内协同发展新版本。成立高端化工产业链商（协）会，强化链内企业对接，构建原材料循环互供体系，通过链内协同发展，形成"闭环体系"，实现降本增效。比如，推动明升达为园区近 20 家企业提供工业蒸气；发挥华阳集团国内稀有的"光气"和氯碱资源优势，为复圣化工、亚荣生物提供氯气、烧碱等基础原材料等。二是打造跨区域协同发展新版本。立足现有产业实际，跨区域推动上下游原料产品互补，培育协作共享生态系统，举办全国性论坛活动，不断为跨区域企业牵线搭桥，建立协同发展、优势互补产业体系。比如，协调宁阳生物质发电项目为新泰园区提供蒸气；引导宁阳亚荣生物为岱岳区西尼尔提供三氯化磷原材料等。三是打造链链协同发展新版本。强化以链补链，建立协同发展、优势互补产业体系。比如，依托正大焦化焦炉煤气、甲醇、池放气等资源，带动新泰循环产业园内霖润新能源、日进化工等数十家、多产业链条企业协同发展；招引建设的德普碳酸二甲酯项目、亚荣生物六氟磷酸锂项目为锂电新能源产业提供原料；持续推动阿斯德借助石横特钢富余煤气，逐步实现"钢化融合"，开创"钢化联产、循环发展"新模式等。

聚力攻坚园区打造

通过"园中园""园外园"等模式精心培育打造特色产业园区，积极构建"4+5+N"园区发展格局，推动产业集约链式发展。谋划打造汉威集团精细化工、泰山锂谷产业协同基地等特色园区11个。一是突出规划引领，科学规范布局。以建设山东省高端化工园区为标准，走好调研论证、规划引领、园区升级、设施配套、环境优化"五步棋"，确定"1+4"链主企业构建格局，以链主企业为依托，精准招引配套企业，拉伸拓宽产业链条，培育和打造以链主或标杆企业为主导的特色园区，推动产业集约发展、蝶变升级。二是强化赋能协同，厚植发展潜力。落实山东省化工园区优化专项行动计划，累计投入资金70亿元，建设完善四大园区"十通一平"基础设施体系，为发展"园中园"创造了条件。坚持科技引领、数字赋能、智慧运行，相继投入9000多万元建成了集视频监控、危化车辆管理、应急救援指挥等功能于一体的智慧监管平台。三是加大服务保障，确保建设成效。指导园区制定个性化、菜单式政策，做到重大项目"一事一议"。确定年度重点打造园区和重点建设项目名单，实行"一线工作法"，定期调研项目进展和工程进度，倒排工期、挂图作战。对列入"攻坚突破"重点任务清单的园区或建设项目，用好"链长问效"推进机制，提级加大服务保障，坚决确保工作进展。

目标已经锚定，蓝图已经绘就，市高端化工产业链专班会进一步提高站位，强化责任，真抓实干，在抓好项目、做优服务、强化保障上加大工作力度，力争各项工作实现新突破、新提升。

创新举措　聚力攻坚
推动传统产业转型升级

市纺织服装产业链（集群）专班

2023 年，市纺织服装产业链专班以"科技、绿色、时尚"发展为主线，有力推动产业持续健康发展。实现规模以上企业营收 118.9 亿元，固定资产投资 16.51 亿元，签约项目到位资金 14.42 亿元。新增省级制造业单项冠军企业 2 家、省级"专精特新"中小企业 6 家，1 家企业在北交所成功上市。

5 月 12 日，市委常委、统战部部长，市纺织服装产业链链长成丽（后排左三）带队到安徽宇航派蒙健康科技股份有限公司考察，出席"石墨烯热管理应用研发及产业化"招商项目签约仪式

（李先锋　供）

布局细分市场新蓝海

累计入库策划项目 98 个，3 个获评金牌案例项目当年全部开工，产业发展后劲持续增强。落地石墨烯热管理研发应用一体化项目，打造全球最大规模石墨烯发热材料生产基地。签约建设全国统一大市场纺织产业链示范园，打造全国最优化棉纺产业结构和要素配置中心。招引全国校园鞋（服）研发生产基地项目，仅用 3 个月时间建成全国首条校园鞋专用生产线，筹备召开全国校园鞋产业化宣贯会，努力打造全国校园鞋产业基地。中康国创印染中试基地主体建设完工，为打造全国功能性服饰、面料高地奠定基础。

构建协同发展新格局

与山东服装职业学院、山东理工大学等高校签订并实施"校链企"合作协议，产学研融合发展模式在全市"校链企"融合发展现场会、制造业协同发展推进会推广。协调新加坡国家科技奖获得者吴永玲教授来泰考察纺织服装企业并开展深度合作，成立康亿家新材料科技公司，推动水性纳米专利技术在泰安市落地转化，改善提升高端面料功能特性。举办石墨烯热管理技术推介交流会，拓展石墨烯材料发热新技术在纺织服装等 5 个产业链跨界场景应用，项目建设期内就促成 3 家企业与安徽宇航派蒙达成订单合作，首批订单 4000 件发热抱枕已投放欧洲市场。组织举办"'独'具慧眼 '链'接未来——泰安市跨境电商独立站与产业链对接会议"，支持跨境电商公司服务纺织服装及其他产业链消费品企业建立海外独立站，推动数字营销、布局海外市场，形成"跨境电商＋产业链"的高效协同，推动"泰安制造"跨洋出海。

开辟产业对接新路径

到江浙沪及粤港澳大湾区开展产业链招商推介，建立与浙江省服饰创意协会、上海纺客等协会、供应链平台间的常态化交流机制，打通浙沪海外订单承接渠道。在沪举办产业链招商推介活动，开展技术产品信息沟通和供应链签约合作，助推产业发展，泰安市19家企业与美国卡哈特、比音勒芬等26个国内外知名品牌及服务商开展商务洽谈，依托上海客商获取进军中亚五国市场"入场券"，现场促成泰安市16家企业与浙沪方面达成战略合作3项、产品订购合作3项、定点加工合作18项，会后又有8家企业承接上海追加订单。

拓展数转智改新渠道

举办"泰山纺织服装大讲堂"，邀请行业领军企业家作为首场开讲嘉宾，面向56家链上企业开展服装产业数智化供应链管理培训，引导企业打开新视野、拥抱数字化。对接江苏衫数集团服装成衣供应链赋能平台，招引"云尚泰安"项目，嫁接改造营销模式，打造新零售业态。协调国内领先的工业互联网技术供应商北京兰光创新科技有限公司，先后到东升服装、鲁普耐特、达瑞服饰、港鑫毛纺织等骨干企业走访调研，帮助梳理分析数字化转型路径，"把脉问诊"提供智能工厂解决方案，年内9家企业入选省工信厅首批数字经济"晨星工厂"入库培育名单。实施数字化转型项目25个，实施技改项目70个，覆盖率达73.68%。

实现园区建设新突破

高标准规划建设的泰山高新技术纺织服装产业园进展迅速，有力承载了中康国创印染示范工厂、岱银集团高档毛纺面料绿色智能工厂等重点项目。持续完善"泰山多彩毛呢小镇"园区功能，引导毛纺织企业集约发展，努力打造江北最大的毛呢布料生产基地，新建毛呢博物馆、体验馆并参与半年项目观摩。指导东平县出台《纺织服装产业高质量发展实施意见》，布局崤阳纺织服装创意平台和滨河服装产业园，每年设立不低于1000万元的专项资金用于推动园区建设和产业发展，为"招大引强"项目建设提供了强力支持。

激发协会发展新活力

对标学习先进，先后到省内外纺织服装行业协会（商会）学习考察，形成高质量考察报告，协助提出了促进制造业行业协会商会在引领新型工业化高质量发展中更好发挥作用的意见建议。健全运作机制，制定了产业链协会章程、会费收缴标准等多项制度，确定了协会团结凝聚、强链补链、精准招商、建言献策、政策宣传、行业自律的主要职责，年内按照程序新吸纳会员企业5家。强化标准支撑，率先成立"标准化技术委员会"并申报获批"全国团体标准信息平台"团体用户，发布纺织纤维、印染加工、绿色低碳等团体标准4项，支持中国纺织工程学会联合在泰"全国纺织服装标准创新大会"，有力推动了泰安市纺织服装行业团体标准事业发展。

聚焦招引　攻坚克难
全力推动泰安出版印刷产业发展

市出版印刷产业链（集群）专班

2023年以来，市出版印刷产业链聚焦"招大引强、做大培强"任务目标，组织实施"五大行动"，努力在项目策划、招商引资、企业培强、特色园区建设、要素保障上下功夫、求突破，全力推进出版印刷产业快速发展，第三、第四季度考核中，所有指标都获得"骏马"，在年底项目观摩中获得

11月16日，市出版印刷产业链举行链长现场办公会，市委常委、宣传部部长、市出版印刷产业链链长王爱新（左二）参加会议　　　　　　　　（产业链专班　供）

项目测评第四名、满意度测评第五名,实现历史性突破。全年新增规模以上企业 14 家,总数达到 52 家;营收 81.1 亿元,同比增速 13.1%;工业税收 1.91 亿元,增速 337.74%;固投 18.314 亿元。

聚焦"双大双强",重点攻坚取得新突破

出版印刷产业链围绕泰山新闻出版小镇、宁阳天和造纸两大链主龙头企业,聚力抓好重点项目攻坚突破。

三方联动,做到组织机构建设硬。实行"一个领导小组、一套工作方案、一抓攻坚到底"的协调推进机制,建立由市出版印刷产业链牵头,高新区、宁阳县出版印刷产业链专班和企业参与的三方联动工作机制,领导小组下设办公室,办公室设在市出版印刷产业链专班,进一步夯实推进措施。紧盯美国冠龙绿色智能印刷项目,力求印刷设备尽早到位投入运营,为其配套建设的泰安首家公用型保税仓库——泰山基业公用型保税仓库已于 5 月 18 日正式获批启用,相关经验做法在第 19 期《泰安市新型工业化强市建设工作简报》进行了宣传推广;投资 11.82 亿元、年产 30 万吨高档涂布白卡纸生产线和 20 万吨的生物化机浆和配套设施的食品级包装材料及其配套工程项目已于 2 月开工建设,正在进行基础施工。

提级包保,做到推动建设效率高。实行链长提级包保工作机制,市委常委、宣传部部长、市出版印刷产业链链长王爱新联系包保泰山新闻出版小镇、山东天和纸业有限公司两大重点企业。2 月 21 日,组织召开全市出版印刷产业链现场推进会,实地调研了泰山新闻出版小镇机械工业出版社、人天书店项目,宁阳天和纸业及规划建设中的绿色包装产业小镇,详细了解企业发展存在的困难和问题,重点协调解决企业融资、招商、土地规划、行政审批许可等问题,做到集中把脉、精准施策。

密切协同,做到问题解决措施实。坚持链长挂帅、敲门招商。紧扣新闻

出版产业,梳理优质企业资源,成立专项招商工作组,制订年度招商攻坚计划,开展以链招商、以企招商、以商招商、以会招商,构建建设一批、签约一批、在谈一批项目的梯次结构,为小镇建设做好项目储备。市委常委、宣传部部长、出版印刷产业链链长王爱新多次率队到北京,拜访电子工业出版社、后浪(北京)出版咨询有限责任公司等多家意向单位,成功邀请后浪(北京)出版咨询有限责任公司到泰安考察。坚持靠上服务、提质增效。以"三个能力"提升行动为契机,明确市、县、街道三级专职联络员,为企业提供专属服务,及时帮助企业解决问题,保障用地、用工、能耗、水电气热等全要素需求。加强与发改、自然资源、行政审批等部门协同联动,及时跟进企业项目前期手续办理,形成项目服务合力。指导企业与齐鲁工业大学、泰山学院等组建产学研创新研究院,加大产品科技研发和技术攻关,让科技创新为企业赋能,促进企业做大培强。

创新突破,做到链上企业周调度。专班高度重视重点项目建设,团结协作,建立企业包保机制指定服务专员包保县(市、区)企业,建立一对一包保制度为企业纾难解困,责任压实到人,做到链上企业一周一调度、一周一反馈。牵头要素保障部门组建"攻坚作战单元",抓实服务。

招大引强,做到重点任务聚力攻坚。建立市、县两级"月调度、季考核、定期通报"机制,多措并举,加大招商引资强度。链长、副链长多次带队到北京拜访中国国家版本馆、电子工业出版社等单位,先后邀请人民出版社、后浪出版公司、北京西南物流等到泰考察;成功招引投资过10亿元的辰信零部件产业基地项目。截至2023年末,共策划入库项目71个,6个项目入选优秀案例。

双向赋能,做到校企合作新提升。围绕机工社泰安编校中心人才需求,召开校企见面会,为企业输送优秀毕业生40余人;指导综艺联创与齐鲁工业大学、泰山学院等达成战略合作协议,三方合作项目"高端印制加工智能质量控制系统的开发"入选山东省科技型中小企业创新能力提升工程项目,以"双赋能"精英班培训成果带动企业协同发展。

聚焦攻坚克难，重点项目建设取得新成效

泰山新闻出版小镇方面。围绕小镇招大引强，专班聚焦延链补链强链，紧盯美国冠龙项目急需保税仓问题，协调泰安高新区、泰安海关建设完成泰安首家公用型保税仓库，目前首批设备已入仓，填补了全市印刷设备制造销售环节的空白。专班组建攻坚作战单元，开展链长问效，集中解决了消防、通信讯号等困难。聚力攻坚克难，重点推进人天书店、机械工业出版社等项目建设，当前工程建设进展顺利，其中人天书店作为代表项目参加全省绿色低碳高质量发展重点现场观摩活动。抢抓省外书企转移机遇，第一时间在京召开"风雨同舟 守望相助"座谈会，市委、市政府高度重视、高位推进，市委常委、宣传部部长、市出版印刷产业链链长王爱新一线问效，统筹推动书企转移工作开展，现场办公，召集市邮政管理局、泰安高新区、泰山新闻出版小镇及入驻书企等单位召开现场办公会，研究解决物流快递等问题。市区出台《关于新闻出版企业入驻泰山新闻出版小镇的专项扶持政策》，从仓储租赁、物流运输、征地建设、入库纳统、子女入学、人才补贴、金融需求等方面给予支持，产业链专班迅速行动，抽调专人盯靠包保，实地调研，联合高新区、小镇等相关部门单位，实施周例会制度，先后7次召开工作对接办公会，

山东天和纸业有限公司生产车间 （天和纸业 供）

形成周工作简报，从书企转移、仓储物流、土地清表、配套服务以及运营管理等方面，全面梳理每周工作进展，及时发现困难问题，加强部门协同联动，推进任务落实落细，指导组织入驻书企成立泰山新闻出版小镇书业商会，抱团取暖，共谋发展。截至2023年末，已签约书企91家，搬迁入驻51家，完成公司注册56家。首批入驻的华涵书香公司、金桥轩电子科技公司、鑫华馆配等公司均已实现营收200万元以上，唐竹文化公司营收已达1200万元。

山东天和纸业集团有限公司方面。专班与宁阳县委、县政府协同联动，全力盯靠包保，强化要素保障。围绕企业做大做强，协调宁阳县推动青岛银行、恒丰银行融资授信审批，多次召集现场办公会，理顺天和纸业、泰山国信、山东兴宁的合作关系，引导企业新成立山东金天和主纸业有限公司，为进一步开拓市场、延链补链，新上食品级包装材料及其配套工程项目，参加泰安市2023年第一季度"项目开工大比拼"集中开工活动，项目投产后可实现浆纸产能175万吨，年生产总值50亿元，利税5亿元。落实要素保障，积极对接土地、热力、审批等部门，为天和开辟绿色通道，容缺办理。项目立项、能评、稳评、环评手续、水土保持，文物保护勘探、建设用地规划许可证、建设工程规划许可证和施工许可证等手续已办理完毕；北侧围挡、绿化带、设置工程大门、保卫室、办公室、金天和项目指挥部和会议室建设等项目已完成，车间桩基施工全部完成，卡纸纸机生产线桩基完成、基础承台已完成25%。

聚焦"链式思维"，产业协同取得新发展

专班认真落实全市制造业协同发展工作推进会部署要求，以产业集聚推动链内互促发展、链外协调配套，着力构建产业跨界融合、全链条协同互补、基础设施协同共建、要素指标融通共用、产业政策高效联动的产业生态，不断促进产业提质增量。

引入高校资源，为企业赋智能。泰山新闻出版小镇与北京印刷学院合作成立泰安研究院，建成后可承接全国及小镇内各企业专业人员培训业务，满足产业人才培养需求。山东综艺联创包装股份有限公司与齐鲁工业大学、泰山学院等达成战略合作，前期与齐鲁工业大学的校企合作项目"高端印制加工智能质量控制系统的开发"成功入选山东省科技型中小企业创新能力提升工程项目。正在推进的索罗蒂高效生物降解系列产品研发及生产项目建成后，将与山东农业大学合作，引入拥有独立知识产权的完全生物降解塑料项目技术，进一步升级制作工艺、降低生产成本，增强市场竞争力。

发挥商（协）会作用，为企业赋量能。商会是企业联系的桥梁和纽带，产业链依托"全国文创博览会""国际新闻出版合作大会"等既有会展平台，为出版印刷行业上下游业务发展招引优质资源。商会联合出版印刷产业链专班多次到北京、上海、江苏、浙江等地开展招商工作，与中国版协、北京跨区域产业协作中心等单位走访对接，推动了全联图书、金科纸业等成功落户泰山新闻出版小镇。

强化链外协作，为企业赋产能。出版印刷产业链专班积极为企业沟通搭建交流平台，通过商会、培训、参观等活动，开展链内链外企业调研交流，搭建沟通桥梁，打通产业链内外供需合作渠道、缩短供应链距离，推动实现跨链对接、跨链合作，构建各产业链协同发展的良好生态。山东综艺联创包装有限公司为泰山酒业等集团提供产品包装设计研发和销售；泰安市富蓉印刷有限公司为智乐星、恒基置业和各大出版社等提供期刊、画册、海报、产品手册、教材教辅等包装印刷；泰安舍得工贸有限公司为泰山石膏股份有限公司、泰安鲁怡高分子材料有限公司、山东丁丁食品有限公司等提供纸制品包装配套供应服务；泰安市正泰激光印务有限公司正在积极寻求与食品、医药、高性能纤维等链外企业合作，开展激光防伪标签等方面的合作。

聚焦"培基固本",数字转型取得新提升

专班充分发挥推手和助手作用,加强顶层设计,"一链一策"制定并实施《泰安市出版印刷产业链数字化转型实施方案(2023—2025年)》,积极推进《泰安市支持制造业数字化转型八项措施》等扶持政策实施,明确企业数字化转型实施主体地位,积极引导链上企业解放思想转变观念,聚焦产业数字化应用,着力提升企业核心竞争力,促进企业降本增效。2023年,产业链共有肥城新华印刷有限公司、山东天和纸业有限公司、山东和瑞包装有限公司、山东华宁包装印务有限公司、山东润声印务有限公司等5家企业入选全市制造业数字化转型重点需求企业,肥城新华印刷、泰安易捷数字印刷、泰中特种纸、润声印务等4家企业入选首批省级数字经济"晨星工厂"名单,润声印务入选山东省制造业单项冠军企业名单,确定为全市领军示范(培育)企业,公司数字化智慧运营中心项目、5G智慧运营中心项目纳入市级标杆示范重点培育项目库,润声印务智能化色彩管理系统、泰安易捷数字印刷智能数字印刷车间入选2023年泰安市智能制造场景、数字化车间及智能工厂名单,天兴木业科技有限公司入选2023年获得省级支持高质量发展奖励企业名单。

集聚资源　高效落实
打造新能源产业高质量发展强引擎

市新能源产业链（集群）专班

　　市新能源产业链专班抢抓"新型工业化强市战略"重大机遇，紧紧围绕"争当绿色低碳高质量发展排头兵"这一目标，大力实施"资源开发＋产业协同"双轮驱动战略，聚焦千万千瓦级"储能之都"、千亿级"泰山锂谷""光伏＋装备制造基地"三大任务，用心服务、高效落实，持续积蓄新能源产业发展新优势。

9月4日，市委常委、市政府副市长、市新能源产业链链长常绪扩（前排左三）现场调研肥城市"双大双强"企业项目
（产业链专班　供）

坚持规划引领，为新能源产业发展指明方向

积极落实省委对泰安盐穴储能储气的批示，牵头起草盐穴储能储气专题汇报，获得省委省政府的肯定和专项政策支持。完成了《泰安市盐穴储能储气综合利用规划（2023—2030）》，明确了总体思路、发展目标、规划布局、主要任务和重点工程，这是全球首个盐穴储能储气专项规划，为泰安市储能储气产业科学发展起到重要指导作用。为保障规划落到实处，出台《泰安市人民政府关于推进盐穴储能储气产业高质量发展的实施意见》，聚焦资源保护、产业融合、改革创新、安全生产、要素保障等重大问题，按照"前端制盐扩穴—中端盐穴储能储气—后端建网延链"产业发展路径，将盐穴储能储气产业发展纳入规范化、制度化发展轨道。

全力攻坚三大重点，一批大项目好项目建成落地

大力推进新能源产业重大工程。聚焦储能之都、泰山锂谷、光伏＋装备制造三大领域，加大项目策划、双招双引，推进重大项目建设。一是积极开展项目策划。策划中能建 350 兆瓦盐穴压缩空气储能、中电建 2×300 兆瓦盐穴压缩空气储能、华劲年产 10 万吨锂电材料回收修复等项目 87 个，总投资 935 亿元，位列各产业链首位。二是积极开展招商引资。先后与山东海化、宁德时代、优品车、鲁能等对接，洽谈投资事宜，成功签约引进山东海化集团采盐储能、瑞晶 10 吉瓦新型高效光伏电池片研发制造、吉电能谷铅碳电池及循环利用等项目 10 个，签约项目到位资金 1.53 亿元，在 13 个产业链中位列第 3 位。三是积极推进项目建设。开工建设中储国能 300 兆瓦盐穴储能电站、皇氏 10 吉瓦光伏电池等 17 个项目，总投资 67.96 亿元，在 13 个产业链的考核中开工项目数量、完成固定投资均位列第一。泰山抽水蓄能二期、圣阳锂电池等项目进展较快。完成技改扩规项

目 11 个，总投资 20.3 亿元，3 万吨碳酸锂、超威动力储能电池投产运营，形成了谋划一批、签约一批、开工一批、投产一批的梯次培育格局。

立足双轮驱动，新能源发电积极助力碳中和

把集中式、分布式光伏"双轮驱动"作为推动新能源发电的重中之重，"十四五"规划的首批集中式光伏重点项目取得进展，融信汇能、石横电厂光伏、天合光伏一期等集中式光伏电站并网发电。分布式光伏整县继续推进，投产了水发集团天宝 4.6 兆瓦等集中汇流模式的整村推进项目。泰安抽水蓄能二期、华电老城二期、天合石横二期等重点发电项目正加快建设中，截至 12 月底，全市新能源装机容量达 518.78 万千瓦，占电力装机的比重达到 57.5%；新能源发电量达 62.38 亿千瓦时，占总发电量的32.64%。

培强新能源创新主体，提高企业核心竞争力

一是科技培强骨干企业。强化瑞福锂业、超威电源、泰开电气、泰山玻纤等创新龙头地位，承接新能源重大技术攻关和重大成果转化项目，让电化学储能、源网荷储等带动中小企业集群式发展。二是招引创新型企业。发挥国企央企、大型民企的科技、人才、平台、资金优势，引进中科院、中石油、华能、国惠、圣阳等，合资共建创新型企业，联合突破行业共性技术，带动提升本地创新能力。三是持续培育科技型中小微企业。瞄准成果孵化、分布式能源、技术服务领域的中小微企业，在技术推广、政策服务、示范试点上精准对接企业需求、破解企业技术难题，在氢能、光热、电站运维领域培育一批"瞪羚""小巨人"。

提升产学研合作水平,建设新能源创新平台

加快新能源领域重点实验室、企业技术中心、工程研究中心、产业技术创新战略联盟等创新平台建设,引进名校名企、大院大所、大装置大平台,培育瑞福锂业创新中心、盐穴储气库研究中心、泰开科创中心、蔚蓝科技孵化器。以竞争性项目的形式,重点支持超威电源技术中心、德普新材料技术中心、泰开变压器技术中心等优秀市级以上创新平台。主动衔接国家、海外实验室体系,引进、布局、建设新型动力储能电池、锂业循环化产业技术、高电压绝缘等市级以上重点实验室。进一步推进产学研深度融合,促进产业链创新人才交流合作,举办行业峰会、沙龙、论坛,全方位加强沟通合作,邀请专家学者进企业,解决企业生产过程中所遇瓶颈、产品未来发展趋势及产业转型升级等方面的问题。

强化全领域薄弱环节,补足新能源创新短板

针对光伏、光热、风能、地热能、新能源消费电子等领域小微企业多、创新平台少、高端人才少、企业创新意愿小的情况,切实强化调查研究,探寻改善现状的方式方法。在平台申报、项目评价等环节实施针对性政策倾斜。鼓励晶优太阳能、金品能源、鸿雁科贸、晶泰星光电科技等大力开展自主创新,力获一批具有自主知识产权的创新成果。加强产业链协同,推进电力安装、建筑安装等服务业与新能源制造业联合创新,在新能源建筑材料、消费电子领域,建立更多协同创新平台,把握创新需求,疏通创新路径,实施更多协同创新项目。

培育新能源创新人才，建设特色创新团队

引进跨界人才，实施协同创新，培育特色团队。建立人才储备机制，积极与国内外高校、领先企业加强合作，培养引进高水平的技术人才、管理人才，吸引专家"周末工作"，形成方式灵活、来源多元、结构优越的创新型人才队伍。依托人才优势，搭建自主创新研发平台，成立泰安市新能源产业链商会（协会）科技创新专业委员会、氢能专业委员会，汇集清华大学、北京大学、中国科学院、山东大学等知名大学院所的专家学者及新能源企业高级工程师，为产业创新提供智力支撑。

加强协调服务，落实扶持政策

加强统筹协调。发挥专班议事协调职能，会同人才办、发改委、科技局、工信局、财政局等部门单位建立协调联动机制，加大服务力度，实施"送政策、问需求、解难题"送春风行动，整理宣传科技、工信、财政、人才、金融、税务等科技资源和扶持政策，落实高新技术企业所得税优惠、研发费用税前加计扣除、固定资产加速折旧等税收优惠政策。强化金融支持。按照市委、市政府鼓励社会资本、民间资本参与新能源产业链企业组建，向企业提供多样化的融资支持和金融服务的要求，帮助企业协调产业发展基金，促进重大技术攻关、重大科技成果转化项目落地，鼓励推行科技保险和专利保险。

牢树链式思维　强抓园区建设
着力打造医药及医疗器械产业新高地

市医药及医疗器械产业链（集群）专班

　　市医药及医疗器械产业链围绕生物制药、化学制药、医疗器械和中药制药4条核心产业链，对内激发活力、对外加强招引，着力打造特色园区，推动医药及医疗器械产业协同发展，初步形成了链条完整、特色突出、优势明显的医药及医疗器械产业集群。

11月9日，市委常委、组织部部长、市医药及医疗器械产业链链长刘泮英（左二）带队到南京市栖霞高新区管委会考察　　　　　　　　（刘　浩　摄）

凝势聚力、真抓实干,各项工作取得明显成效

专班聚焦"五项"重点任务,即项目策划招商、新建续建项目推进、企业技改扩规、小升规和上市公司培育,建立台账机制、包保机制、会商机制、赋能机制,积极同和君集团、市直有关部门单位、各县(市、区)专班及链上企业密切协作,形成上下联动、协同发展的工作局面。2023 年,链上 49 家规模以上企业实现营业收入 101.2 亿元、增速达 4.7%,利润 29.7 亿元、增速 18.3%,税收 6.48 亿元、增速 22.77%,工业投资全年目标完成率 146.5%,占 13 个产业链投资完成额的 10.52%。在营业收入、利润、税收、固定资产投资等主要经济指标方面都实现了正增长,部分指标实现大幅增长,经济发展趋势总体向好。

抓特色建园区,"链接"效应得到释放

专班紧紧围绕实施新型工业化强市战略,牢树链式思维,以园区建设为突破口,高标准规划建设泰山药谷产业园、远望海天智能医疗器械产业园、泰山中医药产业园,同时培育宝来利来生物产业园、贝信生物科技产业园、中至生命健康产业园等企业园区。专班通过大调研,与企业家座谈等多种方式,充分认识到医药产业特点、发展趋势和全市医药产业基础,决定在化学药方面推动"中间体、原料药、化药制剂"产业链一体化发展,打造高端化学药产业链。

产业链专班重点规划了泰山药谷产业园,项目总投资 20 亿元,由泰安市泰山国信科技发展集团与山东宁阳经开集团共同出资建设,项目现已被列为省、市两级重点项目,山东省绿色发展低碳重点项目,市"绿卡"项目。园区建设地点位于宁阳县经济开发区京台高速以东、堡头大街以北、京岚线以西区域,项目规划用地面积约 456 亩,规划建设 43.89 万平

方米。包括招商展示中心、企业办公、人才孵化器、中小企业孵化器、总部研发办公、综合服务中心、生产车间、检验检测、研发办公、生活服务设施，铺设污水处理设施及给排水、污水管网5公里。已同步开展招商和引智工作，与山东大学生命科学院、中科院华南植物研究所、泰山护理学院、天津和美生物、山东同路医药、山东中京生物、山东龙美生物、中鹏医疗、山东源东生物、中京恒达文化产业等意向企业和银行、证券、保险、通信、综超等便民机构对接洽谈入驻事宜。配套出台《关于成立宁阳医药产业园并支持、鼓励医药产业集群高质量发展的意见》，对有入园意向的企业，提供精准服务。另外，远望智能医疗器械产业园突破性办理全市第一例M0新产业用地、全市第一例土地预转让，正在进行主体建设；宝来利来特色产业园已投入使用，中至产业园引进的东吴制药项目已试生产。

抓招引扩投资，"链条"延伸实现突破

专班紧紧抓住项目策划这个"牛鼻子"，共成功策划泰山医疗科技产业园项目、泰山药谷产业园、远望海天智能医疗器械产业园、阿卡波糖原料药及其制剂、骨接口植入及人工关节和口腔牙种植体项目等200余个。在全市策划项目大比拼中获得1个金牌案例、4个银牌案例、1个铜牌案例，持续为产业链快速发展蓄势赋能。

盯牢"五类项目"。盯牢实体经济项目、高水平项目、投资体量大的项目、央企和省属企业项目、产业延链补链强链项目，主动出击，积极作为。链长、副链长先后带队到成都、重庆、广州、深圳、珠海等地考察招商，与广东一方等达成20个项目的合作意向。到上海、常州、南京、亳州、合肥等地，参加全国性的广交会、武洽会等，全面了解先进省区医药及医疗器械产业园区发展情况，走访了24家企业，推介洽谈，招商引资。创新开展以商招商，聘任13名"双招双引"特邀咨询，其中日本、韩国各1人，每名特邀咨询每年围绕上下游产业策划一次招商。通过外出招商、视频招商、

聘请招商咨询等多种形式,取得一系列成果,中铁二十三局集团公司专门组织投资管理公司来泰回访考察,在高新区注册的东吴制药1600万美元注册资金已到位,REMAK株式会社拟在泰安成立总部,注册资金1000万美元,产业链与南京栖霞高新区管委会签订框架合作协议,宁阳县政府与其签订共建飞地协议。

用好"四个力量"。充分用好现有企业的力量、资本的力量、专业化的力量、政府部门的力量,凝聚起上下联动、同频共振的工作合力。依托润德生物策划润德国际氨糖生产基地(产业园)项目,依托岳草堂策划中药CDMO产业化基地项目,依托康盛医疗策划80万套创伤内固定系统项目和40万套人工关节项目。同时发挥与重庆商会、安徽商会、深圳商会等商会和重点研究院的合作关系,成功策划安徽广印堂中药研发生产项目、深圳市锐影医疗科技锐影内窥镜等项目。

坚持"三个并重"。坚持国家所需、泰安所能、未来所向并重,在研究透国家产业政策、研究透市场发展趋势、研究透自身实际需要的基础上,瞄准生物制药热点领域,发挥泰邦生物在行业内品牌影响力,跟踪创新型医药公司,通过推广"研发在外、制造在泰"的模式,策划了静注人免疫球蛋白(IVIG)技改项目、QK320单克隆抗体项目、肿瘤基因检测项目、一体化CGM血糖检测等一批紧跟科技前沿项目。

抓好"园区载体"。坚持全局性、系统化思维,以园区为载体策划包装项目,提高项目的成功率、命中率。在泰山医疗科技产业园,通过建设研发实验楼、运营中心、医药研发孵化基地、生产厂房、产业配套等,形成"研发+孵化+生产+销售+仓储+物流"全产业链集群;在泰山药谷科技产业园重点策划"中间体、原料药、化药制剂"产业链一体化项目,打造高端化学药产业链;在远望海天智能医疗器械产业园,拓宽医疗器械产业布局,从中低端器械向高端器械、高值耗材升级,打造有影响力的医疗器械产业集群;在泰山中医药产业园,策划中药材种植、中成药制造、中医医疗与康养项目,大力培育泰山中医药特色品牌。

抓项目强企业，"链主"作用逐渐凸显

　　围绕"双大双强"战略，专班明确重点项目的策划周期、规划目标、实施路径和要素保障，全力做好泰邦生物血液制品增产扩能项目、山一大生物科技产业园（一期）暨山东第一医科大学科创基地项目两个重点攻坚突破项目的全过程保障，以点及线，由线到面，确立标杆、链式发展，推动医药及医疗器械企业全面提升，确保新型工业化强市建设取得实实在在的成效。泰邦血液制品车间增产扩能项目是山东泰邦生物制品有限公司从优化升级产品工艺、提升原料供给及储存能力、产品生产能力、质量管控能力等方面进行血液制品的增产扩能建设。通过引进新生产线进行静丙新工艺，使用先进的离子交换层析和亲和层析技术代替传统的低温乙醇沉淀技术，进一步提高安全性，降低不良反应概率。项目配备国内外先进设备设施，实现高度封闭化、数字化、管道化，将物料管理、生产制造、检验放行等过程全链条打通，整合了 LIMS、WMS 等相关数字化管理系统，实现数据互通。

　　为保证项目顺利进行，产业链专班持续对项目开展跟进服务。一是建立台账，实行清单化管理。进一步细化项目阶段性目标任务，制订工作计划，紧盯项目进度，明确完成时限，实行清单式推进、台账化管理、项目化推进、保姆式服务，逐项落实，按月销号，确保工作实效。二是压实责任，加强督导调度。市、区两级医药及医疗器械产业链专班明确专人负责，每周调度了解项目进展，实时掌握项目推进进度，及时跟进解决企业困难问题。市、区两级每月召开攻坚工作推进会议，对影响项目进度的情况进行集中分析研判，一般性问题积极协调要素保障部门抓好落实，重大性问题向管委会提报进行研究。三是加强校企融合，增强企业发展潜能。在推进落实现有技改项目的基础上，继续引导企业加大技改投入，增强科研研发力度和高层次人才引进，充分调动企业积极性，促进现有存量提升、传统产业的升级改造，用信息化、智能化手段赋能企业，用技术飞地、科研院所推动企业产品创新、创造、原料国产替代，加快新旧动能转换。四是强化服务，加大项目扶持力度。积极帮助企业开拓市内外血浆市场，布局省内采浆站的建设发展，指导企业做好"绿色工厂"及国家制造业单项冠军培育、申报工作，保障现有政策向企业倾斜，打造制造业转型升级的示范标杆，进一步提升链主企业的影响力。

抓技改提质效，数智水平不断提升

专班深入实施规模以上工业企业技改全覆盖，推进产业链企业各环节数字化改造、智能化提升、规模化生产。一是强化龙头企业引领带动。推进产业链链主企业泰邦生物血液制品增产扩能项目数字化转型步伐，持续推进宝来利来免疫微生态制剂数字化车间建设项目、润德生物万吨氨糖生物制造智能工厂应用平台研发（二期）项目等数字化改造项目。2023 年 2 月，山东泰邦生物制品有限公司被确定为泰安市制造业数字化转型先行企业。二是推动示范工厂和车间建设。支持泰安扁鹊、一方药业智慧药房建设，完善智慧中药房平台建设，提升服务能力，加快推进佳禾生物年产 3000 吨核苷扩规扩产项目、光大赛路智能中央控制室项目等数字化转型工作，推进示范工厂和车间建设。三是推动"链式"转型发展。制定医药及医疗器械产业链数字化转型方案。积极推进泰邦生物、大陆医疗、瑞泰纤维素等企业制定数字化转型方案。

抓要素强保障，"链式"思维不断强化

专班人员主动靠上服务，加强调研摸底，对项目建设中存在的土地、能耗等问题，召开联席会议，现场办公解决，共解决政策诉求 96 项，主动

解决问题诉求 78 项，"泰企通"诉求 14 项，解决率 100%。链长分别到宁阳和泰山区围绕特色园区建设开展"链长问效"活动，副链长多次主持召开泰山药谷科技产业园项目推进会，取得显著进展。

在土地指标方面，帮助肥城市山东康潮生物科技有限公司解决土地 93 亩。针对山东轩德医药科技有限公司原料药项目土地指标问题，积极与开发区、自然资源及规划局等单位沟通，及时向省市相关部门提报用地指标申请，2023 年 12 月经省市主管部门审核，同意批复土地。协调东平县自然资源与规划局，落实了山东汉昂医疗科技有限公司生产二期项目需新增 18 亩土地指标问题。

在配套设施方面，通过召开项目协调会，面对面做工作，短时间内破解了中以高端医疗产业园项目多年的道路建设问题，仅用不到 50 天就具备了通车条件；协调解决宝来利来项目周边道路等配套设施问题 5 个。

在药品市场准入方面，帮助金域医学办理生物安全备案等证照事项 4 项；帮助美康达企业办理一类、二类医疗器械备案凭证和生产备案凭证；组建新泰市场准入服务专班，通过多种渠道和资源力量，集中攻坚制约润德生物发展的 6 类市场准入证照。

在资金需求方面，依据《关于印发〈山东省先进制造业投融资三年行动计划〉的通知》，与商务局积极对接，帮助山东海天智能工程有限公司就项目招引落地服务问题申请招商引资优惠政策；探索基金助力产业链发展新路径，对接联储润达股权投资管理有限公司与泰山产业发展投资集团，共同出资 2 亿元成立泰安市医药及医疗器械产业发展基金，重点用于支持市内医药及医疗器械产业的发展；举办银企对接会 4 次、组织个别走访 12 次，与工商银行泰安分行签署合作协议授信 35 亿元，为链上企业累计发放贷款 5.6 亿元；协调金融辅导队队长单位中国农业银行泰安分行对医药链条企业授信 16.16 亿元、用信 10.5 亿元；通过引入投资方等方式，帮助岳草堂等企业解决了项目建设资金问题。

在政策制定方面，2023 年各级医药及医疗器械产业链分别协同卫健委、医保局、残联等部门制定出台靶向政策 83 条。为支持泰邦加强血站建设需求，多次协调卫健局，出台《关于印发〈泰安市献血场所规划建设的指导意见〉的通知》；结合泰安市医药及医疗器械产业情况协调市卫健委落实转发《山东省加快推进医养结合高质量发展的实施方案》等相关文件，提出的扶持本地企业发展等相关诉求，积极联系市医保局发挥市场调节和政府引导作用，通过组织货源供应、引导采购销售，拓宽集采药品销售渠道，优先扶持泰安市医药企业打通落地"最后一公里"，出台《关于印发〈"集采药品进药店"医保惠民行动实施方案〉的通知》、转发省医保局等五部门《关于加强药品和医用耗材集中带量采购全流程管理的通知》等文件。

在政策兑现方面，积极为山东宝来利来生物工程股份有限公司兑现落实新三板上市奖补资金 400 万元，现资金已到位。链长、副链长多次带队到宁阳调研泰山药谷项目，协调解决泰山药谷申请的至少 5 年入驻企业税收减免政策等问题。

在能耗方面，协调解决恒昌医疗 6.5 万吨能耗问题，已获得省发改委能评批复。

抓平台强协作，"多链"融合成果显著

为提高产业聚集度和企业协作度，促进产业协同发展，专班先后组建市医药及医疗器械产业链商（协）会和安泰医疗产业研究院，率先揭牌成立泰安市医药及医疗器械产业链商会（协会）党支部，创新成立省内首个市医药及医疗器械产业链工会联合会。为更好地整合京津冀地区优势资源，打造在京招商窗口，专班成立泰安市医药及医疗器械产业链商会（协会）北京办事处、中共泰安市医药及医疗器械产业链商会（协会）北京办事处支部委员会、泰安市驻京知名专家公益服务中心、泰安市中心医院北京医疗服务站，为泰安、北京两地医疗技术交流提供绿色便捷通道。

　　为更好全面展示新型工业化强市战略实施以来市医药及医疗器械产业发展成效，促进政策推广、专家引领、成果转化、双招双引等工作，在第三十七届泰山国际登山节期间，产业链牵头举办了2023年首届泰山医药及医疗器械成果展、泰山国际医药及医疗器械高质量发展论坛、全市医药及医疗器械产业招商引资项目推介会和链上企业调研等内容，取得了一系列成果，达到了预期目的。其中，泰山医药及医疗器械成果展，总展览面积5000平方米，分为7个展区。41家链上企业参展，展出生物制品、化学制药、医疗器械、中药制造等领域百余种产品，吸引省内外专家、学者、客商以及投资机构、工会系统、残联系统，全市各医药物流公司、各级医疗机构等专业观众1万余人次到会观展。泰山国际医药及医疗器械高质量发展论坛邀请国内医药器械、中药研发、园区管理等方面知名专家学者做报告，如论坛邀请中国药品监督管理研究会副会长王宝亭，通过专家们紧盯企业实战、兼具知识性、权威性和系统性的报告，与会人员提高了对医药器械产业的认识。在全市医药及医疗器械产业招商引资项目推介会上，山东省第一医科大学分别就学校成果转化项目进行推介，各县（市、区）、高新区和国信科技发展集团分别进行招商引资推介，实现了更高质量、更高水平的协同联动。其中，山东第一医科大学X—射线球管项目拟落户远望海天智能产业园。

聚力攻坚突破　加快顶层设计
推动数字经济取得新成效

市数字经济产业链（集群）专班

2023 年以来，市数字经济产业链紧紧围绕重点任务攻坚突破，加快数字经济顶层设计，推动数字经济项目建设取得新成效。2023 年数字百强市数字经济发展水平排名中，泰安市排名第 79 位，比 2022 年上升 3 个位次。规模以上企业实现营收 117.9 亿元，完成年度目标任务的 131%，固投完成 45.6 亿元，完成年度目标任务的 219.2%。

3 月 28 日，市委副书记、政法委书记、市数字经济产业链链长于瑞波（前排中）带队到昆山市洽谈对接合作项目　　　　　　　　　　　　　（产业链专班　供）

培优育强持续增长

实施创新型企业培育，数字经济产业实现创新发展。一是新增规模以上企业 22 家，规模以上企业增至 74 家，增长 42.3%。二是新泰经济开发区、泰山数谷新入选省级数字经济园区 2 家，创历史最好水平。三是创新型企业比上年增加 20 家。分别是国家级专精特新"小巨人"企业 1 家，省瞪羚企业 1 家，省专精特新中小企业 10 家，省数字经济"晨星工厂"3 家，省"一企一技术"研发中心、省级工业互联网平台各 2 家，省级服务业创新中心 1 家，产业发展内生动力逐步增强。

项目策划稳步加强

围绕产业链的创新融合发展，专班策划协同发展、荣誉争取、项目推介、产业链赋能等活动。一是在项目策划上持续发力，2023 年以来共策划项目 120 个，总投资 612.7 亿元，策划大比拼累计取得 3 金 3 银 4 铜的优异成绩。二是全力推进项目签约，签约项目 48 个，总投资 254.36 亿元，截至 2023 年末项目已落地 34 个；三是重点攻坚优势项目，策划了一批规模大、科技含量高、带动动力强的项目，力求项目精、准、实。策划的深圳进化动力智能复合机器人研发制造基地项目等一批优质项目的签约落地，不仅弥补了链条上的短板，优化了结构，还提升了产业链的投资强度和质量。对规模大、成长性好、技术含量高的项目，全过程包保，百度标注中心已经落地，泰岳宇宙、神农智谷项目，目前已向市工业推进办汇报、研究。

未来产业抢先布局

围绕未来发展布局新赛道，在南京、西安、武汉等 13 地开展精准招商,招商引资到位资金 27.62 亿元,强链能力、发展实力日益增强。一是新打造线路板产业。鸿锦盛年产 360 万平方米高精度线路板项目落户新泰,2024 年上半年即可投产。二是新打造卫星数据应用产业。卫星互联网产业首次落户泰安,成功发射国内首颗区块链卫星"泰安号",山东盛华睿星航天科技有限公司注册成立,开辟了泰安卫星产业新赛道。三是新打造元宇宙产业。泰岳宇宙项目拟落地旅开区,以元宇宙技术为载体,一站式满足游客吃住行游购娱多种需求的第五代主题公园即将登场。四是新打造智能终端制造产业。纽维电子、泰融、天诚智佳等一大批穿戴设备、智能终端等新一代信息技术产业集群规模逐步扩大。

营商环境持续优化

发挥"企业服务专员"作用,摸排企业诉求,协助新泰经济开发区、泰山数谷积极申报 2023 年度省级数字经济园区,协调解决困难问题。经评审,两个园区分别入选省级数字经济示范型、成长型园区。对接高新区、自来水公司,协助尤洛卡解决自来水报装问题。强化服务保障,推进众志电子、东艺数科进一步完善园区规划和方案设计,并向市工业推进办汇报、研究。落实《泰安市重点工业企业(项目)问题协调处置办法》要求,用好"泰企通"平台,及时收集攻坚突破中遇到的问题,突出问题解决,项目和企业提级为链长包保,蓝光软件办公楼历史遗留问题正在打通"最后一公里"。为企纾困加强服务保障。通过数字经济云服务平台"政策直通"专栏,推送国家、省、市政策文件及解读,共分类汇集了行业发展和惠企政策 79 条、权威解读 53 条。按照《泰安市重点工业企业(项目)问题协调处置办法》相关要求,发挥"泰企通"平台作用,畅通企业诉求反映渠道,做好问题协调处置工作。产业链共接收 20 条人才诉求问题,已全部按时办结并予以反馈,评价均为非常满意。协调涉企政策兑现落实。已协助肥城市 2 个企业、5 项政策兑现落实,按时足额支付奖补资金共计

69 万元；高新区在财政承压较大的情况下，优先兑付泰盈科技上市融资奖励资金 400 万元。

数字赋能增添活力

发挥链中链作用，产业协同、产教融合取得明显成效。依托北航科技园举办"科创双百 助力泰安"科技成果推介暨数字化转型论坛，与浪潮软件组织"软件赋能 数智转型"百名专家泰安行数字赋能分论坛活动，与山东众志电子联合组织"云上未来 数智赋能"企业数字化转型专家交流会，业内专家、链上企业对数字化转型的发展、赋能等开展深入交流研讨，共话数字经济发展新前景。组织市领导调研浪潮软件、普瑞特信息科技等重点企业，推进服务业企业为制造业转型发展提供数字支撑。征途信息科技与华为共同组建专业运营团队，"一企一策"为企业个性化定制数字化改造解决方案，为石横特钢改造投产的智能配煤系统、为农大肥业构建的智慧物流平台，助力企业实现体质降本增效。山东众志电子与泰安景行新材料有限公司开展拉丝断丝课题攻坚，解决玻纤等生产制造企业"卡脖子"难题；为山东能源集团装备制造（集团）进行信息化机房建设及网络安全升级改造。浪潮软件与泰山学院合作共建智能软件服务、数据科学与大数据技术专业，已招生 100 人。数字工匠学院举办多期主题报告，采取"线上＋线下"培训模式，累计为 20 余家企业、5000 余人次开展数字化培训。

使命考验担当，责任无比重大。数字经济产业链专班当倍加努力、奋发作为，重点在提升发展"高度"、拉伸产业链"长度"、拓宽市场覆盖"广度"、提高风险控制"强度"上下功夫。以数字经济工作的新成效、新进步服务新型工业化强市战略、服务全市发展大局。

打好新型工业化工作"组合拳"
实现量质双提升

泰山区新型工业化强区建设推进委员会办公室

2023 年，泰山区坚决扛牢主城区担当，立足实际、找准定位，放大优势、扬长补短，坚持"1545"发展思路，围绕"抓实项目建设年，打好工业翻身仗"总体目标，全力以赴抓产业、上项目、促发展，新型工业化实现质的有效提升和量的合理增长，全区工业短板正加快补齐，工业对经济增长的拉动作用正在彰显，规模以上工业企业实现营收 249.6 亿元、增长

12 月 27 日，泰安市数字经济产业发展现场推进会召开，图为与会人员参观泰山区空天信息科技产业园　　　　　　　　　　　　　　　　　　（仲军锋　摄）

4.95%,实现利润 12.1 亿元,工业税收 15.25 亿元、增长 53.66%,增幅持续位居全市第一,在全市新型工业化重点项目观摩考核中居第二。

抓监测分析,工业运行持续向好

常态化开展"大走访、大调研"助企服务,全年对上争取资金突破 1 亿元,帮助企业争取省级以上荣誉、项目 291 个,带动全区规模以上工业增加值同比增长 4.9%,较 2022 年提高 7.4 个百分点;实现营收 249.6 亿元,同比增长 4.95%,较 2022 年提高 6.55 个百分点,位居县(市、区)第二;实现利润 12.1 亿元,同比增长 2.1%,较 2022 年提高 20.6 个百分点。30 个大类行业中,有 16 个行业的增加值实现同比增长,增长面 53.3%。171 家规模以上工业企业中,91 家企业增加值实现同比增长,增长面 56.1%;100 家企业营收实现同比增长,增长面 58.48%。

抓项目建设,发展根基不断夯实

深入开展项目建设年活动。坚持链式思维,按图索骥、靶向招商,开展外出精准招商 200 余次,策划鲁能智能输变电制造基地等 72 个项目,签约正泰电气泰山智造产业园等 27 个项目,新开工高品质数字化绿色印染示范工厂等 41 个项目,国内印染领域唯一、全省首个国家级制造业创新中心中康国创投产运营,并顺利完成工信部验收,嘉和高端机械示范工厂等 8 个项目全面达产,超泰宠物食品产业园等 20 个数改项目实现竣工运营。推动"百项技改、百企转型"。目前项目均已开工,18 个项目列入省重点企业技术改造导向目录,11 个项目入选市"数转智改"奖补项目清单,为项目争取各类奖补资金 1097 万元。2023 年,全区工业技改投资同比增长 16.8%,高于全市 6 个百分点,高于全省 7.4 个百分点,居县(市、区)第 2 位。

抓精准服务,梯次培育成效显著

深入实施"我为企业办实事"活动,强化"店小二"服务、保姆式帮扶,着力构建"大树参天""小树成林"的良好发展生态。一是推动企业升规纳统。强化联系包保、监测分析、专项研判、提醒督导,全年24家企业实现升规。二是抓好重点骨干企业培植。梯次培育"小微企业、优质企业、龙头企业",引导企业深耕细分市场、提升科技含量、掌握关键技术、塑造核心竞争力,2023年营业收入过10亿元企业达到6家,"重点骨干企业梯次培育"考核位列全市第一。三是大力培育产业领军企业。鲁普耐特获评2023年度全市唯一国家级工业设计中心,岱银集团获批国家级绿色工厂。泰开电力电子等5家企业争创国家级"专精特新"小巨人,累计达到12家;省级"专精特新"中小企业33家,同比增长83.33%,累计达到72家;省级创新型中小企业68家,同比增长126.67%,累计达到98家,"专精特新"考核位列全市第一;争创省级瞪羚企业5家,新增数位列全市第一,累计达到20家。新增省级制造业单项冠军企业3家,1家企业获评山东省领航企业,举办国家级制造业单项冠军现场会并介绍培育经验,同时在《山东政务信息》《大众日报》等媒体平台刊发推广。加快推进企业上市步伐,水发绿能、普瑞特机械、海天智能3家企业完成上市签约。

抓数智赋能,数字化转型加力提速

坚持把制造业数字化转型作为新型工业化的强力支撑,加快推动数字技术与实体经济深度融合,助力新型工业化实现质的有效提升和量的合理增长。一是强化系统谋划。高标准制定《制造业数字化转型三年行动方案》,计划分三年实施数字化智能化改造项目200个,力争到2025年"专精特新"企业数字化转型率达到100%,"两化"融合发展指数达到

125。二是强化平台赋能。坚持"领航泰山区、辐射泰安市"的目标定位，先后到杭州等先进地区考察学习，导入天道金科等信息龙头企业资源，着力打造"政府监管有数据、企业数转有能力、厂商服务有场景、咨询问诊有空间"的"工业大脑"。整合区域产业资源优势，推动建设"全场景数字经济园区"和"百亿产业集聚区"，不断做大做强数字经济产业。三是强化标杆引领。坚持树典型、立标杆，积极培育一批智能场景、数字化车间，2023年成功争创数字经济领域省级以上荣誉103项。大唐宅配入选省级智能制造标杆企业，厚丰散热器等7家企业入选全省数字经济"晨星工厂"，威宝节能获评省级技术创新示范企业，泰开电力电子、嘉和重工认定省级数字化车间，泰开电力开关等12家企业入选省级智能制造场景，普瑞特认定省级智能制造系统解决方案供应商，全区新增省技术创新示范项目29个，省级"一企一技术"研发中心8个。四是强化服务保障。联合瞳见科技等30余家服务商，建立制造业数字化转型服务联盟，搭建数字化转型经验交流、资源共享平台，吸纳200余家工业企业加盟。整合区内龙头骨干企业技术优势，搭建公共服务平台，为企业数字化转型提供基础支撑。全面开展数字化转型入企"问诊"行动，市级入库企业全部完成诊断并实施数字化转型项目。加强资金政策扶持，出台服务商补贴政策，对贡献突出的服务商给予最高100万元的奖补资金。帮助200余家企业融资36亿元，对上争取资金2亿元，有力破解企业"不想转、不敢转、不会转"的后顾之忧。

抓创新发展，未来产业起势腾飞

抢占卫星互联网、人工智能等未来产业"新赛道"，坚持规划先行，按照卫星互联网产业规划，完善招商鱼骨图，按图索骥、精准对接，持续推动产业提质增效。加快推进国星宇航、英视睿达等项目建设，成功发射国内首颗区块链卫星"泰安号"，成功签约航天驭星商业卫星测运控中心及航天云项目,积极在谈航天宏图等项目,强力推进恒通膨胀节公司产品研发,航天新能源燃料膨胀节已用于火箭发射推进器。坚持产业数字化、数字产业化双向发力,以泰山数谷为载体,孵化双创中心、春雨软件园、美家科技产业园等特色园区。泰山数谷入选2023年度省级数字经济园区,形成了以软件开发、物联网、大数据应用等细分产业集聚区,全区数字经济核心产业营收超35亿元,突破提升工业母机产业,引导海纳轴研等产业企业扩产增效,加快惠乐喜乐等产业项目加快落地,筑牢工业母机产业发展底座,不断增强未来产业竞争新优势。

抓底线工作,企业发展稳定有序

树牢安全生产红线意识,全年共督导企业210家次,指导企业整改问题400余项,建立隐患台账26项,已全部整改完毕。开展安全生产专项培训7场,多层次提升企业安全管理能力。坚守信访维稳责任理念,共接待来访群众206人次,先后化解原国泰拖拉机厂宗德印反映连续工龄问题等信访积案,最大限度地减少越级上访、重复上访、集体上访,推动工业行业安全稳定运行。

聚焦"4+X"产业体系　绽放工业活力

岱岳区新型工业化强区建设推进委员会办公室

　　2023 年，岱岳区树牢"新型工业化是一场持久战、攻坚战"的坚定认识，将其作为经济增长的"压舱石"和"第一动力源"，以高端化、智能化、绿色化、集群化为方向，持之以恒抓策划、抓引建、抓培育、抓服务，工业经济持续释放新活力。新材料和新型建材产业集群入选 2023 年度山东省"十强"产业"雁阵形"集群库；全市唯一一个列入山东省绿色低碳高质量发展先行区建设创新引领型综合性区域试点的县（市、区）；下半年全市重点项目"观摩大比拼"列全市第 1 位。全区规模以上工业增加值同比增长 8.1%；工业用电量增长 19.36%，列全市各县（市、区）第 1

4 月 28 日，国泰民安年产 20 万吨高端宠物食品全链条产业园项目投产仪式暨全国一线品牌招商签约大会举行

（王绍勇　摄）

位；高技术产业投资增长 381.4%、占比 12.8%，分别列全市各县（市、区）第 1 位和第 3 位；工业技改、制造业技改投资分别增长 17.2%、37.5%，增速分别列全市各县（市、区）第 1 位和第 2 位。

坚持完善机制，夯实组织保障

调整优化产业、组织、考核"三个体系"。产业发展更加聚焦。进一步瘦身聚焦，精选产业赛道，聚力打造"4+X"产业体系，做大做强新材料、精细化工、食品工业、新型建材四大主导产业，积极培育新一代信息技术、高端装备制造等优势产业。组织体系更加完善。调整优化与市级对应的组织架构，选派两名科级干部担任专职副主任，把懂经济的业务骨干充实到推进办和产业链专班；明确了 13 条产业链链长、牵头单位及主要职责，沟通协调更畅通。工作考核更加精准。进一步修订完善镇（街道）园区和专班季度及年度考核办法，更加注重过程管控，把责任压得更实、跟踪问效更有针对性。

凝聚工作合力。完善推进办、产业链专班、镇（街道）园区、区直部门和企业"五位一体"工作格局，围绕项目这个核心，实行全生命周期管理服务，定期对策划招商、落地建设、要素保障、问题处理情况进行调度，从各个环节压实专班、属地和要素保障部门的责任，有力地促进了各项工作落实落地落细。

坚持链式思维，提升产业能级

岱岳区各产业链专班牢固树立链式发展模式，围绕各自产业优势，以项目为抓手，以"五大比拼、两大问效"为载体，全力推进产业链项目建设。

新材料产业链是岱岳区基础最好、优势最强的产业链条，产业链现有规模以上企业 14 家。围绕玻纤、碳纤上下游产业，不断"建链、补链、强链",泰山玻纤与国泰大成"一南一北""一白一黑",共同构成岱岳实体经济的最亮底色。2023年6月28日,泰山玻纤、国泰大成代表全市迎接了全省绿色低碳高质量发展重点项目观摩,得到省委领导的充分肯定。策划项目26个,其中碳基新材料产业园、科创融合产业发展示范园2个项目荣获全市"项目策划大比拼"金牌;签约航空航天新材料生产基地、年产1200台移动式房车营地等项目14个,意向投资额46亿元;新开工泰山玻纤绿色新型保温材料智造等项目14个,产业链条不断延伸。

精细化工产业链拥有岱岳化工产业园和联合农药化工重点监测点"两大主战场",现有规模以上企业17家。全市链主企业汉威集团生产的氯化胆碱系列产品,市场占有率位居国内第一、全球第二;西尼尔环保型液体抗氧剂等系列产品打破了国际垄断;联合农药是国家高新技术企业,2-氯-5-氯甲基吡啶等产品实现市场占有率等5个国内第一。2023年,汉威集团、联合农药成功入围工信部绿色制造名单,汉威集团入选国家级智能制造优秀场景、被认定为专精特新"小巨人"企业,蓝天助剂被认定为省级"瞪羚"企业,渤洋化工、西尼尔等5家企业被认定为省级"专精特新"企业。策划蓝天助剂产业园等项目47个,其中3个项目荣获全市"项目策划大比拼"银牌;签约高性能复合纳滤膜等项目21个;新开工建筑添加剂等项目18个,集群效应逐步显现。

食品工业产业链依托泰山区域优质农产品,壮大中央厨房预制菜、休闲功能食品、酒水饮料、宠物食品与饲料、粮油加工五大产业、19个领域,不断延伸产业链、畅通供应链、提升价值链,全力打造"泰好吃""岳来香"农产品区域公用品牌,现有规模以上企业33家。规划建设了范镇绿色现代食品产业园、国泰民安宠物食品全链条产业园、汶阳田农副产品深加工产业园"三大特色园区";策划中裕食品、鲁中农副产品集散基地等项目110个,在全市"项目策划大比拼"中获得1金、1银、2铜的好成绩。签约前海粤十、潘大活啤等项目25个,大窑饮品、泰山娃食品等12个项目开工建设,国泰民安宠物食品产业园、聚胜生物等13个项目竣工投产。

新型建材产业链依托现有产业基础和资源优势，大力发展石膏板、岩棉、装配式建筑等优势特色产业，现有规模以上企业 31 家，2023 年实现营业收入 50.7 亿元。泰安中联水泥获评工信部 2023 年度智能制造示范工厂揭榜单位，泰石节能入选山东省新材料领军企业培育库。策划钢结构深加工、节能建材等项目 37 个；签约 ECP 材料生产、金珂高端节能建材等项目 11 个，计划投资 53.8 亿元。

坚持多点发力，抓牢项目引建

强化项目策划。围绕四大主导产业，策划工业项目 315 个，意向投资额 1543 亿元，获评金牌案例 4 个、银牌案例 5 个、铜牌案例 8 个。强化项目招引。承办第九届中国国际风电复合材料高峰论坛暨展览会，组织开展国泰民安年产 20 万吨高端宠物食品全链条产业园项目投产仪式暨全国一线品牌招商签约大会、第一届泰山脊柱微创高峰论坛、泰山石膏高质量发展大会等活动 13 次，进一步扩大"投资兴业、首选岱岳"品牌影响力。聚焦产业链招商图谱，北京、南京、深圳 3 个蹲点招商小组同步发力，新签约国投 50 万千瓦光伏复合发电等工业项目 65 个、意向投资额 377 亿元。强化项目建设。紧盯开工率、达产率两大核心指标，加速推进环境友好型农药生产及研发基地等 86 个项目建设，西尼尔二期等 30 个项目年内竣工投产。强化大企业培育。4 个做大培强企业加快推进。泰山石膏入选中国创新力企业 100 强；泰山玻纤获批省级智能制造标杆企业、省新材料领军企业 50 强，获得第九届山东省省长质量奖，实现全市获奖单位"零"的突破。中联水泥、联合农药分别入选国家级和省级绿色工厂。7 个招大引强项目签约落地，其中大窑饮品 7 月开工，年底完成主体建设，达产后将成为全国最大的生产基地。

坚持改革创新，加快智改数转

坚持"转型提升动能，数字创造价值"，深入开展"百项技改扩规，百企转型升级"专项行动，成立数字化转型促进中心，推动制造业迈向数字化、网络化、智能化。科鼎特工贸等5家企业通过国家两化融合贯标认证，中联智慧矿山等6个项目入选省级新一代信息技术与制造业融合试点示范。规模以上工业企业上云率超过80%，列入省级数字经济"晨星工厂"试点区，大汶口工业园入选试点园区，26家企业入选培育名单。领行智享和泰安先特升规纳统，实现了全区工业互联网服务业规模以上企业"零的突破"。

坚持有解思维，强化要素保障

从解决企业关注的资金、人才、土地、服务等要素入手，让企业放心投资、放手经营、放开发展，全面提升发展的活力和竞争力。深入落实"企业服务专员"制度，开展"工匠联企·八问八帮"助企服务行动，解决重点项目制约问题433个。引导各大银行为全区工业企业累计提供贷款147亿元，为20家工业企业办理增值税留抵退税7500万元。开展"书记、县长高校行""才聚岱岳·共创未来"专项活动，引进青年人才3956人。深入开展"百名专家岱岳行"活动，签约科技合作项目40项，转化成果22项。盘活闲置土地375亩，新征收土地1736亩，有效解决了公铁联运等18个项目用地指标。

奋楫扬帆，赓续前行。岱岳区以"誓争第一、事争一流"为宗旨，以高端化、智能化、绿色化、集群化为方向，以加快制造业转型升级、增强核心竞争力为重点，着力培育一批顶天立地的重点企业，招引落地一批具有示范带动效应的重点项目，努力推动新型工业化强市建设工作再上新台阶、实现新突破。

坚持系统思维 强化集成联动
蹚出工业强市发展的"新泰路径"

新泰市新型工业化强市建设推进委员会办公室

新泰市紧紧围绕泰安市新型工业化强市战略部署,以"经济中心、项目重心、工业核心""三心"战略为牵引,以"大项目突破年"行动为抓手,聚力攻坚招大引强、做大培强、科技赋能、园区升级,加速培育壮大高端装备制造、高端化工、新能源及装备、新能源车辆及工程机械、农产品(食品)加工、新一代信息技术六大支撑产业,蹚出了一条资源枯竭型城市推进新型工业化强市的"新泰路径"。新泰市入选山东省促进工业稳增长和转型升级成效明显县,获评2022年度全省工业强县、山东省数字经济"晨星工厂"试点县。

聚焦六个着力点,推进工业强市"新泰路径"高质量发展

抓机制,构建统筹联动的工作格局。高位推进强引领。成立书记、市长挂帅的工业推进委、市委副书记任主任的工业推进办,抽调29名县级领导任14条产业链链长、副链长,书记、市长每周到推进办现场办公一天,市委常委会、政府常务会定期听取工作进展。专班专注抓落实。先后抽调52名懂经济、懂产业干部到推进办脱岗工作。14条产业链45名专班人员到推进办集中办公,每个专班拨付20万元经费,坚持每周对上对接、同链内企业交流,每半个月外出招商一次。激励约束促推进。健全问题直通

10月26日，泰安市第三季度"项目开工大比拼"重点项目开工仪式在新泰市举行，图为力容超级电容及干法电池项目开工仪式现场 （段秀川 摄）

快办、重点项目每周调度等12项机制，对涉企服务、交办任务落实等19项工作、15项指标定期调度，严实考核。对2022年贡献突出的重点企业、产业链专班、乡镇给予现金奖励2700余万元。先后提拔重用工业战线干部55名。

抓项目，夯实突破提升的硬核支撑。群策群力抓策划。组建项目策划专班，指导各产业链会同链上企业、属地乡镇、协会院所，瞄准产业链缺失、空白环节，紧盯行业发展风口，着力谋划储备建链强链大项目。顶格推动抓招引。出台关于进一步强化招商引资工作的若干措施，修订完善招商引资考核办法，配强招商专班、产业链、乡镇街道、开发区和市直经济部门"五类招商主体"，分产业制定招引"路线图"，沿链招引"大强新实"项目。上下协同抓建设。对210个重点项目逐个建立市级领导、牵头单位、属地乡镇三级包保服务体系，组织集中开工7次、现场观摩9次，召开推进会、调度会70余次，拉练晾晒，比学赶超，全力赶工期、抢进度、促投产。

抓企业，做强链式发展的骨干主体。数转智改促转型。设立数转智改专项基金，组建数字化转型服务联盟和"智库"，开展普及推广"十大工程"，对 85 家制造业企业系统诊断、量身定制解决方案，泰安市数字化转型入企诊断推进会在新泰市召开。打造"一链一标杆"示范项目，首批实施数字化转型项目 101 个，争取省级试点示范项目 28 项。省委、省政府主要领导对泰安市数字化转型经验做法予以批示肯定。梯次培育强集群。建立制造业营收百强等"三百企业"培优名单，由市领导牵头"1+1+1"常态化包保联系，对纳入国家"小巨人"、省"专精特新"储备库重点企业，优选 36 名科级干部担任特派员，驻点帮扶，全程服务。股改上市强实力。与中信证券、洪泰基金等知名券商和投资机构合作，截至 2023 年底，实现境内 A 股上市公司 1 家，引进境外上市公司 1 家，完成"新三板"挂牌企业 3 家、区域股权交易市场挂牌企业 81 家，确定上市后备企业 56 家，入选全省重点上市后备企业 4 家、泰安上市"种子企业"7 家。

抓创新，激活产业升级的动力引擎。政策引领创新。制定科技创新扶持政策，建立风险投资"容忍"机制，完善创新平台管理运行机制，推动中关村信息谷、启迪之星等 4 家科创平台转向市场化运行。平台联动创新。用好 4 家国家级实验室或技术中心、12 家产业技术研究院等科创平台，开展"大学专家访新泰、新泰企业家访院所"61 次、书记市长高校行 12 次、百企招聘校园行活动 13 场，达成合作项目 61 个。人才支撑创新。组建人才发展集团，实施"青云人才计划"，健全完善人才飞地、科技副职等一揽子政策。推进"1+N"人才安居工程，建成

新泰市汶南镇泰山汽车智能制造产业基地
（泰安市汽车及零部件产业链　供）

111套专家公寓。企业落地创新。实施高新技术企业、科技型中小企业梯次培育计划,出台工业企业建设研发中心、实验室奖励办法。

抓平台,打造产业发展的功能载体。做强产业园区主平台。开展特色园区提升、低效闲置用地整治行动,优化调整新泰开发区、循环经济产业园管理体制,建设标准化、订制化厂房170余万平方米。20个乡镇街道均规划了小微产业园。做大投(融)资运营平台。组建财金、惠泰、城发三大平台,将800多亿元优质国有资产打包划转,精准投资产业项目、资源开发等版块。其中惠泰公司信用评级达AA+,构建起资产变资金、资金投项目、项目见效益的良性循环。做优供应链服务平台。引进山东道恒、浙商中拓以及金埔矿业等供应链平台,推动起重机械、矿山装备等产业原料成本每吨降低20—40元,生产效率提高20%以上。

抓服务,形成纾难解困的强力保障。按下服务"加速键"。实施县级领导每周入企、"1+1+1"企业包保、问题直通快办、"五个一"项目推进等制度,建立问题"收集—交办—解决—督办—回访"闭环处理机制、项目"洽谈—签约—落地—建设"全周期服务模式,解决企业项目问题1500余个。用好政策"工具箱"。出台支持实体经济高质量发展财政政策清单,推出激励政策20余项。建成"政企通"平台,加大政策免申即享、精准推送力度,设立政策兑现专窗,2023年已整合各级涉企扶持资金3858万元。打破要素"天花板"。建立资源要素储备库,成立10个要素保障专班。完善政银企对接机制,落实好贷款风险补偿、专项债券争取等撬动政策。推行"标准地"出让制度,积极探索农村集体经营性建设用地入市办法,盘活低效用地654亩,批而未供土地3954亩。

落实新型工业化战略部署,加快推进绿色低碳高质量发展

产业加速向绿色高端迈进。起重机械、农产品加工等传统产业逆势增长,产值分别增长4.47%、6.5%。新能源汽车及零部件产业大幅增长

41.03%。新一代信息技术、新能源及装备等新兴产业裂变发展，实施霖润新能源、宁迪新能源、电子级硅烷等一大批强链延链和数字化转型项目，"绿色发电—储能换电—新能源电池—新能源汽车"的新能源产业链初步形成，智能起重机械产业入选山东省特色产业集群。农产品（食品）加工产业已基本形成以畜禽加工为主导，预制菜、宠物食品为支柱的 12 类加工行业，新泰市被评为全国肉鸭之都。新泰市促进工业稳增长和转型升级工作受到省委、省政府督查激励。

企业竞争力显著提升。规模以上工业企业由 2021 年底的 255 家发展到 332 家；两年新增国家级专精特新"小巨人"企业 15 家、省级 92 家，国家级单项冠军企业 3 家、省级 15 家，省级智能工厂 1 家、数字化车间 3 家，省级"瞪羚"企业 10 家，国家级绿色工厂 6 家、省级 2 家。龙成消防、赛特电工升级为"新三板"创新层，新巨丰公司成功登陆深交所创业板，实现了泰安 12 年来 A 股上市公司"零"的突破。特变鲁缆入选山东省"十强"产业集群领军企业库。

数字化转型成效明显。智能起重机械"产业大脑"入选省级建设试点，开发区数字经济园区获评省级数字经济园区示范类园区，汶南镇畜禽食品产业园入选省数字经济"晨星工厂"试点园区，培育国家级工业互联网平台 2 家、省级 3 家，2 家企业在泰安市率先建成国家工业互联网标识解析二级节点，润通齿轮 5G 数字工厂等 3 个项目入选省级数字经济重点项目，29 家企业纳入"晨星工厂"培育库。新泰市入选山东省第二批数字经济"晨星工厂"试点县，2023 年数字经济核心产业增加值 28.4 亿元，增速 105.4%。

创新活力有效激发。建成"国字号"实验室 4 家、产业技术研究院 11 家，常态化开展"双访"活动，构建起"源头创新—成果转化—企业升级—产业提质"创新体系。国家高新技术企业、科技型中小企业分别达到 116 家、219 家，润德生物获得中国专利奖优秀奖，特变昭和电缆获评省"外专双百计划"项目。引进青年人才 6904 人、海归人才 35 人，8 人入选国家高层次人才特殊支持计划，5人入选泰山产业领军人才，润德集团董事长卢伟获评省行业领军企业家并记一等功。创建产教融合技能人才培养新模式作为全省改革试点创新成果发文推广，新泰获评全省人才工作表现突出单位，居2023年全国科技创新百强县第30位。

营商环境更趋优化。新泰市土地要素保障相关经验做法被中央办公厅《每日汇报》采用，重点项目代办服务标准化被列为国家级标准化试点项目，创新租赁土地新建厂房项目审批流程被确定为山东省工程建设项目审批制度改革"揭榜挂帅"改革试点经验，建立工程建设项目审批容错报备制度被确定为优秀实践案例。吉利本途新能源商用车项目仅用7个月实现整车下线，跑出了项目建设的"新泰速度"。全方位解决项目推进、企业发展过程中的资金、土地、指标、人才、用工等方面问题922个。培植起浙江中拓集采供应平台等6个在全市全省叫得响的产业协同典型；新能源汽车本地配套率达到35%以上；循环经济产业园蒸汽、氢气等资源节省运费95%以上。新泰获评全国自然资源节约集约示范县（市）。

深化"四链"融合　注重协同创新
加快锻造新型电池电极材料产业发展强引擎

肥城市新型工业化强市建设推进委员会办公室

推动经济社会发展绿色化、低碳化是实现高质量发展的关键环节。近年来，肥城市完整、准确、全面贯彻新发展理念，抢抓国家"双碳"重大战略机遇，聚焦新型电池电极材料产业，积极探索人才链、教育链、产业链、创新链"四链"融合发展模式，构建起体系协同高效、科技支撑有力、人才赋能凸显、产教深度融合的创新生态，不断放大产业协同创新和绿色低碳发展聚合效应，加速打造在全国具有影响力和竞争力的千亿级新型电池电极材料产业集群。肥城市新型电池电极材料企业已达到137家，其中链主企业瑞福锂业主营业务收入连续三年稳居全省同行业第一位，主要产品碳酸锂国内市场占有率达到20%以上。2023年10月，肥城市新型电池电极材料成功入选2023年度国家级中小企业特色产业集群，是泰安唯一入选的产业集群。

以创新链提质产业链，夯实绿色低碳高质量发展技术基础

实现绿色低碳高质量发展，科技创新是关键，必须坚持创新驱动，聚力推进高水平科技自立自强。肥城市紧扣产业链发展需求，链聚高端创新资源，培优做强零排放、低能耗、全周期的现代化新型电池电极材料产业集群。一是编制长期战略发展规划。围绕锂电产业重点领域创新需求，

蔚蓝科技产业园　　　　　　　　　　　　　　　　　（肥城市工业推进办　供）

聘请专业机构编制《泰山锂谷中长期发展战略规划（2020—2030 年）》，重点聚焦全固态电池、锂硫电池、锂空气电池、钠／钾／锌离子等新体系电池技术攻关，在现有主攻产业方向部署创新链条，着力构建以"锂电池制造为战略核心，锂电材料与电池回收为发展增长极、组件与锂电设备为价值创造翼"的新发展格局，持续提升锂电全产业链发展水平。二是共建"联合攻关共同体"。持续深化与中科院、中南大学、山东大学等高校院所的对接合作，引导企业梯次创建重点实验室、技术创新中心等省级以上科创平台，更多科研成果在肥城转化。健全了各类人才发展长期支持机制，吸引更多高层次创新人才和团队来到肥城、留在肥城，引进一个科研团队、培育一个新兴产业；发挥泰山技师学院人才培育平台作用，科学设置专业类别，为肥城产业发展培育更多的实用人才，形成人才引领县域高质量发展的"肥城模式"。高效整合各类人才、企业、院校、科研机构、资本等创新资源，依托市资源循环利用基地发展中心，联合瑞福锂业、宏勾科技等 15 家企业、11 所大学、9 家研究机构和 5 家金融机构，打造锂电新材料创新联合体，一体贯通"政产学研金服用"，共同开展关键共性技术攻关，持续放大创新资源集群效应。三是创建"创新孵化综合体"。依托肥城现有功能园区产业布局，统筹配套基础设施，投资 60 亿元规划布局基础锂电材料区、动力源功能区、正极材料再制造区等七大功能区，"量身定制"集"研发—孵化—中试—产业化"于一体的蔚蓝科技产业园，现已累计建成 4.8 万平方米高标准厂房、3.2 万平方米拎包入住式公寓、1.2 万平方米科技研发总部，为产业项目落地提供空间保障、实现闭环管理。

以人才链赋能产业链，厚植绿色低碳高质量发展人才优势

深化新旧动能转换、推动绿色低碳高质量发展，迫切需要更多战略科学家、创新型人才、高技能工匠。肥城市深化人才引育体制机制改革，赋予链主企业、锂电产业专家更多自主权，实现人才引育与企业发展"同频共振"。实施"以市场为导向、企业为主体、政府作引导、院校为依托、各方要素联动"的政产学研合作计划，引进培养一批创新型科技人才和依靠核心技术自主创业的企业家。开展人才平台递进创建工程，围绕重点企业、重点产业，积极探索"高校 + 开发区（园区）+ 企业"的建设模式，鼓励和支持企业与高校、科研院所联建一批重点实验室、工程技术中心、院士工作站、博士后创新实践基地等载体平台，对创建成功的国家级、省级创新平台分别给予资金补助，形成人才平台递进创建、扶持资金递进奖励、平台层次递进提升的工作格局。深入实施"人才强市"战略，优化升级人才"新八条"，年人才工作经费提升至 2000万元，引进"高精尖缺"人才 112 名，9 人入选泰山、齐鲁系列人才工程；实施"凝青聚力·赋能桃都"行动，集聚青年人才 3819 人，其中博士 18 人，引进海外留学人员 20 人。深化校地、校企合作，瑞福锂业、

联谊工程获批国家级博士后科研工作站，省级以上重点科创平台达到84家。一是实行企业"举荐制"。打破传统"大海捞针"低效配才模式，实行"精准滴灌"靶向引才，赋予锂电新材料链主企业举荐权，将引进的"高精尖缺"人才认定为"岱宗人才工程"人选，建立"千里马"和"伯乐"同行同享机制，给予举荐企业最高50万元引才奖励、被举荐人才最高300万元人才补贴。二是实行专家"组阁制"。打破传统"东拼西凑"的组团模式，实行首席专家"精挑细选"的组阁机制，赋予首席专家"人、财、物"高度自主权，对实施的科研课题、研发项目，由专家本人自主选聘项目成员、决定项目技术开发路线、支配项目预算经费。18名被举荐锂电行业顶尖专家共选聘项目成员46人、研发课题项目36个、支配项目预算经费达2.1亿元。打破传统"零零散散"的项目单个开发模式，实行"串点连线"式的行业整体打造机制，组建锂电新材料产业发展决策咨询委员会，聘任被举荐专家担任发展顾问，并兼任项目主要负责人，通过"借智"方式，让专家在深耕研发项目的同时，科学分析行业动态、精准把握未来方向，为产业发展提供决策咨询和技术服务。

以教育链支撑产业链，筑牢绿色低碳高质量发展教育根基

实现绿色低碳高质量发展需要高新技术和高端人才作支撑，自然离不开高质量的育人体系。肥城市坚持围绕产业和技术发展需求，优化教育资源配置，促进教育供给侧与产业、创新需求侧全方位对接，着力培养适应和引领锂电产业发展的高素质、复合型、创新型人才。一是实施"博士后联培共育"计划。鼓励引导企业与市域外高校合作，联合推进博士后科研流动站、科研工作站和创新实践基地建设，加大博士后人才招收培养和管理使用力度。山东瑞福锂业有限公司成功创建国家级博士后科研工作站，联合培育俄罗斯国家科学院、英国纽卡斯尔大学、天津理工大

学等海内外博士 7 名。二是深化"校企协同攻关"模式。依托锂电新材料创新联合体、蔚蓝科技产业园等平台载体，有效整合锂电领域高校科研院所资源，创新实施"实验室共享"机制和"人才技术团购"方式，联合攻关磷酸铁锂前驱体、低品位锂辉石提锂、电池级硫化锂等关键核心技术 6 项，实现校企协同育人、技术协同攻关高效融合。三是开展"校企联合育人"行动。围绕提高技能人才培养的针对性和实效性，鼓励支持企业与省内外职业院校建立战略合作关系，企业将生产经营、产业创新需求和职工自身发展相结合，通过在职业院校设立冠名班、订单班，有针对性地制定技能人才培养规划和培训制度。目前，瑞福锂业、道福新材料等骨干企业先后与驻泰高校合作开设订单班 4 个，联合培养高技能人才 130 人。

肥城市将以深化新旧动能转换为中心任务，以推动绿色低碳高质量发展为主题，以人才引领改革创新为根本动力，不断探索新形势下"四链"融合有效途径，持续提升"四链"融合质效，为泰安新型工业化强市、全省加快绿色低碳高质量发展先行区建设贡献肥城力量、展现肥城担当。

改革创新　攻坚克难
奋力推进新型工业化强县建设

宁阳县新型工业化强县建设推进委员会办公室

　　宁阳县坚持把新型工业化作为重中之首来抓，坚持把发展放在第一位、把工业放在第一位、把企业和项目放在第一位、把人才放在第一位，用好市场和政府"两只手"，牢固树立"项目为王、企业为上、环境为要"的鲜明导向，聚焦工业经济高质量发展目标，持续发力培育大企业、招引大项目、开展大服务，全面优化营商环境，全力加快新型工业化建设步伐。

　　3月23日，国家工信部"促进数字经济和实体经济深度融合全国行"暨泰安市工业企业数字赋能大会在宁阳县召开　　　　　　　　　　（宁阳县工业推进办　供）

2023年，全县规模以上工业企业实现营收358.06亿元，增幅6.82%，增幅位列县（市、区）第一位；实现利润9.67亿元，利润率增幅64.9%；增加值增速达到13.3%，位列县（市、区）第一位，取得了市对县考核成绩县（市、区）第一位的成绩。

坚持统筹推进，实现系统运行

顶层设计、高位谋划，绘就新型工业化发展蓝图，由县委、县政府主要负责人领衔，成立新型工业化强县建设推进委员会。全面实施"链长制"，组建十大产业链条"114"工作专班，由县级干部任链长，坚持推进委统筹、链长主抓、部门协同、专班攻坚，用好用活产业链"链长制"工作抓手，全链条抓企业运行和"双大双强"，大力培育高端化工、高端装备制造、新能源、绿色建材主导产业链和绿色造纸、纺织服装、现代食品优势产业链。强化"产业宁阳"意识，围绕全市"441X"产业布局，立足宁阳实际，构建"4+3+X"产业体系，调整优化16个工作专班。对推进办、各产业链专班工作人员实行单独管理、单独考核、单独使用，采取扎口管理、定期培训、集中办公，定期对人员进行优化，2023年以来补充9名硕士学历以上干部。

健全制度机制，实现高效运转

建立"县级干部＋机关干部"包保企业项目、指挥部推进、专班盯靠、部门协调联动"四位一体"工作机制，构建"推进办—乡镇（街道、园区）—企业"三位一体工作格局，对照项目建设计划加强督促指导服务，推动项目快建设、早投产。建立上通下达的沟通机制，持续加强与市推进办和产业链专班的常态化对接，争取获得更多资源、要素保障。建立长效常态的学习机制、高效有序地推进机制、科学有效的考评机制，保障重点工作落实落细。2023年以来，市纺织服装产业链、市矿山装备及工程机械产业链现场会先后在宁阳县召开，明升达高分子材料产业园吡啶项目作为泰安分会场，参加 2023 年秋季全省高质量发展重大项目现场推进会。

聚力园区提档，实现产业集聚

县第十五次党代会提出"三区四园"发展格局，加快推动产业向园区集聚，打造工业发展主阵地，做大做强宁阳经济开发区、宁阳高新技术产业开发区、农业高新技术产业开发区。宁阳高新技术产业开发区，坚持"产业为要、以产促城、以城带产、产城融合"，2023 年 8 月被省政府正式认定为省级高新区；做强宁阳经济开发区，重点培植高端化工、高端装备制造等主导产业，打造产业发展先行区、产城融合示范区、宁阳东部次中心；聚焦畜禽全产业链发展，正在积极争创省级农高区。建设"四园"，把堽城工业园、华丰工业园、东疏工业园、蒋集畜禽产品产业园上升为县级战略，分别由县级十部牵头推进，努力建成各具特色的产业聚集地。

赋能数字经济，实现创新驱动

政策协同不断强化，制定出台了《宁阳县制造业数字化转型实施方案（2023—2025）》《宁阳县推进制造业数字化转型六项政策措施》，推动基础优势产业向价值链更高端迈进，壮大数字经济核心产业发展规模和能级。数字孪生城市时空底座加快构建，全县企业数据管理利用能力不断提高。搭建全国首个县级华为赋能中心，设立 5000 万元专项资金，每年拿出 1500 万元，专项支持企业数字化转型标杆项目建设，加快重点企业智改数转，数字宁阳（华为）赋能中心成功入选山东省工业互联网数字化转型促进中心。数字经济核心产业增加值增速达到 110.4%，位列全市第一位。研发了超威电源工业 AI 质检平台，实现毫秒级、全自动、全覆盖质量检测，产品质量一致性提升 68%，市场占有率提升 3%，获评全省两化融合优秀企业；培育出恒信高科数字孪生工厂等应用场景；宁阳化工园区被评为省级数字经济园区；煤基精细化工产业大脑被确定为全省首批"产业大脑"建设试点，系全省首批、行业唯一；圣奥化工、迪尔化工被认定为省级 DCMM 贯标试点企业，腾飞机电、恒信高科被确定为工业互联网平台企业，恒信高科被确定为虚拟现实先锋应用案例企业和省级元宇宙产业创新发展联盟首批成员企业；宝胜电缆智能工厂作为新一代信息技术典型应用案例推介至工信部；超威、恒信、华阳等 31 家企业入选首批数字经济"晨星工厂"入库培育项目。国家工信部"数实融合全国行"和市"'数智引航 开创未来'千企行"现场会在宁阳县召开。

抓项目建设，创造"宁阳速度"

建立"谋划、签约、开工、竣工"四张清单。实行要素保障"一把手"

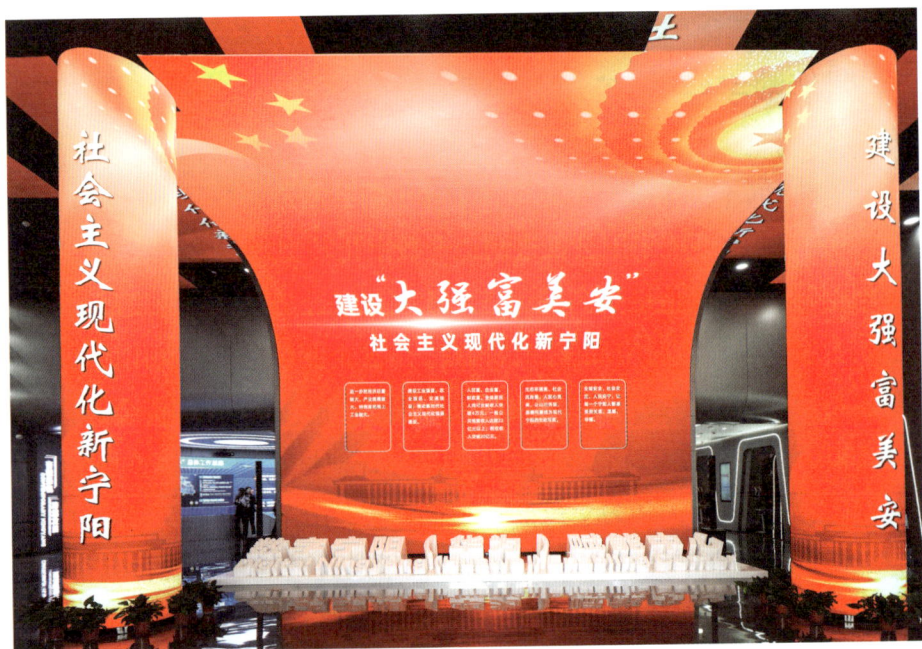

数字宁阳（华为）赋能中心　　　　　　　　　　　（宁阳县工业推进办　供）

负责制，创新"项目管家"等服务模式，尽快把土地变成项目，把项目变成企业。2023年累计策划项目735个，432个项目达到预可研深度，88个项目纳入市重点策划项目库，19个项目被评为全市优秀案例，均居全市前列。注重招商引资，坚持按图索骥，外出对接项目120余次，新签约项目137个。省市重点项目无论是数量、体量还是质量上都达到了历史最好水平，在上半年"六比争先"考核中项目建设居全市第二位，取得了历史最好成绩。全市2023年上半年重点项目集中观摩活动，居县（市、区）第三。全省秋季高质量发展重大项目建设现场推进会泰安分会场设在宁阳，明升达医药中间体项目代表泰安参加全省项目集中开工，这在宁阳历史上尚属首次。以项目竣工论英雄。311个重点项目开工建设，鑫阳升绿色建材基地等110个项目竣工投产，72个当年开工当年投产，恒信中碳氢能源产业示范基地等30个项目四季度计划竣工投产。实施"百项技改扩规"专项行动，开工技改项目90个，技改投资增长16.5%，其中制造业技改投资增幅44.8%，列全市第二位。德诺森新材料项目从签约到投产仅用时11个月，早天下冷链（中国）交易基地项目仅用时半年就完成主体工程建设，创造了项目建设的"宁阳速度"。总投资12亿元的锐顺药业项目竣工试产，为促进医药及医疗器械产业发展注入新动能。

聚焦新型工业化　激活发展新动能

东平县新型工业化强县建设推进委员会办公室

东平县认真贯彻落实市委、市政府关于实施新型工业化战略的部署要求,锚定"五年内 GDP 和税收收入翻番"目标不动摇,登高望远、奋力争先,担当作为、真抓实干,全力推动工业经济高质量发展。

健全工作机制,强化高位推动

县委、县政府坚持把新型工业化作为东平县工作的主线,成立由县委书记、县长任主任的新型工业化强县建设推进委员会,委员会下设办公室,设立综合协调、产业政策、项目推进、考核督导、宣传 5 个工作组,统筹推进各项工作。全面推行"链长制",组建 13 条产业链,每条产业链分别由一名县级干部任链长、一名县级干部任专员、一个部门牵头成立专班具体负责,绘制图谱,规划布局,全力推进。全县四大班子领导分头领衔重点项目建设。县委常委会每两周听取一次重点项目建设情况汇报,定期组织专题调度、现场观摩等活动,比拼晾晒工作成绩,层层传导工作压力。把新型工业化发展成效作为经济社会发展综合考核的重要内容,加大考核权重,乡镇(街道)重点考核新增"小升规"企业数量、招商引资、工业税收、工业技改投资、规模工业产值等指标完成情况。县直部门重点考核服务效能和招商引资,组织企业、乡镇(街道)、经济开发区对县直部门进行书面评议打分,评议结果计入年度绩效考核成绩。考核结果作为干部选拔任用、考核监督的重要依据,用好"周表扬""红黑榜""授黄旗、亮红旗"制度,切实形成全县上下齐抓共管工业经济的强大合力。

明确主攻方向,提升产业质效

坚持存量变革和增量崛起"双轮驱动",按照"链条化发展、集群化打造"理念,一手抓化工、山石、铁矿等优势产业转型升级,一手抓生物医药、现代食品、绿色建材、纺织服装、纸与纸基、水计量等特色产业培植壮大,全力推动工业经济规模实力和质量效益不断提高。生物医药产业,以瑞星集团为链主企业,以国泰民安、汉昂医药为骨干,依托山大·瑞星苏州研究院,积极对接苏州工业园产业转移,着力构建涵盖生物制药、医疗器械、医药包装、健康服务等领域的生物医药产业格局。现代食品产业,依

瑞星集团股份有限公司厂区　　　　　　　　　　　（王艳花　摄）

托设施农业、生态渔业"双 30 万亩"工程，聚焦"粮头食尾"，推动产业融合，投资 40 亿元，规划建设健康食品产业园、宠物食品产业园、粮油油脂产业园、东平湖生态渔业产业园、预制菜产业园、东平郡郡酒酒庄、智慧物流园"七个子园区"，构建布局合理、特色鲜明、优势凸显的现代食品产业体系，全部达产后年可实现营业收入 50 亿元、税收 3 亿元，力争 3 年内产值突破 100 亿元。绿色建材产业，放大山石资源优势，延伸产业链条，规划建设装配式建筑产业园，着力打造"骨料—机制砂—熟料—水泥—装配式建筑—脱硫剂、高钙粉"全产业链发展格局。纺织服装产业，立足县域人力资源优势，聚焦群众增收、产业提质两条主线，按照"1+1+N"发展布局，重点打造嵛阳纺织服装创意平台，建设滨河服装产业园区，培育 N 个城镇产业集聚区，力争到 2025 年纺织服装从业人员达到 3 万人以上，年产值突破 20 亿元，成为国内外品牌服装代工基地。2023 年，全县新增规模工业企业 25 家，规模工业增加值同比增长 11.9%，居县（市、区）第三位，高于全市平均 0.6 个百分点；规模工业企业利润增长 94.3%，居全市第二位，高于全市平均 85.91 个百分点；工业技改投资增长 16.8%，居全市第二位，高于全市平均 6 个百分点；制造业技改投资增长 29.4%，居全市第三位，高于全市平均 10.3 个百分点。两年来，全县新增高新技术企业 25 家、国家科技型中小型企业 35 家、省级以上"专精特新"企业 12 家、创新型中小企业 46 家。

强化项目驱动，夯实发展支撑

始终把项目建设作为新型工业化建设的"第一抓手"，持续用力攻项目、夯基础、增后劲，突出大项目带动、大投入撬动，全力夯实高质量发展支撑。明确责任单位和责任人，细化方案、严格时限、倒排工期，推动项目快落地、快建设、快投产。特别是攻坚突破项目，逐个成立工作专班，由县级领导任组长，各要素部门负责人任成员，统筹推进，制定项目实施方案，土地、规划、环评、能评等手续逐一明确时间节点,压茬进行。两年来,累计实施重点工业项目 141 个,完成投资 126.7 亿元,投资 30 亿元的现代食品产业园、投资 19.8 亿元的瑞星粉煤气化三期、投资 5 亿元的润声印务高档印装生产线等项目竣工投产,投资 164 亿元的超超临界燃煤电厂、投资 100 亿元的陇东特高压、投资 80 亿元的山钢铁矿、投资 40 亿元的山能物流园、投资 15 亿元的 30 万吨功能纸基及辅助材料等一批大项目、好项目加快推进。2023 年,全县完成工业税收 6.55 亿元,占全部税收的 38.5%,占比较 2021 年提高 7.4 个百分点,其中瑞星税收首次突破 2.3 亿元大关,较 2021 年实现翻番。

优化要素供给,给足阳光雨露

实施成长型企业精准培育工程,制定出台《支持工业经济发展的若干意见》《激励企业家干事创业的若干意见》等扶持政策,用“真金白银”激发企业家干事创业内生动力。两年来,累计兑现企业奖励扶持资金 9668 万元。建立重点工业项目要素保障联席会议制度,指挥部、产业链、要素部门三级联动,全方位、全流程提供服务保障,助力项目落地建设。破除堵点难点,建立行政许可清单管理制度,印发《东平县行政许可事项清单》(2023 年版),全面提升政务服务标准化水平。持续推进“一门办、一窗办、一网办、一链办”改革,积极落实“打包办”“集成办”“信易批”等服务模式,创新实施工程建设项目“预审批”服务,工程建设项目审批效能提升 30% 以上。开辟项目审批绿色通道,用好“容缺受理”“并联审批”等工作机制,推动项目审批提速增效。全力推进县经济开发区“僵尸企业”和低效用地盘活,两年累计盘活土地 2042 亩,有效支撑了重点项目的落地建设。积极争取开发区调区扩区,2023 年 6 月获得批复,面积增加到 12.44 平方公里,一定程度上缓解了空间难题。强力推进金融环境整治,全县不良贷款率由 2021 年底的 9.5% 下降至 2.43%,创十年新低;剔除东顺集团破产重整影响，不良贷款率降至 1.27%，县域金融生态环境发生历史性、转折性、根本性变化。

加快数转智改，赋能传统产业升级

认真落实《泰安市数字经济发展三年行动方案（2023—2025 年）》工作要求，抓机遇、蓄动能、抢赛道、占高点，支持企业设备更新、工艺升级、数字赋能、管理创新，加快产业改造升级，推动企业降本增效。成立制造业数字化转型工作专班，设立综合组、项目组、考核组 3 个工作组，实施专班专人专责推进。组织 20 余家重点企业召开制造业数字化转型座谈会，实地走访瑞星集团、中联水泥等重点企业，了解企业数字化转型困难问题、诉求建议和项目筹建等情况。深入结合企业实际需求，聘请海尔卡奥斯等 7 家服务商入企"把脉问诊"，指导企业数转升级。建立制造业数字化转型重点项目库，梳理项目 22 个，动态化管理、清单式推进。瑞星集团智能装车系统投入使用，实现从订单到发货"一条龙"管理，效率大幅提高；长宇新材料镀铝膜数字化车间采用斐尔曼 ERP 系统，打通财务、生产和仓储环节，成品出库实现条码管理；国泰民安玻璃应用视觉识别系统，实现全链条自动化生产，生产成本下降 37%。制定《东平县制造业数字化转型实施方案（2023—2025 年）》，确定重点实施数字基础设施建设、企业上云用数、数字园区培育等"七大行动"，制定数字化转型项目奖补、标杆企业资金奖励等 5 项扶持政策，企业购置信息化设备、软（硬）件配套系统，按发票金额的 15% 给予资金奖励，单个项目最高 150 万元，全力推动数转智改工作开展。加快工业园区数字赋能中心建设，引导瑞星集团构建数字孪生工厂，支持国泰民安、中联水泥、润声印务建设智能工厂，布局新东岳集团、长宇新材料、泰中特种纸、海工科技等一批数字化车间、智能应用场景，推动数字技术与实体经济深度融合。

加快发展新质生产力
推动全区工业经济提质增效

泰安高新区新型工业化强区建设推进委员会办公室

2023 年以来，泰安高新区深入贯彻落实新型工业化强市发展战略，抓龙头扩集群，不断夯实输变电、矿山装备等装备制造产业发展优势，建项目补链条，持续培育新能源、新医药、数字经济等新兴产业发展壮大，全区工业经济发展再上台阶。其中，全年签约项目 56 个，合同总额 302.1 亿元；新开工、竣工项目"双 32"，实施省市重点项目 21 个；实现规模

2 月 8 日,市场监督管理局到山东能源集团装备制造(集团)有限公司开展"服务上门、政策到企"对接会

(江晓玉 摄)

以上工业增加值同比增长 14.5%，营业收入同比增长 11.4%，工业投资同比增长 48.7%，工业技改投资同比增长 52.4%，制造业技改投资同比增长 52.6%，均列全市第 1 位。主要经济指标全市前列，全市"六比争先"考核持续领跑。

科技赋能，推动输变电及电线电缆高端化发展

紧抓国家双碳战略利好因素，入链精准服务，深挖产业优势，大力推动龙头扩产上量，进一步释放集群优势。一是推动技术迭代升级，建立"项目申报、专员跟进、专家辅导、全程争取"工作机制，指导链上企业争取各类科技计划项目及政策支持。2023 年共争取省市级科技项目 7 项，获得资金支持 1465 万元，其中"超高压直流气体绝缘开关设备"项目成功入选省重大科技创新工程，"特高压换流变用 800kV 快速断路器关键技术研究及样机研制"项目成功入选市科技创新"双十工程"。二是狠抓主体培育，以"服务＋培育"助力产业能级提升，重点培育山东泰宝电力设备有限公司等 3 家企业升规纳统。积极跟进泰安众诚自动化设备股份有限公司上市进度，完成上市签约和辅导备案。三是聚力推进技改升级，推动"双百万变压器智能化生产改造""干式互感器智能化改造升级""超特高压油浸式互感器产业化"等一批项目相继建设完成，带动输变电产业营收增速 25% 以上。四是坚持创新协同发展。充分发挥好高新区"校地企战略联盟"作用，链上 20 家企业与 9 家高校院所建立合作联盟，开展技术合作、人才引进。组织 45 家次链上企业到中科院深圳先进技术研究院、清华大学、西安交通大学、齐鲁工业大学等 6 所高校，实地考察对接交流。积极帮助企业开发科研助理岗位，吸引应届高校毕业生就业，输送专业人才 483 人次。2023 年，区内 22 家泰开集团规模以上企业实现营收201.3 亿元，同比增长 25.4%，占全部工业的 39.3%，有力支撑全区经济平稳健康增长。

精准服务，再造矿山装备及工程机械产业发展新优势

紧盯重点企业培育，积极发挥产业招商作用，加大政策支持力度，强化联盟赋能作用，不断壮大产业规模，挖潜产业新优势。一是加强政策宣贯。开展"服务上门、政策到企"对接会，围绕高价值专利培育等方面入企指导交流，精准宣传知识产权保护、快速预审通道、"专精特新"企业发明专利优先审查等方面的惠企政策。服务链主企业，持续发挥龙头作用，主动对标国内一流，聚焦产业链高端，围绕主导产品深入挖掘发明专利，培养科技型中小企业、高新技术企业，重点培育核心技术发明专利，改革攻坚，高质量发展呈现出新的活力。二是积极开展产业招商。组织开展产业链招商活动，先后到徐州徐工液压件有限公司、徐工集团阿马凯液压技术有限公司进行走访、交流，就项目合作事宜进行座谈交流，积极推介区内配套项目，帮助区内企业对外扩大市场，进一步为产业链经济高质量发展注入新动能。三是建好用好知识产权产业联盟，整合科技创新、知识产权、人才、金融、法务等多领域创新资源要素，开展知识产权创造、运用、保护、协作、运营、维权、投融资等服务，推动知识产权人才引进培养、成果转移转化、知识产权协同保护，打造资源共享、经验互鉴、技术共研的知识产权综合服务机构，形成可复制、可推广联盟赋能模式，为推动知识产权高质量发展提供了坚强支撑。2023 年，区内 27 家链内规模以上企业实现营收 35.6 亿元，占全部工业的 7%，有力支撑全区经济平稳健康增长。

数实融合，发挥数字经济赋能转型升级作用

强服务、提效能，重点发挥了数字经济跨链融合、赋能转型的关键作用。一是培强产业主体。实施梯次培育工程，开展挖潜增能行动，聚焦"强链、固链"培育泰盈科技等一批数字经济龙头企业发展壮大，新培育省级

智能工厂、工业互联网等示范企业、平台 26 个，高新区获评省级工业互联网园区，泰盈科技集团入选国家级信息技术外包和制造业融合发展重点企业。瞄准"建链、补链"，开展"项目建设百日攻坚行动"，推动"英泰科技显示屏模组研发制造项目"11 月正式投产，"安和纽维智能终端电子产业园项目"参与全市大项目观摩比拼活动，两个项目的投产落地，填补市内智能终端产品空白，实现产业延链补链，向高端发展。二是强化服务保障。成立数字化转型工作专班，联合数字经济产业链专班，开展专项工作，组织供需对接会 6 场、政策宣贯会 2 期，参训企业 400 余人次，推动 20 余家企业达成合作意向。靶向制定《泰安高新区促进工业经济高质量发展若干政策》《支持工业互联网创新发展若干政策》等扶持政策，拿出 2000 万元奖补资金，打造 20 家数转智改标杆企业，鼓励支持企业走可持续发展道路。依托泰山数字经济工匠学院，整合"内部专家 + 外部专家 + 高校师资"三方资源，开展"线上大课堂、线下实操场"系列培训活动，累计举办培训超百场次，培训数字经济人才 2 万余人次。三是实施数字赋能行动，挖掘打造了尤洛卡单轨运输系统数字化赋能制造项目等一批数字化转型项目，实施数字化技改项目 90 个，工业技改投资增速列全市第 1 位。打造高新区数字化转型服务联盟、中国联通工业互联网（泰安）创新中心等赋能平台，组织专家深入泰开集团等制造企业，开展专题座谈、数字化培训等系列活动，制定个性化数字转型方案，助力蒙牛等公司开

泰开变压器公司生产的特高压变压器
（泰开集团有限公司　供）

展 5G 专网改造、建设等工作,赋能传统产业转型发展。2023 年,高新区数字经济产业链营业收入 26 亿元,企业经营持续向好。

提速项目建设,打造新能源产业发展增长极

聚焦"碳中和""碳达峰"战略,抢抓国家政策机遇,将新能源产业作为高新区赶超跨越的新赛道,抓构架设计,引头部企业,扩产业集群,推动新能源产业实现了从无到有、从弱到强的快速蝶变,打造形成了新型工业化建设新的重要增长极。截至 2023 年底,先后招引建设新能源产业项目 12 个,计划总投资 130 亿元,初步形成了以江苏瑞晶 10 吉瓦光伏电池、皇氏 10 吉瓦光伏电池等项目为龙头,以圣阳锂电池、晶优光伏组件、新艾储能设备等项目为支撑的新能源产业发展新格局,实现了从新能源光伏发电、电池、储能、输变电到新能源产品售后服务的全链条聚集发展,到"十四五"末将新能源产业打造成百亿级产业集群。

【要素保障】

立足发改职能　助推新型工业化纵深发展

市发展改革委

　　2023年，市发展改革委认真落实市委、市政府各项决策部署，立足自身职能，主动上门送服务，精准对接促发展，积极强化能耗要素保障，为企业健康快速运转纾困解难，助推新型工业化纵深发展。

突出政策解读

　　积极向各县（市、区）、功能区、市工业推进办、产业链专班解读国家

7月31日，市发改委开展全市重点用能单位和全部耗煤企业"一对一"政策宣贯活动
（市发展改革委　供）

和省关于能耗双控与煤炭消费压减政策要求及文件精神，精准把握、深刻领会省政府关于"完成能耗强度下降任务和煤炭消费压减任务目标的市，免于能耗总量考核"的政策要求，及时传达"新上非'两高'项目单位工业增加值能耗强度好于项目所在地能耗强度控制目标的，能耗指标不受限制"的政策精神。开展全市重点用能单位和全部耗煤企业"一对一"政策宣贯活动，在"泰公开"市级政务公开专区召开专题现场政策解读会，在市发展改革委公众号编发 31 期《碳达峰碳中和政策小贴士》，全方位、多角度进行政策解读，引导各级各部门在项目谋划中充分考虑新增能耗对能耗强度下降任务的影响，做到要素需求与项目建设统筹兼顾。

加强研究分析

研究提出《关于加强重大项目能耗效益前期论证分析工作的建议》，指导各级各部门从科学把握工业能耗增量空间、加强新上项目能耗效益评估、严格实施节能审查制度、合理把握新上项目能耗评价四个方面提出建议；根据省最新政策解读精神，结合项目新增能耗煤耗等要素需求，指导各县（市、区）、功能区结合本地 GDP 增速、能耗强度下降任务、拟上项目单位工业增加值能耗等情况，精准测算项目新增能耗对本地能耗强度下降目标的影响，确保既能完成约束性任务，又能保障项目能耗要素需求；印发《关于进一步优化完善能耗双控制度保障经济社会发展合理用能的通知》，从严格执行固定资产投资项目节能审查制度、依规做好固定资产投资项目能源和煤炭消费替代、增强能源消费总量管理弹性、严格控制新上项目能耗强度、优化完善能耗双控考核机制等五个方面指导各县（市、区）、功能区和项目建设单位落实好相关政策措施，进一步做好能耗双控工作。

强化要素保障

落实回复《重点攻坚突破任务清单（征求意见稿）》要素需求 12 项。积极对上争取，泰安市新泰 2×60 万千瓦级燃煤发电和中兴电力东平 2×100 万千瓦超超临界燃煤电厂两个超超临界项目的能耗、煤耗替代指标不再作为项目立项的前置条件，项目能耗拟纳入全省单列，煤耗拟由全省统筹。按照省 2024 年第一批依申请使用省级收储能耗指标的申报要求，市发展改革委积极组织开展申报工作，中兴电力东平 2×100 万千瓦超超临界燃煤电厂项目、新泰 2×60 万千瓦级燃煤发电项目、泰安岱岳南部供热中心 1×5 万千瓦背压机组热电联产项目、合成氨系统扩能综合改造项目、泰安肥城胜利盐业 1×5 万千瓦背压机组热电联产项目能耗煤耗要素需求提报省发改委，申请能源消费指标当量值 218.76 万吨（其中原料用能 21.6 万吨），原料用煤 25.8 万吨。

协助节能审查

强化县（市、区）、功能区及项目单位依规办理能评手续的意识，指导符合条件的项目做好节能审查，帮助违规项目加快整改，深入分析新上项目对泰安市能耗强度的影响，加强对上争取协调，协助德普化工等 20 余个项目完成新办或补办省级能评手续，以最优服务、最大力度保障项目建设。

坚持"四化"机制　推进新型工业化

市工业和信息化局

2023年，市工信局聚焦新型工业化强市建设，建立"一二六五"工作体系，坚持体系化推进工作、专班化落实任务、清单化调度督导、市县一体化协同服务，全面打造形成"强工促信　奋力争先"特色服务品牌，泰安经验做法在国家先进制造业强国领导小组专报刊发，工业技改、数字化转型经验做法在全省推广。全国制造业单项冠军企业现场会、全省技改现场会在泰安召开。

11月23日，全市杰出企业家和优秀企业表扬大会暨数智赋能新型工业化泰安交流会举办
（市工业和信息化局　供）

工业运行稳中向好。2023年全市积极贯彻落实多项稳经济发展措施，持续提高工业发展质量效益和综合竞争力，新型工业化基础夯实、纵深推进，工业生产稳步加快，产能利用率稳步提升，转型升级持续加速，"稳"的特征明显，"进"的态势持续。一月一次召开全市工业运行分析会，把握运行趋势，做好服务跟进，及时协调跟进解决困难问题。2023年主要工业经济指标在2022年同期基数大的情况下，继续高位增长，其中规模以上工业增加值同比增长11.3%，高于全省平均水平4.2个百分点，增速居全省第7位。制造业增加值同比增长12.8%，高于全市规模以上工业1.5个百分点，制造业占GDP比重提高幅度居全省第3位。2023年，全市在统37个大类行业中，22个行业增加值同比实现增长，增长面59.5%。其中，增速高于全部规模以上工业的行业有15个。十大主导行业呈现"九升一降"的局面，电气机械和器材制造业、通用设备制造业生产明显回暖，增速均超过30%，两个行业合计对全市规模以上工业增长贡献率达43.8%。实现工业税收118.45亿元，净增17.21亿元，同比增长17%，高于整体税收增幅5个百分点，占全部税收收入比重达到37.75%，较上年度提高1.75个百分点。新泰市入选全省工业十强县、省工业稳增长和转型升级成效明显县（市、区）。新矿集团、润银生物分别获得100万元和50万元的政策奖励资金，2家企业入选2023年省综合百强企业，4家企业入选2023年省工业百强企业。

工业技改列全省前茅。坚持"要素跟着项目走、服务围绕项目转"，深入实施"千项技改扩规"工程，建立技改项目三张清单，在全省首创全生命周期服务保障，提供技改项目全生命周期、全链条、闭环式优质服务，清单式、项目化、包保调度推进项目建设。强化"三级包保"项目推进，全面落实政策奖补兑现，工信系统市县联动经验做法在市委《决策参考》第8期单独编发并全市推广。2023年全市工业投资同比增长12.4%，制造业投资同比增长20.8%，工业技改投资同比增长10.8%、高于全省1.4个百分点、居全省第3位、小组第1位，制造业技改投资同比增长19.1%、高于全省 13.1 个百分点，居全省第 1 位、小组第 1 位。后续随着新投资项目落地达产，全市工业经济将保持更加强劲的发展后劲和增长势头。

制造业数字化转型全省领先。强化顶层设计和政策引领，健全工作机制和支撑保障，出台《泰安市数字经济发展三年行动方案（2023—2025年）》《制造业数字化转型实施方案（2023—2025 年）》和"数转八条"，开展"十百千数字赋能""共性场景复制推广"行动，在全省率先探索实践"一县一策、一链一策、一企一策"数字化转型新路径。全年开工项目351 个，争创省级及以上智能工厂（车间、场景）46 个，省级数字经济园区 4 家，入选省数字经济"晨星工厂"174 家、"晨星工厂"试点园区 3 家、试点县 3 个。石横特钢入选工信部"数字领航"企业，龙辉起重入选国家级特色专业型工业互联网平台，泰安中联水泥入选国家级智能制造示范工厂揭榜单位。数字经济核心产业增加值始终保持两位数增长，全国数字百强市数字经济发展水平排名中泰安居第 79 位。省工信厅张海波厅长批示学习泰安数字化转型规划思路，在全省推广泰安政策制定和工作推进经验。

绿色低碳、创新升级体系不断完善。大力开展企业梯队培育提升工程，引导中小企业聚焦细分市场做好创新提升；加大对科技创新的支持力度，强化制造业各产业链上中下游企业的协同创新，构建全要素融通创新生态。制定《泰安市绿色制造体系建设实施方案》，建立绿色制造"后备库"，新培育国家级绿色工厂 6 家、绿色供应链管理企业 2 家，省级绿色工厂 6 家、省级绿色供应链管理企业 6 家、省级绿色工业园区 1 家。实施企业创新"育苗"工程，建立市级创新企业培育库，1 家企业、4 个场景入选工信部智能制造示范工厂揭榜单位和优秀场景。3 家企业入选省智能制造标杆企业，11 家企业入选省技术创新示范企业，数量均居全省第 1 位。国家先进印染技术创新中心能力建设项目顺利通过验收。

优质企业梯度培育成效明显。建立优质企业梯度培育体系，实施企业创新育苗工程，优质企业群体不断壮大。建立完善优质中小企业梯度培育库,对 1200 余家入库企业动态管理、精准帮扶,新培育专精特新"小巨人"企业 15 家、省级制造业单项冠军企业 18 家、"专精特新"中小企业 178 家、瞪羚企业 18 家、创新型中小企业 360 家。完善全方位政策支持体系,落实"多投多奖"研发投入补助机制,打好政策"组合拳",进一步细化针对中小企业的惠企政策清单,按照行业分类施策,推动帮扶政策从普惠性向精准性转变。

特色产业集群发展全面起势。全力配合市工业推进办抓好产业链和产业集群发展,对重点产业链实施补链、延链、强链,培植一批具有"链主"地位的引领型企业、具有"杀手锏"产品的关键零部件配套企业、具有公共服务功能的平台型企业,形成"产业 + 配套、平台 + 生态、技术 + 赋能"的集群发展格局。深化融链固链行动,积极开展"链链接 共发展""特色产业集群服务行"活动,塑强"链主"企业。实施先进制造业集群梯次培育、中小企业特色产业集群能级提升等行动。2023 年新入选省特色产业集群 3 家,累计 9 家,数量居全省第一位;肥城市新型电池电极材料产业集群入选国家级中小企业特色产业集群,泰安新能源电力装备材料集群入选全省首批十大先进制造业集群。全省特色产业集群发展工作会议在泰安召开。

对上争取工作卓有成效。成立对上争取工作组,梳理八类 57 个对上争取事项,编制《泰安市工信领域对上争取事项清单》,完善对上争取工作机制,局主要领导带队到工信部、省工信厅汇报争取支持 14 次,每位分管领导每月至少到上级汇报 2 次,每个业务科室每周至少向上级部门汇报 1 次,形成了上级密切关注和支持泰安发展的良好局面。5 家企业获评省轻纺行业数字"三品"示范企业,入选数量居全省首位;2 个县(市、区)、3 个乡镇获评省特色优势食品产业强县、强镇,8 家企业的 13 个产品入选山东特色优质食品目录,获评数量均创历史新高。

工业发展环境持续优化。坚持市、县联动,创新搭建市、县两级工信服务平台,健全完善中小企业公共服务体系,市、县一体全面创建"强工促

信 奋力争先"品牌，制定"我为企业做什么"事项等五张清单，深入开展"精准服务企企到 我与企业共成长"等活动，协调调动一切资源为企业服务。积极落实国家和省支持鼓励奖补、贴息等扶持政策，建立各级"政策库"、基层"需求库"，"台账式""清单化"跟踪落实上级政策、分级解决企业诉求。用好"泰山学堂""双赋能"等培训互动载体，遴选推广一批先进企业管理经验和领先标杆，赋能企业家素质提升。举办全市杰出企业家和优秀企业表扬大会，隆重表扬30名杰出企业家、20家优秀企业，发布杰出企业家事迹，颁发企业家服务金卡，大力弘扬企业家精神。突出抓好企业重点人才项目，2023年工信部重点人才项目入选10人，超历史总和，申报人数与入选数量较2022年实现双翻番，整体工作成效居全省第4位。开展工信大讲堂、科长擂台、红旗科室评比等活动，持续提升工信系统干部能力素质，为服务企业、服务发展奠定坚实基础。

发挥财政职能作用
加力提速新型工业化强市建设

市财政局

　　全市各级财政部门树牢有解思维,强化责任担当,聚焦新型工业化和现代服务业高质量发展主题,集中财力、集成政策、集聚资源,加快培植高质量财源,促进经济高质量发展。

　　攻坚克难,提升财政保障水平。2023 年, 全市一般公共预算收入完成 239.2 亿元,增长 7.4%,增幅列全省第 1 位,其中地方级税收收入 179.2 亿元, 同比增长 13.9%, 列全省第 3 位。工业税收 118.4 亿元, 同比增长 17%。加大对上争取。全市争取各类财政性资金 339.3 亿元, 比上年增加 37.6 亿元、增长 12.5%。其中,上级转移支付资金 200.3 亿元,增加 12.4 亿元、增长 6.2%;政府专项债券 139 亿元,增加 25.2 亿元、增长 22.1%,为扩投资、稳增长提供坚强保障。明确保障机制。聚焦"双大双强",建立企业诉求征集解决机制,征集并解决企业诉求 48 项,组建金融服务专家队,上门为企业量身定制融资方案,为企业解决资金需求;邀请银行、政府专项债券专家团队, 为东平高端金属表面处理循环经济产业园项目和岱岳区重工智能装备产业园谋划争取债券资金支持。严控行政成本。发挥预算评审职能和成本预算绩效管理作用, 为保障刚性支出和新型工业化强市建设等市委、市政府重大战略部署落实腾出更多财力。2023 年市财政克服收支压力,统筹新型工业化强市建设各类财政资金 10 亿元,助力相关工作高效推进。提升国企质效。市级筹资 4.7 亿元、注入资产 2.7 亿元,助力产投集团、城建集团、泰山城建投资等市属国企改善资产结构，提升融资和盈利能力。其中，新增产投集团等 AA+ 企业 3 家。推动泰山索道中心转企改制，完成泰山城投与泰山城建投整合，激活企业发展内生动力。市属国企共缴纳税费 14.2 亿元。深化税收保障。出台深化税收保障工作实施意见，创建智慧财税系统，推进"以数治税"等工作，切实形成抓征管、促增收的强大合力。同时严格落实减税降费优惠政策，2023 年全市新增减税降费及退税缓费 45.5 亿元，助力企业减负前行。优化政府采购。2023 年，全市政府采购授予中小企业合同金额 15.19 亿元，占全部政府采购额的 83.23%。加大融资产品推广力度，引导金融机构推出个性化融资服务，2023 年通过政府采购合同撬动"政采贷"投放 2.35 亿元。

聚集资源，促进经济高质量发展。完善政策体系。出台《关于印发泰安市促进经济稳进提质政策措施的通知》《泰安市支持制造业数字化转型八项措施》《泰安市支持现代服务业高质量发展的六条政策》《泰安市人民政府关于加强高价值专利培育推动经济社会高质量发展的实施意见》

8月2日，市财政青年突击队在泰邦生物调研，开展"我为企业办实事　财政青年勇当先"活动
（孙大伟　摄）

等一揽子政策,为经济高质量发展注入信心、动力和活力。突出科技支撑。纵深推进10项行业领域"卡脖子"问题攻关、10项重大科技成果转化项目落地"双十"攻坚,深入开展"百名专家泰安行""百家企业院校行"活动,精准链接匹配科创资源。拨付资金1亿元,支持"双十工程""双百行动"实施和国家先进印染技术创新中心能力建设。强力数转智改。制定《泰安市制造业数字化转型领域支持政策实施细则》,将工业互联网和数字化转型政策实施细则明确在一个文件上,便于企业掌握和申报。在推进制造业数字化转型工作中,及时调整对制造业企业诊断评估实施路径,由遴选服务商调整为采购数字化转型线上诊断评估系统服务,节省财政资金490万元,既提高评估效率又提升财政资金效益。累计拨付市级技改专项贷贴息资金533.48万元,帮助企业获得贷款8.57亿元,带动投资超30亿元。拨付智能化设备改造奖补资金5335万元,带动企业技改投资近70亿元。强化金融赋能。借力资本市场助力企业发展壮大,2023年拨付资金6178万元奖励企业上市挂牌融资,推动了迪尔化工、泰鹏智能登陆北交所上市,156家企业登录齐鲁股权交易中心。加大提质培优。统筹中央专精特新奖补资金,加快培育一批创新能力强、成长性好的专精特新"小巨人"企业。2023年全市新培育认定专精特新中小企业178家,瞪羚企业18家,专精特新"小巨人"企业15家,国家级绿色工厂6家、国家级工业设计中心1家,省级制造业单项冠军18家、绿色工厂6家。支持现代服务业。统筹财政资金落实扶持政策,推动速恒物流获评国家5A级综合服务型物流企业。支持开展"惠享泰安消费年"系列活动,全市发放各类消费券3837万元,拉动消费4.6亿元。通过洪泰基金招引T3出行项目,实现了当年签约、当年落地、当年见效。推动文旅融合。全市投入5900万元,推进文旅消费复苏、文旅高质量发展等政策落实。助力黄河战略。全面落实20条财政政策,建立健全东平湖地表水生态补偿、生态文明建设财政奖补等机制,支持推进绿色低碳高质量发展。持续优化生态环境,全市投入22.9亿元,保障大气、水、土壤污染防治及重点生态保护修复、节能减排等。推进乡村振兴。全市整合涉农资金 41.8 亿元，重点支持农业高质量发展、乡村建设行动、现代水网等建设。

创新扶持，增强产业发展动力。实施"财政＋金融"。发挥市属金融企业作用，打好财金联动"组合拳"。履行好国有金融资本监管职责，创新管理体系，提升国企市场化运营水平，增强服务实体经济能力。利用国有金融企业融资担保、融资租赁、股权投资等组合业务优势，精准服务企业需要，全力以赴服务新型工业化和经济高质量发展。2023 年，泰安银行制造业企业贷款余额达 105.2 亿元，市财金集团帮助企业融资 273.8 亿元，市金控集团为 552 家企业及个人提供投（融）资服务 240.4 亿元。实施"财政＋基金"。设立市场化基金，洪泰、港晟基金累计完成 8 个股权投资项目、13 亿元投资，带动各类资本总投资 70 亿元。其中，招引的兴泰硅材电子级硅烷项目落地新泰，总投资达 15 亿元，圆满完成每个产业链"至少招引落地一个投资过 10 亿元项目"目标。争取省财金股权投资 1000 万元，实现全市科技股权投资"零"的突破。实施"财政＋债券"。结合新型工业化和产业园区建设，着力抓好政府专项债券争取工作。政府专项债券 139 亿元，增加 25.2 亿元、增长 22.1%，有力支持了"引黄入泰"、工业园区等重点项目建设，为扩投资、稳增长提供坚强保障。同时，聘请专家为特色园区申报专项债券提供申报指导服务，积极储备债券投资项目。加快数据要素资产化。出台《关于加快数据要素资产化的实施意见（试行）》，积极推进泰安市数据要素资产化工作。指导泰山新基建投资运营有限公司完成"首单"公共数据资产融资，实现银行授信放贷 600 万元，走在全国前列。

优服务　提质效　助推新型工业化强市建设

市自然资源和规划局

2023年，市自然资源和规划局认真落实市委市政府新型工业化强市战略部署，积极创新机制、再造流程、压缩时限、优化服务，全面推行便民利企服务举措，全力打造"泰效率、心服务"服务品牌，在保障企业高质量发展中展现了责任担当。

主动作为，要素保障水平持续提升

一是设立企业服务专窗。在各政务服务中心开设"企业专窗"，企业办理不动产登记业务时无需取号、排队，由专窗提供"一对一"精准服务，惠企政策"免申即享"，业务实现登记申请、税费缴纳、证书领取登记全流程"即受即办、全程代办、即办即走"。截至2023年末，已为各类企业办理不动产登记10676余件，共计免收登记费535万元。二是推进工业物业分割转让登记。出台《泰安市工业物业分割转让暂行办法》，挖掘存量工业用地资源，为符合条件的企业办理不动产分割登记，满足企业工业物业分割转让和资产盘活需求，有效解决了制约工业企业发展的项目产权分割难、不动产抵押难、资产盘活难等诸多现实问题。三是"一码关联"构建新建项目全生命周期管理新机制。以不动产单元代码作为数据关联互认关键字段，联通15个业务系统，串联建设项目各环节175项审批材料。270个规划审批项目、601个施工许可项目、126个工程验收项目实现赋码用码；19 个项目申请"验收即办证"，工作时限由原来的一个月压缩到 3 天，87 个项目实现"交房即办证"。

数据赋能，企业登记查询更加便利

一是推动不动产登记业务"全程网办"。将"一网通办"平台与"双证平台"、电子签章系统、大数据平台进行连接，共享规划、竣工验收、营业执照等 18 项不动产登记高频材料，实现 76 种登记业务类型线上申请、异地可办，登记业务 1 个工作日内办结，80% 的业务类型即时办结。二是推进登记信息、地籍图可视化查询。利用"天地图·泰安"为影像底图，以不动产地籍数据库为数据来源，整合全市 8720 宗土地、12126 个楼盘信息，以图表结合的方式直观展示不动产土地属性和登记信息，通过"一网

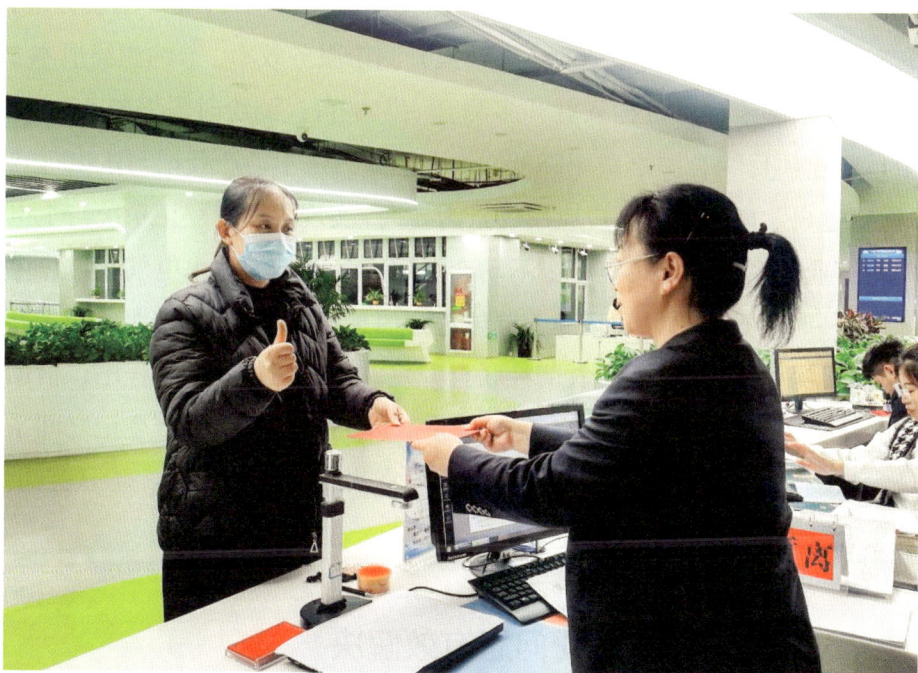

市不动产登记和交易中心在业务办理中积极推广使用企业电子印章

（市自然资源和规划局　供）

通办"平台和微信公众号等多渠道,方便企业实时查询;同时,新增国有建设用地批后监管图层,通过地籍图为市本级 468 宗国有建设用地提供监管查询。三是实现登记信息智能审核、便捷办理。通过系统自动校验、智能审核,实现新建商品房转移登记等 9 类业务即时办结;上线企业破产管理人在线查询破产企业财产信息功能,为财产保全、抵押质押解除、企业登记注销等业务提供便利和保障。

改革创新,政务服务效能更为高效

一是开展"同市同标"业务标准化改革。制定《泰安市不动产登记业务"同市同标"操作规范》,选取 20 项不动产登记高频事项,实现业务类型、办事流程、收件材料、审核标准、线上登记"五统一",全面规范不动产登记行为。二是建设"多测合一"管理平台。平台实行统一测绘标准,实现测绘成果共享、规范管理,有效提升测绘服务效率,节约测绘成本;全市 28 家测绘服务机构入驻"多测合一"平台,测绘时限缩减 30% 以上,新建项目综合测绘费用降低 25% 以上。三是不动产登记与水电气热"无感过户"。以不动产过户应用场景为导向,实现不动产登记系统与水电气暖等业务系统嵌入式应用;不动产登记窗口同步受理水电气暖过户申请,第一时间推送水电气暖专营单位进行信息核实,实现过户业务同步办理。四是深化政银合作。与农信社联合开发"房抵 e 贷"手机程序,借助实名认证、人脸识别、电子签名技术,打通银行贷款与不动产登记之间系统端口,企业通过手机即可实现房屋抵押贷款线上申请、评估、登记、自助放款,全部业务可在 1 个工作日内完成。

聚力攻坚,急难愁盼问题有效解决

一是常态化推动不动产登记历史遗留问题处置。锚定"应登尽登、愿登尽登"工作目标,扎实推进房屋确权颁证历史遗留问题化解,集中处置"办证难"问题项目177个;同步推进工业项目历史遗留问题处置,累计化解工业类问题项目31个,涉及厂房122栋、建筑面积49.13万平方米。省纪委监委主要领导先后与次对泰安工作作出肯定性批示,省纪委监委对泰安市整治成效进行专题调研,省专项整治办公室专题刊发泰安市经验做法。二是推出"上门服务直通车"。聚焦重大民生项目、绿卡项目,开发移动登记设备,联合税务部门开启全新上门服务模式,提供"一站式"上门服务210次,实现过户、缴税、快递送证等不动产登记业务全流程一次性办好,确保企业和群众一次都不用跑。三是推行不动产登记"带押过户"服务。采用"二手房转移预告登记+抵押权预告登记""二手房转移预告转过户登记+抵押权预告转抵押权登记"的"双预告""双转现"组合模式,有效打通各签约银行间带押转移壁垒,实现跨行无需提前归还旧贷款、注销抵押登记,有效缓解了购房企业的资金压力。

强化环境要素保障
服务新型工业化强市建设

市生态环境局

　　市生态环境局深入贯彻市委、市政府推进新型工业化强市的重大部署,紧盯项目建设需求,主动服务,积极推动重点项目建设,做好污染物排放总量和碳排放环境要素保障,服务重点项目落地见效。

市生态环境局为山东聚发生物科技有限公司送政策上门、送服务上门,助力企业建设项目快速规范落地
（市生态环境局　供）

优化环评审批服务，服务新型工业化强市建设

"减少"跑腿次数，提升办事效率。始终坚持以人为本的根本出发点，以"少跑腿""零跑腿"为努力方向，深入推进"市县同权"改革，让项目单位自由选择办事层级、自由选择办事地域，市、县两级生态环境系统热情服务，依规受理。强化科技赋能，全力推动全程网办，办事群众可通过网络进行提报，网上递交环评文件，网上受理、网上审查、网上审批，批复出具后可免费邮寄建设单位，真正压缩了环评办理的时间和空间，减少了群众跑腿的次数，缩减了办事的距离。报告书承诺自收到合格环评文件起3个工作日出具批复（不含公示时间），报告表承诺自收到合格环评文件起2个工作日出具批复（不含公示时间）。

"减轻"企业负担，提升群众满意度。做好"打捆审批"政策宣传，在门户网站、服务大厅等窗口显著位置公开"打捆审批"政策，确保群众一目了然。在日常工作中做好政策宣讲和调研，及时调研"打捆审批"需求，对符合条件的项目，推进多个项目办理一个环评，减少企业环评编制费用。推进园区跟踪制度，指导全市所有园区依据规划环评，结合园区发展实际，紧盯时间节点，紧盯监测因子，紧盯特征污染物，扎实做好跟踪监测工作，确保监测结果科学可信、好用实用。全市近40个工业园区均稳步推进监测工作，监测结果每年对外公布，方便入园企业免费使用，切实压缩环评编制时间，减轻企业监测经济负担。

"减削"环评流程，提升审批质效。依托"企业服务专员"制度，对533个省、市、县重点项目建立帮扶清单，积极主动深入企业现场、环评一线，上门服务，及时沟通办理过程遇到的问题和堵点。梳理办事流程，将办理流程模块化、明确化，便于群众理解；梳理环评办理程序文件，将办理过程制度化、公开化，便于群众监督；让办事群众明流程、晓时效，减轻群众办事压力。大力推进并联审批，削减不必要的证明材料，压缩审批时限，

提速环评审批。累计审批环评项目 408 个、园区规划环评 10 个,办理登记表备案项目 2012 个。

优化污染物环境要素保障,服务新型工业化强市建设

挖潜扩容,积极谋划减排项目。制定环境要素保障实施细则,成立市生态环境局重点工业项目要素保障领导小组,坚持向现有项目要总量、向基础设施扩容要总量,实施臭氧污染防治攻坚战、城市建成区污水直排综合整治攻坚行动、新一轮"四减四增"三年行动等一系列治污减排攻坚行动,综合实施水与大气污染防治工程、重点行业绿色发展、园区限值限量管理等措施,深挖减排潜力,促进"腾笼换鸟",推进企业绿色转型升级。持续推进工业污染源提标改造工作,鼓励企业实施污染减排措施,减少污染物排放,腾出总量替代指标。积极对接有关部门,推动淘汰落后产能,压减腾退指标优先支持重点项目的总量需求。强化产业结构和能源升级,协调发改、公安、工信、住建、交通、能源等部门,按照相关政策,淘汰落后产能,严格落实符合淘汰政策的道路移动源和非道路移动源淘汰工作,积极推进公转铁工作,增加清洁能源使用和清洁取暖用户。

统筹调蓄,建立可替代总量"指标池"。市生态环境局采取统筹制度,按照 30% 的比例对各县(市、区)减排削减量统筹,建立可替代总量"指标池",增强统筹调剂能力,用于全市重点工业项目使用,支持大项目建设。通过按月调度各地减排工程进展、总量平衡审核结果,推动富余排污指标及时回流入池,可用排污指标实时调出。对可替代总量指标实行动态管理,定期进行调度、检查,随时掌握全市可替代总量指标使用、剩余情况,确保重点项目建设不受指标影响。鼓励县区积极培育绿色发展领军企业,按照"奖优控劣"原则,优化现有排污总量配置,推动环境资源要素向优质企业集聚。

先立后破,实行污染物削减量预支政策。建立企业负面清单、拟淘汰

机制，省、市重点项目优先从拟关停的现有企业、设施或者治理项目形成的污染物削减量中预支，污染物减排方案于新项目投产前完成，确保项目建设不受总量指标影响。按照行业排放标准、清洁生产标准引领，抓好"精算、细审、严批"流程，实现管理减排。泰山玻纤计划新建年产1亿米电子布及年产15万吨高模玻纤智能制造生产线项目，根据企业前期预测，估计该项目可能产生二氧化硫排放量41.6吨、氮氧化物排放量60吨、颗粒物排放量37吨、VOCs排放量4.15吨。根据全市大气环境质量及相关政策要求，新建项目污染物排放量需要2倍替代，玻纤新建项目急需协调污染物替代来源二氧化硫83.2吨、氮氧化物120吨、颗粒物74吨、VOCs8.3吨的替代指标。岱岳区通过分析全区已完成的减排项目和可用的替代来源，可以解决二氧化硫、颗粒物、VOCs污染物排放量替代量。对岱岳区无法解决的氮氧化物倍量替代要求，市生态环境局统筹谋划，结合全市即将开展的大气治理项目，通过预支水泥行业超低排放改造产生的削减量解决了项目需要的120吨氮氧化物替代量，有效解决项目在环评过程中遇到的难题。

提前介入，加大对上争取力度。2022年，省发改委批准全市两个超超临界煤电项目建设，新泰2×60万千瓦级燃煤发电项目、中兴电力东平2×100万千瓦超超临界燃煤电厂项目，需要为其提供要素保障。由于全市电力、炼钢等氮氧化物排放主要行业都已经施行了超低排放或脱硝治理，总量指标调剂来源较少，指标调剂难度较大。为解决项目的污染物和碳排放替代来源不足的问题，提前介入，全市统筹，积极对上争取，省厅同意从"十四五"期间小煤电机组关停腾退出的污染物排放指标、碳排放指标中予以统筹协调，支持泰安市的项目建设，两个项目均已完成环评批复工作。

优化碳排放要素保障，服务新型工业化强市建设

扎实推动重点排放单位完成碳排放权配额履约交易。按照《碳排

放权交易管理办法（试行）》要求，2020 年以来泰安市共涉及发电、化工、建材、钢铁、造纸五个重点排放行业 37 家企业纳入碳排放现场核查，2023 年纳入碳排放权交易的发电企业共 20 家，完成了第二个履约周期清缴履约工作，累计清缴完成 3368.3550 万吨，配额履约率 99.98%。

开展编制温室气体排放清单。对全市能源活动、工业生产过程、农业活动、土地利用变化和林业、废弃物处理五大领域排放的二氧化碳、甲烷、氧化亚氮、氢氟碳化物、全氟化碳及六氟化硫六种温室气体排放水平进行调研，全面摸清全市温室气体排放基础数据，二氧化碳排放量前五的行业分别是电力生产（1749.6593 万吨）、钢铁（1058.7398 万吨）、化工（621.4146 万吨）、建材（237.2335 万吨）、交通运输（164.6990 万吨），为全市碳达峰工作开展提供了数据支撑。

积极开展"两高"项目碳排放减量替代工作。为做好碳排放总量控制，积极落实山东省出台的"两高"项目碳排放减量替代相关政策，严格按照"两高"建设项目碳排放指标减量替代比例、替代源条件、碳排放指标收储调剂管理办法等相关内容执行。梳理确定了可作为替代源"两高"行业的企业清单，建立碳排放指标动态管理台账，收储符合条件替代源形成的碳排放指标 150 余万吨，有效控制了全市范围内碳排放总量增长。

积极开展各类污染源深度治理，推动企业绿色低碳转型。积极推进水泥、焦化行业超低排放改造，制定了《关于做好水泥、焦化行业超低排放改造有关工作的通知》，明确改造完成时间和要求。石横特钢在产工序达到环保绩效 A 级标准。3 家焦化企业、6 家水泥熟料企业、5 家水泥粉磨企业提前完成全过程超低排放改造。全面淘汰 35 蒸吨及以下燃煤锅炉 31 台。

强化企业要素保障　推动工业强市建设

市住房和城乡建设局

2023 年，市住建局聚焦"工业强市"建设要求，结合职能职责，主动作为，多点谋划，围绕新型建材产业链发展重点目标任务，以新思路和新举措全方位推动高质量发展，为促进新型工业化强市建设不断提供要素支撑保障，以要素保障之"进"，助力发展大局之"稳"。

2月23日，市住建局召开保租房政策宣讲座谈会　　　（杨　璐　摄）

不断强化人才住房保障，助力人才逐梦泰城

泰安市住建局认真贯彻落实市委、市政府"人才强市战略"的部署和要求，通过不断完善顶层设计、强化督导落实等措施，大力发展保障性租赁住房、人才住房筹建工作。截至2023年底，全市已筹建人才住房6602套，其中在建项目17个、2920套，已建成项目27个、3682套，已分配3081套，认定保障性租赁住房230套（间），优化了泰安市招才引智环境，为新型工业化强市建设提供了强有力的安居保障。

健全制度体系，强化顶层引领。先后印发了《泰安市人民政府办公室关于进一步完善住房保障体系的实施意见》《泰安市保障性租赁住房认定书核发管理规则》等政策文件，对保障性租赁住房的保障对象、租金标准、建设标准、项目审核认定、运营管理、政策支持、蓝领公寓建设等内容做了详细规定和说明，同时对保障性租赁住房项目的申请主体资格、准入条件、认定程序、退出机制等内容进行了明确，为建设筹集保障性租赁住房提供了重要政策依据。

主动上门服务，推动政策落地。为加快保障性租赁住房尽快落实落地，编制了《泰安市保障性租赁住房政策解读》，成立政策宣讲团，先后到市工业推进办13个产业链专班、市城建集团、泰安农高区、联通公司、鑫居房地产公司、山东高速泰和发展公司等十几家单位召开政策宣讲会，开展送政策、送服务活动，调动社会资金参与保障性租赁住房筹建的积极性。组织各县（市、区）、功能区积极对接人才聚集的企业科教研单位，通过进企业、进单位、送政策、深沟通，用足用好人才住房、土地、税收等优惠政策，充分挖掘调动学校、园区、民营企业多元力量，支持符合条件的单位利用自有土地，结合引进人才需求，量身打造人才住房供应方案，增强企业科教研单位对人才的吸引力。

满足多元需求，提升宜居品质。根据人才不同居住需求，高质量、全方

位打造宜居环境,确保人才引得进、留得住。健全人才运营管理制度,建立人才住房服务档案,围绕人才住房装修配套、分配使用、动态监管等后期管理,严格执行人才保障住房统一装修配套标准,周边配套生活设施,为人才提供舒适住房体验。规范人才住房分配,单身人才按"一人一室"进行分配,已婚家庭可按套申请整租使用,对短期引进的高层次人才提供免租金专家公寓,充分满足人才多元化分配需求。引入专业化、规范化物业管理服务,全方位营造宜居宜业、舒心安心的人才住房环境。

优化供水供气服务措施,保障企业水气需求

全力保障工业用户(项目)城市公共供水和燃气需求。2023 年,对工业用户和项目保障城市公共供水量约 1779.42 万立方米、保障管道天然气供气量约 55783.81 万立方米,全力保障了相关用户正常用水用气需求,未发生减量或限量供应情况。

推行服务前置,优化报装流程。报装时限控制在 1 个工作日(不包括设计、施工阶段)。水气专营企业通过工程建设项目审批管理系统主动获取项目信息后,在工程建设许可阶段提前介入项目,提供技术指导,主动告知用户办理流程,提供水气接入方案;提前开展市政管网至地块红线的管线规划、设计并进行报批及施工工作。待用户需要开通时,立即为客户挂表。2023 年共受理工业项目用户用水申请并完成报装 94 个;受理工业项目用户用气申请并完成报装 38 个。

坚持用户为先,提升服务质量。印发《泰安市水气暖行业"三上门、三集成"服务活动实施方案》,积极落实省、市关于优化营商环境的决策部署,聚焦助力新型工业化强市建设,立足城市供水、供气公用行业实际,坚持以用户为中心,深入推行"一线工作法",多听取工业用户的呼声,多从市场主体角度查找问题,广泛开展上门解读政策、上门宣讲知识、上门解决问题等"三上门"活动,推动系统平台、服务场所和管道改造等"三

集成"实施,通过多渠道沟通、直达式互动、全方位服务,不断提升用户获得感、满意度。2023年,已组织21家城市公共供水、供气企业对602家工业用户上门讲解政策、宣讲知识836次,上门解决问题394个;指导推进水气专营企业系统与工程建设项目审批、政务服务等系统互联互通、数据共享;已建成水电气暖信共享营业厅14个;改造老旧供水管网46.68公里,改造老旧燃气管网95.3公里。

狠抓建筑业高质量发展,巩固支柱产业地位

建筑业是泰安市优势产业、支柱产业。2023年,泰安市建筑业完成总产值1365亿元,居全省第三,同比增长7.2%,高于全省0.8个百分点;在外省完成产值711亿元,同比增长6.3%,外向度52%,走在全省前列;完成税收60.52亿元,同比增长14.56%,占全市税收总额的19%。

强化政策引领,提升发展活力。市委、市政府高度重视建筑业发展,召开全市建筑业大会,印发实施《关于加快推进建筑产业化的实施意见》,有效促进建筑行业转型升级和产业结构调整。泰安市住建局制定《关于促进建筑业高质量发展十条措施》,从减负、增效、创优、高质量发展4个方面,提出含金量较高的10条政策措施;印发《推进建筑业高质量发展三年行动方案》,明确建筑业发展总体目标和具体任务,引导建筑企业优化资源配置、增补企业资质,在全市塑造形成建筑施工、水利水电、轨道交通、石油化工、输变电等多领域、多专业齐头并进的产业格局。

注重内功修炼,鼓足发展后劲。泰安肥城被称为"建安之乡""中国石油化工安装之乡",不仅是因为这里有着适合建筑产业发展的土壤,更在于这里的产业具有广阔的辐射能力。兴润建设集团作为肥城建筑安装产业链的链主企业,是一家有着70多年历史的建筑安装公司,在产品转型、市场转移、经营模式转型上摸索出了成功的发展路径。目前已在省内外设立了57个驻外分公司,与中建、中铁等单位深度合作,积极参与"一带一

路"建设，先后在阿联酋、阿尔及利亚、日本、越南等国家成功承建了一大批工程项目，市场外向度达 80% 以上。

坚持创新赋能，打造产业集群。2023 年泰安市除了建筑业产值继续保持全省前列外，不断发挥科技支撑作用，建设科技与创新工作成效显著。泰安被评为省级 BIM 试点城市，山东博宇建筑设计有限责任公司被评为省级 BIM 试点单位，4 个项目入选省新型建筑工业化示范项目，17 个项目获得山东省工程建设泰山杯奖，举办"科创中国"新型建材产业绿色创新发展论坛，推动数转智改，举办数字转型绿色低碳发展报告会，泰安市建筑业优势地位不断巩固。同时在新型工业化强市战略引领下，泰安市住建局不断提高建筑业相关领域配套服务一体化水平，培育形成新的增长极，推动新型建筑材料与建筑安装产业融合发展，强力推动装配式建筑，加快城乡建设向绿色低碳方向转型。2023 年，全市新开工装配式建筑 241.58 万平方米，占新开工民用建筑比例达 46.8%；全市装配式建筑工程产值完成 15.3 亿元，同比增长 47.6%，装配式建筑保持快速发展势头。加快建设泰安市绿色建筑产业园，联强科技、威宝节能与泰山城建集团强强联合，打造设计、生产、施工全产业链。岱岳区新材料和新型建材产业集群入选省"十强"产业"雁阵形"集群库。

使命在肩，初心如磐，全局锚定工业强市建设总部署，聚力要素保障攻坚突破，精准服务破解发展难题，促进项目快速落地、推动企业高质量发展。把思想和行动统一到新型工业化强市建设决策部署上来，把要素保障工作摆在全局工作的突出位置，为新型工业化建设助力赋能。

保障大件运输　助力工业化强市建设

市交通运输局

2023年，市交通运输局紧紧围绕新型工业化建设，主动担当作为，完善联络渠道，优化核查机制，精准靠前服务，办理泰安市大件运输许可3.2万余件，组织大件运输现场核查工作2500余件。保障了全市大件运输业务的顺利开展，为新型工业化强市建设贡献了交运力量。

完善三个机制，推进服务再提升

一是建立协调联动机制。纵向加强与省级交通运输主管部门的汇报

3月，市交通运输局协调相关单位圆满完成白鹤滩水电站特高压输电工程超大变压器运输保障任务
（市交通运输局　供）

沟通，争取最大工作支持。横向健全完善交通运输、审批服务、公安交警、公路管养等单位组成的大件运输审批联动机制，及时共享辖区内公路通行技术状况、施工路段等信息，及时反馈大件运输车辆通行意见，保障审批业务高效开展。二是建立快速核查机制。建立涵盖市、县两级交通运输部门的现场核查工作机制，明确责任人员，针对特殊超限大件加强与高速收费站的沟通，不断优化信息接收、推送、核查、反馈流程。三是建立服务保障机制。公布大件运输业务咨询、现场核查、服务监督电话，及时解决企业和车主遇到的问题与困难；深入大件装备制造企业、大件运输企业，定期组织开展走访调研活动，加强政策宣传，了解企业需求，倾听意见建议，建立常态化信息沟通渠道。

建立三个"数据库"，提升服务精准度

一是建立重点企业"名录库"。认真摸排泰安市大件运输源头制造企业、大件运输企业和重大建设项目单位，针对市重点设备制造企业，建立重点企业名录库，涵盖输变电装备、矿山装备等大件制造企业48家。完善大件运输货物数据信息，主要覆盖变压器、起重设备等十大类，构建起大件运输政企服务圈。二是建立泰安市高速公路收费站通行能力"数据库"。明确全市每个收费站超宽车道的通行能力，建立高速公路收费站通行能力"数据库"。同时，注重超前谋划，积极协调新建和改扩建高速公路建设单位，在满足技术规范的要求下，最大限度预留收费出入口超宽车道尺寸。三是建立公路桥梁"信息库"。加强对公路桥梁基础数据动态更新，逐步完善公路桥梁数据库，重点关注大桥、特大桥359座，为压缩审批时限提供支撑和依据。桥梁管养部门根据相关技术规范要求，定期开展桥梁技术状况检测工作，加强对桥梁的管理和养护，确保桥梁运营安全，为大件运输车辆行驶桥梁提供保障。

优化四项流程，强化保障再提效

一是保障许可审批高效开展。2023 年，省内跨市大件运输审批业务由省级交通运输主管部门委托下放到市级行政审批部门，市交通运输局主动担当作为，积极协调，靠前服务，确保了大件运输业务顺利承接运行。2023 年 8 月，与市行政审批服务局联合印发《泰安市关于开展大件运输许可推进现代物流业高质量发展六条措施》的通知，依法公示山东省省内 I 类 2 个、II 类 5 个、III 类 10 个工作日的承诺办结时限。在公路安全通行条件允许的前提下，实现"I 类大件即时办、II 类大件快速办、III 类大件专业办"，最大限度优化提高审批服务效能。二是缩短现场勘验时间。市局安排专人密切关注交通运输部"超限核查小程序"内大件核查任务，及时向各县（市、区）推送核查任务信息，核查人员第一时间与申请人取得联系，确认好货物装载情况和核查时间，及时指导企业规范装车，提高现场核查效率，缩短许可审批等待时间。加强对县（市、区）有关工作人员的业务培训，及时研究解决业务工作中存在的问题和难点。三是加强事中、事后监管。执法部门加大对违法大件运输车辆执法力度，强化对大车小证、未按许可路线行驶等违法违规问题的查处，积极探索信用监管应用，营造公平有序的大件运输市场竞争环境。完善通行保障服务机制。积极协调各高速公路运营管理单位，提高大件运输车辆通行放行效率。四是建立大件运输绿色通道，依托省级大件运输审批服务沟通联络机制，强化与通行地市协调联系，不断提升市际信息共享和反馈，并联审批再提速。

服务保障机制不断完善，全市大件运输市场平稳发展

大件运输审批时效不断提升。省内跨市大件运输审批，由省内 I 类 2 个、II 类 5 个、III 类 10 个工作日的承诺时限提升到 I 类大件即时办、II

类大件快速办、Ⅲ类大件专业办，审批效率提高了 20%。大件运输企业数量不断增加。2023 年，全市新增大件运输企业（含个体）174 家，同比增长 14.8%，新增车辆 414 辆，同比增长 4.8%。服务保障能力不断提升。通过多部门协调联动、审批服务核查一条线服务，有效保障了全市大件运输上路运行，载重吨位创历史新高。2023 年 3 月，泰安市交通运输局协调相关单位圆满完成了白鹤滩水电站特高压输电工程超大变压器运输保障任务，单次车货总重 604 吨，创下了全市目前上路行驶的重量最重、长度最长的最高纪录。2023 年 12 月，装载有 8.4 米宽管板的大件顺利从泰安市运往外省，创造了全市最宽的大件运输纪录，交通、公安、公路运管单位的高效配合又一次交出了满意的答卷，为大件运输保障工作再创新高打下了坚实基础。

优化服务　加强保障
强化推进新型工业化建设水利担当

市水利局

　　市水利局聚焦新型工业化建设赋予的水利新使命，树立全市水利一盘棋思想，突出发挥水利支撑这条主线，强化水资源要素保障，在新型工业化强市建设中登高望远、奋力争先，为开创新时代现代化强市建设新局面提供坚强水利支撑。

11月9日，市水利局在市民之家政务公开专区开展政策现场解读专题活动

（朱元亮　摄）

盘活用水空间，强化要素支撑

作为新型工业化强市建设的要素保障部门，市水利局坚持要素跟着项目走，科学保障项目用水需求。一是积极争取用水空间，在市委、市政府主要领导的关心下，由市政府分工领导带队到省水利厅，向省水利厅主要领导专题汇报全市新型工业化强市建设的用水需求，争取增加了泰安市"十四五"期间2000万立方米的新鲜水用水指标，扩充了新型工业化强市建设用水空间。二是强化水资源要素保障，统筹新鲜水和再生水利用，盘活水资源可用容量，保障新型工业化建设的用水需求。下达年度水资源管理控制目标，细化用水总量控制及用水效率控制目标至各县（市、区）、功能区。统筹全市用水总量指标，在市级预留指标余量用于保障重点项目合理用水需求。三是创新保障形式，发挥水权交易作为保障项目用水的关键利器。推进出台《泰安市水权交易管理实施细则（试行）》，印发全省第一个水权水市场建设实施方案——《泰安市水权水市场建设实施方案》，举办了全省首个水权改革现场培训班，营造积极探索水权水市场新机遇的浓厚氛围。2022年以来，全市已完成水权交易104笔，交易水量6826万立方米，交易笔数和交易水量均在全省前列，切实保障了新增项目用水需求。

优化存量用水，提升用水效率

坚持"四水四定"原则，落实黄河流域水资源集约节约利用要求，推进出台了《泰安市水资源保护管理条例》，经市十八届人大常委会第六次会议表决通过后于2023年4月1日执行；制定《关于全面加强水资源的实施意见》并以市政府名义正式印发，水资源管理制度建设持续完善。强化高耗水企业监管，在全市范围内开展水资源强监管行动，2023年以来,累计下沉检查 19 次,对 9 个县 (市、区)、功能区完成监督检查全覆盖,深入用水单位 135 余家,以监管助力企业优化用水结构,发挥取水许可事中、事后监管作用。推进企业利用新技术、新工艺开展节水改造,降低现状用水总量,为新型工业化建设腾出更多用水"空间",助力更多好项目落地。

面向泰安城区公共管网内重点用水单位召开节水管理培训会,就用水计划及用水定额有关政策、用水计划申请及下达有关工作标准进行培训,强化计划用水管理,推进企业节约用水。为新型工业化建设腾出更多用水"空间",助力更多好项目落地。

强化政策支持,服务企业发展

市水利局拿出实政策、制定硬措施优化水利营商环境,强化用水保障,研究出台了《泰安市水利局服务促进新型工业化强市建设若干措施》,从"优化水资源配置格局、聚力增强要素保障、发挥水资源引领保障作用、深化涉水'放管服'改革、健全工作推进机制"五大方面制定 20 条具体措施,强化用水保障。"一企一策"优化用水服务,充实"泰企通"服务平台"政策超市",动态更新政策库,为优化水利营商环境、助力企业高质量发展提供了制度支撑。到新泰参加"我为企业解难题"活动及全市要素保障大集,现场对接企业提出用水解决方案。在泰安市市民之家政务公开专区开展政策现场解读专题活动,对《泰安市水权交易管理实施细则(试行)》的出台情况和有关政策进行现场解读,有效提升水利政策的公众知晓度和参与度。

推进园区水资源评估论证,加快项目落地

深化简政放权、放管结合、优化服务改革,为进一步减轻企业负担,在

全市各类开发区、工业园区、产业聚集区及其他有条件的区域全面开展水资源论证区域评估工作，对已纳入水资源论证区域评估范围内的建设项目推行取水许可告知承诺制，加速项目落地。开展东平经济开发区、肥城高新技术产业园区、宁阳化工产业园区规划水资源论证，根据园区所属区域的水资源状况及用水情况，对园区取用水合理性进行分析论证，提出切合实际的结论与建议，为园区水资源管理提供科学依据。

积极开展项目策划,推进现代水网建设

市水利局落实"五大比拼、两大问效"推进机制，积极参加"项目策划大比拼"活动，组织县（市、区）、功能区提报水利项目策划优秀案例。2022年、2023年全市重点水利项目分别完成年度投资21.22亿元、31.98亿元，均超额完成年度投资任务。坚持"走出去、引进来"，配合引进山东鼎智汇科建设工程有限公司现代化农业蔬菜加工、山东鸿岳重工科技有限公司高端精密传动系统零部件加工等优质项目，完成项目投资1.7亿元。抢抓全省国家、省级水网先导区建设机遇，进一步优化水资源配置格局，提升供水保障能力，2024年共策划水利项目28个，计划投资39.90亿元。不断完善水利基础设施体系，提高水资源和水安全保障能力，推进实施肥城市砖舍拦河闸工程、岱岳区龙门口水库增容、肥城市尚庄炉水库增容等7项水资源配置工程，进一步优化水资源要素保障，提升水资源保障能力。

坚持"做实＋创新"思路
服务新型工业化强市建设

市行政审批服务局

2023年，市行政审批服务局深入贯彻落实市委、市政府关于纵深推进新型工业化强市战略，秉承"项目为王　服务为先"理念，对标先进、持续攻坚，强化"万事有解　凡事必解"思维，立足审批服务职能，坚持"做实＋创新"，全方位提升审批服务质效，为优化营商环境、推动重点项目快速落地见效、推动泰安高质量发展展现了审批担当、贡献了审批力量。先后荣获新型工业化强市先进单位、全市社会信用体系建设突出贡献单位、全省第二批法治建设先进典型推荐单位、新时代泰安榜样提名奖等荣誉。《企业全生命周期服务工作指南》列为山东省地方标准；相关做法被新华社《高管信息》、人民网等多家媒体予以报道宣传。省委主要领导、市委市政府主要领导先后到政务服务中心调研，对有关工作给予充分肯定。

完善服务机制，推动审批提质增效

紧紧围绕新型工业化重点项目建设手续办理需求，不断完善联审联办、服务专员和帮（代）办服务机制，健全便捷、高效的审批服务机制。

持续做优项目联审联办。充分发挥行政许可权相对集中、部门事项"一门"集中和市县乡政务服务一体化推进优势，持续优化关联事项"联

11月1日,市行政审批服务局联合会商解决项目推进难题　　　　（吕泽明　摄）

审、联办、联验"服务机制,牵头组织市直有关部门、各县（市、区）及功能区行政审批部门,强化对新型工业化项目联合审查、并联审批和联合验收,实现项目审批服务从单个部门"单打独斗"到多个部门"协同作战",工作合力大幅提升。在项目手续办理中,不断对立项用地、规划施工、勘验评审等各环节办理事项全面优化简化,大幅提升审批效率。按照"联审联办联验"要求,组织相关部门开展联合审查,建立问题台账并定期督导调度,全年共联合会商30余次,解决要素问题40余个；组织市发改委、市水利局等单位,对泰安远望能源有限公司30万吨功能纸基项目开展联合服务,全面梳理项目存在问题,逐一明确解决路径、责任单位、办理时限等内容,快速完成各类建设手续办理。

推行项目服务专员制度。为保障新型工业化项目建设,建立企业诉求快速跟进机制,实行审批服务专员制度,由局副县级以上领导干部对重点项目进行包保,定期组织相关部门业务骨干到企业现场服务,通过上门服务、联动服务、定期调度等方式,全面负责从企业开办到竣工验收全过程手续办理的服务和推进工作。2023年项目服务专员共开展专项服务50余次,协调解决审批要素保障30余件(次),有效推进重点项目要素保障。

完善帮(代)办服务机制。立足新型工业化强市建设,将服务的重心放在重点建设项目上,按照"一案两图六环节"工作机制,根据项目性质、类别、需求,量身定制个性化、差异化《代办服务方案》,清单化一次告知办理事项、办理部门、申报材料等,固定项目专员,从企业设立、工程建设许可、竣工验收等6个环节全方位提供优质服务。帮助万和建材梳理各项业务所需材料,在率先完成前置手续的基础上,联动岱岳区审批局快速办结施工许可手续,为企业节约了大量时间成本。

加大创新赋能,助推项目落地见效

坚持问题导向,积极融入新型工业化强市战略,紧紧围绕企业的所期所盼,不断提升审批服务的改革创新力度,最大限度保障项目建设要素需求。

持续加大制度创新。2023年,共出台《泰安市规划审批"豁免"清单》等普惠性政策13条与《泰安市化工项目和"两高"项目审查管理暂行办法》等靶向性政策3条。建立审批"免申即享"政策清单,严格落实新开办企业免费刻制印章等4项"免申即享"政策。同时将"泰企通"平台作为政策发布的重要渠道,将最新政策进行详细解读上传,共发布政策160余条,为企业提供强有力的政策支持。同时,采取"送政策上门"方式,与企业进行双向互动交流,做到"你问我答、你需我讲、你惑我解",切实为企业在企业开办、项目建设、准入准营等存在的问题"对症开方",真正让企业需求得到解决。

做优市场主体服务。聚焦新开办企业、存量企业和企业转型升级等市场主体的多样需求,围绕企业"开办""准营""变更""退出"全生命周期,通过持续提高标准、建立规范、强化集成、提升便利等举措,将企业开办"1545"模式升级为企业服务"1545"模式,实现从"企业开办"一个环节到企业"开办、准营、变更、退出"全过程全链条服务。做优企业准营"五项改革",创新企业变更"四项举措",推行企业退出"五种注销方式"。在保存量方面,聚焦存量市场主体,开展"助企纾困"专项行动。在促增量方面,开展"破垒清障"专项行动,全面落实市场准入负面清单。在提质量方面,开展"提档升级"专项行动,服务市场主体"个转企""企转股"。

深化工程项目审批制度改革。针对项目落地推进中的难点、堵点,推进审批流程再造,工业项目审批时间控制在25个工作日以内。创新工业项目出租土地办理建设手续审批模式,进一步推进存量土地资源优化配置和节约集约利用,降低企业用地成本,从根本上解决了土地使用权人和投资人不一致导致手续办理困难等问题,从制度建设角度为投资方解决后顾之忧,化解了新兴企业、中小微企业投资压力大、新征土地指标少的困难,让土地所有人、土地承租人实现双赢。围绕解决项目审批多头跑、申请材料重复提供问题,将互为前置、阶段相近的事项集成办理,将工程开工前的施工许可与质量安全监督、消防审查等事项集成办理,实行施工许可"1+N"合并办,最多实现"十证合一"。推行标准地出让、拿地即开工、模拟审批、分段施工、联审联验、分期验收、"云勘验"等措施,推动建设项目快速落地。

强化精准服务,提升企业满意度

坚持精准化服务提升,通过建立"一个体系"、优化"两个抓手"、创新"三个载体",持续优化项目审批全周期、全链条服务,助力赋能新型工业化强市建设。

建立健全服务体系。围绕企业全生命周期6个阶段15个服务场景,成立了涵盖11个部门的企业全生命周期服务专班和服务团队,明确七步工作流程和五项服务机制，确定涵盖 16 个部门 91 个事项的"服务事项清单"，以及包含 272 家企业的"服务企业清单"，打造亲清会客厅、企业管家服务团队，通过逐一了解企业需求，建立"一企一策、一企一档"，对于要素问题和企业诉求解决情况全程记录。为不同类型的企业和项目量身定制全新的审批流程，为企业项目提供线上、线下便捷服务。全年，共为 218 家新型工业化企业提供各类服务 500 余次。

优化两个专班服务。充分发挥"绿卡"、化工和"两高"两个专班的作用。强化"绿卡"项目要素问题解决，通过上门服务、现场指导等方式，切实帮助企业解决项目推进中的堵点难点，解决要素问题 30 余个。对"绿卡"项目，从市级层面统筹集中要素资源予以保障，联合 28 个部门合力攻坚，2023 年新调入项目 66 个，共 263 个项目纳入保障范围，开工建设 167 个，完成投资额 2560 亿元。对化工和"两高"项目，牵头制定《审查管理暂行办法》，实行企业和县（市、区）、功能区"指标双承诺"，依法依规，严格审批，2023 年共审议通过化工项目 15 个，"两高"项目 4 个。

不断创新服务载体。联合市工业推进办，会同市发改等 13 个要素保障部门，创新开展"我为项目解难题"，深入肥城、新泰、宁阳等 22 个重点项目现场，有效解决企业诉求 30 余个。开展"先锋服务进国企"活动，通过主动对接、精准分析等有力措施，着力解决了新型工业化项目的手续办理难题 10 余个。组建"杨晓工作室"，为重点企业提供"一对一"定制服务，推出 14 个"企业项目服务一件事"，申报材料平均减少 42%，办结时限压缩 54%，实现"项目再聚焦、问题再攻坚、服务再提升"。

建立"五个一"链金融服务模式
助力新型工业化强市建设

市地方金融监管局

2023年，市地方金融监管局以打造"金融助力·益企惠民"服务品牌为抓手，围绕"链式发展"建立了"五个一"链金融服务模式，有力解决企业融资不便利、银企信息不对称、政策措施不精准、服务保障不及时等问题，实现了政策由"大水漫灌"向"精准滴灌"转变，模式由"企业跑办"向"上门帮办"转变，服务由"流水作业"向"量身定制"转变，

7月28日，市地方金融监管局组织召开全市供应链金融专题培训会，讲解供应链金融相关内容　　　　　　　　　　　　　　　　　　　　　　　　　（霍晨龙　摄）

人员由"分散用力"向"联合攻坚"转变。2023 年末，工业贷款余额 1079.12 亿元，较年初增加 158.6 亿元，增长 17.23%，高于全市贷款增速 3.34 个百分点。

一链一支辅导队

整合全市银行、证券、融资租赁、融资担保等机构专业人员，组建 13 支产业链金融辅导队，隆重举行辅导队授旗仪式和"双十佳"评选，建立了覆盖面全、服务多元、高效便捷的服务体系，实现对企业贷款融资、企业发债、融资租赁、风险投资等"一站式"辅导服务。比如，市新型建筑材料产业链辅导队帮助链上一家企业通过融资租赁售后回租的合作模式，解决企业融资需求 1 亿元。2023 年，13 支产业链金融辅导队共实地走访对接 781 家重点企业，解决资金需求 311.4 亿元；对接 856 个重点项目，解决资金需求 187.73 亿元。

一链一个政策包

瞄准各产业链差异化融资需求，聚焦政策制定、传导、落实中的问题，制定"金融要素保障实施方案""人才贷""技改专项贷""金融 16 条"等 13 个金融靶向政策，推出 162 个产业链专属信贷产品，实现链链有政策、链链有产品。比如，为现代食品产业链专门建立现代食品企业金融服务"白名单"，推出"兴农联结贷"产品；为纺织服装产业链匹配"金融辅导专项贷"等产品 10 余个，专项产品共为链上 16 家企业提供授信 10 余亿元。通过专属政策产品，为 13 条产业链的 5849 家企业解决 503.66 亿元资金需求。

一链一个链长行

综合各产业链一级链主企业和二级细分产业链链主企业的最大授信银行或最大贷款存量银行，确定 1—2 家银行机构作为各产业链的链主银行，每家链长行至少配备 1 名金融服务专员，为产业链企业提供综合金融服务。比如，为推进出版印刷产业链新闻出版小镇项目建设，泰安银行作为链主行，为其项目运营主体发放开发贷 2 亿元。各链长行累计为 222 家工业企业提供贷款支持 61.24 亿元。

一链一个赋能团

按照"证券 + 会所 + 律所 +N"的模式组建上市赋能团，针对 13 条产业链上市后备资源企业进行集中走访调研、专业指导、路演培训，当好与监管机构、政府主管部门的沟通联络员和上市服务指导员。比如，中泰证券赋能团队对高端化工产业链企业跟踪辅导，帮助企业坚定上市信心，选择合适路径，解决遗留问题，其中辅导的迪尔化工创造了北交所完成受理到证监会注册，仅用时 160 天的记录，跑出了企业上市"泰安速度"。2023 年以来，成功推动迪尔化工、泰鹏智能在北交所上市，3 家上市公司迁址泰安，

6 月,高端化工产业链专场金企对接会议召开 （霍晨龙 摄）

收购 2 家上市公司，1 家企业报交易所审核，5 家企业在山东证监局辅导备案，3 家企业推进境外上市，上市"种子企业"扩容到 50 家，区域性股权交易市场挂牌企业 156 家。

一链一场对接会

搭建政金企合作新模式，汇聚多元金融力量，更好支持各产业链发展，分产业链梳理规模以上企业融资需求和政策服务需求，全力推出"金企协同·融链共赢"产业链金企对接系列活动，针对不同产业链分批开展一对一对接活动。首场高端化工产业链专场金企对接会共向银行机构推送 17 个化工企业的融资需求 32.39 亿元，7 家银行与 13 家企业成功签约，签约金额 16.5 亿元，为企业发展注入"金融活水"。2023 年，共举办产业链对接会、座谈会、调研 50 余次。举办 16 场次金融大集活动，累计接待企业咨询 700 余次。

强化电力要素保障
当好新型工业化强市"先行官"

市能源局

在全市纵深推进新型工业化战略过程中，市能源局打好提前战，持续优化电力接入服务、保障供电质量，强化电力要素保障，为新型工业化强市建设注入能源动力。

12月6日，市能源局开展保供电工作专项督导 （市能源局 供）

全力保障全社会用电可靠供应

强化对全市电力设施和电能保护管理。加强重要输电通道安全管理，督促指导属地电力主管部门开展"电力设施保护区内施工许可备案"工作，遏制电力线路"外破"情况发生，保障电网运行安全；动态调整全市电力企业分级分类清单，厘清安全管理边界；加强市县联动，会同国网供电公司对影响电网运行安全的二次系统环节开展联合排查整治行动，建立隐患台账，限期整理闭环。2023 年，泰安电网运行平稳有序。2023 年1—12 月，累计完成全市全社会用电量275.74 亿千瓦时，同比增长5.41%；工业用电量累计完成189.47 亿千瓦时，同比增长4.44%。

保障重点时段用电。市能源局定期会同国网泰安供电公司扎实开展重要电力用户用电量需求调研，详细摸排产业链企业订单生产情况。协同市发改委足额编制需求响应和负荷管理方案，提升了迎峰度夏、迎峰度冬期间错避峰能力、需求响应能力。"迎峰度夏""迎峰度冬"期间泰安电网没有出现拉闸限电现象。

全面优化获得电力接入服务

降成本。创新打造工业（产业）园区标准化用电管理模式，服务园区企业独立报装，有效解决了转供电成本高的问题。免费提供35 千伏及以上接网方案，节省皇氏光伏、抽水蓄能二期、兖矿物流园码头、亚荣生物、德普化工等项目设计支出240 余万元。加快电网投资到红线政策落地，投入业扩配套资金8000 万元，完成服装职业学院仿真实训基地、阿斯特汀碳基热控新材料项目、机械工业出版社等50 个项目投资到红线。坚决落实160 千伏安及以下小微企业低压接入"三零"（零上门、零审批、零投资）服务，累计节省595 家企业办电投资4165 万元。

提速度。加快配电网建设进度，85 项省市重点项目全部"入驻即送电"，实现"让电等企业"。围绕"简化'获得电力'行政审批程序"，将行政审批系统与业扩报装系统互联互通，实现了涉电行政审批线上并联办理。围绕"深化供电服务领域'一件事一次办'改革"，贯通农村不动产登记信息与办电系统，全省首个农村宅基地产权信息全量录入不动产平台，有效解决了农村数字化办电低、临柜率高的问题，提升居民办电速度。

求创新。积极争取到省能源局 2023 年度优化电力营商环境"揭榜挂帅"中"提升居民充电桩报装便利度、建立工业（产业）园区标准化用电管理模式、提高农村群众办电便利度"三个项目。围绕"高效服务居住区充电报装"，出台《关于做好居住区电动汽车充电基础设施建设服务工作的通知》，明确全市范围内城市居住区减免"充电基础设施安装申请登记证明"、乡村宅基地房前屋后减免"允许安装证明"和"车位使用权证明"。自政策落地以来，已服务全市 2562 户充电报装"无证明"办电，居民充电报装同比增长 392%。

解难题。围绕电力要素保障，积极协调解决中科润谷智慧能源科技（泰安）有限公司智慧能源产业基地项目、2×15 兆瓦余热发电及年产 2

泰安抽水蓄能电站上下水库全景　　　　　　　　　（市新能源产业链　供）

万吨锂电池用石墨化负极材料项目需求。积极参与全市要素保障大集活动，对赫里欧新能源公司咨询的在泰安市建设充电桩相关政策进行了现场解答。

全面增强电网支撑保障能力

积极对上争取，将肥城 500 千伏输变电工程纳入省"十四五"电力规划，提高盐穴储能基地产业化项目电网接入能力，助力"储能之都"建设。将山东能源新泰、中兴电力东平超超临界燃煤电厂项目、泰安岱岳南部供热中心、肥城胜利盐业 2 台 5 万千瓦背压机组列入山东省煤电行业转型升级方案。加快推进华能泰安 2×9F 级燃机项目前期准备工作，提升电网保障能力。加快陇东—山东 ±800 千伏泰西换流站输变电工程及 500 千伏送出工程建设，增强外电入鲁支撑保障能力。

2023 年，市能源局电力科鼓足干劲、加压奋进，通过下发《泰安市能源局提升市场主体满意度实施方案》，制定 6 项管控措施、编制 11 项考核指标明白纸、建立 19 项检查细则，高质量完成 8 项对标行动建设任务。建立了"通报考核＋督查督办"考评机制，坚持月通报、季考评，完善暗访抽查、专项督查等督导方式，评价指标 8 项全省第一、2 项全省第二，二季度省评第二、三季度省评第一，两刷历史最好成绩。泰安市 2023 年度优化电力营商环境工作评价成绩全省第一。

创新实干 担当作为
为新型工业化强市建设贡献林业力量

市林业局

2023 年，按照市委、市政府建设新型工业化强市的部署要求，市林业局对标目标任务，紧盯项目需求，主动作为、靠前服务，全力为新型工业化项目提供林地要素保障。

市林业局为新型工业化项目使用林地提供高效便捷服务，图为山东国泰大成新材料产业园建设项目

（李 强 供）

创新工作机制，实现信息融合。为建设项目使用林地提供高效、便捷的服务，市林业局多次与市行政审批服务局、市自然资源和规划局对接研究，创新建立林、地并联审批服务模式，联合印发《建设项目"1314"林、地并联审批服务模式工作方案》。县级自然资源和规划部门将拟定建设项目用地勘测定界图矢量数据与行政审批服务部门、林业主管部门共享，实现用林用地初审融合；建立三方联审机制，实时进行三方集中会审，共同落图、并联踏勘，确定用林用地范围；创新推动业务平台、审批管理系统互联互通，市县多部门在线联审互通，做到实时流转、压荐督办、信息互通、统一上报，实现网上联审互通；县级自然资源和规划部门联合县级行政审批服务部门、林业主管部门进行现场查验、核实数据，联合会商确定使用地块，合并两部门公示、公告环节，推动用林用地公示信息高度融合、流程合一的使用林地审批新模式。

积极对上争取，保障定额需求。针对市级林地定额严重不足的现状，市林业局主要领导多次带队到省自然资源厅对接争取，汇报全市推进新型工业化建设的坚定决心和项目建设使用林地的迫切需求，得到省厅的认可和大力支持，争取到省级林地定额1250亩。2023年，共保障全市72个建设项目使用林地1950亩，重点为市工业推进办推送的泰安汉威集团产业园项目、泰山区鲁普耐特公司、肥城泰普锂业项目、岱岳区国泰大成（二期）、碳基新材料产业园、山东潘大活啤精酿项目、绿色建筑产业园及配套基础设施建设项目Ⅰ、绿色建筑产业园及配套基础设施建设项目Ⅱ、新型建材产业园泰安大汶口绿建产业园项目、东华泰安工业4.0产业园、同泰生物医药产业园项目、热源及道路配套工程等12个重点工业化项目保障林地定额指标517.2亩，保障率100%；为全市其他60个建设项目保障林地定额1432.8亩，为新型工业化强市建设贡献了林业力量。

组建工作专班，提高服务效率。市林业局高度重视新型工业化强市建设项目要素保障工作，成立以局党组书记为组长的工作专班，明确1名分工负责人带领业务科室靠上抓、全力抓。局林草资源和湿地管理科、森林资源保护科、林场苗圃建设科负责人作为工作专班成员全力推进,同步建立涉及使用林地、湿地及各类自然保护地的会审制度,及时保障项目用林需求。

实行现场办公,提升服务水平。针对"绿卡"项目,市林业局积极对接,深入项目现场,了解项目建设进展和使用林地要素需求,摸清项目使用林地面积、地类等林地属性,现场帮助指导企业完成项目建设用林材料组卷。3月,参加"我为项目解难题"活动,深入到肥城市瑞福锂业等项目现场,与项目有关负责人座谈,解决项目使用林地需求问题。6月,在全市要素保障大集上,与企业面对面交流,了解企业所需所盼,接待用林地需求和咨询企业4家,现场为2家企业提供用林地保障,为2家企业提供政策咨询,指导企业尽快完成用林地材料组卷,确保在第一时间提供林地要素保障。

构建"政策矩阵" 推动"源水润企"

中国人民银行泰安市分行

中国人民银行泰安市分行紧紧围绕新型工业化强市建设各项任务，充分发挥央行资金"源头活水"引导作用，持续推动金融、财政、产业政策融合，大力推进工作机制创新，完善融资配套制度，构建"政策矩阵"，通过加强部门联动，为资金"筑渠引流"，吸引更多低成本资金"入河成湖"，润泽万千市场主体，实现对新型工业化重点领域和薄弱环节的"精准滴灌"，助推泰安经济高质量发展。2023年，全市金融机构新增人民币贷款551.2亿元，创历史最高水平，同比多增161亿元。

3月3日，中国人民银行泰安市分行联合市发改委等部门，召开"政策赋能 银企双赢"扩大制造业中长期贷款投放工作会议
（毛鑫磊 摄）

"真金白银"发放激励资金，为市场主体提供充足有力的金融支持

推出"央行政策联结贷"业务，创新实施"央行资金惠万企"计划，设置专项引导额度，以央行资金为"源水"，引导金融机构积极满足泰安市新型工业化强市建设重大战略、重点领域和薄弱环节的融资需求。2023年，累计投放再贷款再贴现资金120.1亿元，支持6000余户市场主体获得优惠利率贷款和票据融资。

加强对产业链上下游小微企业的培育。运用普惠小微贷款支持工具，对泰安市符合条件的法人金融机构发放的普惠小微贷款，按照贷款余额增量的1%—2%给予激励，激发金融机构支持小微企业的积极性。联合相关部门按季召开专题会议，开展"市场主体提需求、人民银行讲政策、金融机构送产品"活动，现场为获得普惠小微贷款支持工具激励的金融机构颁奖，形成"比学赶超"的良好氛围。2023年，累计向泰安市内法人金融机构发放奖励资金1.2亿元，带动法人金融机构新增普惠小微贷款85.5亿元，有效满足泰安市新型工业化领域小微企业融资需求。

落实普惠小微贷款阶段性减息政策。对于2022年四季度存续、新发放或到期的普惠小微企业贷款，采取"一比一"补偿的方式，引导金融机构在原贷款合同利率基础上为承贷主体减息1个百分点（年化），减轻企业财务压力。政策期内，引导金融机构累计为3万余户市场主体减息5500余万元。

强化结构性货币政策工具运用，精准支持重点行业高质量发展

设立20亿元市级再贴现科创和"专精特新"专项引导额度，运用

4 月 26 日，中国人民银行泰安市分行召开泰安市供应链金融工作推进会
（毛鑫磊　摄）

科技创新再贷款，支持金融机构为科创企业提供优惠贷款、办理贴现业务，助力科创领域企业加快发展。

运用碳减排支持工具、支持煤炭清洁高效利用再贷款、山东省碳减排政策工具和再贴现减碳专项引导额度，支持金融机构以较低的贷款利率，为具有减碳效应的项目和绿色领域的企业提供资金支持，助推有关企业绿色低碳转型。成立绿色金融工作专班，通报工作进展、分析问题不足、提出行动计划，结合泰安实际，绘制绿色金融工作"路线图"，制定印发《"绿色金融深化发展年"专项行动工作要点》，从七个方面明确 24 项具体工作任务，建立台账，及时跟进相关工作。围绕碳金融重点项目库、环保金融项目库、生态产品经营开发项目库等，举办政策宣贯、政银企融资对接、业务培训等活动，推动优惠政策精准落地。截至 2023 年末，泰安市绿色贷款同比增长 38.2%。

运用政策性开发性金融支持工具、设备更新改造再贷款，引导金融机构积极补充泰安市内重大项目资本金、支持教育卫生等领域设备更新改造，助力重大、重点项目顺利推进。定期调度相关贷款投放情况，及时掌握项目融资进度，对符合授信的项目，督促银行机构尽快签订授信协议，发放贷款，项目启动资金不足问题有效缓解。

开展金融助企专项行动，持续深化银企对接

开展"齐心鲁力·助企惠商"金融支持民营小微企业和个体工商户发展三年提升行动。根据泰安实际，制定 10 条具体落实措施，围绕首贷培植和信用贷款提升两大工程重点发力，明确贷款增量扩面目标，打造"一行一品"特色支持体系，培厚筑好"个转企""小升规"企业根基。建立网格化服务机制，组织金融机构与"白名单"内的民营小微企业和个体工商户全面对接，应贷尽贷。截至 2023 年末，泰安市普惠小微贷款同比增长 32.3%；2023 年，累计培植"首贷"市场主体 4000 余户。

开展"金融 + 商会 + 企业"支持民营企业高质量发展行动。启动"金融知识入企业""泰商银企对接""行长问需求"现场走访和"政策上门"宣贯等一系列活动，打造"商会搭平台、企业提需求、银行抓服务"的融资对接新模式，为泰安市新型工业化强市建设注入新的动力和活力。

开展金融支持重点产业链发展"金链行动"，为产业链上企业配置主办银行，"一企一策"制定融资方案，更好融通资金、贯通政策、畅通服务。联合相关部门，建立供应链金融"一对一"培育机制，确定 27 家重点培育的核心企业，召开泰安市供应链金融工作推进会，搭建交流沟通平台，推广优秀经验和先进做法。制作《引供应链金融"活水"精准滴灌产业链发展"良田"》长图，通过多种渠道广泛宣传，扩大供应链金融政策的知晓度。出台供应链金融高质量发展 13 条措施，加强政策保障，推动重点产业链"补链""强链""延链"。

完善融资配套机制，推动金融优惠政策落地落实

联合财政、发改等部门，推动泰安市"先进制造业项目贷款"贴息政策快速落地，对于纳入全市"总投资 1 亿元（含）以上新建、续建先进制

造业项目库"并开工建设的项目用于购置设备、建设厂房的贷款,根据入库项目所属领域和贷款金额,按照不高于 5.6% 的贴息利率给予 25% 或 35% 的贴息。

联合财政、工信等部门,推动"技改专项贷"增量扩面,对于纳入市级"技改专项贷"项目库的项目,依据贷款金额进行分档,按照不超过 5.6% 的贴息利率给予 20%—30% 的贴息,对于免除担保费的担保机构,按照担保金额的 1% 给予补助。

联合财政、市场监管等部门,推动"知识产权质押融资"奖补政策提质增效,对符合条件的知识产权(专利权)质押融资单笔贷款,按照贷款合同签订日上月一年期贷款市场报价利率(LPR)的 60% 给予贴息支持,每家企业每个申报年度贴息额最高不超过 50 万元。对企业因贷款产生的知识产权(专利权)评估或价值分析费,按确认发生额的 50% 予以补助,每家企业每个申报年度补助最高不超过 5 万元。

优化金融市场环境,进一步降低企业融资成本

坚定落实贷款市场报价利率(LPR)改革政策,畅通利率传导机制,引导金融机构尽快将 LPR 下调的利好政策传导至市场主体。推动存款定价机制改革,指导银行机构优化存款定价方式,推动降低负债端成本,为贷款利率下行创造空间。落实金融市场管理要求,发挥公司信用类债券风险监测预警工作机制作用,提前摸排重点企业偿债资金筹集情况,推动辖内企业按时披露票据信息,及时上报、处置潜在风险,为新型工业化强市建设营造良好信用环境,提升企业获贷率。

加强宣传引导,扩大惠企政策覆盖面

主动接受媒体专题访谈,积极参加或召开政策落实情况新闻发布会,

向市场主体解读最新金融惠企政策,增强广大市场主体发展信心。金融助力实体经济高质量发展相关工作被《光明日报》《新华财经》《金融时报》《山东新闻联播》《泰安日报》等主流媒体和栏目多次宣传报道。

联合相关部门,组织召开"金融助力·益企同行"银企对接会、现代物流与供应链联席会议、"金融赋能 春雨行动"政银企合作项目签约仪式、"政策赋能 银企双赢"扩大制造业中长贷款投放会议等政银企专项对接活动 10 余场,采用"银行讲政策、企业谈需求、政府作见证"方式增进银企互信,奠定合作基础,通过现场签约固化对接成果。借助"泰山会客厅"平台,及时梳理发布金融政策,推动惠企政策高效落地。

发挥金融机构贴近市场主体优势,鼓励金融机构通过公众号、朋友圈、手机 APP、新媒体短视频等方式,活灵活现地推广有关金融政策,通俗易懂地向大众展示本行信贷产品和授信条件,丰富企业获取信息渠道,让更多企业弄懂、用足、用好优惠政策。

强化人才支撑　赋能新型工业化强市建设

市委人才办

全市人才工作紧紧围绕服务新型工业化强市建设，大力实施人才强市战略，积极实施人才培育政策，设立人才专项资金，引进高端人才，搭建人才创新发展高地，倾心打造最优人才生态，全方位引进、培养、用好人才，各项工作取得显著成效。

以系统思维强化组织保障，推动制度改革有深度、有成效

健全党管人才工作运行机制，凝聚人才工作合力。召开市委人才工作领导小组会议，制定出台《关于完善党管人才工作体系和推进机制的若干措施》，对重点任务实行清单化管理、项目化推进。建立健全领导小组议事、集体会商研判、重点工作协同推进等党管人才工作运行机制，加强目标协同、任务协同、资源配置协同，凝聚人才工作合力。优化人才工作目标责任制考核，完善人才工作年度述职评议制度，引导各级各单位向人才工作聚焦聚力。制定出台《关于强化科技支撑攻坚突破推动产业链、创新链、人才链、教育链、数字链融合发展的实施方案》，探索建立"五链"深度融合引领高质量发展新模式。研究制定《关于加快推进行业领域人才队伍建设的实施方案》，激发人才创新创造活力，最大限度发挥人才效益。

完善"一把手"抓"第一资源"机制，增强人才工作动力。深化党委书记人才工作项目，通过书记选题、领衔攻坚的方式，压实"一把手"抓

3月17日，"登高望远　选择泰安"书记、县长高校行专项行动启动仪式在山东农业大学举行　　　　　　　　　　　　　　　　　　　　　（市委人才办　供）

"第一资源"责任，成立由市委书记任组长的工作专班，明确组织领导、推进机制、要素保障、审批服务等4项工作措施，顶格推进实施。先后举办"泰山锂谷"人才创新发展大会以及锂创未来、绿色足迹、吐故纳新、桃源深储4场专题论坛，吸引集聚入孵企业15家，产业化项目21个，建成院士工作站等重点平台25个，集聚锂电领域"高精尖缺"专家63人，全方位汇聚行业领先的人才、平台、技术等资源要素。

建立人才力量组织集聚机制，激发产才融合活力。创新开展"双十"工程、"双百"行动。围绕推动"四链"融合发展，聚焦解决企业发展关键核心技术难题，着力实施以"十项重大技术攻关项目、十项重大成果转化项目"为内容的"双十"工程和以"百名专家泰安行、百家企业进院所"为抓手的"双百"行动。面向全球征集重大技术攻关项目指南建议58项，重大成果转化项目指南建议33项；组织138家重点企业到省内外高校举办科技对接活动，邀请65所高校和科研院所370余名高层次专家来泰参加项目对接洽谈活动，着力探索以产业发展关键核心技术攻关为牵引的人才力量组织集聚机制。

以有解思维强化路径探索，推动人才引育谋创新、求突破

用新思路、新举措吸引集聚更多高层次人才来泰助力全市经济发展。深化推进"岱宗人才工程"，实施领军人才突破、技能英才培育、行业人才支持等专项行动，持续强化战略人才集聚效应。在京举办高层次人才对接交流座谈会，与京津冀山东博士生联谊会签署《深化合作备忘录》，搭建北京—泰安人才常态化交流对接平台。策划举办第四届高层次人才创业大赛，征集 703 个海内外创业项目，筛选 108 个优质项目与全市 13 个产业链进行匹配对接。

多方式、多渠道开展专项行动，吸引更多青年人才来泰贡献青春力量。实施"登高望远·选择泰安"书记、县长高校行专项行动，由市委人才工作领导小组主办，聚焦引进新型工业化强市建设急需的青年人才，市委主要负责人亲自挂帅、亲自谋划、亲自推动，各县（市、区）党政"一把

9 月 27 日，2023 年"泰山锂谷"人才创新发展大会暨"绿色低碳·储能未来"产业赋能交流会在肥城召开

（市委人才办 供）

手"亲自带队,通过走出去、请进来等方式,到省内外 80 余所高校开展人才招引。广泛组织开展市情推介、政策宣讲等专项活动,签署校地、校企合作协议 140 份,设立高校引才工作站 59 个,聘任企业人力资源副总 48 人、校园引才大使 226 人,合作共建就业实习见习基地 317 家,搭建校城、校企合作长效机制。

以平台思维强化要素支撑,推动创新创业提活力、增动力

加快推进人才集聚节点建设。积极对接国家和省重大科研创新平台建设布局,深化实施"双 50 强"企业"一企一平台"建设行动,全力争创国家和省制造业创新中心、重点实验室、企业技术创新中心等高端平台,全市累计创建省级以上重点平台载体 358 家。加强与国内外一流大学和科研院所开展实质性合作,联合共建山大泰山科技园、北化泰安协同创新中心、中科院创新实践基地等平台载体。强化支持保障力度,对"国家先进印染技术创新中心"等重点平台"一事一议"制定支持政策,建立常态化联系机制,及时解决困难问题。

加速推动产才对接平台搭建。一是建立市制造业科技创新联盟,汇聚 50 名国内外高水平专家学者、31 所市内外科研机构以及 27 家重点骨干企业,强化创新力量支撑。明确技术难题联合攻关、科研成果落地转化、人才培养公共服务 3 项职责,开展产业链创新人才互访互学互建专项行动,推动"四链"融合发展。制定落实联盟成员单位研发费用加计扣除、国家省市科技计划项目优先承担等政策,激发产才融合创新活力。二是深化校城融合发展,召开校城融合发展座谈会,深入贯彻落实关于推动校城融合发展的若干措施,从人才联合引进培养等 6 个方面研究了支持校城融合发展的推进措施,充分激发驻泰高校创新活力和创造潜能。

以品牌思维强化生态营造，推动人才服务创特色、树标杆

打造"泰爱才"人才服务品牌，优化人才服务环境。围绕服务政策"泰好懂"、服务渠道"泰好找"、服务事项"泰好办"、服务口碑"泰真好"四个方面，制定15项具体推进措施。建立人才"一人一册"全程跟踪、精准服务机制，摸清人才服务底数，对1456名专家人才开展跟踪服务。加快推进人才工作信息化建设，全面对接全省人才服务平台，上线运行泰山"人才码""人才卡"，完善"政策找人""无形认证"机制，实现人才服务事项"一卡通办"。积极推进高层次人才全周期服务流程再造，发挥人才服务联盟作用，落实高层次人才服务联席会议制度，进一步畅通高层次人才服务"绿色通道"，截至2023年末，共发放"泰山人才金卡"656张、《泰安市高层次人才证书》2629张，配备服务专员，落实子女入学、住房保障、医疗保健等温馨贴心服务，进一步健全优质高效人才服务体系。

实施人才队伍建设提升行动，健全人才成长体系。聚焦企业经营管理、教育、卫生、科技、金融等10个重点行业领域，从拓宽引育路径、完善梯次培养、健全评价管理三个方面制定12条具体措施。按照每名行业拔尖人才结对2—3名青年人才要求，建立传帮带机制，助力青年人才成长。每年分领域评选150名左右"岱宗人才工程"行业拔尖人才，纳入全市"一人一册"全程跟踪、精准服务机制，加强服务保障，最大限度发挥人才效益。

启动获得电力"加速度"
争当新型工业化强市建设"排头兵"

国网泰安供电公司

    2023年,国网泰安供电公司全面落实新型工业化强市建设工作部署,聚焦市场主体办电到用电全周期服务需求,创新驱动、勇毅登攀,以"事争一流"标准推动"获得电力"再升级,以"电等发展"姿态走好"四进走访"初心路,持续推动办电服务品质升级,不断提升人民群众获得感、满意度,助力打响"登高望远,选择泰安"金字招牌。

3月14日,国网泰安供电公司工作人员到企业开展"四进大走访"活动 （李 建 摄）

优化机制，服务企业办电效率"更快"

紧扣 13 条产业链，建立"服务、工程、资金"三链长制，班子带头双周召开"宜商三电"联席会，通报项目进展，协调解决电网重过载、接入受限等问题。实行重点项目"两层三级"包保，创新信用式契约服务，双向约束配套电网送电、企业投产用电时间。建立获得电力全流程亮牌制，实行"绿牌激励、黄牌提醒、红牌警告"，85 项新增重大重点项目实现"入驻即送电"。联合自规局、住建局推演 15 次，破解信息通道、数据存储、业务联动三大难题，全省首个地市实现水电气暖线上"联合报装、一码关联"。创新推行充电"无证明办电"，绘制规划、充电"2 张图"，年投资 1644 万元织密城区、农村、高速公路"3 张网"，落实响应、受理、流转、送电"4 个快"，典型做法在央视播出。创新打造工业（产业）园区标准化用电管理模式，服务园区企业独立报装，有效解决转供电成本高的问题。在线获取身份证、房产证和营业执照等 14 类信息，3317 户企业办电资料免提交，"一证办电"应用率全省第一。

落实政策，致力企业用电成本"更低"

严格执行省政府投资文件要求，对上争取资金 8000 万元，服务泰山服装职业学院仿真实训基地、岱岳阿斯特汀碳基热控新材料、高新机械工业出版社、新泰公交枢纽等 50 个项目"投资到红线"，有力支撑地方政府招商引资。加强与市土地储备中心对接，规范使用土储资金，服务泰山区鲁能电缆、中印国创快用电。用心推行小微企业"三零"服务，灵活应用"公用线路就近接入"等方式，节省企业办电投资 4165 万元。精心编制高新皇氏光伏、东平兖矿物流园码头、宁阳亚荣生物、新泰德普化工等 35 千伏及以上项目接网方案，节约企业办电成本 240 余万元。线上、线下开展第三监管周期输配电价政策告知，实施能效诊断 232 次，助力企业降低用电成本 900 万元。严格落实"三省"服务举措，对于政府在乡村规划布点内报装容量低于 500 千伏安的充电基础设施，公司投资界面延伸到相关充电基础设施用电变压器，全力支撑新能源汽车下乡三年行动。

建强电网，支撑企业生产经营"更稳"

全力推动陇东—山东特高压工程落地东平，政企协作取得权证办理"七个全线第一"，确保换流站项目 60 亿元投资早见效。对上争取 4 亿元，加速推进角峪输变电工程开工建设，为东部经济腾飞增劲赋能。投资5000 万元建设景区中天门第二电源，为全市文旅融合高质量发展不断擦亮电力底色。超前服务肥城老城华电光伏电站并网，以 1000 万元肥东间隔扩建有力践行"让电等发展"。锚定供电能力再提升，对上争取 1.5 亿元推动新泰 6 千伏升压。历史首次参与"大规模压缩空气储能系统集成与应用验证"国重项目并成功立项。积极承担肥城压缩空气储能二期接网工程，一次性通过泰山抽水蓄能电站二期验收，全力争当"储能之都"建设助力者。对上争取 3.1 亿元支撑红楼线迁改，腾出泰山区核心发展区域近 333 亩优质土地资源，有力保障农大国家级实验室用电需求。超前服务鲁中压缩空气储能示范基地远期并网需求，助力肥城 500 千伏储能汇集站项目成功纳入国家电力发展"十四五"中期规划调整方案。超前策划泰开等园区微电网建设，全力打造全省领先特色示范。创新"百线千变"专项攻坚，迭代升级低压主动抢修系统，用户故障平均停电时长连续4 个月全省最低，创公司历史最好、全省年度最优。

扎实作为，企业用电可靠性"更高"

开展迎峰度夏电力负荷管理专项演练，建立全链条协同处置、全环节闭环管理和全过程快速响应机制。建成市、县两级5个电力负荷管理中心，编制120万千瓦错避峰、70万千瓦轮停负荷管理方案，全年未发生拉闸限电红线行为。约谈4家负荷聚合商，推动686家企业申报可调节负荷资源池，需求响应能力达44.68万千瓦，空调负荷控制率全省第一。率先推动出台企业错峰检修政策，引导300户企业主动避峰检修，累计压降度冬负荷3.2万千瓦。全省唯一促成出台客户开关政策，指导200条专线客户延长失压脱扣动作时间，帮助客户成功躲避13次电压暂降和闪停。加快新型负荷管理系统建设，累计实现29.34万千瓦负荷可监测、52万千瓦负荷可调控，负荷控制目标完成率全省第一。建成全省首家"聚合式"电网友好型虚拟电厂，聚合电动汽车、空调、储能、分布式光伏等负荷10兆瓦，在通信、算法、调控等核心技术上实现三个"首创"，建设成效得到中国工程院院士刘韵洁"值得全国推广"的肯定。高标准开展4轮次周期性检查，电网风险预警126户次，"一户一册"保电方案更加健全。创新汇集新上客户电源路径、发电车接入点等12类信息，编制《供电服务保障手册》，为应急处置提供详实第一手资料。深化保供个案问题处置工作机制，指导客户消除变压器缺油、开关发热等隐患63处。圆满完成登山节等60余项重大活动保电。

专家服务，企业用电问题解决"更好"

精选85名业务骨干，组建5支助力新型工业化强市突击队，精准支撑各级招商重点项目，推出从办电咨询到装表接电的"一条龙"服务。打造9支专家型彩虹共产党员服务队，17名市级及以上技术人才，冲锋在前、有呼必应。严格落实全渠道敏感工单直查、"不满意"说清楚制度，全渠道工单同比下降15.26%，万户投诉数全省第二低。泰山南天门、宁阳数字化政企网格获评全省示范政企网格，网格化服务企业用电全流程。加快"宜商三电""四进大走访"双向赋能，"四进"走访对接各级政府、重点项目、企业单位和基层群众 5.52 万户次,解决涉电诉求 226 项,市委、市政府主要领导批示肯定公司工作。市委书记杨洪涛批示"国网泰安供电公司开展'宜商三电行,四进送服务'大走访,持续提升'获得电力'水平,助力产业链发展,在全市干出了示范,展现了铁军风采"。市长李兰祥批示"以实际行动践行'让电等发展',创新'三电·四进'服务模式,彰显了供电担当、供电情怀、供电力量"。

政企协同,电力营商环境评价"更优"

以打造省内 流电力营商环境为目标,创新组建能源局、供电公司政企柔性专班,制定 6 项管控措施、编制 11 项指标明白纸、建立 19 项检查细则,确保基层看得懂、政府有抓手。联合召开全市优化电力营商环境工作会议,通过结对共建、互签责任状,推动基层供电单位与属地发改局拧成一股绳。政企联合召开新闻发布会,解读惠企政策、宣传优化电力营商环境创新举措及改革成效,办电透明度全面提升。坚持"扎扎实实干工作,轰轰烈烈做宣传",确保既要做好又要宣传好,省级以上媒体报道23 次,"精准画像"服务企业用电需求典型经验刊登在省营转办简报,"五提"工作法等典型做法在泰安市营商环境公众号发布。建立优化电力营商环境"通报考核 + 督查督办"考评机制,月通报、季考评直发区县政府、基层供电单位"一把手",柔性团队专业分析、主动建议,评价指标 8 项全省第一、2 项全省第二,二季度省评第二、三季度省评第一、年度省评第一,连续刷新泰安历史最好成绩。市委主要领导批示:"祝贺!望继续保持下去。"山东省电力公司主要负责人作出重要批示:"泰安公司主动融入服务地方发展大局,优化营商环境工作评价全省并列第一,祝贺大家。望继续努力,积极践行'3166'工作思路,为服务地方经济社会发展、建设'再登高、走在前'的卓越山东电力作出新的更大贡献!"

【链主企业】

发挥链主作用　强化创新引领
聚焦绿色低碳高质量发展

泰开集团有限公司

　　泰开集团有限公司作为泰安市重点产业链输变电装备及电线电缆产业链的链主企业，坚持向内求因、溯源根本，提出打造核心竞争力的经营理念，坚持聚焦核心产业和市场，推进产品革新和技术进步，不断打造核心竞争力，增强企业竞争软实力。

　　泰开集团有限公司是国家电网、南方电网、蒙西电网、中石油、中石化、中核以及华能、华电、大唐、国电投、国家能源等大型企业集团的核心供应商。2023年，泰开集团拥有25家省级科技创新平台，29家高新技术企业，1400余人的技术研发团队，1200余项自主专利。

　　泰开集团各公司建立了与企业发展相匹配的人才战略，实施符合公司实际的发展策略，营造解放思想、实干担当的工作作风，持续加强执行力建设，继续推动合法合规经营，推进技术创新和工艺革新，加快数字化进程，严控风险、提质增效，增强了企业可持续发展实力。全年实现营业收入255亿元，同比增长25%；利润17.8亿元，同比增长40%；工业税收12亿元，同比增长25%；位居全国输变电行业前列，呈现了稳健可持续发展的良好态势。

发挥链主优势，提高本土企业协作

　　泰开集团有限公司作为泰安市输变电装备及电线电缆产业链的链主

企业，积极响应市委、市政府号召，不断带动周边产业发展，加强与本土企业之间的合作，提高产业链的延伸度、聚集度和协作度；认真贯彻市委、市政府加快发展先进制造业的指示精神，践行企业责任，加强企业协作，积极带动全市上下游企业共同发展。

提高链条延伸度。集团作为国内电力装备输变电行业领军企业之一，生产的主要产品居于产业链的中下游。近年来，集团各公司深耕主业，做精做专产品，公司生产的高压开关、电力电子、互感器、成套、隔离等产品均在自身所处细分领域中位于领先地位。同时，集团也十分注重产业链延伸工作，从产品设计制造出发，向上承揽总包项目和交钥匙工程，开展技术转让服务，向下延伸至产品检测和运维服务项目，不断扩大产品的销售价值。

提高产业聚集度。集团立足输变电产品，借助国家经济发展和产业政策东风，审时度势、以点到面地进行全盘产业规划布局，做大规模，扩大了"泰开"品牌效应。在电压等级上，从中压向低压、超特高压进行延伸，实现了从220伏至1000千伏的全覆盖；在产品上，由断路器向组合电器、开关柜、变压器、电线电缆、电力电子等输变电行业全品类进行延伸发展，极大提高了产业的聚集度。泰开集团产品涵盖开关、线圈、新型电力系统、电线电缆、电力电子等输变电装备全系列，可为全球用户提供1000千伏及以下电压等级电力装备的研发制造、工程总包、运维服务等整体

泰开高压开关有限公司生产现场

（泰开集团有限公司办公室　供）

解决方案；拥有 15 个产业园区，占地 4331 亩，产业聚集度高，规模效应显现。

提高企业协作度。集团所属各公司在泰安地区的主要供应商有 900 余家，主要采购范围包括金属制品、机加工、辅材、物流运输等。集团不断加强泰安市域内客户市场的开拓工作，在提供优质产品和服务的同时，积极开拓市域内供应商，带动泰安市输变电设备配套产业的发展。

紧跟趋势、深化合作，科技创新成果丰硕

作为国家新型电力系统技术创新联盟理事单位，集团始终坚持"科技引领变革，创新驱动发展"的理念，高度重视研发和创新，不断加大对科研的投入，积极引进优秀人才，致力于打造具有核心竞争力的产品和服务。通过持续的技术创新和产品升级，集团不仅提升了自身的市场竞争力，还为行业的发展作出了积极贡献。集团注重与高校、科研机构的合作，加强产学研结合，推动科技成果的转化和应用，多项研发成果达到国际和国内领先水平。2023 年完成 212 项新产品研制，获得发明专利 46 项，集团科研投入达 11.92 亿元，同比增长 29%。

前瞻布局，新品迭代加速前行。集团精心组织、引导各公司注重产品创新和科技攻关，各公司制订并施行新产品年度计划，使得产品研发的规范性和目的性更强。2023 年新产品主要呈现三大特点：一是电压等级不断攀升，一批特高压产品立项研制。山东泰开高压开关有限公司（以下简称高压公司）进行了 1100 千伏特高压组合电器结构升级及产品优化，功能水平达到国际领先；山东泰开电力电子有限公司（以下简称电力电子公司）开启特高压新型低功耗、大容量电抗器研制，符合国家产业转型趋势；山东泰开互感器有限公司 1000 千伏特高压电容式电压互感器完成型式试验，成为少数具备特高压互感器中标和生产资质的企业。二是瞄准"双碳"需求，注重绿色环保，做好产品储备。各公司在环保绝缘材料

使用、研发适用于新能源领域产品方面持续发力，多项产品成功研发。高压公司研发的 252 千伏环保气体组合电器深度切合国家"双碳"政策，弥补了环保型气体绝缘与开断领域的研发能力短板。山东泰开成套电器有限公司（以下简称成套公司）开展第三代核电关键技术优化研究，推进核电机组关键部件国产化应用，做好核电设备国产化黄金期储备。山东泰开变压器有限公司（以下简称变压器公司）研发的环保植物油变压器，成套公司研发的环保气体柜、电力开关，江西成套推出的环保气体一、二次融合环网箱，均在绿色发展方面做了有益探索和尝试。三是加大前瞻投入，向新领域、新品类拓展延伸。高压公司成立研究院，旨在研究和破解行业难题，加强自身技术储备，培养行业顶端技术人才，探索行业前沿问题，提升行业地位。山东泰开电缆有限公司 500 千伏交联聚乙烯绝缘电力电缆完成新品技术鉴定，标志着泰开电缆具备了当前最高电压等级陆地电缆设计、研发与制造能力。

深度合作，多项产品填补空白。集团明确提出各公司要提前策划，深度参与两网电科院、知名高校等科研院所的项目攻关，尤其是上规模的公司要紧跟行业前沿，进行前瞻性的合作创新。各公司充分利用自身优势，积极参与，取得了不错成绩：与南网科研院、西交大、华中科大等单位联合研发的 550kV-80kA 组合电器，攻克了大容量开断"卡脖子"技术，被中国机械工业联合会鉴定为国际领先水平。与中国电科院合作开展的"550 千伏智能快速断路器"项目，填补了公司在该领域的空白。与西安交大合作研发的新一代构网型 SVG 产品，满足了新型电力系统建设要求，将成为未来新的市场增长点。联合西交大能源与动力工程学院，解决箱变密封隔室温升过高的问题，打造高可靠性箱式变电站。

乘势而上，项目成果再创佳绩。近年来，集团鼓励公司加大技术创新、工艺革新，加速推进数字化转型，各公司项目申报成绩显著。2023 年共成功申报国家级荣誉 9 项、省级荣誉 56 项，同比增长 80%、40%，并且在绿色制造、智能制造和高质量发展三个方面均有较大进步，符合国家政策方向。其中,电力电子、山东泰开精密铸造有限公司(以下简称精密铸造)和山东泰开电器机构有限公司(以下简称电器机构)3 家公司获批工信部专精特新"小巨人"企业;高压公司入选国家级绿色工厂,荣获第九届山东省省长质量奖提名奖;互感器、山东泰开隔离开关有限公司(以下简称隔离公司)被评为国家级绿色供应链管理企业;互感器、山东泰开环保科技有限公司入选国家级知识产权示范企业;互感器、隔离、成套和山东泰开检测有限公司入选工信部 2023 年度智能制造标准应用试点项目名单。高压公司 2 项关键技术及工程应用分别获得广东省和天津市的省级科技进步奖二等奖。山东泰开直流技术有限公司、电力电子 2 家公司联合研发的项目荣获机械工业科技奖一等奖。山东泰开箱变有限公司、山东泰开自动化有限公司等 7 家公司荣获山东省机械工业科学技术奖 17 项。集团连续第五年入选"中国制造业企业 500 强""山东省工业百强企业",泰开品牌影响力逐年提升。

统筹策划,数字化建设取得实效

深度挖潜,各项生产指标量质齐升。2023 年初,集团提前研判行业发展形势,让公司做好全面提升产能总体策划,梳理生产瓶颈,构建均衡的生产体系。各公司按照集团部署,持续推进工艺革新和装备升级,提高人均生产效率,最大程度释放产能,全集团产值同比增长 25%。其中,变压器公司推动脉动生产向精细化方向发展,月产能已从 3.2 亿元提升到 4.5 亿元,全年产值 43.3 亿元,同比增长 55%。高压公司成立精益中心,组建 5 个精益部,推进公司精益体系建设,赋能车间管理水平升级,全年产值 56.2 亿元,同比增长 21.5%。箱变公司通过精益管理产能达到常规月份 2.3 亿元、极限月份 2.7 亿元的历史新高,极限产能同比提升 50%。山东泰开电力开关有限公司实施 53 项精益管理优化措施,年产值 7 亿元,同比增长 16.7%,人均产值同比增长 24%。

　　统筹策划，数字化建设取得实效。集团鼓励各公司根据自身所处发展阶段，提高数字化建设水平，提升业务管理成效。2023 年，各公司共投入数字化建设资金 3300 余万元。其中，高压公司确立了数字化转型路径，以服务主业为根本，以产品数字化为导向，拉动产线和业务流程升级改造，逐步提升企业数字化水平。通过精益生产改造和流程型组织建设逐步理顺底层逻辑，识别数字化需求；通过数据中心、5G 网络建设打好硬件基础；通过业务流程、工业控制等软件平台做好开发准备和数据积累，在确保主业工作稳健发展的基础上逐步提升整体数字化水平。互感器公司以数字化、智能化推动精益生产，通过落实齐套投产及异常快速处理机制，充分利用瓶颈产能，在全年产值提高 20% 的情况下，生产周期同比下降 10%。通过梳理关键流程的堵点，实现了从客户订单到采购流程的数据精准对接，技术、采购、生产各环节按照客户需求同步共享信息，消除信息孤岛，合同评审时间缩短 50%。通过与供应商建立数据协同机制，采购物资齐套到货率提高 15%，原材料库存金额月均下降 27%。电力电子公司根据数字工厂建设规划，在能源数字化、管理数字化基础上，实施生产制造数字化转型，完成消弧线圈、SMT 两个数字化车间建设。通过对系统功能及大数据深度挖掘，工序流转耗时缩短 10%，物资流转提效 15%，设备综合使用效率提升 22%。此外，集团各公司在 2023 年还获批 1 个省级新一代信息技术与制造业融合发展示范企业，1 个省级智能工厂，1 个省级数字化车间，9 个省级智能制造场景；7 个公司纳入山东省首批数字经济"晨星工厂"入库培育企业；多个单位获批市级智能工厂、数字化车间及智能制造场景。

聚焦高端煤机产业　助力打造"煤机之城"

山东能源集团装备制造（集团）有限公司

　　山东能源集团装备制造（集团）有限公司（以下简称山能装备集团）是山东能源集团权属二级单位，是泰安市矿山装备及工程机械产业链链主企业，2014 年 12 月成立，注册资本 49.26 亿元。在山东省内建有泰安高新、新泰、宁阳和莱芜 4 个工业园区，在内蒙古建有 1 个基地，拥有煤机装备制造、装备维修及再制造、优势非煤装备制造 3 个主导产业，主要生产高端液压支架、高端油缸制造，采煤机、掘进机和刮板机再制造，以及无人值守装车站、立式压滤机、加压过滤机等非煤环保装备等产品，形成泰安园区以智能运输、环保设备生产为主，新泰园区以高端液压支架制造再制造、采煤机（掘进机）再制造、刮板机大修再制造为主，莱芜园区以油缸制造再制造为主的产业格局。其中，液压支架取得国内首个 A 类煤安证书，自主研发的无人值守智能装车系统属于国内首创，市场占有率达 80% 以上，立式压滤机市场占有率达 70% 以上。

　　公司建有机械产品再制造国家工程研究中心和博士后科研工作站等国家级科研平台，7 家省级企业技术中心，1 家省级工业设计中心，2家山东省技术创新示范企业，同时承担"石化装备再制造联合创新实验室"和"煤炭机械工业再制造工程技术研究中心"等 2 项行业科研平台。先后被评为中国煤炭机械工业优秀企业、国家高新技术企业、山东省新型工业化产业示范基地、山东省数字化装备制造中心、优势产业集群＋人工智能试点示范企业。

发挥高端装备制造优势，助推企业实现高质量发展

作为泰安市矿山装备及工程机械产业链链主企业和工业领军"50强"企业，山能装备集团按照泰安市矿山装备产业链专班要求，围绕"441X"现代产业体系建设目标，发挥高端装备及工程机械制造优势，服务煤矿价值链，布局高端装备产业链，全力以赴抓改革、强质量、上项目，助推企业实现高质量发展。

在强链工程上，回归制造业初心，聚焦主业，持之以恒地专注创新和质量提升，在产业链固链强链中发挥更大作用。一是重点打造高端液压支架核心产品，推进高端液压支架战略性转移，投建高端液压支架制造再制造重大项目，做强高端结构件、高端油缸等关键零部件，攻坚"卡脖子"环节，提升核心竞争力、产业支撑力和价值创造力，将煤机制造业务打造成为企业核心主导产业和效益支撑产业。二是稳妥发展装车站、压滤机等优势非煤装备制造业务，提升企业综合竞争优势，作为煤机主导产业的有益"造血"补充。

在强核工程上，以打造高成长性、创新能力强的企业为目标，围绕增强产业竞争力，提升发展效益和质量，做大做强制造业。山能装备集团在发展壮大自身产业规模的同时，积极与国内一流企业开展合作，以股权战略联盟的方式推进横向融合发展，实现发展要素共享、合作共赢。在新泰园区与央企开展矿山装备再制造业务合作，通过强强联合，全面提升再制造产业质量

山东能源装备集团新泰工业园　　　　（井翔宇　摄）

和水平。

在强企工程上，以市场为导向，围绕提升企业竞争力，以整合优质资源为抓手，积极发挥区域优势，牵头组建各创新主体密切协同的创新联合体，在产品设计、工艺开发等环节协同攻关，逐步将各园区内专业公司培育成为拉动产业发展的优势单元。其中，进一步加强新设立的高端支架公司、天地采掘公司的品牌建设，依托卡特彼勒标准和央企管理经验，快速推进企业规模的跃升；加快现有泰安煤机、鲁中装备等企业的资源整合，发展环保设备及智能运输产业，通过引入战投等混改方式，创新机制，深挖潜力，释放活力，切实把园区内专业化公司打造成延链、壮链、补链的专精特新企业。

聚焦"三线并进"，推动山能装备改革向纵深发展

2023年，山能装备集团面对异常艰巨复杂的改革任务，认真贯彻落实山东能源集团和泰安市委、市政府决策部署要求，聚焦"三线并进"，落地了一批强基础、利长远的重要项目，制定了一批精准管控、高效运行的规章制度，实施了一批重要领域、关键环节的改革举措，破解了一批制约发展、影响全局的瓶颈问题，以实际行动推动山能装备改革向纵深发展，各项工作都呈现出了可喜变化。

在推进产业高质量发展方面，山能装备集团积极创新企业管理机制，通过与行业一流企业央企、民企实施股权合作，设立混改企业，对标学习央企和民营企业的管理机制，转变思想，让渡经营管理权，不断提高管人、管事、用权的能力和水平，以机制创新重新激发了企业的内生动力。下一步，以破解发展难题、实现高质量发展为目标，在当前改革攻坚工作基础上，将持续推进资产清理整合、人员合理匹配、产业提质增效、管理机制变革，通过发展化解历史遗留问题，实现"三大主业"扭亏为盈，最终为山东能源集团高端装备制造板块一体化融合发展奠定坚实基础。

在体制机制变革方面，聚焦弊端顽疾，推动关键领域系统改革。深化机关减员提效改革。减员提效，率先启动总部机关改革，总部机关部室人员压减 27.5%。新成立公司管理人员占比控制在 8.4% 以内。泰安煤机完成"六定管理"，精简机构 8 个。通过压减合并、整合等方式，减少四级单位，形成了"山能装备总部—专业管理公司—生产主体"三级组织架构。深化混合所有制改革。以液压科技公司为试点，推进运营机制转换，在物资采购、人员配置、薪酬分配等方面给予更大自主权，形成经理层授权清单，在推进混改企业健康快速发展上迈出了崭新一步。深化薪酬考核管理。将利润、现金流目标等纳入各层级绩效薪酬考核，实现个人收入与企业效益同步关联，实现年度绩效差异化薪酬系数不低于 1.2，员工薪酬与考核结果挂钩覆盖率 100%。一些谋长远、固根本的改革任务取得了阶段性突破，企业发展的活力得到激发。

在企业治理能力方面，山能装备集团成立董事会，合理确定党委会、董事会、经理层权责边界。建立健全三家合资公司法人治理结构。落实"四自"（自主经营、自负盈亏、自我约束、自我发展）原则，深化简政放权，初步构建了权责法定、权责透明、协调运转、有效制衡的企业治理体系。综合管理能力显著提升。紧盯短板弱项，提升生产保供能力，合同履约率由 2022 年的 85.11% 提升至 97.27%。建成车间现场"标准化工位"1011 个，完成 119 类标准化工位岗位操作规范制定。新建喷粉生产线，彻底解决传统喷漆工艺带来的环保压力。编制形成主要产品分级质量管控方案，树立装备全生命周期服务意识，企业形象逐步改善。

围绕三大主业，全面推进新项目建设落地落实

山能装备集团是山东能源集团高端装备制造板块的重点生产单位，是泰安市构建"441X"现代产业体系中的高端装备制造骨干企业，围绕煤矿价值链布局高端装备产业链，承担着山东能源集团乃至山东省煤机

装备制造发展重任，将为泰安市新型工业化强市建设，实施"三强三优"六大工程提供有力支撑和保障。山能装备集团认真贯彻落实山东能源集团改革攻坚、扭亏脱困工作部署及要求，积极践行山东省制造强省建设行动计划，围绕打造"煤机装备制造、装备维修及再制造、优势非煤装备制造"三大主业，全面推进新项目建设落实落地，优化产业结构，补齐低效短板，提升发展质量。其中，位于新泰市的新泰园区主要发展煤机装备制造和装备维修及再制造业务，核心项目投资建设的高端液压支架制造再制造项目顺利竣工投产，引入央企合作的采煤机再制造项目和刮板机再制造项目运营见效；位于泰安高新区的高新园区主要发展非煤优势业务，核心产品为智能装车站和立式压滤机；位于宁阳县的宁阳园区，因产业结构优化调整，对液压支架业务进行了战略性转移，目前正在谋划新产业落地该园区；在济南莱芜区引入一流民营企业设立的高端油缸合资公司，成为改革攻坚以来首个落地运营的"国有体制＋民营机制"混合所有制企业。在新发展形势下，泰安市提出加快新型工业化强市建设是发挥泰安优势，塑造泰安品牌，促进泰安高质量发展的重大战略部署，具有重大的现实意义和深远的战略意义。其中，高端液压支架项目纳入山东省年度重点建设项目，生产步入正轨；采煤机再制造项目、刮板机再制造项目、高端油缸项目均实现了当年规划建设、当年投产见效，正成为山能装备集团高质量发展的新动能、新引擎。

高端液压支架制造再制造项目。2023 年，为贯彻落实能源集团高端装备制造产业发展规划，培育新动能，实现高质量发展，山能装备集团在新泰园区投资 5.99 亿元建设了高端液压支架制造再制造项目，项目总建筑面积 12.7 万平方米，按照"一字流"生产工艺重新布局液压支架制造和再制造生产流程。按照生态化、绿色化现代工厂标准，对园区进行形象提升改造。同时新购一批高端进口焊接设备，新上先进生产管理系统，投用零排放喷粉涂装设备，进一步提升高端液压支架生产制造、再制造产能，实现液压支架制修一体化发展。项目于 2023 年 2 月开工建设，9 月建成投产，实现当年建设、当年投产，达产将实现年新制高端液压支架产能 1800 架，再制造液压支架年产能 4500 架。

煤机装备再制造合资合作项目。为提升煤机装备再制造能力和水平，引入央企先进技术和管理理念，积极培育"国企 + 央企"股权合作新样板。一是成功引入央企中煤科工集团上海有限公司共同出资设立合资公司发展高端采煤机（掘进机）再制造业务。合资公司"山东能源装备集团天地采掘设备再制造有限公司"于 2022 年底注册成立，注册资本 5000 万元。二是成功引入央企宁夏天地奔牛实业集团有限公司，双方共同出资设立合资公司发展刮板机再制造业务。合资公司"山东能源装备集团奔牛再制造有限公司"于 2023 年 5 月注册成立，注册资本 5000 万元。

高端油缸合资合作项目。围绕实现高端液压支架"358"不升井质量目标，打造行业一流高端支架核心部件油缸产品，山能装备集团成功引入行业一流民营企业郑州立德公司和国企西安重工，三方合作成立合资公司，通过优势互补共同发展高端油缸产业。该合作项目创新实施让渡民营企业经营管理权，由民营企业立德公司推行卡特彼勒先进理念和质量标准，推进高端油缸产品向专精特新方向纵深发展。合资公司"山东能源装备集团液压科技有限公司"于 2022 年 12 月完成注册，注册资本 10000 万元。

强国铸利剑　泰航显神威

泰安航天特种车有限公司

　　泰安航天特种车有限公司坐落在雄伟壮丽的泰山脚下，是 2004 年中国航天科技集团公司与泰安市政府共同出资组建成立的有限责任公司，隶属于中国航天科技集团有限公司第一研究院，注册资本 7.32 亿元，其中航天系统占 73.963%，泰安地方占 26.037%。公司占地 872 亩，拥有总资产超过 45 亿元，员工总数 1600 余人。

　　公司通过了 GJB9001C-2017 武器装备质量体系认证和 GB/T19001-2016/ISO90012015 民品质量管理体系认证，取得了装备承制单位资格。公司拥有大型生产线 10 条，各类加工、检测设备 1200 余台（套），承担了各军兵种特种车装备、油田专用车等的科研生产任务，以及国家重大技术装备国产化创新研制项目、国家级火炬计划项目等多项国家级重大科研生产项目。专注于军民用轻型、重型、超重型特种车的研发与制造，产品驱动型式从 4×4、6×6、8×8、10×10、12×12 到 14×8、16×10、18×10 等，载重从 5 吨至 100 吨。军用特种车主要用于各军兵种的武器型号和重型物资运输，同时出口至 10 多个国家。在国内军用特种车领域居于领先地位，圆满完成了庆祝建国 50 周年、60 周年、70 周年阅兵，纪念中国人民抗日战争暨世界反法西斯战争胜利 70 周年阅兵和庆祝中国人民解放军建军 90 周年阅兵任务，铸大国重器，扬军威国威。

　　公司在充分利用军用重型越野车底盘成熟技术的基础上，定制化研制了油田专用车、军用后勤保障装备、应急救援产品、电动轮组和超轻型越野车等民用特种车产品。研制的军民用特种车填补了多项国家空白，具有完全自主知识产权，先后荣获国家科学技术进步奖特等奖、国防科技进步特等奖等近百项奖项。到"十四五"末，公司将建设成为具有健康可持续发展的产业结构、现代化的企业治理体系、世界一流的重型越野汽车公司。

坚持高质量党建，引领高质量发展

公司始终把党建引领作为一条红线，着眼增强政治功能和组织功能，统筹推进党建和生产经营工作深度融合，有力引领保障了公司高质量发展。

加强党的政治建设，建立健全了党对重大工作的领导体制机制。落实党建工作进章程，明确党组织职责权限、机构设置、运行机制、基础保障等重要事项。建立健全《党委会决策议事规则》《党委前置研究讨论重大经营管理事项实施细则》《公司党委前置研究讨论重大经营管理事项清单》《"三重一大"及重要决策事项目录》，为党委把方向、管大局、保落实提供了有力支撑。2018 年，公司在院属公司制企业中率先开展公司治理改革，公司董事长、党委书记、法定代表人由 1 人担任，公司总经理兼任党委副书记，党的领导与公司治理进一步融合。

加强党的组织建设，健全完善党的组织。2015 年召开公司第一次党代会，选举产生了第一届"两委"委员；2021 年召开公司第二次党代会，选举产生了第二届"两委"委员。公司党委紧紧围绕企业经营发展，规范、优化党支部建设，配齐配强支部领导班子。建立健全《泰航公司党建工作考评办法》《泰航公司党风廉政建设责任制责任追究办法》《公司先进党支部、优秀共产党员和优秀党务工作者评选表彰管理办法》《公司党费收缴、使用和管理实施细则》等党建工作制度，持续抓实支部规范化建设，支部战斗堡垒作用不断增强。公司各级党组织先后获山东省、集团公司、航天一院、泰安市荣誉奖励。

加强党的思想建设，持续强化思想引领。系统开展理想信念教育、航天精神教育、遵章守纪专题教育。扎实开展党员先进性教育、党的群众教育路线实践活动、"三严三实"专题教育、"两学一做"学习教育、"不忘初心、牢记使命"主题教育、党史学习教育、学习贯彻习近平新时代中国特色社会主义思想主题教育，党员群众进一步统一思想、统一意志、统一行动。

加强人才培养，坚决落实人才强企战略。牢固树立"人才高度就是事业高度"的理念，以推动组织能力提升和服务员工成长为核心，针对重型越野汽车电动化、智能化、网联化、轻量化的发展趋势，统筹推进识才、聚才、育才、用才等人才队伍体系建设。不断完善人才发展渠道、考核评价和薪酬激励体系等方面的支持措施，全面深化薪酬制度改革，健全员工收入能增能减机制，以德、能、勤、绩、廉为基础，聚焦影响公司发展的要点工作、重大事项，持续完善领导人员考核评价机制，形成动态考核和静态考核相结合、日常考核和年度考核相结合的绩效评价机制，调动干部职工想干事、能干事、干成事的积极性、主动性，有效增强了公司高质量发展竞争力。

泰安航天特种车有限公司 　　　　　　　　　　　（泰安航天特种车有限公司　供）

加强党的群团建设,坚实党的群团基础。坚持以人民为中心,加强对工会和共青团工作的领导。帮扶慰问有力推进,建立健全《困难职工帮扶管理办法》,帮扶工作走上制度化、规范化、常态化。职工利益落实落细,开展合理化建议征集、职工健康体检、专家健康讲座,建设职工活动中心、职工小家、工匠工作室等,实施职工年休假制度,提升职工生活品质和幸福指数。共青团和青年工作全面提升,广泛深入地开展具有青年特色的活动,通过组织开展青年理想信念教育、青年课堂、青年 Free Talk 等推动马克思主义理论在青年中广泛传播,着力实施青年拔尖人才培养计划,建立青年文明号、青年突击队等,激发青年岗位建功。持续加强和改进新形势下的党的群团工作,指导和支持群团组织更好发挥作用,群团组织服务功能显著提升。

积极发挥链主企业作用,集聚产业生态力量

按照泰安市委、市政府新型工业化强市战略,全市上下把推进新型工业化作为加快新旧动能转换、推动工业转型升级的着力点和突破口,着力培育壮大一批特色优势产业链和产业集群,全力构筑工业产业发展新高地。汽车及零部件产业链是市委、市政府推进新型工业化强市建设 13 条重点产业链之一,在全市工业经济中占据重要地位,公司作为汽车及零部件产业链链主企业,积极发挥链主企业作用,集聚产业生态力量。

拓市场,助发展。一是积极参与市领导和产业链领导外出招商对接活动,广泛开拓合作渠道,拓展企业合作路径。目前,已和埃索润滑油、惠尔制革达成初步合作意向,相关工作也正在稳步推进中。二是积极参与企业家赋能行动,参加泰山区汽车及零部件产业链数字化赋能发展培训班,通过商业模式和金融权益双赋能培训,切实提升了企业竞争力,不断扩大了经营规模。

搭平台,促交流。一是以围绕沟通发展、和谐进步为中心,积极组织搭

建起政府与企业之间的交流平台,营造良好的营商环境,增强了企业家们的归属感。二是组织成员单位开展走访交流活动,加强成员单位的相互了解,了解上下游产业链之间的对接合作要素,构建起互利共赢的资源共享平台。

做服务,保要素。一是积极组织链内具有代表性的整车企业参加走访座谈会,共同探讨汽车及零部件产业发展政策环境需求。通过座谈会形式,掌握了企业对产品公告政策鼓励的需求,目前经过深入调研,积极推进公告奖励政策的制定工作。二是用足用好问题分级解决机制,真心实意为企业发展、项目落地解难题、办实事。主动对接会员企业,收集企业经营生产中遇到的问题困难,及时与专班对接,做到问题早发现、早解决。

坚持自主创新、开放融合

公司始终坚持自主创新、开放融合,坚持核心拥有、追求卓越。研制的特种汽车均为自主研发,填补了多项国家空白,具有完全自主知识产权,在整车匹配及集成、特殊环境使用、悬架升降及调高、机械及电控多轮转向、军品特种车身外观及结构、智能化综合信息采集及中央控制、整体式车架、高承载大轮边专用车桥等多个整车及分系统,形成了50多项国家专利技术。

TA580(TA5380)8×8全轮驱动重型特种汽车是公司产品发展的基石,该车是原泰安特种车制造厂承接的国家"四部委"全轮驱动超重型越野汽车(8×8)研制任务,于1988年1月通过国家机械委组织鉴定,独享中国越野汽车史上"四个第一"的美誉:是我国自行研制的第一辆全面通过国家汽车试验场综合性能试验和可靠性试验的超重型越野汽车;第一辆通过国家级鉴定的超重型越野车;第一辆通过国家战略定型委员会正式定型并被定为国家重大技术装备的超重型越野汽车;第一辆拥有自主知识产权的超重型越野汽车,是我国第一型正式列装的国产超重型越野汽车。基于 TA5380 成熟的底盘技术，通过对悬架系统、驱动系统、驾驶室的升级优化，率先在国内发明使用了超重型底盘油气弹簧悬架技术、中央充放气系统，研制了公司第二大系列产品 TA5450，上述两个系列型号成为公司产品研发的基础。

公司产品分为 TA 系列、HTF 系列和 TAS 系列，其中 TA 系列和 HTF 系列主要为军品，TAS 系列为民品。TA 系列和 TAS 系列由泰航公司负责设计、试验、生产，HTF 系列由航天一院十五所负责设计，泰航公司承担驾驶室设计，泰航公司负责试验、生产。目前，公司产品已形成三大系列 20 余个品种，承载重量为 5—120 吨，其中军品包括 5 吨级、15 吨级、20 吨级、24 吨级、30 吨级、34 吨级、45 吨级、70 吨级、95 吨级以及重装备牵引车等 10 个品种，驱动方式包含机械驱动和电驱动，驱动型式从 4×4 到 22×12。军品由公司成立之初的 3 个武器型号，列装空军等 5 家用户，发展到三大系列 500 余个产品型号，用户到 150 家，配套 50 余个武器型号，覆盖海、陆、空、火、ZZ、联勤、军贸等多个军品种。民品由公司成立之初的三大领域发展到七大领域，用户到 100 余家，广泛应用于矿山、港口、油田、核电、风能、消防、无线电监测等领域特种作业用车。

公司紧紧围绕"高承载、高机动、高越野"的产品特性需求，全面贯彻公司产品"通用化、系列化、模块化"设计理念。建立了"特种车核心专业技术体系"，融合了通用卡车技术、重型越野技术、平台技术，满足了"个性化、快节奏"的客户需求。随着科技发展，不断推进"轻量化、电动化、信息化、智能化"在特种汽车研发领域的推广应用，在超重型电驱车领域居国内领先地位。

公司始终坚持人才强企，不断培育和壮大研发队伍。研发中心从最初几个项目负责人，60 名设计人员，发展到现在的 50 余个项目负责人，300 余名设计人员。2012 年，经集团公司批准，航天特种车研究院落户公司，为开展特种汽车前瞻性技术项目研究和产业化应用技术的有效研究搭建了联合技术攻关的合作平台。研发中心先后被授予山东省企业技术中心、军用特种汽车山东省工程研究中心，航天特种车研究院、泰安市特种汽车工程技术研究中心、泰安市航天特车工程实验室等科技创新平台，在国内同行业中均达到了一流水平。

坚持深化改革促发展

公司在体制、机制、文化等各方面不断调整、改革完善，以适应特种车事业发展需求，公司从实际出发，积极探索，推进经济体制、运行机制、文化建设、产品结构等方面进行了大量调整改革工作，运用价值规律，强化市场化理念，为生产经营管理工作注入了新活力。2020年以来，随着国资国企改革的不断深化、国企改革三年行动方案的出台，公司加快培育快速应对内外部环境变化的动态能力，逐渐形成健康可持续的发展模式。

坚定不移加强党在公司治理中的领导作用。落实党建工作进章程，建立健全党委决策制度，持续强化党委在国企治理中"把方向、管大局、保落实"的定位职责，有效提升公司治理能力和现代化水平。

完善公司治理体制机制。建立起由股东会、党委会、董事会、监事会、经营层、职代会组成的现代企业治理体系，围绕法人治理，相继制修订一系列较为全面的法人治理、"三会一层"制度，公司党委会、董事会及经营层实现"双向进入、交叉任职"，公司党委书记、董事长、公司法定代表人由一人担任，实现"董书法"一体，同时采用清单化授权审批措施，形成各决策机构各司其职、各负其责、相互制约的工作机制。

全面深化薪酬分配制度改革。健全员工收入能增能减机制，公司建立了以价值贡献为导向的市场化薪酬体系，形成了"岗级＋绩效＋三创奖励"薪酬结构。以员工创新与业绩为导向，建立员工个人评价考核办法，考核结果与个人月度绩效挂钩，年度考核结果与职级晋升挂钩；职能部室人员和技术人员实行岗位绩效工资制，收入多少与岗位贡献价值和当月绩效指标完成情况相挂钩，进行上下浮动；生产车间实现全绩效工资制,生产一线人员收入多少与制件工时多少及质量相挂钩。

推进经营层成员任期制与契约化改革。建立任期制与契约化改革制度；公司董事会与公司经营层成员签订了《经营层成员岗位聘任协议》《经营层年度业绩责任书》和《经营层任期业绩责任书》，根据契约化经营指标对经营层成员进行考核和管理,考核结果与经营层的薪酬相挂钩。

持续优化组织机构。为构建现代化的企业治理体系，提升治理能力,公司持续优化业务布局,不断优化组织机构。近年来,按照创新、组织效率提升、有效防范经营风险的原则,进一步精简优化组织机构、资源整合,增强组织活力、提高组织运营效率,构建了一个在战略牵引下,"双核心""五大系统"的组织架构体系。公司通过组织机构改革,经合并、调整由 42 个部门精简为 32 个部门,优化了组织机构,并对部门职能说明书作了修订和完善,基本形成了符合公司实际的科学严密有效的组织体系。

发挥"链主"企业作用
为产业链高质量发展赋能

石横特钢集团有限公司

石横特钢集团有限公司（以下简称石横特钢）是一家集焦化、炼铁、炼钢、轧钢、发电、机械制造、民间资本、钢铁物流于一体的大型民营钢铁联合企业，注册资本16.3亿元，本部占地5000多亩，职工7000余人，企业综合经济实力连续多年跨入中国企业500强、中国企业集团纳税500强之列，连续8年获评中国钢铁企业综合竞争力A级（特强），是全国再就业先进企业、全国和谐劳动关系创建示范企业，是首批国家级绿色工厂、国家级高新技术企业、国家企业技术中心，是山东省百年品牌重点培育企业。

石横特钢集团有限公司精品特种钢全流程智能示范工厂
（石横特钢 供）

石横特钢隶属山东省四大钢铁集群之"泰安特种建筑用钢产业集群"，2023年被山东省认定为绿色低碳高质量发展先行区建设试点企业，品牌价值位居冶金有色领域第15位。主要有棒材、线材、型材、板材四大产品体系，锚杆钢筋全国市场占有率超过60%，高强度电力角钢全国市场占有率在50%以上，建材处于省内品牌第一梯队，热连轧板卷实现了1.2毫米超薄规格，多项产品获评"山东名牌产品""山东优质品牌产品"，先后荣获"重点工程建筑钢材推荐品牌""最强综合竞争力钢铁品牌""中国民营钢厂优质建筑用钢品牌""中国钢筋品牌计划科技创新榜样"等称号。

石横特钢高度重视环保治理，累计环保投入50亿元，保障环保设施和生产设施的全程同步运行，环保绩效成效显著。2023年企业全流程实现超低排放公示，同期焦化产线完成超低排放公示，成为山东省第一家达到超低排放的焦化企业；顺利通过环保绩效A级现场审核，成功获得国家级环保绩效A级企业称号；顺利完成国家3A级旅游景区创建，成为泰安市第一家工业旅游景区，先后被工信部认定为"国家级智能制造示范工厂""双碳最佳实践能效标杆示范厂培育企业"、国家"数字领航"企业。

以《规划》为引导，实现新突破

根据2018年10月山东省人民政府印发的《山东省先进钢铁制造产业基地发展规划（2018—2025年）》（以下简称《规划》）要求，石横特钢提前部署、精准发力、坚决落实，在经济效益、工艺装备、产品品牌、产业链条、绿色发展、创新驱动等方面取得显著成效，率先完成《规划》提出的目标任务。

经济效益大幅提升

2023年，石横特钢实现主营业务收入505亿元，提前完成《规划》提出的"到2022年和2025年，主营业务收入分别达到285亿元、300亿元"发展目标。石横特钢吨钢盈利处于行业领先水平，2023年资产负债率远低于行业平均水平，主业劳动生产率 1237 吨 / 人年、超额完成《规划》提出的山东省 2023 年目标值。石横特钢总体盈利能力强、财务负担轻、生产效率高、市场竞争力强，实现了较高的产值和利税，带动地区就业人员 3 万人之多，为地区国民经济和社会发展作出了积极贡献。

装备升级指标突破

按照《规划》要求，石横特钢积极实施工艺装备升级，主要工艺装备全部满足《产业结构调整指导目录（2019 年本）》等相关要求，达到国内先进水平，部分装备水平国内领先。当前公司主要设备有 1460 立方米高炉 2 座，1350 立方米高炉 2 座，100 吨转炉 3 座，105 吨转炉 1 座，1780 毫米热轧卷板生产线 1 条，棒材生产线 3 条，高速线材生产线 2 条，中型材生产线 1 条，5.5 米捣固焦炉 1 座，均达到国内技术先进水平。

烧结工序：新建 2 台 265 平方米烧结机，烧结工序经济料比率达到 100%，整体装备水平及主要技术经济指标达到国内同类项目领先水平。

球团工序：淘汰 1 条年产能 40 万吨链篦机—回转窑限制类装备，建设 2 条年产能 120 万吨链篦机—回转窑。

炼铁工序：淘汰 2 座 1080 立方米、1 座 450 立方米限制类高炉，鑫华特钢炼铁产能由通道城市转移至石横特钢，减量置换新建 2 座 1350 立方米、2 座 1460 立方米高炉，平均炉容由 870 立方米提高至 1405 立方米，创新经济冶炼方式，高炉入炉品位创公司历史最低，4 座高炉主要经济技术指标均进入全国业内同类装置综合性能前三位。

炼钢工序：限制类装备淘汰完成，通过产能置换建成 3 座 100 吨转炉和 1 座 105 吨转炉，推动炼钢装备大型化以及生产过程连续化、自动化、智能化，炼钢生产水平大幅提升。

轧钢工序：石横特钢围绕提质增效、节能降耗，通过绿色化新技术应用，智能化赋能等路径，不断推进轧钢装备升级，保持轧钢装备先进性位于行业同类型前列。

产品品牌亮点频现

石横特钢坚持走产品高强化路线，夯实"精品战略布局"，品种升级取得显著成效。建材产品进入山东省第一方阵，品牌赢得政府、客户、社会团体高度评价，先后荣获钢铁企业综合竞争力评定 A 级（特强）、中国优质建筑用钢品牌、中国锚杆钢之冠、中国优秀钢铁企业品牌、山东省高端品牌培育企业、山东省重大工程推荐品牌等多项荣誉。耐蚀钢筋、耐火钢筋等功能性产品开发实现突破，为产品特色化奠定良好基础；锚杆钢筋仍是全国最大的生产供应基地，高强高韧电力角钢全国市场占有率50%以上，成为继锚杆钢后又一具有绝对市场话语权的产品。随着产品结构的持续优化，石横特钢精品钢产品为国家重点工程建设提供了强有力的支撑。

产业链条逐步完善

近年来，石横特钢在做大做强钢铁主业，推动跨领域兼并重组，实施差异化、特色化发展等方面取得了一系列成绩，连续多年获评中国钢铁企业竞争力特强企业，已成长为山东省钢铁行业优势强企。钢铁产业资源整合方面，完成对鑫华特钢兼并重组，实施上大压小，淘汰限制类装备，主体工艺装备全部完成大型化、现代化，钢铁产业资源整合取得重大成果。跨领域兼并重组方面，石横特钢重组肥城阿斯德化工，开启了钢铁—化工联合发展的新模式，实现了资源的综合利用"变废为宝"；入股泰安华鲁锻压机床，进军高端装备制造领域。企业通过跨行业、跨地区的兼并重组，实现了产业链条的横向扩展和纵向延伸，产业链条逐步完善，产业链稳定性和竞争力有效加强。

绿色发展显著增强

自 2018 年《规划》实施以来，石横特钢严格按照绿色、低碳发展要求，积极开展超低排放改造，累计投资 50 多亿元，大幅提高企业环保绩效水平，荣获工业和信息化部"绿色工厂"，在行业内较早开展钢铁产品生命周期评价工作，率先发布钢材产品 EPD 报告，获 2 项工业和信息化部绿色设计产品荣誉称号，引领行业绿色发展趋势。石横特钢坚持推进节能减排工作，加大节能技术改造和创新，进一步挖掘节能潜力，以自主创新为突破口，优化提升生产运行方式和循环经济水平，以提高资源能源利用效率为核心，在保持快速、高效、健康发展的过程中，加快能源结构调整、深化资源综合利用，大力实施可持续发展战略，节能减排工作取得很大成绩，主要工序能耗指标和碳排放指标进一步改善。

创新驱动引领发展

石横特钢将持续的创新能力作为企业三条生命线之一，坚持创新是动力的源泉，持续开展科技创新和管理创新工作。2018 年以来，石横特钢连续多年斥巨资投入生产研发，研发投入率保持在 3.6% 以上的行业先进水平，高标准建设科技创新平台，持续引进科技创新人才，高强锚杆钢筋生产技术、精轧螺纹钢筋生产技术、特高压用电力角钢生产技术等产业化应用成效显著。"特高压输电铁塔用高强高韧 Q420 系列角钢的开发和工业化实施"项目科技成果荣获山东省科技进步二等奖，"一种高韧性角钢的生产工艺方法"荣获山东省专利三等奖，"带肋钢筋棒材低温控轧切分工艺方法及装置"荣获泰安市专利一等奖，"高寒地区特高压输电铁塔用 Q420D 角钢开发"荣获泰安市科技进步一等奖，"钢化联合特色循环项目的研究与实施"荣获泰安市科技进步一等奖。石横特钢企业标准体系较为完善，广泛开展了各类标准制（修）订工作，2018 年以来完成制（修）订国家标准、行业标准、团体标准 22 项，荣获 3 项企业标准"领跑者"。建立实施了有效的产品质量一贯制管控体系，产品质量管控水平较高，形成了具有全国影响的企业品牌。企业大力开展智能化创新，打造统一管控服务平台，在统一大平台下对各厂部进行大规模个性化模块定制，打造完善闭环的智能化系统，强化向用户提供快速响应的生产、销售、配送体系，推进企业由制造商向服务商转变。2020 年《规划》产能落地以来，我公司立足于高端智能自动化水平，获得了多项国家级荣誉，包括全国和谐劳动关系创建示范企业、国家级企业技术中心、国家智能制造标杆示范企业等。

立足发展优势，取得新业绩

生产经营情况

2023 年主要产品产量：生铁 617 万吨；粗钢 680 万吨；钢材 664 万吨。

2023 年主要经济指标：营业收入 520 亿元，利润 15 亿元，上缴税金 6.4 亿元。

公司市场（产品占有率）：作为国内优质精品钢生产基地，锚杆钢销量占全国市场 60% 左右，超高压电力角钢全国市场占有率在 50% 以上，超高强度精轧螺纹居全国市场占有率首位。

技术经济指标

石横特钢把改善经济技术指标作为主攻方向，把经济技术指标上水平打造成为企业的重要盈利点，创建了独具特色的经济技术指标体系。其间不断优化重点指标项目，当前已确定了重点经济技术指标 100 余项次，公司确定的有可比性指标，同口径下 90% 达到行业先进水平，60% 达到行业前三名。工序能耗水平全部按照《粗钢生产主要工序单位产品能源消耗限额》《钢铁企业节能设计规范》规定的最先进指标设计，当前转炉工序能耗 −32kgce/t，已达到国家标杆水平，高炉工序能耗接近国家标杆水平。

企业主要优势

在长期的企业运营中，石横特钢形成了独特企业文化，形成了公司的管理模式，即管理＝控制＋消缺＋活力，形成了"差异化＋精细化"的企业战略，此模式使企业充满活力、竞争力，具有自我修复、持续改进的功能。为实现做"赢利企业、健康企业、长寿企业"的愿景，将企业价值链及安全运行分为几十项核心业务，按照高效、长效、特色三个要求，创新核心业务管理模式并持续改进。通过对标，此模式在行业内独创，为企业取得吨钢产品盈利水平多年来处于行业前三名提供了持久的管理支撑。

对标交流工作深入开展，国内外先进的技术能够根据公司的实际需要快速消化吸收，并应用于生产。依靠先进的装备、人才储备、研究开发能力及充足的资金投入，主要通过自主研发、联合开发等途径，致力于关键核心技术的研究及产业化，形成了焦、铁、钢、材全流程低成本制造技术、钢铁—化工联合生产技术、高强高韧热轧锚杆钢筋系列生产技术等一些关键核心技术，为十几年来企业吨钢效益一直名列行业前茅、争取更大的市场份额及具有持续竞争力奠定了坚实的基础。

石横特钢突出的业绩和卓越的贡献得到了社会各界的肯定，被工信部认定为绿色工厂，被科技部认定为高新技术企业，拥有国家级企业技术中心，在中国钢铁企业综合竞争力评级中连续多年获评特强 A 级。企业先后被授予"全国和谐劳动关系创建示范企业""山东省节能先进企业""山东省循环经济示范企业""山东省用户满意企业""山东省优秀创新企业""山东省富民兴鲁劳动奖状"等荣誉，成功跻身山东省"百年品牌重点培育企业"之列。

产品细分、个性化定制、品种齐全、专业化产品突出方面具有较大优势。面对严峻同质化竞争，石横特钢确立了差异化战略和产品"五化"方针，即精品化、高强度化、专业化、低合金化、小规格化，形成了以建筑钢材、板材、型材产品为主打，以矿用支护用钢、电力角钢等专业领域产品为特色，以高强度合金钢、耐蚀钢、耐低温钢等产品为发展方向的产品体系。石特牌钢筋混凝土用热轧带肋钢筋、锚杆用热轧带肋钢筋被评为"山东名牌产品"。2021 年被评为热轧带肋钢筋质量能力分级 A+ 级企业（全国仅有 7 家），2022 年被中国标准化研究院评为 2021 年度企业标准"领跑者"（600MPa 级热轧抗震钢筋、锚杆用热轧带肋钢筋、精轧螺纹钢筋）。

作为国内优质精品钢生产基地，锚杆钢销量占全国市场 60% 左右，超高压电力角钢全国市场占有率在 50% 以上，超高强度精轧螺纹居全国市场占有率首位。其他产品螺纹钢、圆钢、线材、型材等产品，成功打入奥运场馆、京沪高铁、青藏铁路、港珠澳大桥、京港澳高速、南方电网等国家重点建设项目，板卷产品市场占有率稳步提升，广泛应用于国民经济各行业。

石横特钢坚持走绿色优特钢发展之路，未来发展立足于、服务于加快推动山东先进钢铁制造产业基地建设的重大战略，助推泰安"产业兴市、工业强市"的发展战略，瞄准填补全省高端精品特种钢空白的目标。通过高端精品特种钢产业发展促进先进制造业发展，认真抓好创新驱动引领、品种结构调整、产业基础再造、绿色低碳发展、产城共融实践、产业耦合协同、数字智能转型、重组布局优化八大重点战略任务，构建"废钢加工—绿色低碳冶炼—高效轧制—钢材精深加工—市场交易"全产业链条，配套光—电—氢绿色能源，探索钢化联产 CCUS、氢冶炼等路径，探索形成与钢铁冶金工艺相匹配的全循环、封闭的流程，打造国内"钢—焦—化—氢"循环发展的示范基地，努力将公司打造成为山东省钢铁产业高质量发展领军企业。

发挥优势　强化融合
推动新型工业化强市建设突破提升

泰山玻璃纤维有限公司

泰山玻璃纤维有限公司是中国建材集团所辖中材科技的全资子公司，是国家高新技术企业、国家技术创新示范企业、国家制造业单项冠军企业、国家智能智造试点示范企业。1997年，公司建成国内首条万吨无碱玻璃纤维池窑拉丝生产线，填补国内空白。目前，公司拥有泰安总部、邹城公司、淄博公司三大生产基地，资产总额232亿元，玻纤及制品产量140万吨/年，为全球第二大玻璃纤维制造企业。

泰山玻纤主导产品种类包括无捻粗纱、热塑玻纤、电子细纱、电子布、多轴向经编织物、毡类制品、无纺布、耐碱玻纤等，广泛应用于汽车交通、新能源、化工防腐、电子电气、建筑与基础设施、船舶与海洋等国民经济各个领域。

泰山玻纤拥有国家级认定企业技术中心、省级重点实验室、博士后科研工作站等研发平台，在大型节能环保池窑设计、窑炉纯氧燃烧技术、大流量多孔数弥散强化漏板设计等方面拥有国际先进的自主核心技术。公司通过了质量、环境、职业健康安全管理体系认证。产品通过了中国船级社、DNV船级社、英国劳氏船级社的型式认可。实验室通过了中国合格评定国家认可委员会（CNAS）及挪威船级社（DNV）认可。

泰山玻纤设立了CTG北美公司、南非公司等驻外公司及机构，与美国、欧盟、日韩、中东、东盟、南美等70多个国家和地区的客户建立了长期稳定的合作关系。

泰山玻纤始终践行"为材料增强 为生活提质"的使命，围绕"十四五"规划确定的"产业高端化 制品多样化 布局国际化"发展战略，聚焦玻纤及复材主业，坚持战略引领与创新驱动的"双引擎"，持续推动企业高质量发展，致力于成为具有全球竞争力的玻纤复材企业。

强化协同发展新模式，为新型工业化强市建设赋能

泰山玻纤作为泰安市高性能纤维及复合材料产业链的"总链主"企业，坚持产业链互通、产学研互融，加快探索产业链协同发展新模式，畅通产品"内循环"，培育产业集群优势，不断增强产业竞争力。

打通产业链脉络，实现产品互补

泰山玻纤深耕新材料领域多年。近年来，通过突出"三个坚持"，科学规划布局、持续精准发力，形成了从上游矿石、浸润剂，到中游玻璃纤维生产，再到下游塑料托盘、湿法毡、针刺毡等复合材料生产的全产业链。

坚持上下游贯通。持续在"固链""稳链"上精准发力，坚持"外引"和"内培"相结合，外引方面，先后引进上游企业年产 60 万吨的玻纤超微粉项目，下游企业润德复合材料、鑫天河新材料、鲁怡高分子材料等 10 余个新材料项目，有效推动新材料企业集聚发展，增强产业链韧性。内培方面，自主建设经编织物、湿法毡、拉挤型材、热塑托盘等复材项目，实现应用场景向玻纤下游扩展，进一步拉长产业链条。

坚持多产业互补。在"建链""补链"上不断深挖，配套引进华泰非金属微粉有限公司投资 10 亿元的超微粉加工项目，年产叶腊石超微粉 43 万吨，保障原料供应、降低运输成本。在岱岳化工产业园投资 3.3 亿元建设水性新材料项目，为玻璃纤维产品提供浸润剂原料，使泰山玻纤及其复材产品突破技术限制，降低进口依赖，不断满足多元化市场需求。投资建

设年产 4.5 亿平方米湿法毡项目，主要生产屋面毡等产品；配套招引落地璟凡玻纤新能源材料、晨光绝缘新材料等多个玻纤下游项目，拓宽玻璃纤维在住宅外墙建筑保温材料领域的新应用场景，拓展新能源、输变电等合作领域，进一步发挥产业"内循环"效应。

坚持区内外协作。在"强链""延链"上聚焦聚力，推动产业链、供应链共生耦合，企业集聚发展。通过参加泰山产业大集等各类展销活动，充分展示推介玻璃纤维产品，积极与参展企业进行对话交流，在供应链、新品研发等方面加强合作，先后与泰山石膏、山东路德、肥城联谊、新泰裕鑫等企业就玻璃纤维在高档石膏板、土工格栅、玻纤窗纱等方面的应用达成了初步合作意向，每年市内建材、新材料等企业可消化玻纤产品约 8 万吨，实现本地供应最大化。

坚持产学研结合，加快成果转化

泰山玻纤高度重视科技赋能新型工业化，加强与高校、科研院所合作交流、成果共享，完善产业科技人才培养激励机制，实现技术、产品不断提

泰山玻璃纤维有限公司鸟瞰图 　　　　　　　　　　　　　　　　　　（刘耀宗　摄）

质升级。

强化平台创新。聚焦"创新驱动、科技赋能",搭建玻纤行业国家企业技术中心及分中心、国家认可实验室（CNAS）、省级重点企业实验室、省级工程实验室等研发平台，积极参与中材科技"高性能纤维复合材料国家重点实验室"重组建设工作。重组完成后，可填补山东省高性能纤维复合材料领域国家重点实验室空白，进一步提升高性能纤维复合材料领域基础研究和创新能力。

强化校企合作。围绕"校企合作、互利共赢"，先后与西安交通大学、北京化工大学、北京工业大学、山东大学、济南大学、齐鲁工业大学、山东科技大学、南京玻璃纤维设计研究院等单位开展合作交流，实施产学研合作项目12项，其中集团内部原创策源地关键技术攻关等协同创新项目5项。2022年，泰山玻纤荣获"山东省第二批产教融合培育企业"。2022年8月30日至31日，全省先进材料产业链融链固链对接交流活动在泰安举行，公司作为链主企业与全省先进材料产业链上近30家"专精特新"企业以及多家高校、服务机构进行了对接交流，达成一系列合作事项。

强化人才保障。突出"人才引育、研发投入"，以人才赋能新型工业化发展，不断加快科技人才培养。加强研发投入强度，完善人才培养激励机制，2022年投入研发资金3.8亿元，占主营业务收入的4.2%；2023年投入研发资金3.63亿元，占主营业务收入的4.23%。公司现有博士4人（含在站博士），硕士143人，从事玻纤产品研发、玻璃原料研发等科技人才共计670人，形成了一支学科齐全、专业配套、结构合理、实力雄厚的高素质人才队伍。

发挥总链主企业优势，续航泰安绿色低碳高质量发展

深入开展灯塔工厂建设，打造行业智能制造与信息化标杆。我们将利用灯塔工厂建设的新技术、新工艺、新装备，对现有生产线进行升级改造，

持续推动机器代人，深入推进工业化和信息化融合，进一步提升生产效率、节能减排和降低成本。

坚持创新驱动，做好项目储备，持续开展研发创新

开发成功超低损耗（低介电）玻璃纤维超薄布，为新一代超高频高速线路板和人工智能服务器贡献超算材料。泰山玻纤第一代低介电产品自 2019 年开始研发，于 2021 年研发成功，获得华为公司"技术突破奖"；2022 年亮相党的二十大"奋进新时代"主题成就展；2023 年随着 AI 服务器市场爆发，第一代低介电超薄电子布迎来"一布难求"的火爆场面，泰山玻纤实现后来居上，弯道超车，目前已具备年产 1200 万米超薄电子布供应能力，成为国内唯一一家可以批量生产该产品的厂家，也是全球第三大超低损耗玻纤产品专用供应商。

开发成功超低能耗建筑墙体玻纤基保温系列材料，打造绿色建筑玻纤应用全新赛道。目前建筑能耗占社会总能耗的 30%—35%，但长期以来"保温材料不防火、防火材料不保温"的问题较为突出，高层建筑外墙保温材料剥离坠落事件也时有发生。我们研发的玻纤保温一体板产品具有保温效率高、施工简捷、应用便利等优点，特别是为老旧建筑节能改造提供最佳解决方案。随着"双碳"战略的实施，建材玻纤产品将成为潜力巨大的产业新赛道。

持续开发更高弹性模量的玻璃纤维，以满足超大型风力发电叶片（特别是海上叶片）对模量的要求，目前公司形成了 S-1HM、T1、T2 等中高模量产品组合，正在研发更高模量的 T3 产品。此外，热塑性复合材料重量轻、生产效率高、可回收再利用、应用面广，是玻纤复合材料的主要业务，今后公司将持续推进热塑产品在汽车特别是新能源汽车的轻量化、智能家电等行业的开发应用。

坚持链式发展，以高质量项目策划引领产业提档升级

强链方面，2024 年开始对满庄基地到期窑炉陆续进行冷修改造，四年之内通过生产线大修提升产能 10 万吨／年，确保泰安总部产能规模达到 100 万吨／年，吨产品生产成本降低 250 元至 300 元。补链方面，2024年计划在山东泰安启动总投资 17 亿元的年产 6000 万米特种玻纤精细布及配套用纱项目，重点开发超薄玻璃布，低介电 1 代、2 代玻璃布，低膨胀玻璃布，第 3 代超低损耗产品等，打造国内特种电子布第一品牌。延链方面，2024 年重点开展全玻纤建材产品的市场开拓，力争玻纤芯材真空一体板、高强玻纤保温一体板产品形成批量销售，打通市场营销的新路子。此外，在先进新兴复合材料方面，将持续推动风电拉挤大梁板的规模化生产，启动光伏复合材料边框、新能源汽车电池盒等复合材料制品研发项目，努力开拓玻纤下游应用新场景。

泰山玻纤将继续发挥链主企业带动作用，推动新材料产业资源共享、优势互补、循环互动，畅通工业发展"内循环"，培育产业链协同发展新优势，实现产业"抱团式"集聚发展，为新型工业化强市建设贡献泰玻力量。

发挥行业龙头引领作用
扎实推进产业链做大做强

泰山石膏有限公司

泰山石膏有限公司是中国建材集团（世界500强企业）旗下的骨干企业，全球著名的石膏板制造商，石膏板产销量连续多年遥遥领先，公司是石膏板系统（轻钢龙骨、配件）一站式服务商，全国最大，产、销量居全国第一位，国内市场占有率达53%，被业界誉为中国纸面石膏板行业领跑者。公司拥有资产130亿元，年营业额110多亿元；公司主要产品有石膏板、轻钢龙骨、粉料制品、装饰石膏板、护面纸及相关配套产品六大类60多个品种，纸面石膏板是建筑装修领域的一款基础装饰材料和新型轻质建筑材料，具有施工便捷、防火、隔音、保温、抗震等优势，在装饰、装修领域具有无可替代的作用，用作隔墙、吊顶，充分满足现代建筑要求，广泛应用于工商业及民用建筑。

秉承绿色发展理念，企业始终保持行业领先地位

泰山石膏总部坐落在驰名中外的泰山脚下，公司成立于1971年，始终专注于石膏建材的生产和研发，56家生产基地，遍布全国各地。

泰山石膏拥有山东省唯一的石膏建材工程研究中心，开发了一系列具有自主知识产权的新技术、新工艺，其中发明专利101项，实用新型专利1061项，外观设计专利86项，是国家级高新技术企业。240个销售服

务团队分布在全国各地，全天候运营的线上销售平台，为客户提供 24 小时快速零距离服务和专业的施工技术支持，是国内同行业覆盖地域最广、产能布局最合理、市场占有率最高、竞争力最强的企业。

公司先后荣获全国五一劳动奖状，荣获"中国石膏工业标杆企业""全国石膏行业优秀企业""低碳中国突出贡献企业""中央企业集采供应商 50 强""中国地产 500 强首选供应商""中国房地产供应商竞争力十强""品牌强国石膏板行业优选成员单位"等称号。

"泰山"牌石膏板先后荣获"中国名牌产品""中国驰名商标""中国最具影响力石膏板品牌""人民信赖品牌""中国环境标志认证产品""中华品牌商标博览会金奖"等称号。产品不仅通过国标检测，同时获得欧盟 CE 认证，是国内、国际双认证产品。泰山牌以其极致的专业、极致的服务、极致的性价比获得地产公司、装饰公司和广大消费者的首选认可，并相继与地产百强企业、装饰百强企业建立了长期战略合作关系。

泰山石膏有限公司作为新型建筑材料研发生产企业，始终坚持走环

泰山石膏有限公司打造智能工厂　　　　　　　　　　　（泰山石膏　供）

境保护、绿色发展和可持续发展之路,始终秉承循环发展、低碳发展的绿色发展理念,致力于生产绿色建材,创建绿色企业,污染治理水平一直处于持续提升的道路上,始终保持行业先进地位。

自 1999 年开始,泰山石膏坚持不懈地对工业废渣进行专题研究和工业化试验,成功开发出了 100% 用工业副产石膏生产纸面石膏板新工艺。与燃煤发电厂、化肥厂形成了良好的产业链,从根本上解决了工厂污染问题,推动了中国纸面石膏板生产格局发生重大变化。同时,每年消化工业石膏 1500 万吨以上,以堆放高度 8 米计算,每年可减少因堆放占用土地 4000 余亩,并成功开发了 100% 利用废纸造纸的工艺技术,每年 65 万吨高品质护面纸生产全部以废纸为原料,实现了再生化生产,节约了大量木材,对我国森林资源的保护意义重大,成为全国资源综合利用、发展循环经济的典范。

发挥行业龙头引领作用,形成诸多特色比较优势

经过十几年的发展,公司在纸面石膏板行业发挥了重要的作用,同时形成了诸多具有自己特色的比较优势。

成本优势:严格的成本控制体系,良好的资产状况,再加上同行业最低的投资,使得公司的产品综合成本在国内同行业中最低,具有极强的价格竞争力。

技术优势:多年的生产实践,已形成了业务专长。自主研发了 100% 利用工业副产石膏技术、热风烘干技术、轻质高强技术、大型石膏板生产线技术,构成了泰山石膏的四大核心技术体系。能耗、电耗、石膏单耗、纸单耗大幅度下降,创造了国内外同行业规模企业的最低能耗。泰山石膏的技术进步推动了中国石膏板行业跨进了世界先进水平。

配套能力强:除了自己能制造、配套设备外,在主辅材料的供应上,也形成了较强的配套能力,产品成本大大降低。

品牌优势：市场基础好，产品在市场上具备了较高的知名度，营销队伍和较为完善的销售网络能够适应占有率的扩大。"中国名牌产品"和"中国驰名商标"两块金字招牌提升了品牌价值。

地理优势：领先竞争对手在原材料、市场条件好的地方建厂，产能布局较对手合理，增强了区域市场的竞争力，形成了核心利润区。

政策优势：从 1999 年我们就开始利用工业固废生产石膏板，作为全国资源综合利用、发展循环经济的示范企业，得到了国家税收政策的支持。

发挥行业链主效应，引领新型建材高质量发展

精耕细作，夯实产业链上下游，形成合力支撑。全市产业链长实施以来，泰山石膏积极发挥行业链主效应，不断推进新型材料往前发展，作为石膏板的主要成分有工业副产石膏和护面纸，泰山石膏拥有自己的护面纸生产基地，年产能可达 60 余万吨，可以基本满足公司内部的生产需要；另一大原材料工业副产石膏（脱硫石膏）实际为燃煤企业经过脱硫后的工业废渣，另一部分工业副产石膏（磷石膏）来自磷肥厂生产磷肥后所产生的磷石膏。由于泰山石膏对工业副产石膏的大力研发和应用，使得分厂周边的省市工业石膏得到了很好的消化和利用，减少了石膏堆放所需的耕地，有效保护了当地的生态资源和环境建设。

创新突破，践行内部提质增效，提高产品竞争力。公司拥有自己的技术研发团队，拥有山东省唯一的一家石膏技术研发中心，针对石膏板产品、技术及装备形成了系统、完善的技术支撑，发挥行业领头作用，积极满足市场需求，拓宽产品的应用场景，通过自主创新，研发出来分解甲醛石膏板、GFP、GF、玻璃纤维布面石膏板等一系列高性能石膏板，并制定配套施工图集，目前已在各大装饰公司、地产项目落地，生产的 GFP 石膏基阻燃板是木质阻燃板的替代产品，在原有工艺基础上不断创新，打破

消费者对原有石膏板的认知，积极发挥龙头效应，真正引领石膏板高质量发展。

智能升级，加快数字化建设步伐，打造智能化工厂。泰山石膏作为产业链链主，按照上级领导指示，积极推进数字化转型，运用"AI智能"的思维模式，不断推进企业的信息化、智能化水平，打造生产工艺智能化、车间巡察可视化、产品装卸无人化。公司在建的数据运营中心，可以实现分厂生产、工艺可视化、操作车间可视化，各分（子）公司生产线运行数据、原辅材料消耗数据、销售数据、环保数据、监控画面等通过网络上传至运营中心集中显示，总部职能部室根据显示数据，对各分（子）公司生产及销售进行监管和统一调度，对生产现场安全、环保、6S管理工作监督检查指导等，目前系统已在40家分公司上线使用。

扎实应对市场，聚焦泰山攀登核心战略。全面统筹生产，公司扎实推进"价本利"理念，抢抓生产经营，落实集团战略，强化目标任务导向，适时调整战略思路。一方面积极维护好高端市场的生态平衡，以泰山品牌影响力筑牢高端市场的护城河，锁住核心利润。另一方面坚决贯彻公司"价本利"经营理念，以涨促量、以涨促价、以涨促稳。聚焦核心战略，加强协同融合。纵深推进"泰山攀登"核心战略。聚焦核心指标考核，细化泰山市场，形成九大系列几十个品类的泰山牌矩阵效应。面对市场资金周转压力，对经销商客户适度释放授信。首先，加强战略合作和集采入库；其次，加强与龙牌、梦牌的协同融合。按照"品牌向上走、覆盖向下走、协同向合走"的指导思想，通过开展市场、技术、管理对标和业务交流，有效地推动了石膏板主业的充分融合，带动行业整体稳定发展，遏制了行业需求下滑带来的业绩影响。

持续推进"一毛钱"节约计划，效果显著。以"一毛钱"节约计划为抓手，全面梳理生产经营，强化内部管控，在供应端坚持及时、质优、价适、无瑕的采购，在石膏、生物质、煤炭、护面纸等方面维持良好的供应生态链，按照集团公司"降库"的要求，做到合理化库存。加快技术创新成果转化,优化系统提升。公司坚持创新驱动发展,加快节能降耗步伐,统筹技术创新成果转化。围绕强质量、提效率、降成本等方面,积极推进工艺优化、设备改进和数字化工厂建设,完善系统结构,全面提升生产线装备的自动化水平。

弘扬泰山文化,打造高端品牌,永续为社会贡献更高价值

继续坚持创新的发展道路,提高产业自动化和智能化水平,降低能耗,同时关注行业发展"痛点",持续推出高端新品。一方面,泰山石膏已经开发出了无木装饰系统。传统装饰基板都是木质阻燃板,现在国内木质阻燃板的"痛点":第一是易燃烧,达不到 A 级防火要求;第二是遇到高温、高湿环境易翘曲开裂变形,还易受潮长霉,易招白蚁、虫子;第三是易释放甲醛,损害人体健康,释放酸性、碱性物质,对龙骨有腐蚀。为了解决这一"痛点",泰山石膏推出了 GFP 高强石膏基阻燃板,强度、握钉力和木板相同,防火等级做到了最高 A1 级,不易翘曲的无醛产品。另一方面,泰山石膏推出了石膏砂浆。石膏砂浆分两部分,一个是抹灰石膏。抹灰石膏基本上和水泥砂浆一致,完全可以替代水泥砂浆。而且石膏砂浆里面加了很多玻化微珠,既有强度又做到了轻质,为轻质砂浆,抹灰石膏替代水泥砂浆后,5 个小时就可以进行下面工序,大量节约了装修时间;同时石膏砂浆属于中性,不像水泥砂浆,因为碱性强容易影响周边居住环境。再一方面,持续推进节能技术的研究和转化。不断优化生产工艺,积极研发智能化技术,进一步提高劳动效率和节能降耗,研发和优化生物质燃烧技术在石膏板行业的应用,寻找"碳中和"要求下的新途径。

提升品牌价值,打造世界石膏品牌。未来的社会是品牌的社会,在讲究品质的社会,不是越多越好,而是越精越好。泰山石膏将继续以石膏板为主业,弘扬泰山文化,发展高端产品,打造高端品牌,永续为社会贡献更高的价值。

坚持贯彻绿色发展理念，走循环经济道路。泰山石膏一直把"和谐创新，报效社会"作为企业精神，我们清楚地明白"不创造生态文明，就无法续写物质文明"。发展循环经济在泰山石膏已经成为一种文化，在这些理念的引领下，企业生产经营过程中严格贯彻"减量化（Reducing）、再利用（Reusing）、再循环（Recycling）"的3R原则，实行目标成本责任制，严格控制生产过程中的物耗和能耗，将资源综合利用水平作为考核领导干部的重要指标之一。实行精细化管理，严格按照体系标准要求进行控制，从企业制度和文化上保证资源的有效利用和环境的保护，已通过ISO 14001环境管理体系和能源管理体系认证，成为国家环保部倡导的"双绿色之星"企业，被国家发改委确定为资源综合利用"双百工程"骨干企业。

泰山石膏瞄准大型化、集中化、系统化的发展方向，通过对生产设备和生产工艺的不断研发与改造，企业从提高单线产量、扩大规模入手，将原来的传统蒸汽生产线全部进行改造，继而自主开发出了具有国际领先水平的年产2000万平方米到6000万平方米生产线。单线规模的增加，就意味着能耗的下降，更意味着泰山石膏所消纳的工业废物和废纸成倍增长。装备水平的提高和运营成本的降低，带来的是产品质量的提高、投资成本的降低和企业盈利的增加。在能源利用方式上，泰山石膏开发了燃煤热风直接烘干工艺，减少了一次换热，使热能利用率得到了进一步提高，平均煤耗降低30%、电耗降低20%左右，该技术成果在世界同行业属首创，被评为"部级技术进步二等奖"。泰山石膏独创建筑石膏快速煅烧工艺，结束了高湿工业副产石膏计量、输送喂料及风料混合、冲击打散等技术难题，实现节能40%，实现稳定高效、优质生产。高效的管理、技术的进步和工艺的优化为企业在循环经济发展、节能减排等方面打下了坚实的基础，并为资源综合利用成为公司的生产常态提供了保障。

多年来，泰山石膏有限公司作为省、市先进节能环保和综合利用先进企业，长期以来以节能、节水、资源综合利用为重点，扎实开展各项节能减排工作。通过加强组织领导，建立健全了节能减排管理机构，明确节能减排管理岗位人员和职责，制定实施一系列节能环保管理制度，并开展清洁生产活动，加大节能减排投资力度，强化节能管理手段，不断完善能源管理体系建设，取得了显著成效。同时创造了国内石膏板的最低能耗，居于世界先进水平，有力助推引领了国内石膏板行业绿色健康发展。

公司结合习总书记提出的"创新、协调、绿色、开放、共享"发展理念，根据泰山石膏的实际情况提出"创新、和谐、品质、绿色、共赢"的发展理念和"科技创新　追求低碳　节能增效　科学发展"的绿色工厂管理方针，坚持节约资源和保护环境基本国策，以工业副产石膏资源综合利用为主线，坚持以保护环境和合理利用资源为目的的绿色制造模式，从产品的整个生产周期入手，加强提高能源利用、减少废物排放，不断提升技术水平，完善技术体系，推广应用先进的技术成果，提高资源综合利用水平和效率，实现工业副产石膏综合利用产业化发展和技术升级，把公司打造成为建材行业内具有泰山石膏特色资源综合利用特质的绿色制造标杆工厂。

数聚蒙牛　智享未来

蒙牛乳业泰安有限责任公司

　　蒙牛乳业泰安有限责任公司是内蒙古蒙牛乳业（集团）股份有限公司在山东投资的分公司，2003年11月注册成立，拥有三大生产车间，占地面积380亩，乳制品日生产能力达2550吨，是集生产冰激凌、常温牛奶、酸奶于一体的综合性生产基地。生产三大系列160多个品项的产品，产品品类满足不同的消费人群：绿色心情系列雪糕、蒂兰圣雪系列冰激凌、中国第一款专业儿童牛奶——未来星儿童牛奶、自主研发的0脂肪发酵乳饮料——优益C、早餐奶、纯牛奶等，产品销往全国。先后荣获山东省数字化车间2个（常温奶、酸奶）、山东省质量标杆、山东省农业产业化重点龙头企业、山东省农业产业化头部企业、山东省智能工厂、山东省新一代信息技术与制造业融合发展试点示范等荣誉。

　　自新型工业化强市建设战略实施以来，作为市现代食品产业链商（协）会会长单位，蒙牛乳业立足现代食品产业发展实际，与市现代食品产业链专班通力协作、共谋发展，深入贯彻落实各级重要指示精神，团结带领广大会员企业，履职尽责、开拓创新，各项工作取得了明显成效，有力推动现代食品产业健康快速发展。

立足商会建设，服务发展大局

　　突出建章立制，规范运行商会活动。一是建立会员发展制度。2022

年 7 月，市现代食品产业链商（协）会正式成立，通过组织提名、考察推荐等民主程序，选举蒙牛乳业泰安有限责任公司董事长甄利民担任会长，山东众客食品有限公司总经理

蒙牛乳业泰安有限责任公司中央控制室 （赵 叶 供）

李心娟担任监事长，泰山亚细亚食品有限公司董事长王君峰担任秘书长。吸纳 42 家经济实力强、热爱商会工作、热心社会公益事业的企业为会员单位，发展壮大商会规模。二是建立会费使用制度。审议通过《会费标准与使用管理办法》，明确会费使用制度，每年定期向会员代表大会或理事会报告财务工作，做到会费使用全透明。三是建立理事会例会制度。从服务宗旨、组织机构职责、服务内容等方面入手，结合实际起草完善了商会章程，并由一届一次全体会员大会审议通过，理事会严格参照章程执行例会制度，做到事事有商议、件件有着落、样样有结果。

锚定发展目标，提高食品产业质效。强主链、壮支链，围绕八大赛道、细分领域进行布局，推动建立乳制品、酒水、粮油、宠物食品、畜禽等二级协会，充分发挥二级链主的行业优势，推动政策精准落地、招商精准对接、问题精准解决。提升商会产业赋能效果，深入分析产业链上下游商业趋势，深挖产业短板及需求，协助会员企业制订发展规划，建立强企档案，有针对性为企业引入资金、人才、销售等各类资源。通过开展政策宣讲、企业家培训等手段，增强企业内生动力。协助专班主动为企业排忧解难，邀请链长、副链长、组长等领导到企业召开现场会，推动问题现场解决，为企业发展创造良好的外部环境。协调会员单位实现链内产业互补，打造利益联结、抱团发展新机制。积极开辟渠道为会员提供经济信息、法律咨询、人才

信息、对外联络等多方面的服务,增进交流、促进团结,不断提高服务企业的水平。

发挥桥梁作用,搭建政企联络平台。站在推动全市新型工业化战略的高度,牢牢把握现代食品产业发展方向,针对产业链最前沿、最先进的热点问题,开展政策和产业战略研究,推动产业创新发展、转型升级,为企业提供一个交流平台。积极建言献策,就产业链发展的政策和法规制定提出意见建议,协助市现代食品产业链专班制定《加快现代食品产业高质量发展实施意见》《支持预制菜发展八条措施》以及《加快农业优势特色产业高质量发展实施意见》,征集相关企业意见建议60余条,为专班决策提供智力支撑,推动产业可持续发展。

强化资源整合,助力产业增效

搭建产业聚集平台。发挥商会骨干龙头企业引领带动作用,围绕岱岳区范镇绿色食品产业园、新泰汶南食品产业园、宁阳现代食品产业园、东平健康食品产业园等16个县域主导产业园区,依托龙头企业延链补链强链,吸引配套企业向园区集中,提高企业聚集度和项目承载力。

搭建招商引资平台。大力推动以商招商,充分发挥商(协)会作用,聚焦珠三角、长三角、京津冀等重点区域,组织商会企业"走出去",深入对接异地商会,宣传推介泰安市产业布局、资源优势、优惠政策,主动与发达地区行业领军企业建立长效沟通机制和合作伙伴关系。充分利用专业展会、博览会等平台,组织引导商会企业开展产品展示、企业推介、项目招引、合作交流等活动,60余家商会企业到东莞、潍坊、深圳等地参展参会。

搭建企业合作平台。开展企业结对活动,梳理链上企业供需实际,推动上下游关联企业建立技术、业务、产销等常态化合作,纵向畅通原料供应、生产加工、产品营销等融合渠道,横向推进机具制造、包装存储、物流运输等配套产业协同发展,共引导23对链上企业建立合作关系。比如,山东富世康制粉公司,与种粮大户和农业合作社开展合作,建立起富世康优质小麦种植基地10万亩,实现三产融合、农企双赢。中益汇海粮油公司通过与泰安美加食品、东平普信饲料等企业合作,解决产品销售和副产品处理问题。

推进自身建设,加强示范引领

数字化转型方面。作为产业链数字化转型标杆企业,按照《现代食品产业链制造业数字化转型行动计划》要求,加快布局数字化转型项目建设,成立智能制造专项小组,引进智能化、数字化生产设备,在杀菌机、辅料库、枕开箱机储料仓、立体库、万能柔性码垛机等设备的布局上进行优化,解决产品倒流、交叉发运、规格受限、产能不足的根本问题,对主车间6条生产线智能化升级,实现减少成本、提高质量、扩容扩产,打造从原奶入厂到无菌灌装全流程自动集成控制系统。在此基础上,协助市专班组织召开现场推进会,示范带动广大企业在智能装备应用、车间设备互联互通、生产线智能运行、物料自动化配送等方面全方位改造完善提升。

经营管理方面。积极参加市工业推进办组织的"双赋能"经营培训班,与专班及重点企业负责人深入交流,摸清企业生产水平、下一步发展规划、目标等指标基本情况,共同探讨提出针对性改进意见,不断提高企业管理水平,提升企业家综合能力,助力全市新型工业化强市建设更好更快发展。

立足绿色低碳高质量发展
做数字化转型引领企业

山东恒信高科能源有限公司

山东恒信高科能源有限公司位于山东省泰安市宁阳化工园区，是一家集煤基化工一体化、高端化工、新能源、大型铁路物流园于一体的综合性企业，是山东民营企业100强——山东恒信集团与世界500强江苏名企——江苏永钢集团的合资企业。

恒信高科煤气净化实现资源综合回收利用　　　　　　　　（恒信高科　供）

山东恒信高科退城进园技术升级项目是泰安市和宁阳县重点招商引资项目，退城进园技术升级项目及近三年安全环保节能设施技改投资累计已超过 40 亿元，二期项目氢能综合利用示范基地项目投资 15.68 亿元。恒信铁路物流有限公司投资已达 7.2 亿元，民生集中供暖合资公司宁阳恒升热力有限公司主辅设备设施已投资 8500 万元。山东恒信集团和江苏永钢集团两家股东累计投资超过 63.73 亿元，投资力度在宁阳县历史上最强最大，两家股东对宁阳县乃至泰安市倾注了极大投资热情。

在各级党委政府的关心支持下，山东恒信高科能源有限公司建成了国内装备水平一流的煤基化工生产装置。技术装备水平、能效水平、环保绩效、安全评级、税收贡献、产业链延伸、智能化信息化装备水平、数字化转型、公铁水多式联运清洁运输水平等各项指标在全省均位居前列，实现了转型升级与新旧动能转换。生产中及正在设计推进建设的高端化工、清洁能源产品达 20 余种，可应用于国家新的能源替代、工业基础原料及国计民生多项领域。公司先后获得山东省高端化工高质量发展重点企业、山东省煤基精细化工产业大脑链主企业、2023 年山东省智能工厂、山东省节水先进单位、中央网信办 2023 年数字化绿色化协同发展优秀案例、泰安市民营企业 50 强、泰安市绿色工厂、泰安市应急管理规范化建设示范企业等相关称号，建有泰安市工业氢能源纯化技术重点实验室、泰安市工程研究中心、泰安市企业技术中心，近三年申报各类国家专利 30 余项，软件著作权 5 项。

公司始终坚持绿色低碳高质量发展理念，积极贯彻泰安市新型工业化强市建设战略部署，不断打造新质生产力，在新型工业化建设方面持续探索实践，新型工业化建设成效显著，产业实现焕新升级。

立足新型工业化特点，加快公司发展

高质量发展是企业推进新型工业化建设的核心内涵。恒信高科坚持高点站位、创新引领，一期建设项目采用了煤化工行业最先进的工艺、设备、安全、环保、节能新技术，设备设施高端配置，实现生产过程监控、企业管理、安全、环保、物流、质量管控一体化，全厂过程控制系统、生产执行系统、信息管理系统均达到国内先进水平。现在已形成产能140万吨焦炭、15万吨甲醇、15万吨高端化工产品、余热发电2.1亿度/年。发挥链主产业协同带动作用，氧气、氮气、蒸汽等资源供应辐射及带动园区化工企业7家。2022年为城区及周边实施民生供暖面积达25万平方米，建有4条铁路专用线，铁路运力600万吨/年。

科技创新是企业推进新型工业化建设的根本动力。在科研创新方面，公司建有泰安市工业氢能源纯化技术重点实验室、泰安市氢能源工程研究中心、泰安市企业技术中心，与山东省科学院联合申报，获批山东省首批"煤基精细化工产业大脑"建设试点，是全省煤化工行业唯一链主企业。

绿色低碳是企业推进新型工业化建设的生态底色。公司高度重视节能降碳绿色发展，把绿色发展理念贯穿于建设和生产的全领域、全过程。积极利用绿色低碳技术，已全面完成超低排放改造，率先在黄河流域完成了验收和公示。公司是《焦化行业超低排放评估监测技术指南》标准起草单位之一，山东省生态环境厅在我公司拍摄"焦化行业挥发性有机物治理要点"专题片并于全省推广，成为示范引领煤化工行业挥发性有机物治理先进典型。正在建设的厂房顶分布式光伏

恒信高科智慧化工数字孪生平台　　　　（恒信高科　供）

发电项目，总装机容量为 1.28 兆瓦，年发电量 140 万度，实现每年节约标准煤 500 吨，每年二氧化碳减排 1200 吨。在山东省发改委发布的焦化行业能效水平公告中，公司焦炭、甲醇产品单耗均优于国家发改委发布的能效标杆水平，实现了产品能效水平领跑同行业。

智能制造是企业推进新型工业化建设的重要组成部分。恒信高科积极贯彻落实市委、市政府新型工业化强市建设总体部署，以"工业互联网平台 + 数字孪生建模 + 工业智能"为整体架构，通过管理数字化、业务模型化、链条智能化三个阶段，逐步探索具有恒信特色的"智能工厂"管控新模式。项目依托华为先进的人工智能、大数据、云计算、数字孪生等技术，搭建镜像孪生空间，打通数据孤岛，建设智慧化工数字孪生平台，实现系统集成、数据集成和服务集成，进而实现对整个生产环节的全局可视化管控、实时动态监测及生产预警预测，有效提升企业在厂区整体科学管控、生产工艺优化、新厂区规划建设等方面的能力。通过业务建模和大数据分析技术深入挖掘数据背后的价值，年新增经济效益 2000 万元。近年来，恒信高科在数字化转型和智能化升级方面取得系列成果和多项荣誉。先后获得宁阳县数字化转型先行企业，泰安市智能工厂，成为国内首家华为云数字孪生工厂典型案例、山东省首批数字经济"晨星工厂"，作为链主企业成功申报山东省首批行业省内唯一的煤基精细化工产业大脑，入选山东省工业生产领域虚拟现实先锋应用案例和山东省元宇宙产业创新发展联盟成员。工信部 2023 年"促进数实经济和实体经济深度融合全国行"现场观摩给予了高度评价和认可。国内不少企业来厂参观考察，并初步洽谈了一些合作意向，将数字孪生工厂推广或复制或部分复制，实现了数字的产业化。

构建更为完善的产业体系，加快产业链延链、补链、强链是推进企业新型工业化建设的发展战略。公司目前正加速建设的 5 万吨氢能源产业示范基地项目，已纳入《泰安市"十四五"能源发展规划》，将打造以燃料氢、工业氢新能源开发利用为核心，集制氢、储氢、运氢、用氢产品开发的氢能源产业链，同时配套建设两座加氢子站。以全产业链整体协同发展为目标，完善氢能产业发展生态，打造泰安市首家氢能综合利用示范基地。

着眼未来产业，加强规划设计

公司将与中科院、山东省科学院、西南化工设计研究院等科研院所进一步加强合作，锚定高端化工、清洁能源、新材料三条产业赛道，高质量推进项目建设，推动煤化工产业向高端化、智能化、绿色化、数字化等方向发展。

坚定绿色低碳、创新发展不动摇。按照市委、市政府新型工业化强市建设战略规划，以打造大型新能源新材料产业基地为总方向，以一期项目为基础，依托一期富氢资源优势，推进资源综合利用、循环经济发展和产业体系再优化，"十四五""十五五"期间规划投资 140 亿元，拉长清洁能源新材料产业链条，进一步强链、补链、延链，主要建设 60 万吨 / 年焦炉气综合利用制乙醇、10 万吨 / 年碳酸二甲酯、10 万吨 / 年聚碳酸酯、12 万吨 / 年环己酮、12 万吨 / 年己内酰胺、16 万吨 / 年己二酸等项目，提升产业链完整性和供应链稳定性。规划项目投产后，恒信高科可实现销售收入 235 亿元，利税超 60 亿元，安置就业 4000 余人，不断提高企业区域拉动力、行业竞争力、财税贡献力。

贯彻智改数转战略不动摇。扎实推进数字孪生智能工厂建设，以新技术、新产业、新业态、新模式为企业注入新动能，以自动化、信息化、数字化、智能化打造绿色低碳高质量发展新标杆。对内深化人工 AI 智慧配煤、设备全生命周期管理、生产单元成本优化控制等数字化应用场景，深入挖掘数据价值，促进企业提质降本增效，提升综合经济效益。对外通过智慧化工云平台打通上下游，实现供应商、客户、第三方物流及各大平台的互联互通。投资 1000 万元正在建设的焦炉地下室智能巡检机器人项目，可实现对涉及特殊作业场所无人化操作和对设备运行状态的实时监控、预测，提高巡检和维护的效率和准确性，进一步提升公司本质安全化水平。积极参与煤基精细化工产业大脑建设，进一步优化生产流程，协调供应链、生产链、销售链数字化协同及生产经营业务的模型化并依托产业大脑实现价值转化和输出。公司与山东省科学院联合开展重大科技创新工程项目攻关，探索"基于新一代人工智能的煤基化工数实融合关键技术研发及产业化应用"，拟形成可复制的数实融合关键技术向全社会推广，赋能同行业，助力企业数字经济和实体经济深度融合发展。

全市正在开展"十企领军示范、百企裂变倍增、千企数字赋能"重点行动，恒信高科作为泰安市高端化工产业链链主企业，与泰安市智能制造产业专家组签署了《泰安市制造业数字化转型创新领军企业服务合作框架协议》，该协议的签署形成了高效的工作机制，有力助推了企业数实融合的发展。下一步，公司会以此为契机，牢记嘱托，笃定强企报国信念，在创新创造、绿色低碳、数实融合上不断探索，争做绿色低碳高质量发展标杆企业，争做数字化转型引领企业，为推动泰安市新型工业化强市建设贡献恒信力量！

绿色发展 与时俱进
争做中国农化领域的典范

山东省联合农药工业有限公司

山东省联合农药工业有限公司（以下简称山东联合）是山东中农联合生物科技股份有限公司的全资子公司，隶属中华全国供销合作总社，是国家定点农药生产企业，是山东省第一批化工重点监控点企业。公司于1995年7月31日成立，坐落于泰安市岱岳区范镇经济开发区，注册资金5.5亿元，总占地800余亩，现有职工1100余人。先后被评为国家级绿色工厂、中国百强农药生产企业、山东省高新技术企业等。

公司主要从事农药原药、制剂及农药中间体的生产、研发和销售。产品主要有 2-氯-5-氯甲基吡啶、吡虫啉、啶虫脒、烯啶虫胺、虫螨腈、吡蚜酮、哒螨灵等原药产品，以及杀虫剂、杀螨剂、杀菌剂三大系列百余个制剂产品，具有高效、低毒、广谱等特点。目前，公司拥有覆盖全国30多个省市自治区的销售网络和完善的售后服务体系，产品更远销东亚、东南亚、中东、北美、南美、非洲等36个国家和地区，深受农民的喜爱和市场的欢迎。

发挥作用，示范带动链上企业技改创新、提质增效

2023年以来，公司在各级党委政府的坚强领导下，按照市新型工业化强市战略部署要求，充分发挥市高端化工产业链二级链主的引领作用，

示范带动链上企业技改创新、提质增效，借助绿色升级激活发展潜力。公司加大产业链上下游协同发展力度，与市区内多家企业交流合作，通过互补推动产业链、供应链共生耦合，实现企业"抱团式"集聚发展。

公司坚持科技引领发展，注重产品研发和技术创新，不断推出环保、高效新产品，借助技术改造、数转升级等手段，确保公司在安全、节能、环保等方面始终走在行业前列。公司现有产品结构以烟碱类杀虫剂为主，已经成为行业内较大规模的烟碱类杀虫剂产品生产基地，主要产品包括吡虫啉、啶虫脒、烯啶虫胺、噻虫嗪、噻虫啉等农药原药，配套自产 2-氯-5-氯甲基吡啶、咪唑烷、氰基乙酯等中间体。原药产品含量高、质量好，在市场上具备较强的竞争力。同时公司向上下游产业链延伸，进一步强化公司原药优势，提高了公司的市场竞争力及盈利能力，完善的烟碱类杀虫剂原药体系及丰富的制剂产品结构已经成为公司的一张名片。

公司依托在农业领域多年积累的技术和服务，并依靠自身深厚的流通服务能力、完善的基层网络、完整的产业链条，秉承"强强联合、优势互

山东省联合农药工业有限公司年产 10000 吨制剂生产车间　　　　（山东联合　供）

补"原则拓宽合作范围、创新合作模式。海外市场与跨国公司战略合作；国内原药销售渠道以正规的制剂生产厂家为主；国内制剂销售局部区域渠道下沉，将作物解决方案与大型专业合作社对接。夯实现有现代农业服务中心网点建设与技术服务，在国内主要水稻主产区打造"公司＋合作社＋农户"的全新服务模式，通过标准化可复制的全程作物解决方案，吸引农户加入到集约化、规模化的现代农业种植模式中来，达到三方优势互补、协同发展的目的，为产业链上农药生产企业生产经营积累了现实经验，为探索新的盈利模式打下良好基础。

持续推进"数转智改"，为产业发展蓄势赋能

自新型工业化强市战略部署以来，公司坚持把数字经济作为转型发展的关键增量，加大"数转智改"工作推进力度，将多元化的智能场景模块应用到提高生产效率、安全管理、质量管理等各个环节中。一方面，打破产业工人与工业机器传统的工作模式，基于各类设备、物料性质的变化实现工艺环节运行过程的智能化、精细化控制。采用国际领先的微通道反应器、管式反应器、连续化生产技术，运用 DCS、GDS、SIS、PLC 四大自动控制系统，通过中控室集成数据平台控制物料投放、工艺操作等全过程，线上跟踪工艺参数、釜内反应等实时状况，实现智能化操作，提高了生产效率。已投产的年产 1 万吨制剂项目 4 条生产线由原来的 20 名技术工人减至 3 人，基本实现了"机械化换人、自动化减人"的目标。2023 年，公司成功入选山东省首批数字经济"晨星工厂"和山东省人工智能应用场景名单。另一方面，以 5G 网络为基础，打造了集数据采集、安全预警、智能数据分析结果可视化等于一体的安全信息化管理平台，覆盖安全生产管理全过程。通过"人机物环管"安全管理五要素，以风险预控为核心，形成管理风险、控制危险、消除隐患、预防事故、科学决策的 PDCA 全流程动态闭环管理，包含重大危险源监测预警系统、企业安全风险分区管理系

统、生产人员在岗在位管理系统、企业生产全流程管理系统四个子系统。针对八项特殊危险作业，公司采用"电子围栏"与人员定位相结合的管控模式，即通过人员定位技术将施工人、监护人等相关人员设置于电子"围栏"中，提高对特殊作业的重点区域和危险区域的敏感度，严格把控区域内进出人员。同时，通过作业计划申请、审批全程电子化、人员所在位置核验等方式，确保相关签批人按规定现场签批，提高真实核验作业结果的准确性和及时性。在日常巡检方面，逐步完善智能巡检应用系统，通过人员胸牌定位达到巡检人员路线可视化和轨迹可查询化，大大提高了巡检的高效性、精准性和处理现场异常问题的时效性，有力保障了安全生产。在日常监管方面，采用 GIS 可视化等技术，通过物联网、APN 虚拟专网技术实现实时巡检信息和实时巡检数据上传、隐患报警信息管理、数据报表统计的功能，达到全程监控和数字化管理的目的。通过中控室可在同一时间知晓全厂区人员位置、精准管理每位员工实时岗位状态。再一方面，公司利用大数据分析技术、物联网技术、数据存储技术、数据采集技术等，构建实验管理、大宗原料、产品过程、产成品等质量管理追溯体系。引进 LIMS 质量管理平台系统，进一步规范质量检测管理流程，通过二维码等技术实现问题样品的快速追溯，提高实验室检测效率和管理水平，保证实验室出具的检测数据公正有效。

贯彻生态发展理念，实现绿色低碳可持续发展

公司准确把握化工产业发展趋势，秉承"高端、绿色、创新"的发展理念，以高质量发展为主题，以优化产业结构为目标，实现了科研开发、药效试验、原药及制剂规模生产、销售服务全面贯通，引进三效蒸发、焚烧炉、反渗透等先进设施，促进降低产品的电耗和蒸汽耗量，实现降本增效。第一，公司全面提升管理水平，推进企业绿色管理体系向规范化、精细化迈进。常态化开展"基础管理达标"活动，在产品质量、职业健康、

环境保护、能源管理体系建设基础上深入分析对企业绿色管理可能产生影响的指标,有针对性的提出意见和建议,全面开展整治提升。第二,公司深入推行绿色原药和制剂生产,从生产全流程进行产品生态设计,不断改良配置药方,改进产品工艺。原药全部使用高效、低毒、低残留原材料,制剂配方选择水悬剂、水分散粒剂、水乳剂、水剂等绿色剂型。原药生产过程中全部采用密闭设施,避免有害物质泄漏,增加了碳纤维尾气吸收系统、冷凝吸收、溶剂吸附处理等多种设备装置,对溶剂和原材料进行回收,有效降低了原材料损耗。制剂生产选择连续化生产工艺,产品从投料、成品到包装实现全程密闭化生产,避免有害物质泄漏。结合种植技术现状,探索不同主产区、不同生态区、不同经济发展水平地区最优施药解决方案,在农药制剂生产配方中增加生物易降解高效助剂,降低制剂产品表面张力,提升了在植物叶片上的铺展、渗透性能,使制剂在使用过程中更易与植物叶片亲和,有效利用率提高了20%,少量制剂即可达到生物防效,有效降低了制剂用药量,满足了农业生产农药减量增效的绿色发展目标。第三,优化企业用能结构,大力推进节能减排应用技术。近几年,公司先后配备碳纤维设施、污水反渗透装置等10余套环保设备,安装2项大型节能系统,推广7项节能创新改造技术,环保工作取得显著成效。烟碱类原药作为国内烟碱类产品产能最大的生产线,采用业内先进工艺路线,有效降低了单位产品总能耗和"三废"排放量。第四,公司加大在节能减排等方面的科研创新力度。跨行业应用WTC8540反吊膜技术,将反渗透产水进入反渗透原水池或作为循环水使用,大大降低对水资源的利用。研发了烯啶虫胺、吡虫啉溶剂等资源回用清洁生产技术、农化低浓度盐废水资源回用清洁生产技术、活性炭纤维吸附回收生产技术,进一步提高了企业生产洁净化水平。创新的将三效蒸发装置应用于含盐废水处理,利用蒸发废水的蒸汽循环蒸发,有效去除废水中含盐组分,大幅度降低了污染物排放。

加快推进技改扩规，为高质量发展激发新活力

公司大力实施产学研合作战略，推动企业自主创新，依托科研院所不断完善整合研发中心技术、人力、实验条件等资源，完善以技术中心为主体的创新组织机构，建立公司内外专家库，健全创新管理机制，规范项目的立项、执行、奖励流程，形成企业战略研究、项目招标管理、产品开发设计三层体系有机协调机制，推进公司创新体系加快建设，在产品创制和生产系统及生产线自动化改造方面取得显著成绩。其中，创制农药"氟醚菌酰胺"已获得农业部颁发的正式登记证，被中国农药工业协会评定为第十届中国农药工业协会农药创新贡献一等奖。首创产品"三氟杀线酯"获得欧洲（英国、法国、德国、西班牙、葡萄牙）、澳大利亚、美国、印度、巴西等国家的授权，打破了噻唑膦等传统杀线剂在作物移栽当天使用容易出现药害的限制，成为公司新的盈利增长点，提高了企业核心竞争力，为公司立足国内市场、迈入国际市场打下坚实基础。

公司启动实施智能化改造提升工程，以产线数字化、工厂智能化、运营信息化、园区智慧化为主线，按照"生态植保产研一体化"的发展思路，开发建设了环境友好型农药生产及研发基地项目。该项目规划建设面积16万平方米，共分5个建设单元，分别是绿色农药原药及中间体生产中心、生态植保药剂加工中心、农药专业储备物流中心、农业综合防治科学创制中心、科技成果转化中心。年产3300吨杀虫剂原药项目的吡蚜酮、溴虫腈车间和生态植保药剂加工项目的年产10000吨液体制剂车间均已投产运行；年产5000吨啶虫脒项目进入试生产阶段；年产10000吨二氯五氯甲基吡啶中间体项目、年产1300吨联苯菊酯项目正在加紧建设。项目建成达产后，将进一步丰富公司产品线，成为集农药原药、制剂和中间体研发、生产、销售、服务于一体的全产业链烟碱类杀虫产品生产企业。

践行新理念　引领新发展
打造全球化纺织服装综合服务商

山东岱银纺织服装集团

山东岱银纺织服装集团是一家集纺纱、织布、毛纺、服装、国际贸易、跨国经营于一体的现代化企业集团，致力于打造全球化的生产型纺织服装综合服务商，年产棉纱 12 万吨、毛呢 300 万米、牛仔布 3000 万米、服装 1000 万件，各种系列的纱、布、毛呢、服装产品远销到全球 80 多个国家，集团连续多年位居全国棉纺织行业综合竞争力排名前 20 强，是全国重点

岱银集团纺纱车间场景　　　　　　　　　　（岱银集团　供）

跟踪培育纺织服装品牌企业、山东省优秀企业、泰安市纺织服装产业链链主企业。

2023 年,岱银集团积极践行新发展理念,主动融入新发展格局,立足"双循环",加强两大市场开拓,不断提升市场份额;积极推进科技创新,加强功能性产品开发,更好地满足客户需求;大力实施"走出去"战略,持续深化国际化经营,推进全球产业链布局;积极推进智能制造,加快产业升级步伐,打造发展新动能;加大品牌建设力度,提高品牌影响力,打造雷诺高端服装品牌。集团获得了全国纺织服装品牌重点培育对象、中国纺织服装品牌竞争力优势企业、国家级绿色工厂、中国纺织工业新产品开发贡献奖、山东省本土跨国公司重点培育企业、山东省知名品牌等一系列称号,在纺织服装业界的形象和声誉又有了全新的提升,得到了社会各界的充分认可和肯定。集团主要工作开展情况如下。

立足"双循环",加强两大市场开拓

内销方面,加强对国内品牌客户、大客户的开发,进一步提升了内销市场份额,较好地对冲了上半年纺织服装出口下滑的不利影响;外贸方面,在巩固好欧美传统市场的基础上,积极开发中东、东欧、俄罗斯、南美以及"一带一路"新兴市场,构建起出口多元化格局,新兴市场同比增长超过 30%。

积极推进科技创新,增强发展新动能

持续加大了对健康、绿色、环保、抗菌等功能性产品的研发力度,高强耐磨军品纱、汉麻抗菌纱、阻燃工装面料、公安服装面料、牛仔环保面料等新型产品的研发和推广,走在了全国同行业前列,集团已荣获国家和省

（市）级科技奖励 200 余项，获得专利授权 60 余项，是国家知识产权优势企业，山东省专利明星企业。

实施"走出去"战略，加快全球化布局

集团在美国、德国建立贸易公司，在美国洛杉矶建成省级公共海外仓，打造了岱银美国跨境电商平台，在美国的亚马逊、沃尔玛等主流电商平台都实现线上销售。2023 年，集团积极走出去加快境外服装生产能力扩充，在柬埔寨投资新建成 500 人的服装加工厂，年产各类服装 100 万件（套），主要客户为杰克琼斯、飒拉、普欧贝尔、凯家衣等国际知名品牌。岱银集团还在越南建立了办事处，积极拓展整合越南服装工厂资源，充分利用越南的生产、市场、政策等优势，为应对国际订单向东南亚等地区转移发挥了重要作用。

坚持技改投入，积极推进智能制造

一是继续投资对服装生产线进行智能化改造，采用数字化制造技术升级改造雷诺服饰车间，被列为"省级数字化车间"；二是围绕传统产业的智能化，投资改造纺纱生产线，增加了单锭检测、自动落纱等装置，国内外纱厂生产效率整体提升 15% 以上；三是规划建设了岱银高档毛呢绿色智能工厂，项目投产后年实现销售收入 4 亿元、利税 5000 万元；四是完成了岱银新宇公司新增 3 台 A9 气流纺项目建设，年新增纱线产能 7000 吨；五是在岱银马来西亚公司投资建设了 15 兆瓦绿色能源光伏项目，项目于 8 月开工，历时 4 个月完工投入使用，年发电量 1800 万度。

加强品牌建设，培育高端服装品牌

岱银集团精心培植的"雷诺"服装品牌已荣膺"中国最具影响力商务休闲品牌""中国服装招标采购高端定制品牌"等殊荣，进一步加大了"雷诺"服装品牌建设力度，不断提高"雷诺品牌"的市场占有率，现已建立近百家销售网点，被金融、铁路、邮政、电力、保险等行业的100多家企业团体确定为服装采购优秀供应商，并在美国、加拿大市场注册"雷诺"商标进行自主品牌销售，目前已覆盖洛杉矶、纽约、华盛顿等20多个城市。

2024年，岱银集团将积极把握新变化，抢抓新机遇，聚焦高质量发展首要任务，秉持"品质第一，客户至上"的经营理念，坚持国内国际市场双线发力、相互促进，大力实施创新驱动发展战略，紧紧围绕扩增量、强管理、优结构、增效益、强队伍持续发力，加快推进高端化、智能化、绿色化发展，推动传统产业转型升级，激发企业新活力，打造竞争新优势，积极践行社会责任，为新型工业化强市建设贡献力量。

激发新闻出版新动能
铸造中国新闻出版新坐标

泰山新闻出版小镇

泰安市紧紧抓住国家疏解非首都功能的契机，打造以数字出版、数字印刷产业为核心的泰山新闻出版小镇，创出了一条绿色、环保、可持续发展之路，打造了新闻出版高质量发展的"泰安样本"。先后入选国家新闻出版总署改革发展项目库、国家"千企千镇项目库"、国家文化产业发展项目库、国家发改委第二批"精品特色小镇"全国推广项目，授予"全国版权示范园区（基地）"，全国首家图书类版权交易中心落户小镇。

"引"——立足泰山优势绘蓝图

借助山东印刷、造纸大省的基础条件，发挥泰山独特的文化、区位、物流等优势，坚持引小镇、引智库、引项目，从无到有、从小到大，建成国内第一个服务于新闻出版行业的特色小镇。

抢抓机遇，落户泰安。2015年国家开始疏解北京非首都功能，泰安抓住新闻出版业急需外溢和国家大力发展特色小镇这一历史机遇，提出了在泰山脚下建设新闻出版小镇的构想。市委、市政府成立工作专班，筑巢引凤、积极申报，全力承接北京文化出版领域外溢项目。2017年，全国唯一新闻出版小镇落户泰安。

科学规划小镇建设。聘请清华大学、复旦大学等国内顶尖大学和飞驰、泛华等创意公司团队共同研究制订发展规划,按照生产、生活、生态和绿色化、数字化、智能化、融合化的"三生四化"要求,形成了中国新闻出版博物馆、国际新闻出版会展中心、泰山国际出版物交易中心、园区展示中心"一馆三中心"和新闻出版职业技术学院、全国高等院校新闻出版实习基地、全国新闻出版培训基地、创业孵化基地"一院三基地"的规划蓝图。小镇规划用地9798亩,分为南北两区,北区为数字出版印刷产业园,南区由产业聚集区、生活配套区、智慧融合区、文创康养区四部分组成。

明确思路,精准招商。坚持把产业发展作为首要任务,以编辑、出版、印刷、发行、仓储、物流为主要产业,按照特色小镇产业、文化、旅游、社区配套"四位一体"的要求展开项目建设。同时,成立招商团队,多次到北京、上海、广州、浙江等地招商推介,累计参加各类展会100余次,1000多家中外客商先后到小镇考察洽谈。目前,小镇已累计投资400亿元,已汇集起中国大百科全书出版社、中国新闻出版传媒集团、机械工业出版社等60余家新闻出版行业龙头、领军企业,形成了完整的核心产业链条。

强化链条,招引书企。承接涿州受灾书企,免费提供库房及物流、人才、教育等优惠政策,真正为受灾企业纾困解难,全国知名大型书业公司鼎硕文豪、北京京城新安、未来趋势、北京腾图等拟于春节前后搬迁入驻

国家级特色小镇——泰山新闻出版小镇　　　　　　　　　　　（泰山新闻出版小镇　供）

小镇；另有大中型民营出版馆配企业科信源文化、北京新儒智源等正在积极对接洽谈中。截至年底，已签约书企 91 家，现已入驻 51 家，注册公司 56 家，其中 30 家企业已办理图书批发经营许可证，9 家企业已办理图书零售经营许可证，扩充了产业上下游。

"链"——强化要素保障促建设

采取政府引导、企业主体、市场运作的模式，提高资源配置效率，推动小镇高质量发展。

做强新闻出版产业"资金链"。采取设立新闻出版产业发展引导基金、新旧动能转换基金、发行政府专项债、政府出资参股等方式，深度介入小镇基础设施建设与项目建设。积极引进风险投资基金，通过股权投资方式，推动项目落地。充分利用现有各级政府产业发展贴息政策，引入各类金融机构资金支持。

做实新闻出版产业"政策链"。配套制定对外贸易、IPO 上市、科技创新、技术改造等一揽子优惠政策，全方位多要素保障，推动新闻出版产业集群发展。比如，土地政策方面，对小镇的土地及规划问题进行专题研究，争取小镇项目建设用地指标计划单列，对鼓励类工业项目优先供应土地，土地出让底价按不低于所在地工业用地出让最低价标准的 70% 执行。税收政策方面，实行"三免两减半"，新增用地用于新建、扩建或改建的工业项目，根据厂房建筑面积，按照每平方米 100 元的标准给予资金扶持。

做精新闻出版产业"人才链"。根据小镇发展需要，精准靶向引进人才，实行"一人一策"，对两院院士、长江学者、千人计划专家等高端人才或相当层次人才带项目、带技术、带团队在高新区创（领）办企业，且已进入产业化或规模应用阶段的，给予 200 万元至 500 万元的项目启动资金，有效激发了企业人才的创新创业活力。

"融"——融合创新品牌促发展

坚持稳扎稳打、步步为营，为新闻出版产业高质量发展提供有力的制度支撑和机制保障。

创新发展机制。以特色产业和产业文化为核心，以创业创新为因子，借助新闻出版媒介，积极推进泰安市文博文物业、文化演艺娱乐业、数字文化产业、旅游产业等多种产业元素聚合，推动文化创意产品生产企业与旅游企业沟通合作，将文创产品创作生产引入旅游产业链，在构建新闻出版全产业链条的同时，积极打造"新闻出版行业技术创新、文化创意设计、文化艺术交流、旅游体验和休闲度假"的发展平台，力争成为文化产业的样板田、文旅创新的先导区、文化创意的实践地、旅游体验的目的地、艺术与经济的新蓝海。

创新品牌推广机制。举办 5 届"泰山国际新闻出版合作大会"、第七届全国出版物馆配馆建交易会、首届文化出版领域文创产品博览会等大型会议，为中外新闻出版界搭建了学习交流、合作共赢的重要平台。目前，泰山新闻出版小镇已成为全国唯一新闻出版产业集群、全国唯一以新闻出版全产业链为核心的特色小镇、国际新闻出版合作大会永久会址。同时，小镇投资 2000 万元，建设智慧展厅和泰山印刷博物馆，共计吸引参观者和各类研学团队 400 余次。

创新数字化运营机制。在深圳成立深圳华岳数据科技有限公司，集聚产业资源，建设线上交易系统和线下交易服务场所，以"版权＋服务＋维权＋评估＋科技"为模式，对新闻出版版权相关内容及数据进行分类、整合，成立泰山国家图书版权交易中心。经过一年多的努力发展，最终形成以"国家级版权交易中心＋省级版权交易中心＋省版权工作站""三位一体"版权工作体系。截至目前，已完成 1 个新闻出版产业数字化服务平台和 6 个核心产业链服务系统的产业数字化产品矩阵；2022 年实现版权登记 1.5 万件，为服务行业企业所打造的新闻出版产业大数据平台完成测试运营，该平台拥有 4800 万家、近 100 万条工商数据，提供新闻出版数字化产业服务，输出产业图谱、热力分布、招商画像、企业档案等服务场景，提供"引链""强链""延链""补链"的全产业服务。

"效"——推动绿色发展见实效

坚持做好"建链、补链、延链、强链"文章，将产业链延伸到创意创作、编辑出版、印刷发行、仓储物流、版权交易、研学旅游等十大全产业链，形成沿链聚合的集群发展新优势，打造千亿级新闻出版产业集群。

产业集群发展初具规模。新闻出版全产业链已经初步形成，既有上游内容提供方涉及的院士写作基地、作家写作基地、音乐家创作基地、物资供应环节的大型印刷厂，又有最核心的中游出版企业，还有下游的发行企业，为小镇进入大发展、快发展阶段打下了坚实基础。

产业项目建设初见成效。时代天华一、二期，人天书店项目一期、二期已投入运营，机械工业出版社项目即将投产，美国冠龙智能绿色印刷项目，目前保税仓库已装修完成，是泰安第一家保税仓，设备已入仓正式运营，业务全面开展。北京印刷学院泰安研究院、北印泰山出版传媒学院筹建处、泰安市北印出版印刷培训中心、北京印刷学院教学实习（实践）基地已经挂牌。

产城融合效益初步显现。经过 5 年的建设，小镇以扎实的基础投入、先进的运营模式和独特的文化优势始终走在前列，形成了产业、文化、旅游、社区配套"四位一体"的综合性、多功能产业园区，实现生产、生活、生态高度融合，成为推动区域文化旅游等产业发展、促进产城人文融合、提高城乡居民生活品质的新动能。

"领"——永筑红色底蕴葆初心

泰山新闻出版小镇，始终把政治文化效益放在第一位，党建引领让红色文化为小镇塑形塑魂，打造意识形态新高地。坚持以党建工作为引领，以新时代党建思想为出版印刷产业品牌建设注入高远理想，激发企业出版内生动力，唱响主旋律，提振精气神。

守正，注重思想教育。以产业链党委联席会议为平台，坚持开展主题学习研讨会，把思想和行动牢固统一到强市强省强国目标上来，努力提高认识、统一思想，步调一致抓执行，及时解决制约出版印刷行业发展的瓶颈问题；注重宣传学习党的出版方针，守住意识形态阵地，不断加强出版工作者的政治坚定性和敏感性，坚持出版以宣传科学理论、传播先进文化、塑造美好心灵、弘扬社会正气为己任。

凝聚，打破单位壁垒。广泛吸纳产业链相关企业加入党委，开展出版印刷产业相关企业大排查，吸纳 8 家链上企业和市区两级企事业单位加入；激发文化认同，设计制作产业链党委 LOGO 和"传传""承承"两个吉祥物，开发专属表情包和系列文创产品；强化组织凝聚，完善组织架构，健全议事机制，实现出版印刷企业从单兵作战到团队合作。

融合，丰富党建供给。实行党建工作与产业发展目标、人才锻炼培养、企业文化建设、社会公益事业"四融合"工作法，搭建企业展示平台、创业创新孵化平台、学习交流平台、合作互助平台等特色平台，为共建共享高质量园区提供蓬勃动力。阵地上，打造 6000 平方米综合服务中心，设置红色剧场、求是书苑等 10 余个活动空间，配套教育、延学等 4 项服务功能；人员上，开展党务工作者专业资格认证，选派党建工作指导员；活动上，编制开放式组织生活套餐，打磨"党旗红"主题沙龙、"聚星火"话剧展演、"忆峥嵘"红色剧本杀等 8 项特色活动，用创意党建实力圈粉。

联动，加强沟通交流。完善互动机制，抓好年初恳谈会、季度观摩会、年底联谊会等规定动作，推动联盟成员"经常串门""互走亲戚"；搭建对话平台，举办发展联席会、企业家论坛，强化产业协作，促进抱团发展；拓展联系维度，完善机关部门与出版印刷企业挂钩联建机制，推行社企互哺、共建共促的社企联建模式，发挥共建共享作用。

创新，加速转型升级。直面数字信息化浪潮对传统出版印刷业的冲击，积极寻求行业转型升级新的"春天"。推进互联网智慧党建平台建设，利用新兴平台互动性强、传播快捷、省时高效的特点，开展党建工作，加强党员教育，让党员群众第一时间听到党的声音、知晓党的要求，推出独具特色的党建产品，谋求出版印刷行业新出路。小镇坚持把党建工作放在新闻出版事业改革发展、转型升级大局中来谋划，作为品牌建设的重要抓手来落实，作为提升企业影响力的重要路径来铺垫，实现党建工作与出版业务深度融合、与企业品牌建设有机结合，推动出版印刷行业高质量发展。

锚定目标不放松
全面推动新能源事业高质量发展

华能泰山电力有限公司

华能泰山电力有限公司隶属中国华能集团有限公司，是华能能源交通产业控股有限公司子公司，是集团公司授权可在全国范围内投资建设新能源项目的产业公司，泰安市新能源产业链"链主"企业、泰安市新能源产业链商会（协会）会长单位。公司成立于1998年10月，注册地山东省泰安市，公司注册资本15亿元，华能能源交通产业控股有限公司持

华能（泰安）光电科技有限公司　　　　　　　（华能泰山电力有限公司　供）

股比例为 56.53%、国泰民安集团公司持股比例为 43.47%。主要经营范围包括电力、新能源项目的开发、投资、管理以及电缆、电器生产与销售等业务。

公司一直秉承华能"三色文化",发扬埋头苦干、勇挑重担、永不懈怠、一往无前的"挑山工精神",切实履行央企责任,连续被授予"山东省级文明单位""华能集团文明单位""山东省科技进步先进单位""国家企业技术中心""山东电力优秀企业"等 40 多项省、市级荣誉。

聚焦新能源项目发展,推动泰安形成新动能主导经济发展新格局

(一)集中式光伏项目

新泰光伏领跑者一期 100 兆瓦项目。项目总投资 8.64 亿元,已于 2017 年 9 月建成并上网发电。在全国首个采取"沉陷区 + 农业 + 光伏"模式,在采煤沉陷区土地上进行光伏发电、建设设施农业,不仅为新泰产业转型升级、新旧动能转换提供了契机,更为资源城市转型趟出了一条新路子。光伏电站安装 347180 块光伏组件,光伏逆变器选用组串式光伏逆变器,系统分成 58 个光伏并网发电单元,总装机容量 100 兆瓦。

西张庄光伏项目。西张庄 100 兆瓦光伏竞价上网项目位于山东省泰安市新泰市西张庄镇和翟镇,总投资 5 亿元,装机容量 100 兆瓦,总占地面积 4100 亩,配套建设新材料冬暖棚 200 余个,年平均上网电量 1.1 亿千瓦时。该项目于 2019 年 10 月底开工建设,于 2020 年 6 月 30 日一次性全容量并网发电。

翟镇光伏项目。翟镇 100 兆瓦光伏发电平价项目是 2020 年山东省新旧动能转换重大项目库优选名单、泰安市插旗项目、新泰市重点招商引资项目,位于山东省泰安市新泰市翟镇新甫街道办事处,总投资 4.6 亿元,装机容量 100 兆瓦,总占地面积 3295 亩,建设新材料冬暖大棚、春秋棚,

项目年发电 1.2 亿千瓦时。该项目于 2020 年 10 月开工建设,于 2021 年 5 月 28 日完成并网发电。

（二）分布式光伏项目

华能泰山新能源分布式光伏综合能源示范利用项目。项目建设地点位于山东省新泰市经济技术开发区华能（泰安）光电科技有限公司,利用其车间厂房、食堂以及新建车棚顶部建设工商业分布式光伏项目,建设规模 3.6517 兆瓦,总投资 1640 万元,年发电量约 380 万千瓦时,该项目为"自发自用、余电上网"模式,于 2022 年 7 月开始施工建设,11 月并网发电。

华能泰山晶泰星光电科技分布式光伏项目。项目建设地点位于山东省新泰市山东晶泰星光电科技有限公司,利用其车间厂房屋顶和新建车棚建设工商业分布式光伏项目,建设规模 2.37 兆瓦,总投资 912 万元,年发电量约 380 万千瓦时,该项目为"自发自用、余电上网"模式,于 2023 年 9 月开始施工建设,10 月并网发电。

华能泰山光电科技产业园分布式光伏项目。项目建设地点位于山东省新泰市泰山光电科技产业园,利用其车间厂房顶部建设工商业分布式光伏项目,建设规模 4.3593 兆瓦,总投资 1592 万元,年发电量约 470 万千瓦时,该项目为"自发自用、余电上网"模式,于 2024 年 1 月开始施工建设,3 月底并网发电。

整村（镇）分布式光伏项目。公司本着"抓大不放小"原则,在泰安市、新泰市部分区域内,积极争取整村（镇）分布式项目资源,与当地镇政府、村组织深入对接,建立良好合作关系,达成合作意愿,锁定部分项目资源,其中泰安市户用光伏项目完成备案 802.4 兆瓦,完成新泰 50 兆瓦户用光伏项目可研报告编制,完成项目 EPC 预招标,完成岱岳区大汶口、山口等资源摸排工作,正在积极对接地方电网公司和设计单位,同步开展山口镇 30 兆瓦项目可研报告编制工作。

（三）独立储能示范项目

随着山东省近两年新能源装机的大幅提升及电力市场对独立储能的强烈需求，公司超前谋划、提前布局为后续规模化布局独立储能电站积累宝贵经验，目前公司完成华能新泰 400 兆瓦 /800 兆瓦时独立储能示范项目立项备案工作。

（四）氢能科技创新项目

氢能技术是我国"双碳"目标达成的重要技术支撑，可广泛应用于重型载运、分布式发电等场景，具有重大的国家能源安全战略意义。近年来，公司在科技创新、产业集聚和融合创新方面取得显著成效，结合新能源项目发展需要，以此契机在光伏制氢产业方面积极探索布局，已编制完成新泰 10 兆瓦氢能科技创新项目实施方案。

（五）绿证交易情况

2023 年 3 月，得知水电水利规划设计总院要求只有进入白名单的新能源项目才可以取得由国家可再生能源信息管理中心核发的绿证并进行交易，公司迅速响应，第一时间与省、市、县三级能源主管部门对接，在做好翟镇平价项目建档立卡的同时多方协调，申请将西张庄竞价项目纳入项目白名单，经过与审核中心工作人员不懈的沟通说明和一个多月的集中攻关，最终，公司西张庄竞价光伏项目顺利取得绿证核发资格。截至目前，公司已累计申领绿证 471028 张，累计售出绿证 151602 张，为公司带来收益 339.74 万元。

（六）已投产项目发电情况

公司现已投运光伏电站 5 个，装机总容量 207 兆瓦，截至 2024 年 2 月，明德朝晖电站安全运行 1340 天，累计发电量 4.80 亿度；东梁华能电站安全运行 1008 天，累计发电量 3.54 亿度；光电科技分布式项目累计发电量 927.7 万度；华熙生物分布式项目累计发电量 139.85 万度；晶泰星分布式项目累计发电量 73.85 万度。

不断研发新技术，提升新产能，努力打造光纤光缆行业示范样板

华能（泰安）光电科技有限公司是华能泰山电力有限公司的子公司，是华能集团公司新旧动能转换重点项目，公司立足当前发展，开拓科创活力，激发项目优势，努力打造光纤光缆行业示范样板。

市场营销方面。充分利用中国联通集采中标业绩，抢抓优质订单，大力拓展市场营销布局，成功中标大唐集团、华能集团、淮北矿业、中国广电、中铁十四局轨道交通、浙江华数、山东邮电等多行业项目，光纤全年累计签订订单 141 万芯公里；光缆全年运营商市场累计签订联通订单 38 万皮长公里、华能系统累计签订订单 2161 皮长公里，其他订单合计签订 3166 皮长公里。

研发技改方面。严格按照获批项目组织开展科技研发工作，2023 年在研 5 项集团科技项目、3 项众创项目、1 项辅助科技研发识别项目，共完成科技研发投入约 1500 万元。

提质增效方面。组织光电科技公司深入实施精益生产活动，通过开展业务培训和技能提升活动，操作失误率同比降低 90% 以上；通过引进优质供应商、询比价、协商谈判、深入市场调研等方式，主要原材料采购单价平均降幅达 13.15%；通过优化设备使用效率，加强设备运行维护，设备故障率由 2022 年的 0.9% 降低至 0.83%。

光电科技公司荣获泰安市智能工厂、省科技小巨人企业、省创新型中小企业、省"专精特新"中小企业、省"一企一技术"研发中心、省绿色工厂、省工程研究中心（与山科院激光研究所联合建设）、省"齐鲁精品"、省专利导航、省数字化车间、国家级绿色工厂等荣誉资质，通过了 ISO

23001 两化融合管理体系认证和智能制造 AA 级评估认证。

公司借助链主企业优势，与市新能源专班、商会（协会）会员单位不断扩大交流合作，组织公司与中国石化泰山石油股份有限公司等会员单位召开座谈会，对泰安市氢能、光伏、充电桩等行业发展进行探索，并达成初步合作意向；公司作为商会（协会）会长单位，配合市新能源专班组织召开"国家能源集团泰安热电有限公司与山东华硕能源科技有限公司战略合作签约仪式"，为贯彻落实党的二十大精神，推动能源绿色低碳高质量发展，6 月 7 日至 8 日，公司配合新能源产业链专班举办了第四届泰山光伏论坛暨首届泰山储能论坛活动；为深入贯彻落实泰安市新型工业化强市建设推进委员会办公室《关于组建泰安市制造业科技创新联盟的实施方案》通知要求，8 月 16 日，在公司举办科技创新专业委员会、氢能专业委员会揭牌仪式，公司两名员工进入制氢专家委员会，为公司在光伏制氢、储能等新能源项目方面提供广泛的合作空间和经验交流平台。

紧扣新定位，把握新趋势，助力泰安新型工业化强市建设

紧扣新定位新使命乘势而上。党的十八大以来，习近平总书记先后提出了能源安全新战略，"3060"双碳目标，构建新型电力系统，加快规划新型能源体系的重大战略，为能源电力行业绿色低碳转型提供了根本遵循、注入了发展动力。"十四五"时期，对能源行业而言，是能源安全保障进入关键攻坚期、能源低碳转型进入重要窗口期、现代能源产业进入创新升级期、能源普遍服务进入巩固提升期的新阶段。对集团公司而言，到 2025 年确保进入世界一流能源企业行列，到 2035 年确保综合实力全面领先、进入世界一流企业前列的新阶段。

把握新趋势新变化顺势而为。能源电力绿色低碳转型是能源发展大势所趋。在未来一段长周期内，随着新型能源体系的逐步构建，新能

源建设、保供将处在一个更为突出的位置,面对能源行业绿色低碳转型的新形势和新要求,公司抢抓电力结构转型的战略机遇,抓好新能源建设协同推进,坚持绿色低碳发展方向,牢固树立协同发展理念,大力开发新能源资源,利用好积累的政企资源,在新能源项目开发运营领域,通过项目拓展、体系构建、产业协同,持续优化新能源产业开发建设布局,实现新能源项目"立项一批、建设一批、投产一批、储备一批"的总体目标,全力以赴推动公司新能源产业发展,助力泰安新型工业化强市建设。

积极探索绿色供应链建设。着力锻造供应链低碳治理综合能源服务能力,助力供应链企业实现绿色低碳目标。公司以"双碳"目标为契机,发挥新能源产业链链主企业主导优势,抢抓资源,优化布局,以光伏项目为基础,挖掘链上企业低碳治理和绿电资源需求,重点关注和推动绿氢技术、储能技术和低碳技术等战略性新兴产业孵化发展,推动产业链、供应链、价值链"三链"融合,为建设绿色供应链提供有力支撑。

持续加强新能源项目建设。借助与泰安市政府的良好合作关系和新能源产业链链主企业优势,积极寻找东平、肥城等地集中式光伏项目资源,以泰安市辖区内已备案的800兆瓦户用光伏项目为主,加快项目前期手续办理,重点做好项目接入方案落实和确户相关工作,尽快具备投资决策条件,实现项目开工。

不断深化光电科技公司建设。制定有效措施积极开拓市场,扩大光纤、光缆市场覆盖范围,积极收集国网、南网等供应商信息,优化销售策略,拓宽市场营销渠道,拿出切实可行的措施办法,争取拿到更多优质订单。强化成本控制,继续拓宽精益生产活动,深入挖掘生产环节的提效空间,进一步提升产能规模效益和产品合格率;合理调度资金,增加资金使用率,贷款利率能降尽降,全力压降资金成本。创新开展研发技改,严格按计划开展已获批项目的实施,做好2024年科创项目的申报工作;持续优化光棒RIC技术改造项目,进一步优化产能增加效益。

发挥"链主"作用　推动产业链高质量发展

山东泰邦生物制品有限公司

　　山东泰邦生物制品有限公司是在有着 50 年历史的山东省生物制品研究所基础上于 2002 年重组成立，系国家定点、山东省唯一的以血液制品为主，集科研、生产、经营一体化的国家级高新技术企业。公司科技研发创新性、设备设施先进性、质量保证系统性和经营管理规范性等综合指标在全国同行业中处于领军地位。

　　企业投资 25 亿元建成的泰邦生物科技园，占地 260 亩。科技园作为国际领先的血液制品 GMP 生产基地，实现生产工艺过程的"自动化、信息化、智能化"，年投血浆能力达 2250 吨，供应 30 余个规格市场急需的血液制品。达产后，可以实现年销售收入 60 亿元，创税 10 亿元，为解决我国血液制品的巨大缺口将作出积极贡献。

公司现有包括"人血白蛋白、静注人免疫球蛋白、人凝血因子Ⅷ"等在内的 10 个品种、25 个规格产品。公司拥有完善的质量管理体系，产品批签发合格率 100%，被评为

山东泰邦生物制品有限公司信息大厅　　（泰邦生物　供）

全国医药行业药品质量诚信建设示范企业，优质的产品赢得了市场的广泛青睐。

公司自成立以来，始终致力于血液制品科研开发，先后承担多项国家"863"项目、国家重大新药创制专项及省级科技攻关项目，拥有专利100余项。公司目前在研包括"人抗凝血酶Ⅲ、人纤维蛋白黏合剂、静注巨细胞病毒人免疫球蛋白"等产品，上市后将为保障国家战略储备和市场急需用药作出重大贡献。

公司坚持"以质量求生存、以创新求发展、以诚实求信誉、以管理求效益"的经营方针，以优质、安全、高效的产品回馈社会、造福人类。作为全市最早成立的生物医药企业之一，始终立足泰安谋发展，服务泰安强产业。20多年来，泰邦生物经历了对"投资泰安，稳如泰山"的坚守，到如今新时代下"登高望远、奋力争先"的新使命。作为本土企业，始终以"为人类健康造好药"为己任，不忘初心、砥砺前行，实现了凤凰涅槃式的成长。

近10年来，公司积极响应全市医药产业聚集的号召，发展进入快车道，于2014年进驻高新区，开启泰邦生物科技园建设，历经4年，于2018年建成启用。科技园被先后列为国家卫健委和科技部新药创制（《凝血因子类新产品开发及产业化》）项目，山东省军民融合重点保障项目、山东省新旧动能转换示范项目。泰邦生物科技园是目前国际领先、国内单体最大的血液制品GMP生产基地，实现了生产工艺过程的"数字化、网络化、智能化"，公司始终专注于血液制品的研发与生产，并凭借卓越的技术实力和不断拓展的市场份额，取得了长足的发展。2023年，山东泰邦销售额突破40亿元，同比2022年增幅近20%，纳税突破4亿元，为泰安经济发展贡献泰邦力量。

增产扩能谋发展

作为全市医药及医疗器械产业链"链主"企业，为实现泰邦高质量发展，优化产业升级，进一步促进生产经营持续稳定增长，切实保障应急药品的供应，充分发挥龙头骨干作用和产业基础优势。2023年，公司在集团一体化管理的推动下，投资近5亿元从产品工艺优化升级、原料供给及储存能力提升、产品生产能力、质量管控能力等方面进行血液制品车间的增产扩能建设。新建血浆库配置了自动仓库系统、智能制冷系统、血浆库托盘、智能高架库房挑选血浆系统等，用于进一步提升原料血浆储存能力，建成后可以满足2500吨/年的血液制品生产线配套储存能力。

同时，泰邦生物大力开展智能制造工程，以数字化、智能化的装备赋能转型升级，对标同行国际巨头，为企业高质量发展实现技术革新。达产后公司将成为全国生产规模最大、血浆综合利用率最高、工艺最先进、智能化程度最高的血液制品企业。在此部署下，公司引进新生产线进行静丙新工艺改进及生产。新工艺使用先进的离子交换层析和亲和层析技术代替传统的低温乙醇沉淀技术，产品收率将提升10%—20%，每年可增收2亿余元。同时，该生产线配备了国内外先进设备，实现高度管道化、数字化、智能化，将物料管理、生产制造、检验放行等过程全链条打通，整合了LIMS、WMS等相关数字化管理系统，实现数据互通。建成后，血液制品车间年产能将由1500吨提升至2250吨，产能提升50%。

以数字化赋能发展

在国务院发布的《中国制造2025》中，明确了中国制造的十大领域，其中包括生物医药和高端装备，医药行业已经成为国家支持发展的第一方阵。因此，大力开展医药行业的智能制造新模式研究，是对《中国制造2025》的重要支撑。

为增强山东泰邦血液制品在市场上的竞争力，以血液制品生产工艺为主线，通过应用智能医药生产装备和自动化平台提升医药工厂核心智能装备的自动化水平；通过血源信息管理系统、血浆库自动进出料挑选系统、质量管理系统、智能立体仓储管理系统、数据采集与监测系统（SCADA）、企业资源计划系统（ERP）等实现医药生产全生命周期的数据追溯和质量控制；搭建覆盖关键生产设备和工序的物联网络及医药生产线自动化控制系统实现设备的互联互通和生产线的自动化控制，将有效保证高技术内涵药品生产工艺的一致性，大幅提升药品从生产订单下达到完成的效率，实现药品生产全过程数据的完整性及可追溯性，全面提升医药企业生产过程的分析水平和规范化管理，从而建立满足 cGMP 标准的智能化工厂新模式。

在血液制品智能装备和关键设备自动化提升方面，由于血浆在接收、留样、入库、分拣、抽样、出库等环节中挑选工序烦琐、复杂，人员需求量大，血浆库工作环境恶劣（–30℃），人工操作风险高，血浆信息追溯十分困难的情况下，通过血浆自动进出料挑选系统，利用图像处理技术、机器人技术、条码识别技术、RFID 技术等技术，实现了血浆入库以及分类组合的全过程自动化，并与血源信息管理系统进行集成，实现血浆信息的在线追溯和质量控制。

在打造全方位医药生产质量追溯体系方面，通过应用血源管理系统、血浆库自动进出料挑选系统、质量管理系统等完成从物料接收、库内转移、投料、中间产品产出、出货到流通环节的数据追溯和质量控制，保证药品数据的完整性。

在基于物联网、数据采集监控系统、大数据等技术实现医药生产过程优化方面，通过建设车间物联网和医药生产线自动化控制系统实现设备互联互通和自动化控制；通过数据采集与监测系统（SCADA）、企业资源计划系统（ERP）和即将上线的生产制造执行系统（MES）的联动协同与集成，建立起基于大数据分析的决策模式，进一步强化智能制造管控能力。

在提升医药工厂装备智能化水平方面，通过综合运用核心智能制造装备、在线监测系统等提升智能工厂装备的自动化水平，最大限度地降低人员需求，减少对药品生产质量影响因素，保障药品的生产工艺一致性，达到并符合国家食品药品监督管理总局（CFDA）、欧盟和 FDA 认证标准，确保患者用药安全。

以集群带动产业

对原料供应商影响和带动。公司主营业务为血液制品的科研生产，原料为人体血浆，根据国家要求，人体血浆必须由单采血浆站提供，因此单采血浆站为我公司唯一的原料供应商。单采血浆站由血液制品生产单位设置，具有独立的法人资格，是泰邦生物的全资子公司。目前，山东泰邦生物制品有限公司在山东省内的单采血浆站有 14 家，主要分布在泰安、临沂、潍坊、济南、德州、枣庄等中西部地区。每家浆站每年可给当地贡献 500 万—1000 万元税收，为地方群众增收近 1.2 亿元，解决当地近 100 人就业，带动并促进地方社会效益和经济效益双丰收。

对设备及辅料供应商影响及带动。山东药玻、新华医疗、烟台艾德康、青岛明月海藻、山东龙玉泉、山东省鲁盐集团等企业是医疗健康集群内与泰邦有战略合作、战略联盟的代表型企业，在泰邦生物的高速发展及带动下，集群内企业均实现了高质量的发展和稳定共赢的局面。

对全省医疗卫生事业的影响及带动。山东泰邦为山东省内医院提供了 80% 左右的血液制品。同时通过建立应急机制，在应急状态下，开辟应急通道，提供血液制品，协助国家机关和医疗单位执行紧急抢救任务。泰邦下属单采血浆站在采浆之前给所有献浆员均提供免费体检服务，项目丰富，尤其是关于乙肝、丙肝、梅毒、艾滋病等重要传染病的检测有效防止扩散，为预防全省发生重大卫生安全事件作出了积极贡献。

以关怀赢得信誉

企业发展不忘回馈社会。血液制品企业追求的不仅仅是经济效益，正因为它的原料来自成千上万爱心人士捐献的血浆，做的也是一项爱心事业，是从爱心到爱心、从血管到血管的传递者，承担着无上光荣的历史使命。公司专门设立了"泰邦慈善基金会"，承担起救助贫困血友病等相关血液病患者的社会责任。

自 2015 年起，公司开展了"健康助力奔小康"健康扶贫公益活动，向山东省 187 名贫困血友病患者捐赠总价值 1000 万元的药品和救助资金，使全省贫困血友病患者健康得到有效改善，提升了他们的生活质量。2017 年和 2018 年，泰邦连续举办两届公益助学活动，向 100 余名品学兼优的贫困大学生捐资助学，帮助他们顺利完成学业，实现大学梦，成为国家栋梁。2020 年，面对突如其来的新冠疫情，公司第一时间组织成立了疫情响应小组，保产、稳产，确保泰邦的药品能够在最短时间内送往全国各地。泰邦静注人免疫球蛋白作为抗击新冠病毒为数不多的药品之一，承载着全国人民的爱心和奉献，为患者送去健康和希望。最终，泰邦生物先后捐赠药品及现金总计近 1000 万元，用于一线医护人员健康防护和重症患者的救治。

点点滴滴总关情，时时刻刻有泰邦。泰邦生物已在爱心公益活动中累计捐献超过 3000 余万元的药物和救助基金。未来泰邦也一定会继续坚持公益活动，发扬"挑山工"精神，积极承担社会责任，为更多贫困血友病患者以及家庭贫困大学生送去泰邦的温暖。

以责任迎接未来

泰邦生物科技园的飞速发展，得益于历届各级政府领导的大力扶持，享受到招商引资的各项优惠政策，也加快了高新区医药产业聚集的步伐。科技园建设实现了企业新旧动能转换，对标同行国际巨头，前瞻性规划、高端设备引进、高标准集成建设，为企业高质量发展实现了产能倍增、技术革新，为未来发展预留空间。科技园践行"绿色低碳，节能环保"的理念，采用循环型生产方式，累计投资过亿元，大力应用地源热泵、冰蓄冷、能源回收等技术，提高资源综合利用；在生产管理中，公司不断优化工艺，降低能耗，减排增效，实现了厂房集约化、生产洁净化、废物资源化、能源低碳化，打造生物医药绿色示范园区。

公司产业规模、科研创新、经营管理等综合指标，已在全国同行业中处于领军地位。曾在美国纳斯达克主板上市的泰邦生物集团，市值达40亿美元，基于复杂的国际局势，于2021年选择退出美国股票交易市场。企业回归国内，为产业报国做出应有的努力，更快速和健康地拓展中国市场的广阔发展空间，为泰安市医药产业发展作出更大贡献。

泰邦生物作为泰安市医药及医疗器械产业链链主企业、高新区生物医药产业链党建联盟会长单位，立足产业，登高望远，起到了"把方向、议大事、聚合力、促发展"的作用。泰邦生物通过积极响应国家"双循环"战略，探索供应链的自给自足，不断推动设备设施、大宗物料的国产化应用，切实提升企业的抗风险能力，打通内循环。同时，泰邦生物在产业聚集发展上，找准医药产业自身优势，发展符合本地实际的特色产业链。泰邦生物为健全产业配套建言献策，为产业建链延链做好表率，为产业强链补链注入新动能，努力当好排头兵，做好向导员，为全市推进新型工业化强市建设贡献应有的力量，以优质、安全、高效的药品回馈社会、造福人类。

数字引擎　多点赋能
为新型工业化强市建设贡献力量

山东众志电子有限公司

山东众志电子有限公司（以下简称山东众志电子）是市数字经济产业链商会（协会）会长单位、市数字经济产业链云计算服务链主企业，位于泰安国家高新技术产业开发区。山东众志电子是泰安市云计算创新行业应用龙头企业，是物联网产品研发与应用、大数据、软件开发与服务和专业运维重点骨干企业，是山东省重点信息化综合解决方案提供商、领先的云计算运营服务商和智慧城市建设运营商。

山东众志电子通过 ISO9001、ISO45001、ISO14001、ISO27001 管理体系认证，取得涉密信息总体集成、软件开发和运行维护资质（乙级）、山东省安全技术防范工程设计施工一级资质，国家信息技术服务标准认证（ITSS）二级资质，获得 ISP 和 IDC 运营资质，是山东省首批工信部认证的"两化融合管理体系贯标咨询服务机构""山东省企业上云行业云平台服务商"。

公司被评为山东省专精特新企业、山东省大数据骨干企业，拥有山东省企业技术中心、山东省服务业创新中心、山东省软件工程技术中心、山东省一企一技术研发中心、山东省新型数据中心等 8 个创新平台，入选山东省大数据企业 50 强、山东省民企创新 100 强、山东省网络安全重点企业（机构）、山东省优秀软件企业、山东省物联网产业重点企业、山东省诚信建设示范单位等。

泰安市云计算中心机房 （张 腾 摄）

山东众志电子作为"泰安市云计算与大数据服务技术创新中心"和"泰安市新型信息技术服务技术创新中心"，入选"2022年度支持建设泰安市技术创新中心名单"，被评为"泰安市现代服务业示范企业"。

山东众志电子注重人才培养建设，将自主研发和拥有自主知识产权产品作为重要的发展战略，不断加大高端技术人才的引进，公司拥有技术、研发人员130人，占公司总人数的65%，其中国家万人计划、山东省服务业专业人才、山东省优秀首席数据官、泰山英才领军人才等国家及省市级人才6人，高级职称10人，中级职称35人，外聘专家及博士20余人。同时与复旦大学、北京航空航天大学、山东大学、齐鲁工业大学、山东农业大学、山东科技大学、山东第一医科大学等高校加强"产、学、研、用"的合作，强化了研发队伍建设，加快了平台项目研发，提高了科技成果的转化率。山东农业大学、山东第一医科大学、泰山职业技术学院等在山东众志电子设立"教学科研与实践就业基地"。

公司承担的各类科技创新成果转化项目 17 项,其中国家级项目 3 项,省级项目 11 项,市级项目 3 项,取得软件著作权 232 项,专利 82 项(发明 5 项),商标 94 项,参与国家标准 4 项,地方标准 1 项,获得公安科技进步奖 3 项。

云计算:插上创新发展的翅膀

2013 年 6 月,经泰安市经信委批准,山东众志电子承建运营的泰安市云计算中心正式运营,为云计算创新行业应用提供了坚实的支撑。

泰安市云计算中心机房按照国际第四代云数据中心标准建设,满足国际 TIA942 T3+ 建设标准,是全国首家通过《电子信息系统机房设计规范》(GB50174—2008)A 级机房检测的云计算中心,建设业务机柜 200 个,部署高性能服务器 500 余台,建设完成双路供电系统、UPS 保障系统和柴油发电机应急供电系统等共五路供电系统。通过国家 A 级机房评定,取得信息系统安全三级保护认证、工信部"可信云服务"认证。

泰安市云计算中心运营包括"慧游泰山""惠玩网"旅游平台、森博工业互联网平台、涉案财物管理云平台、万家祥云智慧社区等 20 多个云平台。服务客户包括政府、企业、教育、医疗、金融、公安行业等 300 余家,服务区域包括山东、北京、内蒙古、重庆、河北、新疆等 10 余个省、市、区。

泰安市云计算中心坚持"围绕中心建平台、围绕平台做应用、围绕应用做创新、围绕创新做服务、围绕服务做数据、围绕数据做智慧"的发展思路,推进"上云、用数、赋智"工作,建设了智慧旅游、智慧政法、智慧社区、工业互联网、智慧物价、智慧城市管理、智慧农业等一系列云平台。山东众志电子为泰安市财政局、泰安市住房公积金管理中心、泰安市国税局、泰安高新区管委会、山东第一医科大学、泰山学院等 20 余家政府事业单位提供驻场运维服务。因此，在山东省启动新旧动能转换重大工程中，山东众志电子先后被评为山东省企业上云行业云平台服务商和"泰安市制造业数字化转型服务单位"。2019年，华为泰安云计算数据中心落地泰安市云计算中心。

2020年新冠肺炎疫情防控期间，山东众志电子推出的"泰安通"疫情管控追溯系统、泰山"e（疫）情"综合云管系统、"码"上就业（复工）管理系统为泰安市疫情防控、企业复工起到了积极作用。2022年，研发上线了"疫情防控重点数据快速填报系统"和"泰安市核酸检测样本分配系统"，为疫情防控资源的科学调配和疫情防控的大数据分析起到了重要作用。

为加快网络与信息安全建设，提升泰安市网络信息安全人才专业水平，山东众志电子联合建设的"泰山网络安全卓越中心"落地泰安市云计算中心。泰山网络安全卓越中心着力打造网络安全培训与认证中心、常态化护网演练中心、网络安全测试和评估中心、网络安全科普中心等分中心。致力于提高全民数字素养、培育网安人才、提升关基防御能力、促进安全生态融合发展，为泰安市及山东省提供全方位的信息和技术服务，实现全天候、全方位的网络安全态势感知能力，从而能够满足对各类网络安全行为的监测要求，实现重大网络安全事件响应和处理能力，以应对不断变化的网络威胁形势，为区域经济和社会发展提供有效的网络安全保障能力。

产业链商会（协会）：汇聚数字产业发展力量

2022年4月，山东众志电子联合行业重点企业发起成立泰安市数字经济产业链商会（协会），围绕数字赋能、招商引资、交流合作等方面为会员企业做好服务。

山东众志电子作为泰安市数字经济产业链商会（协会）会长单位，

在泰安市工业推进委、市工商联和市数字经济产业链专班的大力关怀指导下,立足本职,紧紧围绕服务新型工业化强市建设中心不动摇,积极开展泰安市数字经济产业链"泰山红链"工程。

泰安市数字经济产业链商会(协会)成立数字经济产业链商会(协会)党支部,把党建工作融于商会建设、企业发展各环节。制作商会宣传片、开通微信公众号、建设商会网站,搭建数字经济云服务平台,与大众网等知名媒体合作,不断提升产业链商会(协会)影响力和美誉度。

数字经济工匠学院:数字人才赋能新基地

在市总工会和市工信局等部门的支持指导下,山东众志电子融合产业资源优势承建运营的泰山数字经济工匠学院是全国首个建在产业链上的工匠学院。泰山数字经济工匠学院入围"敢当"泰安改革品牌项目库,并列为全市 50 项重点打造的改革品牌事项之一。

泰山数字经济工匠学院开辟线上、线下、延链三大通道,创新实现理论实践双促进,采用"一链一策、一企一策"的合作机制,促进技能链、人才链与产业链、创新链深度融合,着力解决企业相关专业技能人才不足、素质不适应等问题,努力为泰安市各产业链培养适应新型工业化强市建设需求的知识型、技能型、创新型产业人才,助推传统企业加速融入信息化时代,充分发挥产业链赋能作用。

自 2022 年 7 月泰山数字经济工匠学院正式揭牌运营以来,积极顺应数字经济发展大潮,与省内外各个数字领域专家组建了工匠导师团、劳模导师团、专家导师团,为学院培训方式、课程设置和学员培训提供了坚实保障。

泰山数字经济工匠学院坚持"培训赋能、工匠赋能、创新赋能、共享赋能、数字赋能、引领赋能"和"工学一体、工技一手、工匠一身"的人才培养模式,联合技术提供商、高校、职业院校、学会、科研院所、知名企业为数字经济产业的数字产业化和产业数字化培养急需的数字人才和数字工匠。

截至 2023 年末，泰山数字经济工匠学院共承办省、市级各类比赛 7 场，组织并参加山东省数字变革创新大赛人工智能赛道与区块链赛道取得一等奖。接待国家和省、市级领导 1500 余人次，共完成线上、线下各类培训 12000 余人次，线下参与 4782 人次，线上观看 7582 人次。组织职工、高校在校生参加专业考评，鉴定各级技工、技师 221 人次。组织企业职工学历提升报名 235 人。

泰山数字经济工匠学院积极推动企业上云，建立数字化云生态，加快推进企业数字化转型工作。截至 2023 年末，泰山数字经济工匠学院参与并组织数字问诊活动服务企业 12 家，深入企业为企业解决实际问题。组织产业链 50 余家代表企业到南京进行数字化转型专项培训，为 100 余家产业链企业组织专题数字化转型培训，提供各类企业数字化解决方案 100 余项。2023 年，培养山东省第六届"齐鲁工匠"1 名，创办 2023 年度泰山工匠创新工作室和职工书屋示范点，为数字经济产业链发展和泰安市新型工业化强市战略发展提供智力支撑和人才保障。切实践行了"六大赋能"的建院宗旨，加快提高创新能力、业务实力和发展水平，促进工业互联网、大数据、人工智能与实体经济深度融合，为加快现代化数字经济体系建设，助力泰安市新型工业化强市建设作出贡献。

"链企校"协同：汇聚数字经济发展新动能

在推动数字化转型过程中，在数字赋能工业领域公司不断探索，研发的森博工业互联网综合服务平台立足 5G+ 新一代工业物联网，构建与工业经济深度融合的新型基础设施、应用模式和工业生态，通过人、机、物、系统等全面链接，构建覆盖全产业链、价值链的全新制造和服务体系，是泰安市第一个入选省级综合型的工业互联网平台。

与泰安鼎鑫冷却器有限公司开展数字化管理平台共建工作,与泰安景行新材料有限公司开展拉丝断丝课题攻坚,解决玻璃纤维生产企业技术难题;为山东能源集团装备制造(集团)进行信息化机房建设及网络安全升级改造;为泰开集团、山东能源重型装备、力博重工、山东路德新材料、泰山石膏、山东京卫制药、宁阳凌云、山东农大肥业等链上企业提供运维及云计算服务赋能企业发展,提高企业的运营效率和创新能力,有效提升了企业的数字化管理水平。

山东众志电子与山东财经大学东方学院、齐鲁工业大学、泰山职业技术学院签订战略合作协议,积极响应泰安新型工业化强市建设战略,从人才培养、师资队伍、科学研究、课题申报、就业创业、社会实践等方面进一步加强校企合作,实现学校发展与企业发展的对接双赢。

加强企业合作,推动资源共享。山东众志电子和产业链专班与海尔海纳云开展交流合作,推动与浪潮数字(山东)科技有限公司、尤洛卡(山东)矿业科技有限公司间的合作,实现会员单位间产品服务互补合作。通过举办"云上未来,数智赋能"企业化转型专家交流会、"软件赋能,数智转型,激发新型工业化发展新动力"分论坛等活动加快了数字化转型工作发展。

以赛促学、以学促用。2022年以来,山东众志电子组织开展"泰山杯"山东省网络安全职业技能竞赛泰安选拔赛、泰安市"技能兴泰"职业技能大赛、泰安市审计大数据技能大赛、岱岳区网络安全知识大赛,组织各类竞赛10余场次,在全市营造了良好的赛事氛围。

产业招商:开辟项目招商新途径

泰安市数字经济产业链商会(协会)聚焦主责主业,践行商会宗旨,积极开展各项工作,得到了省市工商联的高度赞誉。一是线下招商。泰安市数字经济产业链商会（协会）到苏州、合肥等开展招商活动，对接乐胶网、苏州梦想人软件科技、科大讯飞等重点企业。2023年以来，山东众志电子董事长李松和陪同泰安市领导先后到南京、西安、昆山、武汉、重庆等开展招商，对接西安大华、忽米网等集团，考察交流、洽谈合作，初步达成在泰安共建全国信创培训基地和海光芯片国家适配中心合作意向。二是商会招商。2023年以来，泰安市数字经济产业链商会（协会）对接湖北山东商会、青岛泰安商会、浙江山东商会等商会领导，以商会名义先后为江苏泰安商会副会长、泰安和圣文化研究会会长等颁发招商顾问聘书，推动代理招商发展，已通过湖北山东商会成功引进泰安市房产超市等项目。

典型经验

DIANXINGJINGYAN

科技引领　精准施策
全力推动产业链实现高质量发展

市输变电装备及电线电缆产业链（集群）专班

市输变电装备及电线电缆产业链专班针对产业发展特点，按照"抓头部、强腰部"的思路，重点关注链主企业和骨干企业，在推动产业链科技创新、问题化解、协同发展等方面持续用力，统筹抓好项目建设、产业集聚和服务保障，不断提高企业项目投入产出比，提升产品产业竞争力，坚定走高质量发展的新型工业化之路。

7月20日，市科技局、市输变电装备及电线电缆产业链专班及链内重点企业赴西安交通大学开展"双百活动"　　　　　　　　　　　　　　　（产业链专班　供）

科技赋能　提档升级　全力推动产业链发展实现新突破

产业链专班针对输变电装备产业特点,紧紧围绕"高端化、智能化、数字化、绿色化"发展定位,以科技创新为牵引,以"小投入、大产出"为主攻方向,积极推进技改升级和数字化转型,全力推动产业链实现高质量发展。

聚力小投入、大产出。围绕产业"高端化、智能化、数字化、服务化"发展方向,推动重点骨干企业深度挖掘发展潜力,积极开展技改升级,精准策划实施了一批科技含量高、关联性强、发展潜力大的优势项目。引导支持骨干企业积极推进重点技改项目建设,鼓励实施新技术、新工艺、新材料、新装备的研发与应用。特变电工山东鲁能泰山电缆有限公司投资10.2亿元的"百亿线缆数字化产业园项目",现已列入2023年省新旧动能转换重大产业攻关项目,建成后可以带动企业新增产值56亿元;公司最大化挖潜高压立塔产线产能,在原有高压电缆生产塔"一塔八线"的基础上,聘请德国公司对高压立塔"一塔九线"进行规划设计,目前设备正在采购中。山东泰开变压器有限公司投资1.2亿元的"双百万变压器智能化生产改造项目",利用原有厂房接建双百万线圈车间,投产后带动公司营业收入由22亿元增长到43亿元。山东鲁能泰山电力设备有限公司新建"鲁能智能输变电制造基地项目",可实现1:8的投入产出比。

聚力数字化、智能化。制订了产业链数字化转型实施方案和行动计划,鼓励企业新上快上数字化转型重点项目,加速企业转型升级,形成数字化转型入库项目21个,培育制造业数字化转型产业链标杆企业6个,13家重点需求企业数字化转型率达到100%。市数字化转型先行企业3家,省级工业互联网平台2个,省级数字化车间2个,省级智能工厂2个。山东泰开互感器有限公司工业互联网应用场景建设项目大幅提高精益管理水平,缩短制造周期20%,能耗降低25%;引进数字化立体仓储系统等设备，有效优化产品质量和生产周期，大幅增强了产品交付能力，公司被评为"山东省级智能工厂"。山东泰开电力电子有限公司新上无功补偿装配、链节装配等智能化生产线，实现自动配料、自动流转，生产效率提高75%，使26人的生产车间年产值达到7亿元。特变电工昭和（山东）电缆附件有限公司智能化仓储建设项目，可提升出入库作业效率4倍，缩减仓库人员50%。宝胜（山东）电缆有限公司高端中低压电缆智能化数字工厂项目引进国际最先进的智能制造生产管理系统，生产流程达到国际领先水平，项目完成后可实现产值翻番，达到40亿元。

聚力强科技、抓创新。充分发挥市科技局牵头部分作用，一是紧抓全市实施"双十"工程机遇，引导链内骨干企业加大研发投入，不断提升研发实力，2个项目获2023年泰安市科技创新"双十工程"（重大技术攻关）项目立项支持，总经费800万元；1个项目获2023年泰安市科技创新"双十工程"（重大成果转化）项目。山东泰开高压开关有限公司承担的"超高压直流气体绝缘开关设备"项目，获得2023年省重点研发计划（重大科技创新工程）立项支持，获得无偿资助970万元。二是积极推动"双百"行动，组织企业与大院大所深度对接，着力打造高层次交流合作平台，推进最新科技成果转化，共开展校企对接活动44次，达成合作意向31个。先后组织泰和电力设备有限公司、山东鲁能泰山电力设备有限公司、泰安泰山高压开关有限公司等企业与西安交通大学、清华大学、中科院电工所等高校、院所开展科技对接，推动了高能效环保变压器配套中心、组合电器整线改造及智能化车间等一批数字化项目的合作发展。山东迅康电气有限公司与西安科技大学签订产教融合实践基地协议，共同策划"220kVGIS组合电器产业化项目"，项目完成后可实现5亿元产能目标。三是瞄准产业发展需求，围绕制约产业发展的关键节点、共性问题，在13个产业链中率先打造集技术、市场、产品、管理一体联结的具有行业先进水平和持续竞争力的产业链科技创新联盟。实施企业家赋能行动，联合北京创享智库、中国电科院等高端智库开展创新型企业助力行动计划和企业门诊活动,帮助企业从战略规划、营销模式到组织管理等方面迅速蝶变转型、快速成长。四是通过技术创新,企业核心竞争力显著增加。泰和电力设备有限公司突破"卡脖子"难题,自主研发的"高压有载分接开关"项目,成功吸引到世界500强浙江正泰投资合作,正在筹备设立新公司生产项目产品。特变电工山东鲁能泰山电缆有限公司2022年在荷兰特纳首个高压电缆及附件一体化项目顺利通过竣工验收,实现了鲁缆公司欧洲高端市场高压电缆及附件一体化的首次突破,2023年再次中标21亿元高压电缆项目,为进一步打开欧洲高端电力市场奠定了坚实的基础。

强化服务保障　精准纾困解难　倾力护航链内企业快速发展

市输变电装备及电线电缆产业链专班紧紧围绕全市总体部署,以"无事不扰、有求必应"为服务宗旨,坚持"有解"思维,创新"优解"路径,奋力打好优化营商环境持久战、攻坚战,倾力护航链内企业快速发展。

强化组织领导,着力一线破题。产业链专班着力打造极简架构、极致服务、极高效率的扁平化服务工业企业工作模式,探索构建了"一横三纵"的服务格局,形成了切实有效的服务机制。"一横"即保持与要素保障部门的横向沟通,专班坚持主动联系,协同作战,不断强化与要素保障部门的横向沟通,在要素供给、审批流程等方面形成合力,共同为企业排忧解难。在推进山东泰开变压器有限公司"双百万变压器智能化改造项目"过程中,专班积极与行政审批、环保等要素部门对接,协调解决了排放指标紧张、环评周期长等难题,助力项目提前2个月达产,产能得到大幅提升,成功赶上变压器市场机遇期,企业实现爆发式增长。"三纵"即通过链长现场办公、专班联系企业、企业服务专员深入企业的方式为企服务,形成上下快速传导的问题需求反馈解决途径。一是链长带队现场办公。链长武林中主席主动作为、率先垂范,前往一线解决山东鲁能泰山电力设备有限公司"智能输变电制造基地项目"187亩建设用地问题。2022年8月，通过带队前往特变电工山东鲁能泰山电缆有限公司新疆总部，促成总部加大对"百亿线缆数字化产业园项目"支持，并将集团线缆产业技术中心设在新泰，由总公司直接组织实施和研发投入支持，委派公司总部副总工程师任中心主任，中心编制15人，已经到位11人，项目目前已顺利开工建设。二是专班主动联系企业。专班成立后，迅速与产业链102家规模以上企业建立联系，由组长带队全面调研58家重点企业，与企业主要负责人逐一座谈，倾听企业诉求，及时掌握企业基本情况和发展现状，建立"一企一档"数据库和问题清单台账。同时，专班加强对重点企业每月经济运行情况的调度，每季度分析企业经济运行数据，及时关注数据异常企业，准确发现企业痛点堵点，精准施策助力企业快速发展。三是"企业服务专员"深入企业。按照市工业推进委部署，目前产业链已形成市、县两级专班包保企业制度，为每家规模以上企业配备了1名市级专班干部和1名县级专班干部联合包保，详细拉出产业链重点企业项目包保清单，发放企业需求调查表征集企业诉求及意见，实施"点对点"精准服务和全流程跟踪服务。

聚焦突出问题，精准纾困解难。一是聚焦项目用地。副链长董世武就"正泰电气泰山智造产业园项目"高压线迁改、土地腾空等问题召集泰山区有关部门召开现场会提出解决方案，力争项目早开工早建设。山东泰开变压器有限公司拟在原厂区新建厂房进一步扩大产能，遇到规划红线审批难题，专班第一时间联合行政审批、自然规划等要素保障部门前往高新区，现场办公帮助解决厂房规划审批问题，项目拟投入1.5亿元，2024年达产后可再新增产能20亿元。联合新泰专班协调解决山东山能电缆有限公司遗留20多年的土地产权过户问题，助力企业获得国网投标资格。二是聚焦企业资金。山东鲁能泰山电力设备有限公司项目实际使用农民工数量较少，但应缴纳农民工工资保证金数额较大，严重占压项目建设资金，影响项目进度，专班联合泰山区协调相关单位召开专题分析会，形成按最低标准缴纳的解决方案，极大缓解了项目资金压力。山东以利奥林电力科技有限公司前几年受市场影响负债较高，还款压力影响企业进一步发展，专班联系协调高新区泰山创投，探索通过债转股方式减轻企业债务负担，助力企业破题发展。建立银企对接机制，将重点培育企业优先推荐给金融机构，缓解企业融资难题，与银行机构对接协调山东鲁能泰山电力设备有限公司 4000 万元流动资金贷款、英大电力装备有限公司 3000 万元担保贷款等问题。帮助链上 14 家企业争取省科技成果转化贷款 1.14 亿元。三是聚焦产品市场。针对龙头企业特变电工山东鲁能泰山电缆有限公司本地市场订单量下降的问题，专班与市内开工的重点项目逐一对接，优先采购特变鲁缆产品。助力泰开集团在国家电网陇东至山东 800 千伏特高压直流工程东平段项目中获得 2 亿元产品订单。四是聚焦人才问题。特变电工山东鲁能泰山电缆有限公司专业技术人才缺乏，专班帮助公司在泰安境内高职院校建立校企合作班，开展技术工人订单式培养；为企业与华北电力大学、西安交大等高校牵线搭桥，招聘引进电力相关专业毕业生，解决专业人才不足的问题。五是聚焦应急事件。2022 年 11 月新冠疫情形势严峻，泰开集团处于封控状态，涉及江苏省、河北省国家农网改造等国家重点民生工程项目产品和向中国核工业集团、中国大唐集团等公司按期交付产品无法外运，专班积极协调疫情防控部门予以放行，帮助企业挽回重大经济损失。

聚焦共商共建，践行"一家人"理念。链长武林中主席多次强调"企业有事找专班，专班实时跟踪问效"。一年多来，专班与企业之间紧密联系，切切实实帮助链内企业谋发展、解难题。专班的服务格局逐渐从登门拜访、上门服务转变为专班与企业的"双向奔赴"，与链内企业成为相互信任、无话不谈的"一家人"。一是勇做服务企业"带头人"。专班成立以来，坚持以链长带头现场办公、组长带头联系企业、专班带头靠上服务贯穿服务企业全过程，逐渐树立了带头服务企业的使命感和责任感，形成了第一时间发现问题、分析问题、解决问题的干事氛围，构建了"一横三纵"

切实有效的服务机制，在探索助企模式和实际解决问题上成为服务企业的"带头人"。二是善做服务企业"明白人"。"打铁需要自身硬"。产业链专班定期邀请行业专家为专班干部进行培训，帮助专班干部充分了解最新政策、前沿技术和行业特点，提升涉企扶企专业知识，增强解决企业难题能力，真正以企业角度解决问题，做到专班与企业同频共振、同向发力，成为服务企业的"明白人"。专班根据产业链每家重点企业自身情况，针对性筛选出相关政策，以开展惠企政策宣讲培训会、发放政策汇编等方式帮助企业学懂政策、用好政策。三是常做服务企业"贴心人"。在当前经济形势压力较大的背景下，企业发展遇到许多困难。产业链专班在服务企业过程中，与企业心往一处想、劲往一处使，助力企业破题发展，成为服务企业的"贴心人"。专班实施企业家赋能行动，联合智库公司开展科技企业创新升级助力行动，帮助企业打基础、练内功。通过与每家企业单独交流，讲产业发展前景和市新型工业化强市战略政策，提振企业家倍增信心。企业在重大项目谋划阶段，就土地、环保、市场、检测等问题第一时间咨询专班意见。在申报国家、省（市）奖项，参与"一带一路"、山东省新旧动能转换试验区建设等重大战略方面，企业也主动邀请专班共同分析谋划。

内抓协同　外抓招引　推动产业链式发展实现新突破

输变电装备及电线电缆产业链专班按照强链延链补链思路，紧紧围绕提高产业链条延伸度、产业集群聚集度和关联企业协作度，以链主企业为引领，内抓协同，外抓招引，全力推动产业链式发展实现新突破。

着力加强链主引领作用。专班与链主企业泰开集团每季度召开一次经济形势分析会议，在产业政策、行业动向、企业发展等方面实现共商共享。泰开集团稳步增长，2022年集团实现营收204亿元，同比增长14%；税收9.6亿元，同比增长17%。2023年市场订单量持续增长，在国网前三批集中招标中中标26.6亿元，同比增长27.9%，各类产品排名均位居前列。2023年，营收增长25%；集团各公司在泰安地区的主要供应商980家，同比提升10%；供货总额15亿元，同比提升8%，龙头辐射带动作用进一步凸显。与泰安交运物流、厚德物流、鑫顺物流等本地公司建立长期稳定的合作关系，当地物流运输量占比超90%，不断深化制造业和物流业的融合发展。针对链上企业同质化竞争和各自为战的情况，特变电工山东鲁能泰山电缆有限公司从泰开集团、润泽能源等15家泰安本土企业采购各类电缆辅料超5亿元，使链上企业降低了成本、提升了竞争力，为链内企业抱团发展提供了新经验。

着力加强关联企业协作。深度掌握行业市场和企业需求，全面整合上游采购资源和下游销售终端，持续推动链内企业相互配套，打造协同发展的现代化输变电装备产业链体系。山东泰开电器绝缘有限公司生产的环氧浇注绝缘子、真空压力浸胶绝缘拉杆等电气绝缘制品，为山东泰开高压开关有限公司、山东泰开电力开关有限公司等提供相关产品，本地化销售占比达98%。山东泰开电力电子有限公司优先采购本地配套工业品，新增山东海力同创散热制冷技术开发有限公司、山东创新电气设备有限公司等本地供货方，在泰安市常供方达到100家，占公司同类物资全年采购额的70%，按期履约交货率达89%，高于外地供方15个百分点。山东泰开变压器有限公司每年采购山东以利奥林电力科技有限公司硅钢片约4700吨，采购额达5亿元，极大降低了运输采购成本。泰安市泰和电力设备有限公司的产品关键部件驱动壳体与山东泰开精密铸造有限公司建立合作关系，双方每年合作金额过亿元，同时泰和电力产品又供给泰安泰山高压开关有限公司，形成了区域协同发展的良性循环。

着力加强招商引资力度。一是大力实施总部招商。2023年7月，策划引进总投资约20亿元的高压车间改造、新能源线缆和储能基地建设、新型高端变压器数字化工厂等3个重点项目。宝胜（山东）电缆有限公司积极争取到宝胜总部对项目资金、技术等方面的支持，组织实施的中压智能制造产能升级项目，积极引入上海两条生产线的扩规项目。二是大力实施延链招商。围绕下游产业，引进国内领先的能源数字化领域领军企业航天集团北京清科新能公司"绿色双碳＋数字安全智慧电力项目"，3—5年营业收入可达50亿元，可发行40亿元绿色债券，同时超前布局工业与林草碳汇交易等前沿项目，加快培育产业链数字化新生态。与大连国霖技术公司客商进行对接，对数据中心、厂房节能项目进行初步洽谈，拟招引该公司总部搬至泰安。三是大力实施强链招商。泰安市泰和电力设备有限公司与世界500强浙江正泰合作组建新公司，实施高压有载分接开关项目，并引进正泰产业链下游成熟产品，现已签订合作意向书。项目占地面积59亩，建设厂房4座21000平方米，新上生产线3条，新上设备107台（套），年产高压分接开关5000台（套）。山东科德电子有限公司与中科院合作研发的国内首创智能超声波水表芯片模组，替代进口，已注册成立水之声（山东）电子科技有限公司。策划引进"水基中性液流电池生产基地项目"，该项目采用最新储能电池技术，具有成本低、能量密度大、运维成本低、绿色环保等特点，市场潜力巨大。四是大力实施链外招商。引进山东源东生物科技有限公司胆汁酸产业技术研究院中试基地项目，与上海亘泰集团、北京挑战集团等开展合作，加快建设中试基地，目前项目正在积极推进中。引进新加坡独资企业山东富亚公司，注册资金500万美元，筹划成立富亚投资产业园。

内强筋骨　外拓销路
多措并举助力产业链扩容提质

市矿山装备及工程机械产业链（集群）专班

2023年，市矿山装备及工程机械产业链专班坚持问题导向，针对推介招引、园区建设等影响产业链高质量发展的突出环节，健全服务机制，搭建平台载体，实施精细服务，产业链呈现扩容提质的良好态势。至年底，产业链247家规模以上企业实现营业收入220.8亿元，实现工业税收6.87亿元，完成固定资产投资44.5284亿元，产业链工业总产值194.5亿元。

市矿山装备及工程机械产业链组织100余家规模以上企业参加企业负责人培训班，邀请国家知识产权出版社培训知识产权发展及国际保护等内容　　　　（陈奕帆　摄）

创新模式助企推介招引成效明显

2023 年以来，煤炭、钢材等价格下滑，煤炭和房地产行业不景气，全市矿山装备及工程机械行业面临订单不足、出厂价格下降、利润减少等困难。产业链专班在"我为企业办实事"过程中，把深入实施"走出去"战略作为助企纾困的重点，清底数、搭平台，扎实开展招引推介活动，先后组织 150 家企业参加江浙沪招商行、武汉全国民营企业合作大会、贵州国际能源产业博览交易会、鄂尔多斯环博会、北京国际采矿展、六盘水能矿装备产业大会等 9 次大型推介洽谈活动，共对接省、市级山东商会、相关企业及科研机构等 100 余家，签约产品销售及合作项目 46 个，成交额近 20 亿元，发展代理商 15 个。

摸清行情制定方案，掌握推介招引"主动权"。一是"摸清"企业状况。市、县两级专班实地走访企业 177 家，分层次召开链主骨干企业和小微企业座谈会 5 次，分析研判企业需求，收集企业在产品推介、招引合作等方面困难 20 余条，针对企业产品推介渠道窄、平台少、市场资源匮乏等问题，确定了扩渠道、挖资源、搭平台的推介思路。二是"探清"市场行情。随时关注榆林国际煤炭暨高端能源化工产业博览会、西安中国矿业装备与技术展览会、鄂尔多斯国际煤炭及能源工业博览会等重点产业展会，深入了解分析展会内容，对知名度高、影响力大的展会，以市推进办或产业链的名义提前与展会主办方取得联系，确定需要参加的展会范围。三是"捋清"推介方案。根据展会类型及规模影响，研究参展企业范围，制定《2023 年度推介招引工作方案》，提前安排参展计划，链长、组长亲自带头，邀请市推进办领导共同参加，组织相关企业参加展会，为提升推介招引成效打下坚实基础。

主动对接周密准备，增强企业参展推介"驱动力"。一是广泛对接。积极发挥专班的"前哨作用"，提前与展会所在地的政府、部门及商协会对接，提供参展企业情况简介，周密制定整体活动方案，协商在展会期间共同组织双方企业洽谈对接等活动。二是积极发动。向链内企业广泛宣传推介招引活动方案，提前 2 个月向企业发出参展邀请，详细介绍展会主题、发起背景、后续效益等，发动企业积极参加。三是商（协）会助力。借助产业链商（协）会熟悉展会主办方和链内企业的优势，对参会企业实行保姆式服务，尽力争取主办方在展位费用、餐饮住宿、产品推广等方面提供优惠和便利，保障企业参展期间住宿无忧、出行顺畅。

搭建平台拓展合作，筑牢推介招引"硬支撑"。一是政府平台。市工业推进委副主任、党委书记、市一级巡视员宋洪银带领 5 家企业参加鄂尔多斯环博会，展会期间会见了中国煤炭加工利用协会负责人，就召开矿山装备及工程机械现场会及商（协）会年会等事项达成了初步意向，同时与鄂尔多斯市能源局等组织企业合作洽谈，帮助山能装备集团、山东聚多士能源科技有限公司和山东金恒力链条集团有限公司等 5 家企业与鄂尔多斯市 11 家煤矿达成销售意向 20 余项，金额 2.8 亿元；2023 年以来，市政府副市长、产业链链长刘峰梅带队到江浙沪招商，先后到北京、陕西、宁夏、深圳、东莞和河南长垣开展专项招引推介活动，还组织企业参加了武汉全国民营企业合作大会及贵州国际能源产业博览交易会，与河南长垣、贵州六盘水等地政府开展洽谈推介，播放产业链宣传片，发放宣传画册，实行全方位宣传推介，双方共有 90 多家企业和煤矿用户及 3 个产业园区参加洽谈，参会企业采取专题片、PPT 及画册等方式推介产品，开展深度交流，与六盘水恒鼎实业有限公司、贵州湾田煤业集团有限公司、贵州贵能投资有限公司等 25 家企业达成 46 项销售及合作意向，金额 7 亿多元。二是商（协）会平台。产业链专班提前与展会所在地的山东商会对接，带领参会企业实地拜访洽谈，寻求合作商机，先后走访了湖北省、贵州省、东莞市等地的山东商会，与贵州省山东商会签订了战略合作框架协议。帮助贵州六盘水恒鼎实业有限公司和山东新沙单轨运输装备有限公司等 5 家企业签订了合作协议。目前，东莞市山东商会副会长单位盟大集团正与产业链专班就建设细分领域销售平台进行后续接洽。三是企业合作平台。发挥龙头骨干企业的牵引作用，带动相关企业共同开拓市场。聚多士能源科技有限公司研发的超高压弹性压滤机在鄂尔多斯尔林兔煤矿应用后产生良好效益，当地多家企业表示泰安市政府对产业支持力度大，产品科技含量和性价比高、口碑好，表示今后要增加泰安煤机产品的采购。

做大做强特色园区，夯实产业发展平台载体

把园区建设作为促进产业协同发展的重要平台载体，充分发挥有为政府和有效市场两个作用，坚持规划先行、龙头带动和数转智改三管齐下，有力推动了新泰羊流起重机、宁阳钢球、高新区泰山智造等 8 处产业园区转型升级、加快发展，共入驻企业 1600 余家，产值近 100 亿元，成为延伸产业链、提升价值链、稳固供应链的可靠保障。

规划先行，绘园区发展蓝图。矿山装备及工程机械属于传统产业，近年来产业链企业存在位置分散、协同能力差等发展瓶颈，新泰羊流起重机、宁阳堽城钢球等产业园区面临着市场竞争力弱、同质化竞争严重等转型难题。2022 年以来，产业链专班在充分调研的基础上，统筹产业全链条、各环节、全周期，系统谋划论证产业园区发展规划，确立了提升旧园区品质，规划建设新生园区的总体思路，指导各县（市、区）因地制宜、因产施策，充分尊重企业意愿，高起点规划建设产业园区。新泰在编制《起重产业发展规划（2021—2030）》的基础上，确定生产方式绿色化、生产过程智能化、生产产品高端化"三大改造行动计划"，为产业发展提供图谱路径。宁阳县针对钢球产业小、散、弱的情况，规划建设辰信基础零部件产业园，总投资 26 亿元，占地面积 162.96 亩，拟招引 40 余家钢球企业入驻。达产后，年可实现销售收入达到 20 亿元。宁阳和信工程机械关键零部件智能化园区项目，园区规划总面积 3.5 平方公里，计划总投资 105 亿元，规划建设科技研发、装备制造、物流仓储、电子商务、汽车交易五大版块，全部项目建成后可实现随同入驻企业 30 余家，总产值过百亿元。高新区规划建设的智能制造

机械装备产业园主体已完工，泰山智造科技产业园项目已签约企业 21 户。

协同发展，壮园区企业筋骨。立足现有园区，加大帮扶力度，致力于培育一批"一锤定音"的龙头企业，形成产业园区的规模效应和溢出效应，努力形成以龙头企业牵引全链优化、带动全链收益的发展格局。加快宁阳堽城镇基础零部件智造产业基地、新泰矿山装备智能化再制造产业基地、东平计量小镇建设，促进优势特色产业由"块状经济"向现代产业集群转型升级，探索解决传统产业规模小、组织分散、产品同质化等问题的新路径。羊流起重机械产业园提出了"大企业领跑、小企业配套"的思路，重点支持以龙辉集团、神州起重、天源重工等为代表的龙头企业及创新引领企业，带动 1600 家企业上下游协同联动、融通发展，各打各的优势牌，从整机生产到电动葫芦、链条、吊钩等，有效避免了重复建设、恶性竞争等问题。山能装备再制造产业园新上高端液压支架、采煤机（掘进机）和刮板机 3 个再制造项目，其中高端液压支架再制造项目年产 4500 架，再制造能力国内领先；刮板机再制造项目年产 150 台（套），是国内先进、华北地区最大的刮板机设备再制造产线。园区预计年产值 30 亿元，纳税过亿元，可带动上下游企业产值超 100 亿元。项目于 2023 年 2 月开工，现已经完成改扩建厂房 25 万平方米，生产设备即将安装调试完毕，全面达产。

数转智改，塑园区转型之魂。进一步树立平台思维，聚集整合信息、人才、技术、资本、人脉等优质资源，实现园区资源优化配置和经济利益的最大化；通过数字化和信息化技术为传统制造业赋智赋能，大力建设数字车间、智能工厂，促进产业从传统制造向智能制造升级。羊流起重机械产业园建立了以龙辉建安为载体的售后服务平台，以"创新创业共同体"为载体的技术研发服务平台，以浙商中拓金茂"共享工厂"为载体的供应链综合服务平台，以"智慧云"为载体的国内、国际销售服务平台"四大平台"，集聚用户达到 500 多家，产业集群内"工业树"越来越枝繁叶茂。龙辉起重机械通过数字化改造，建成起重机智能柔性生产线，能够生产 0.5 吨至 500 吨、跨度 5 米至 60 米的特种起重机，产品交货周期缩短

30%，新产品研发设计周期缩短 20%。宁阳县在辰信基础零部件产业园项目中引进国内外先进钢球生产工艺设备，建设智能智造示范工厂，通过"鲶鱼效应"倒逼其他企业数字化转型。

质量强链促提升，推动起重产业高质量发展

全面统筹"强链条"。为加快推进起重机械产业高质量发展，新泰紧盯数字化转型，成立由市场监管、工信、人社等部门组成的新泰市起重产业发展服务中心，编制《新泰市起重产业发展规划（2021—2030）》，全力破解转型中的难题，着力推进工业园区扩建，吸纳更多优质链上企业落地，实现产业集群式发展。2023 年，市场监管总局特设局、省局和泰安局先后到起重产业园区调研、培训 9 次，省局形成了《山东省特种设备质量安全提升体系建设研究报告》，以新泰起重机械为例，充分分析特种设备质量提升的重要性与必要性。市场监管总局、省局、市政府、市局组织新泰部分重点起重机械企业到河南长垣考察学习，取长补短，市市场监管局指导新泰市制定《山东羊流起重机械产业质量提升行动方案》，上报市场监管总局特设局批准后实施，切实推进羊流起重机械产业集群全链条提升。

上下贯通"延链条"。新泰探索组建产业链源头原材料集聚平台，围绕钢板、钢轨、工字钢等大宗原材料，建立钢材批发市场及交易平台，开展各种钢材集中采购，降低采购成本，保障原材料质量和供应。市市场监管局积极引导一批规模小、技术弱的整机企业转型生产主配件，实现主配件本地化生产，共有神州机械、泰鑫通用、宏力起重、富苋吊钩、继财起重、延峰起重等车轮、抓斗、卷轴、吊钩、联轴器、中节、减速机等主配件制造企业31 家；海洲机械、科煤机电、汇聚重工、易万达等零配件制造企业 58 家；力川重工、德利重工、恒玖机械、琛基电气、永腾电控、瑞特电缆、中泰电缆等电路件制造企业 18 家，产业集群内"工业树"越来越枝繁叶茂。市市场监管局着力打造新泰起重机械工业园国家质量基础设施（NQI）一站

式服务平台,面向企业提供以计量、标准、检验检测和认证认可为核心,以质量管理、品牌建设、知识产权等为延伸的一体化质量技术服务,推动各类质量技术服务事项"一窗受理、一网通办",为产业集群发展实现服务"不断档"。同时,创新"指导＋培训"新路径,着力解决起重机械设计人才短缺难题,市特检院起重机械设计专家下沉制造企业,帮扶指导个性化要求较高的起重机械设计,实现由购买图纸向设计图纸的彻底转变。积极对接引进河南长垣诚仁教育培训学校,来新开班授课 20 班次 100 余人,切实提升本土基础设计人员能力素质。

弱项提升"补链条"。针对长期以来制约起重产业发展的科技研发力量不足、人才缺乏、品牌效应不足等因素,市市场监管局积极对上争取,山东省物料搬运设备产品质量检验检测中心(侧重起重机械)已经专家现场论证等待批筹,将与龙头企业形成战略合作,把控整机、配件等制造流程与质量,为高质量发展提供背书,逐步引导小型企业转型升级。全面推行"1+N"考试网络,依托市特检院焊工考试机构,在羊流设立特种设备作业人员焊工考点,同时积极引进第三方培训中心,让企业择优选择,为解决企业用工难、取证难提供最大便利。持续塑造领先标准引领,"一企一策"量体裁衣,积极对接省局专家"远程＋实地"送政策、送服务、送技术,精准指导企业培育精品标准项目。目前,羊流起重机械产业企业共参与制(修)订国际标准 1 项、团体标准 3 项,立项地方标准 1 项,申报省级标准化试点 1 个;荣获"国家知识产权优势企业" 2 个、"中国驰名商标" 1 个、"好品山东" 1 个、"省长质量奖提名奖" 1 个、"省级产业专利导航企业" 1 个;拥有发明专利 45 件,"山东高端品牌培育" 6 个、"山东省优质品牌(产品)" 9 个、"山东知名品牌" 9 个。正在积极申报"新泰起重"集体商标,努力打造区域品牌,着力展现"泰安质量"。依托羊流起重机械质量安全三年提升行动,拟培育产值过 20 亿元龙头企业 2 家,产值 5 亿元左右个性化特色优势企业 10 家,持续带动产业长足发展,力争三年内实现产值 100 亿元,实现利税 15 亿元。

打好招商引资"组合拳"
打造融合发展新高地

市汽车及零部件产业链（集群）专班

2023 年以来，市汽车及零部件产业链专班聚焦"招大引强、做大培强"，全力推进协同发展，产业发展呈现持续上升的良好势态。企业工业效益大幅度提升，83 家规模以上企业完成营业收入 127.1 亿元，增速22.1%；利润 5 亿元，增速 114%；工业税收 3.22 亿元，增速 243.46%。营收增速在 13 个产业链中排名第 1 位，税收、利润增速排名第 2 位。全年季度考核的各项指标均获得骏马称号的好成绩。

10 月 17—21 日，市汽车及零部件产业链专班赴长春市开展招商引资活动

（产业链专班　供）

创新招商模式,打好招商引资"组合拳"

专班坚持把招商引资作为加快新型工业化强市建设、实现双倍增工作目标的重要抓手,围绕强链延链补链的工作目标,创新实行"六个一批"招商模式,大力开展招商引资,取得明显的成效。

激活闲置资源,实现"腾笼换鸟"。创新招商思路,宁阳惠鑫智能制造汽车产业基地,以有解思维盘活闲置多年的宁联机械公司土地房产,通过法律程序实现"腾笼换鸟"、零地招商。成功引进比亚迪的主要内饰件供应商武汉鸿朗,其投资的恒凌项目实现当年开工、当年投产,投产当月即升规纳统,全部达产后可实现产值 10 亿元,土地利用质量和效益实现"双提升",有力推动了闲置资源焕发生机。创新招商方式,围绕延链、补链、强链,招引项目采取工业地产 + 产业导入的方式,引入工业地产运营商建设基础设施,产业链头部企业惠尔集团和宁阳高新区联合引进汽车内外饰、线束等汽车配件制造项目。引入泰安智能汽车产业研究院,借助长城汽车、东风汽车、比亚迪汽车等知名车企的科研能力,建设新能源汽车配件直供基地,打造江北最大的汽车内饰供应中心,培育百亿级汽车配件产业集群。

发展特色园区,引领招商热潮。明确"一区四园"的功能定位,打造错位发展、特色突出的发展模式。其中山东泉利汽车配件智能制造产业园项目在全市优秀策划项目评选中获得金牌,该园区是平台招商的典范,致力于打造成全省规模最大的汽车配件产业集群。山东泉利汽车配件智能制造产业园是省汽配商会参与建设的首家产业园区,借助济南泉利重配城 1000 家生产销售企业,计划吸纳生产制造、科技研发、服务配套等 100 家企业,由制造延伸至服务贸易领域,建设全省先进的现代化汽车零部件生产基地。该园区产业集群度高,抢抓新能源汽车发展机遇,融入全省整车产业布局,快速引进链内企业,涵盖车桥、车架、传动轴、刹车片等整车全部零部件,实现不出园区完成整车配套;工艺设备先进,按照数字化工厂理念，落地的精密齿轮、轴承智能制造等项目，具有世界先进的生产工艺及生产线，新能源轮毂轴承填补国内空白，规模全国第一。4 个在建园区累计新签约项目 18 个，新开

航天特种车研究院 （泰安航天特种车有限公司 供）

工项目 21 个，目前在谈项目 30 个。

链接顶级资源，开启招商新篇。坚持走出去、请进来，充分发挥高端资源作用。搭建合作平台，推动互利共赢。通过吉林大学青岛汽车研究院与一汽解放汽车有限公司建立合作关系，将链内 17 家企业推荐为一汽解放汽车有限公司候选供应商。积极促成吉林大学青岛汽车研究院与惠尔集团合作开发的新产品成功入选比亚迪供应链体系。拓宽渠道，促进以商招商。加强同泰山商会、异地泰安商会、泰安异地商会之间的沟通，促成由产业链链长、副链长带队到长三角、珠三角、长春、太原、成都、武汉等地开展招商活动，洽谈推进重大招商项目。积极对接全国中汽联、省商务厅等单位，组织会员企业积极参加法兰克福展、广交会等各类展会、论坛等，结识新朋友，增加交流合作机会。抢抓机遇，促进成果落地。与松果新能源汽车、橙仕集团、端立集团、路米科技、DMI 德迈国际集团等国内外知名企业洽谈，其中中云（宁阳）工业园项目、锂离子电池正极材料研发及制备项目、蔚蓝钠离子电池产业园项目已成功签约。

聚力创新驱动，打造融合发展新高地

专班认真贯彻落实市委、市政府关于"推动校城融合发展""制造业

协同发展"以及"五链融合发展"精神，以"协同发展、成果转化、人才引进"为重点，大力开展创新发展攻坚，积极整合资源，凝聚合力共建共创，联合吉林大学青岛汽车研究和泰山职业技术学院成立了汽车产业产教融合共同体，搭建起"政产学研用"合作交流平台，有力推动了产业链健康快速增长。

组建"共同体"，打造融合发展优生态。专班围绕全力打造产业协同发展良好生态，积极推动校链企深化合作和产教融合，有效赋能企业运营管理和科技创新，推动产业链实现高质量发展。一方面，创新发展路径。自5月31日首次提出汽车产业"融合发展共同体"初步构想以来，市汽车及零部件产业链、泰山职业技术学院、吉林大学青岛汽车研究院等多方经过深入磋商、实地考察、校企互访、研究座谈等多种形式，与链内30余家重点企业建立起密切联系并达成初步合作意向，校、企、研合作取得实质性进展，为"融合发展共同体"的构建奠定坚实基础。经过周密筹备，9月20日，市汽车及零部件产业链联合泰山职业技术学院、吉林大学青岛汽车研究院、泰安智能汽车产业技术研究院和链内40余家企业，举办了产业产教融合共同体成立仪式并成功落地了泰山汽车产业创新研究院。共同体的成立，开创了人员互通、信息互享、资源共建、人才共培、互利共赢的新局面，探索出服务泰安市现代制造业高质量发展的新路径。另一方面，搭建合作平台。专班不断提升服务职能，搭建交流平台，围绕"三库一平台"创新服务体系，收集建立了行业人才库和科研成果库，探索建立汽车散热器协同发展平台，构建企业、高校和科研机构之间在技术创新、成果转化等方面的合作渠道，推动校地、校企共建人才培养基地、科研平台等，实现技能人才流动和科技成果转化，为产学研协同提供良好发展环境。与吉林大学青岛汽车研究院合作成立了"一体两院"（即产业产教融合共同体，泰山汽车产业创新研究院、泰安智能汽车产业技术研究院），为企业科技创新发展赋能加力；推动埃索润滑油有限公司与中国石油大学开展技术合作，联合建立实训基地；发挥商会平台纽带作用,构建企业强强联合、抱团发展的推进组织,引导支持企业在产品配套、技术合作、市场分享等方面全方位合作,提高行业整体竞争优势。

对接"高精尖",寻求转型发展最优解。用好共同体优势资源,瞄准汽车行业顶级创新科研机构、商协会和展会等高端资源要素,逐一联系对接,为企业牵线搭桥,积极推动产业转型升级。2023年以来,产业链先后组织企业走访同济大学汽车学院、材料学院以及吉林大学汽车学院,推动了航天特车、山东厚丰和顶泰科技开展校企合作;组织新能源汽车相关生产企业参加2023年中国泰安投资贸易合作洽谈会·电化学储能高峰论坛,推动了与哈工大合作交流;对接中国汽车工程学会热管理分会及国家智能网联汽车创新中心,探讨产业合作与创新;登门走访中国国际贸易促进委员会汽车行业分会、全国工商联汽摩配商会等商协会,掌握行业发展动向,并获取国内外市场采购信息7条;积极促成吉林大学青岛汽车研究院与惠尔集团合作开发的新产品成功入选比亚迪供应链体系;组织安途制动等15家企业参加深圳·法兰克福国际汽配展、广交会等行业重点展会及商务系统组团境外洽谈活动,达成采购金额2.8亿元。

全力"进解促",营造助企发展好氛围。坚持问题导向,大力开展"进企业、解难题、促发展"活动,全力助企纾困解难。一是一线调研,摸清企业需求。深入40余家企业进行一线调研,征集企业在创新研发、高端人才、技能人才引进等方面的需求20余条;6月以来,先后召开市汽车及零部件产业链协同发展、整车制造企业、散热器企业、数字化转型等4次座谈会,探索资源共享、技术共享等合作新模式、新机制,提高链内企业上下游本土配套率和竞争力,推动企业协同合作纵深发展。二是精准对接,促成问题解决。专班充分发挥产业链商(协)会校企合作桥梁纽带作用,摸清企业技术攻关、市场拓展等需求,促进各类要素精准对接。为链内整车企业泰安航天特种车有限公司与上游泰安昊达汽车零部件有限公司、泰安恒泰车桥有限公司牵线搭桥，进行铸钢件的生产协作；为埃索润滑油有限公司联系中国重汽集团泰安五岳专用车有限公司、山东泰开汽车制造有限公司等链内整车企业，推动在润滑油领域的合作签约；为泰安启程车轮制造有限公司联系泰安瑞朗科技有限公司，利用瑞朗公司的先进检测设备，进行轮毂的研发合作；为山东大隆兰盾机车工业有限公司联系山东惠尔新材料科技有限公司，开展摩托车用内饰材料的供需合作。三是政策促动，激活企业动能。召开产业政策宣讲会，邀请市工信局和中介公司为企业宣讲政策和实现路径，协助企业争取一批含金量高的政策。帮助企业打造创新平台，全年新增 10 家国家级高新技术企业、2 家国家级专精特新"小巨人"企业、5 家省级"专精特新"中小企业、1 家省级瞪羚企业。四是数转智改，引领企业创新发展。推动山东新合源热传输科技有限公司等 6 家企业成功入选山东省首批数字经济"晨星工厂"入库培育项目名单，山东厚丰汽车散热器有限公司厚丰信息化看板工程等 27 个项目入选全市制造业数字化转型重点项目库，数字化转型覆盖率达到 42.18%；技改项目 38 个，覆盖率达到 59.38%。

全面贯彻新发展理念
赋能产业链高质量发展

市特色金属材料产业链（集群）专班

特色金属材料产业是泰安市重要支柱产业之一，现有规模以上企业52家，已初步形成了特种钢材、铜基新材料、铝基新材料、特色焊材等金属材料生产及深加工产业体系。在钢铁生产领域，依托石横特钢，已形成"铁矿石—冶炼—压延加工—建筑钢材"完备产业链条，打造了山东省特种建筑用钢产业集群。同时，培育了系列不锈钢制品、不锈钢管、冷轧卷

5月12日,兴泰硅材科技电子级硅烷项目签约仪式举行 （李哲 摄）

板、五金工具等钢材制品，正在积极强化"铸造—涂镀"深加工产业链。特色金属材料产业链专班，以新发展理念引导产业链高质量发展，围绕"强基—延链—促服务"的链式发展重点，聚焦助企纾困、项目招引、产业协同、产业集聚四大主攻方向，加快推动特色金属材料产业向下游延伸产业链，向高端延伸价值链，向解决方案延伸服务链，持续提升产业链稳定性和竞争力。

聚力助企纾困，激发高质量发展活力

面对面问需，提振企业发展信心。一方面，结合"我为企业办实事"活动，深入开展"访企业、听诉求、送服务"大走访，通过与企业"零距离接触""贴心式交流"，畅通企业诉求表达渠道，真正做到干部沉下去、问题带上来。解决企业诉求37项。另一方面，在落实"企业服务专员"制度的基础上，推出"助企服务员"机制。专班人员每月一次到包保企业现场办公，构建快速受理、解决、跟踪、反馈全流程服务模式，重点对企业诉求逐项分析研判，形成分级问题清单，提出分级解决方案，实现了责任落实到人、时限明确到天。如对即接即办的诉求，办理时限最长不超过1个工作日；对较为复杂的诉求，原则上答复不超3个工作日；对需多部门联动解决的诉求，建立联席会议制度，推动尽快解决。通过限时办结、限时反馈，让企业吃下"定心丸"，真正把助企发展的诚意带给企业，提振企业发展信心。

实打实帮扶，解决企业发展难题。围绕企业所急、所需、所盼，想方设法为企业纾困解难。一是急企业之所急。联合相关金融机构组建金融服务专家队，开展"融资服务进企业"活动，现场为企业"把脉问诊"，量身定制融资方案，解决企业"燃眉之急"。其中，通过融资担保，支持索力得焊材等12户企业6.7亿元；通过商业银行，支持麦丰钢业等14户企业信贷资金6.9亿元；为九鑫集团、盛德大业申请基金延期1.36亿元；帮助华伟重工、九鑫机械申请省级"技改专项贷"2.36亿元,极大缓解企业经营压力,2023年,规模以上企业营业收入同比增长18.6%,金融助力作用显著。二是解企业之所需。将各类政策通过产业链商会（协会）及时推送企业,帮助企业及时了解掌握政策、用足用好政策。三是谋企业之所盼。成功解决石横特钢135万吨产能问题,投资80亿元的热轧卷板项目顺利投产；协调市生态环境局解决山东大明二期高端装备制造项目所需VOC环保排放指标；帮助解决中科力祥5000吨铸造指标,打造航空航天轻量化材料项目；鼓励石横特钢完善产品体系,盘活原恒基钢铁闲置资产,新上高耐腐蚀新材料项目,打造棒材生产和含铁含锌尘泥综合利用项目,延伸产业链条。

点对点服务,激发企业创新活力。将推动数字化转型作为产业链高质量发展的重要举措,充分发挥链主企业石横特钢引领带动作用,支持其做优产品、做大市场、做强品牌,带动链内企业转型升级。强化要素保障,吸引各类创新资源向企业集聚,2023年新培育省级"专精特新"中小企业7家。坚持创新驱动,助力石横特钢与华为技术有限公司签署全面合作协议,共同研发钢铁工业互联网应用项目,成功入选国家级智能制造示范工厂。助力索力得焊材技改扩能项目,与华为公司合作实施数字化改造,被认定为省级数字化车间。强化校企融合,石横特钢与泰山职业技术学院签订了《共建特钢智能制造现代产业学院战略合作框架协议》。促成麦丰新材料与济大抛光材料技术研究所联合攻关芯片晶体用高纯纳米氧化铝制备,泓江智能设备与山东省科学院能源研究所联合攻关智能空气预热器研发。帮助博宇重工与山东冶金设计院、华伟重工与山东大学材料研究院达成合作,有力破解了企业发展中"卡脖子"的技术难题。根据链内企业发展需求,成功招引沈阳北辰技术系统控制有限责任公司落户泰山区,为链内企业提供电能质量治理,降低生产成本。

聚力项目招引，夯实高质量发展支撑

开展务实高效招商活动。2023年，专班先后走访北京、厦门、深圳等8个城市，重点对接北京科研机构以及厦门新材料学院，帮助链内企业搭建技术交流平台。依托深圳招商办事处、驻京商会，走访10家新材料企业，寻求合作契机。与中科科技培训中心在基金、与德国中小企业合作以及数字赋能方面达成初步合作意向。依托民生证券拟策划碳光级芯片、微风发电及电力存储运输等一系列项目。与深圳洛梵狄智能有限公司达成合作意向，在新泰市打造以变速器生产为主的"洛梵狄智能变速器产业园"。

搭建精准招商载体平台。充分发挥基金公司、三大招商联络处、龙头企业、产业链商会（协会）、特色园区招商载体作用，借助其资讯渠道、商务渠道、人脉资源，开展基金招商、以商招商、园区招商。其中，发挥基金优势，依托港晟基金招引落地投资15亿元电子级硅烷项目。强化以商招商，依托链主企业石横特钢，招引投资18亿元德乐钢铁产业链深加工项目；依托骨干企业大明协好，招引大明集团总部投资4亿元建设高端装备制造项目；依托东平高端金属表面处理循环经济产业园，招引12家企业入驻；促成奥士康新材料与韩国朝仁拓株式会社合作打造不锈钢快速插拔组合管件项目；促成惠乐喜乐公司与国有平台合作建设泰安产教融合基地。同时，推动现代服务业同先进制造业深度融合，带动钢贸产业数字化转型。

创造安商稳商的良好条件。专班为每个策划招商项目都安排了一名"助企服务员"，帮助企业解决项目落实过程中存在的各种问题。其中，积极协调泰安银行为山东大明二期高端装备制造项目提供综合授信4000万元，流动贷款1000万元，协调市生态环境局解决项目所需VOC环保排放指标。成功帮助电子级硅烷项目和德乐钢铁项目解决项目所需用地问题，电子级硅烷项目 289.4 亩的用地已正式批复用地手续；德乐钢铁项目占地的成片规划方案已获批，项目立项备案已完成。帮助惠乐喜乐项目与政府国有平台公司和泰山职业技术学院合作，助力项目尽快落地。

聚力产业协同，凝聚高质量发展合力

加强互联互通，打开合作共赢新局面。立足产业链发展实际，以石横特钢为龙头，依托税收征管系统，对链内 52 户规模以上企业购销货物发票明细进行比对分析，寻找链内企业间货物购销业务的关联点，绘制产业链供需图谱。以产业链商会（协会）为载体，开展"牵线搭桥 合作共赢"活动，为链内上下游企业及下游产业链金属材料应用企业牵线搭桥、搭建合作平台，形成产供销"一条龙"衔接，促进企业资源共享、优势互补，实现"共赢"。成功帮助石横特钢与盛德大业、与鲁阳金属建立钢坯等配件协同；帮助山东奥士康新材料与上游大明协好和下游普瑞特机械、金塔机械、泰山恒信达成不锈钢加工战略合作；帮助正威新材料与输变电产业链骨干企业泰开集团、宝胜电缆等深化铜产品合作；帮助明珠科技与上游金沂铝业和下游建材企业山东威宝集团、泰安联强科技形成产供销完整链条。为企业打通上下游间各个环节，全面打开了抱团发展、合作共赢的新局面。

用活载体平台，协同壮大产业集群。坚持链式思维，分析产业链中存在的上下游关系和价值关系，充分发挥龙头企业、产业园区、产业链商会（协会）载体平台作用，瞄准产业链空白点、转型点和薄弱环节，推动产业链向纵向延伸、横向扩展，打造产业集群效应。依托石横特钢先进钢铁制造产业基地，成功招引德乐钢铁等钢铁深加工企业落地；盘活原恒基钢铁闲置资产，新上高耐腐蚀新材料项目，进一步延伸产业链条。发挥园区平台作用，实行"政府平台 + 企业"合作模式，促成九鑫集团与国有企业合作建设东平高端金属表面处理循环经济产业园，利用政府专项债券建设满足园区数字转型、智能升级、技术创新的新型基础设施。发挥产业链商会（协会）组织人脉优势，与深圳新材料协会达成战略合作。

做强供应链，推动"制造＋服务"融合发展。推动现代服务业同先进制造业深度融合，以供应链带动产业链，实现双向赋能。完善泰山钢材大市场基础设施，提升其交易辐射能力，策划招引德乐金属材料供应链，做强盛德大业供应链、鲁威铜材供应链，面向中小企业提供代理采购、仓储物流、金融服务等，协同矿山装备及工程机械、输变电装备及电线电缆、汽车及零部件等领域解决中小企业融资难、原材料议价能力弱、仓储空间紧张的发展"痛点"，赋能钢贸产业数字化转型升级。

聚力园区建设，重构高质量发展格局

走"专精特高"发展之路，打造山东省特种建筑用钢产业集群。发挥石横特钢产业链龙头作用，助推其与钢铁研究总院、华南理工大学以及华为公司、国家电网等合作，拓展制造业用精品钢新兴领域，在现有热连轧项目基础上，布局构建废钢回收加工配送中心、60万吨冷轧、2万辆汽车拆解等项目，引导石横特钢向绿色优特钢发展转型升级。同时，开展补链、延链、强链、固链专项行动，吸引一批实力雄厚、带动能力突出、差异化发展的优势企业落户泰安实现集聚发展，加快推进产品结构向"专业化、精细化、特色化、高端化"方向发展，构建"废钢加工—绿色低碳冶炼—高效轧制—钢材精深加工—市场交易"全产业链条，力争到2025年打造600亿级先进钢铁制造产业基地。2023年，石横特钢进一步完善产品体系、延伸产业链条，盘活原恒基钢铁闲置资产，新上高耐腐蚀新材料项目，打造棒材生产和含铁含锌尘泥综合利用项目，热轧卷板项目年产能达到230万吨，成功招引投资18亿元德乐钢铁产业链深加工项目。

发挥技术优势，打造东平高端金属表面处理循环经济产业园。以九鑫集团为龙头，打造集表面处理、高端装备、汽车零部件铸造、物流、科技研发、电商等于一体的百亿级产业园区。建设高端五金工具、汽车配件生产项目,立足全链条、全镀种、全产业的定位,建设镀镍、镀铬、镀锌七大镀种共 42 条生产线。同时,利用山东九鑫机械工具有限公司现有铸造产能,建设行业一流的铸造生产线。项目采用"共享工厂"模式,通过延链补链招引相关金属制造企业入驻。为完善园区基础设施建设,项目采用"企业 + 国有平台"合作模式,促成九鑫集团与政府投资平台山东东原企业发展集团有限公司合作,并邀请交通银行政府专项债券专家团队,为项目指导申报政府专项债券 1 亿元,用于园区基础设施建设。园区已建设生产厂房 8 栋,电镀综合车间 2 栋,另配有原辅材料仓库、废水处理站、污泥蒸发车间、固废仓库、办公楼等设施,已成功招引 12 家企业入驻。

突出产业协同,打造正威泰安金属新材料产业园项目。以鲁威新材料为龙头,重点围绕全市在输变电及电线电缆、新能源等领域的市场需求进行铜材及下游制品生产、铜材供应链部署,打通"铜供应—铜生产"全产业链条。同时,满足华北及"渤海经济带"市场、优化铜资源配置、强化铜基产业链、加强山东省平板显示材料与器件产业链构建的需要,聚焦核心主业,聚集高端人才,聚力技术研发,打造集高精尖金属新材料产品研发、生产、供应链贸易于一体的综合性园区。项目引进全球顶级设备制造商德国西马克连铸连轧成套专业设备,单体年产能 25 万吨,年产值达到 120 亿元。项目已与宝胜(山东)电缆、山东正泰电缆等签订了长期合作协议,形成完备的产业链生产规模。

以多元化协同打造产业内外循环强链效应

市高性能纤维及复合材料产业链（集群）专班

市高性能纤维及复合材料产业链按照市委、市政府新型工业化强市战略部署，紧跟工业推进办工作步伐，锚定"双倍增"目标，坚持"登高望远、奋力争先"，以多元化协同发展打造产业内循环强链效应，以完善角色定位和职责分工，配合良好的沟通和管理方式，实现产业链高质量发展绿色生态。

3月8—11日，市高性能纤维及复合材料产业链专班到深圳开展招商推介活动

（沈传法　供）

以党组织网格化建设模范引领　促进企业内部协同

为深入贯彻落实中共泰安市委办公室、泰安市人民政府办公室印发《关于实施"泰山红链"工程助力新型工业化强市建设的若干措施（试行）》的通知、《关于组建泰安市制造业联盟党委和泰安市重点产业链党委的工作方案》精神要求，市高性能纤维及复合材料产业链结合实际情况，征求链上企业意见，成立产业链党委，指导在链企业党组织党建工作开展，通过党建引领凝聚人心、集聚力量，促进产业发展。产业链党委设委员 7 名，包括书记 1 名、副书记 1 名，办公场所设在山东路德新材料股份有限公司。产业链党委以实施"泰山红链"工程为总领，着力以党建联建聚合力，以制度创新强动能，以真诚服务推动链上企业高质量发展。为充分发挥产业链党委引领作用，不断提高工作制度化、规范化、科学化水平，根据产业链实际情况及相关规定，制定了《泰安市高性能纤维及复合材料产业链党委会议制度》。为督促企业依法合规诚信经营，破解同质化竞争难题，专班党支部出台《关于应对土工合成材料企业同质化竞争的十条举措》，有效促进各项工作开展。

工作中，产业链党支部立足产业链"服务"职能，认真贯彻落实市委及市推进委党委决策部署，以红链聚合力、解难题、强赋能，为抢占"玻纤碳纤"产业发展新高地，助推高性能纤维及复合材料产业高质量发展，提供更加坚强组织和服务保障。深入企业探索"党建 +"发展模式，引领企业以市场为主体，以产业发展为方向，以凝聚全员核心价值观为纽带，创建特征鲜明的党建赋能活动，加强企业党员干部队伍建设，形成企业党组织"网格"力量，激发企业发展活力。

肥城联谊工程塑料有限公司作为国家级制造业单项冠军企业，现有员工 550 余人，其中正式党员 15 名。企业将党员按管理、营销、生产和一线四类岗位，设立党员示范岗；在财务、供应、人事、生产和仓储等关键岗位,设立应急处置党员保障岗,保障企业高质量发展;建立"心声墙"沟通交流机制,倾听职工心声,实现党建与企业发展同频共振、"员工信赖—市场满意—社会认可—价值提升"的内部协同发展新局面。同时,产业链立足"服务"职能,以实施"泰山红链"工程为总领,筑牢纾难解困全链条,打造红色党建与企业发展的"连心桥",着力以党建联建聚合力,以制度创新强动能,以真诚服务推动链上企业高质量发展。

以新格局新视野担当作为　促进产业链内外协同

产业链链主及分链主企业,围绕新型工业化强市建设,以新格局、新视野担当作为,以商(协)会为主体,围绕项目建设、专利保护、互通互补,努力构建新时代现代化产业高质量发展体系。围绕项目建设,产业链利用商(协)会职能,积极与深圳、上海、浙江、青岛、淄博等地商(协)会组织进行交流,利用各自资源,实现产业和项目建设的共赢和互补。2023 年 3 月,在深圳实现对接项目 6 个,推进在谈项目 2 个,拜访产业链相关企业 4 家,与 20 余名企业家和客商见面会谈。5 月,到淄博、青岛开展招商活动。对接推进汽车动力电池箱体增强材料,玻璃纤维布项目,HDPE、LDPE 热熔胶粉,玻璃纤维增强塑料管,能蜂电气高端制造基地及

7 月 26 日,中国硅酸盐学会玻璃纤维分会学术年会暨全国玻璃纤维专业情报信息网第 43 届年会在泰安举行　(产业链专班　供)

智慧储能运营平台等 5 个项目，有效推进了产业链项目落地和招商工作。组织举办海外知识产权纠纷应对线上培训班，增强产业链企业海外知识产权保护意识，助力产业链企业提升商标品牌国际影响力和竞争力。积极承办首届土工合成材智能制造·先进料工艺装备高端论坛，成立中国土工合成材料工程协会智能制造委员会；中国硅酸盐学会玻璃纤维分会学术年会暨全国玻璃纤维专业情报信息网第 43 届年会、第七届"玻纤产业技术成果展示会"专题报告会、山东省创新驱动发展大会——国际土工复合材料智库论坛等。其间，产业链分别以"提质增效促发展　协同创新助双碳""创新驱动智能制造工艺优化绿色发展"为主题，邀请 500 名国内外院士教授、业界学者、企业家相聚泰安，围绕土工合成材料先进制造，以先进制造装备创新、工艺创新与精细化控制，促进制造企业从信息化到数字化再到智能化转型升级。7 月 26 日，利用中国硅酸盐学会玻璃纤维分会学术年会暨全国玻璃纤维专业情报信息网第 43 届年会，其间泰安市人民政府与南京玻璃纤维研究院签订战略合作协议；11 月 18 日，山东省创新驱动发展大会——国际土工复合材料智库论坛，其间产业链商（协）会与山东科技大学资源学院签订战略合作协议，为泰安市高性能纤维及复合材料实现多领域、多层次合作，提供了更多机遇。同时，论坛期间，产业链积极进行产业链项目推介和产业链在产业和区位交通的比较优势，握手四海宾朋，实现共同发展。

在企业互通互补中，泰山玻璃纤维有限公司与山东路德新材料股份有限公司、肥城联谊工程塑料有限公司等多家企业在供应链、新品研发等方面加强合作，每年可消化玻纤产品约 4 万吨，初步建立内循环效应，实现本地供应最大化。泰山玻璃纤维有限公司在生产过程中需要氧气，废弃物为氯气，山东国泰大成科技有限公司在生产过程中需要氯气，废弃物为氧气。此前两家企业要单独购置氧气和氯气，并对各自废弃物进行综合处理，原材料、运输和环保等方面的成本高。通过会商，两家企业发现了互惠共赢的交叉点，拟通过铺设管道或短途运输形式，实现生产原材料和废弃物的互补利用，减少企业生产经营成本的同时也减少了环保治理成本，实现"变废为宝"。

以空间"量子纠缠"思维共享机遇　促进区域性相互合作

区域性中小企业的抱团发展，是提升大产业链协同发展的根基。产业链发挥服务职能，实现以乡镇、街道为单位的中小微企业间彼此依托相对优势，以物理空间的聚合实现价值提升，在有限的空间里交流、学习、协作，从而实现产业链全空间发力，为新型工业化强市建设探索"更高价值"的融合发展路径，以微循环实现大循环，发展大动脉。

玻璃纤维产业一直是新泰市宫里镇特色支柱产业，在新型工业化强市建设实施以来，产业链以串起"特色链"、提升"镇能量"为工作目标，及时提供全要素保障和跟踪服务，强化以商招商和项目建设，促进企业在小区域板块中依托相对优势，共同建立技术协作、信息共享、市场帮扶、人才共通的区域协同发展理念。

在产业链上的"镇发展"方面。在产业链专班的引导支持下，企业间在互为链主、互为上下游中立起来、活起来、强起来，以空间优势提升市场优势。宫里镇，2019 年被山东省经济学会评为"山东玻纤产业综合实力第一镇"。产业链专班积极走访属地企业，与中小企业家座谈交流，积极改变思维，更新观念，企业间不论大小、成立早晚，都互相握紧拳头，互为链主、互为上下游。以空间的聚合优势，提升市场优势。截至 2023 年末，在区域半径不到 5 公里内，玻纤产业中小企业 18 家，其中包括制球企业 2 家、拉丝企业 13 家、织布企业 1 家、相关配套企业（石粉加工）2 家。彼此在竞争中合作，在合作中创新，在创新中发展壮大，形成了一个动态稳定又活力迸发的新型产业链。

在产业链上的"镇经济"方面。产业链专班不断落实创新驱动，创新体制机制,提升产业链特色镇产业层次,以小产业链强链、延链、补链,提升产业链"镇经济",打造产业链基础和优势。2023 年,宫里镇玻纤产业共吸纳就业 1680 人,实现工业总产值 48600 万元,全镇玻纤企业年产玻璃球 81000 吨,玻璃纤维纱 6800 吨,玻纤布 520 万米,纤维带 5000 万米。

在产业链上的"镇帮扶"方面。作为有形服务,产业链专班协调宫里镇有关部门,为新泰天泉玻璃纤维有限公司纤维布生产项目在规范程序流程中减免未批先建罚款 40 万元,为企业再上新项目提供资金支持。围绕项目聚集区,盘活工业用地 100 亩;协调行政审批等部门,为新泰天泉玻璃纤维有限公司企业办理完成一期项目不动产证等。作为无形服务,产业链专班了解到羊流镇鑫恒新型材料有限公司的上游客户之一是宫里镇新泰市齐阳玻纤有限公司,开发区山东春潮色母料有限公司与链上企业山东泰丰新水管业股份有限公司拥有购销关系,产业间有着明显的跨区域链接关系。产业链专班依托市产业链商会(协会),以新泰市齐阳玻纤有限公司为节点,成立小区域玻纤行业协会,实现企业间紧密合作、依商招商、资源共享,有序发展,共同推进企业提档升级。

在产业链上的"镇心声"方面。产业链专班依托微信群,设立产业链"心声园"。让企业家结合实际,随时吐露心声,产业链专班在倾听中,做好反馈和交流。新泰市齐阳玻纤有限公司作为在当地发展了 20 余年的玻璃制球企业,尤其是新型工业化强市建设实行产业链经济以来,企业家明显感觉单打独斗是很难长久的,合作共赢,避免同业竞争,才会获得更多的发展机会。在合作中,彼此形成界限明确、相对独立,但又互相联系,彼此影响的发展观,才会有利于企业识别其竞争优势,从而做大做强自己。

以恳谈协商提升服务 同频共振 促进要素保障协同助力

为实现精准为企服务,共同应对市场变化,寻找发展机遇,产业链围绕项目建设、企业诉求、数转智改等，协调职能部门以协商模式，实现发展同频共振。泰中 30 万吨功能纸基及辅助材料项目是市高性能纤维及复合材料产业链重点关注的院士项目，为加快推进项目建设，产业链以泰安市行政审批服务局为主体，联合发改委、市能源局等单位以当面对接的方式，对项目建设的有关问题进行联合会商，并现场形成会商纪要，在确定解决路径、方式、时限后，快速达成责任落实一致意见。实现了产业链为企服务"有态度、有速度、有温度"的工作目标。

从 7 月开始，市高性能纤维及复合材料产业链与中泰证券泰安分公司企业上市负责人一起到县（市、区）、功能区，围绕产业链上市种子企业以外的 10 家企业，目的是在新形势下努力畅通企业，尤其是民营企业的资本市场融资渠道，提升资本市场健康供给，规范企业发展模式，提振民营经济信心，激发民营经济活力。全过程致力于为成长型、创新型实体企业，将服务企业、陪伴企业共同成长，不断提升企业发现价值、创造价值的能力，以更高维度布局企业未来发展格局，搭建企业发展坚实的"四梁八柱"。

在企业诉求等方面，产业链围绕金融服务、要素恳谈、减税退税和证券资本助力等方式，为企纾困。先后举办"精准对接解难题 同频共振促发展"工信服务企业恳谈会、"砖助智连 见臻未来"数字化服务对接洽谈会、"融通发展服务经济"企业证券化发展考察对接会等，以未来视角，重构商业模式，引领发展新维度，不断催化产业链企业智能制造水平无限迭代升级。

坚持新理念　激发新动能
推动新型建材产业集聚高质量发展

市新型建筑材料产业链（集群）专班

　　市新型建筑材料产业链是全市重点布局的 13 条产业链之一，也是全市新型工业化产业体系中四大支柱产业的重要组成部分，链上企业产品涵盖装配式建筑构件、装饰装修材料、新型节能墙体材料、水泥及水泥制品、光伏一体化建材、高端石材精加工、固废利用等。近年来，市新型建筑材料产业链专班认真落实市委、市政府关于新型工业化强市战略部署，坚

5 月 27 日，"科创中国" 2023 新型建材产业绿色创新发展论坛在泰安举行

（产业链专班　供）

持"绿色化、高端化、集群化、智能化"发展导向，全面贯彻新发展理念、培育新发展动能、激发新发展活力，全力走好高质量发展现代化之路，全市新型建材产业高质量发展成效显著。2023年，产业链241家规模以上企业实现营收151.3亿元，利润15.3亿元，完成固定资产投资35.6亿元，为新型工业化强市建设作出了积极贡献。

坚持"协同发展"，拓展产业发展新赛道

强化行业支持，引领产业发展。一是坚持政策引领。认真落实《山东省新型建筑工业化全产业链发展规划（2022—2030）》，加快新型建筑工业化科研、设计、生产加工、施工装配、运营等全产业链发展，市住建局会同有关部门出台《泰安市绿色建材推广应用三年实施方案（2022—2025年）》，明确政府投资工程率先采用绿色建材，加大新型建材产品推广使用力度，肥城市率先在公共设施、医疗机构等10余个政府投资项目中使用鲁泰建材硅酸钙板等优质产品。市住建局先后出台《关于支持新型建筑材料产业链高质量发展的实施意见》《泰安市推广装配式建筑工作导则》等9个文件，鼓励企业交流合作，优化产业发展结构，大力发展装配式建筑，泰安师范附属学校虎山路校区装配率高达74%，走在了全省前列；泰山石膏、鲁泰建材、泰石节能等新型建材产品销量保持全国领先。积极做好省政府《关于进一步提振扩大消费的若干政策措施的通知》、省财政厅《关于进一步强化政府采购政策功能支持绿色低碳高质量发展的指导意见》、市住建局《泰安市城乡建设领域碳达峰实施方案》等文件宣贯工作，助推新型建材产业绿色低碳高质量发展。二是深化产业融合。发挥住建职能，深化新型建材与建筑安装产业融合发展，畅通新型建材企业与建筑安装企业的沟通渠道，打造产业合作互助体系，以泰安市建筑业发展的绝对优势带动建材产业转型发展。肥城市作为全国知名的"建筑安装之乡"，深耕建安和建材融合发展责任田，2023年建安业持续保持强劲势头，极

大带动 BIPV 发电建材、装配式建筑等新型建材产业快速发展，同时借助建安企业外出施工的影响力让建材企业走出去，牵线搭桥组织开展"双企对接会"，向建安企业宣传推介建材产品，支持建安企业在采购建材时优先考虑本地优良建材产品，推动实现建材业与建筑业融合发展。三是凝聚发展合力。以新型建筑材料产业链商会（协会）为主体，在商会内部成立新型建筑材料产业链协同发展委员会，商会秘书长为委员会主任，商会监事长为委员会秘书长兼副主任，产业链企业及有关设计等单位为成员，构建企业强强联合、抱团发展的推进机构，把推动新型建材产业发展的相关企业组织起来，引导支持建材企业在产品配套、技术合作、市场分享等方面全方位合作，提高新型建材行业整体竞争优势，山东威宝节能科技集团有限公司产品已外销到俄罗斯。

强化多元联动，提升产业韧性。一是深化技术合作。邀请中国建筑学会科技服务团来泰，对企业技术需求释疑解惑，建立科技服务长效机制，及时做好企业与学会的协调沟通，专家"一对一"服务有需求的企业。加快校城融合发展，积极为企业与高校科研院牵线搭桥，山东威宝节能科技集团有限公司与泰山学院成功联合创建市级新型建材技术中心，并与中国建筑材料科学研究总院联合建立技术创新泰安服务站，不断推动技术合作。二是深化产品合作。充分发挥产业链供应链完备的优势，组织链上企业威宝节能、联强科技到市特色金属材料产业链企业山东明珠材料科技有限公司走访调研洽谈合作，帮助企业产品跨链合作，聚链成"团"。赫里欧 BIPV 首批产品应用于凤凰节能建筑产业园，赫里欧车间建设采用中科建材装配式建筑构件，企业之间打开销售市场，实现合作共赢。三是深化技改合作。以推进新型建材企业数字化转型为契机，积极寻求与数字化、智能化等方面的企业进行深度合作，泰安中联水泥、大唐宅配纷纷与强企合作，成功实施数字化转型升级，分别被评为泰安市制造业数字化转型先行企业，以产业数字化合作成功模式为建材企业赋予新动能。

强化载体推动，凝聚产业发展合力。一是积极开展峰会活动。指导举办泰山（肥城）光伏建筑一体化高质量发展论坛，邀请业内权威专家学者为新型建材产业技术创新把脉会诊，并同步邀请赫里欧产品上下游合作伙伴 TÜV 南德意志大中华集团等公司洽谈进一步合作事宜，强力推动光伏建筑一体化新型建材产业发展。组织策划举办"科创中国"2023 年新型建材产业绿色创新发展论坛，邀请院士、专家、教授来泰，举办产品展示、企业推介、项目招引等活动，现场举行"泰安市新型建材产业链协同发展委员会""中国建筑学会泰安服务站"揭牌仪式，努力把泰安市打造成为著名院士专家重点服务基地、高校科研院所技术合作基地、知名企业合作发展创业创新基地。二是注重培强企业，扩大产业规模。壮大龙头企业，支持泰山石膏有限公司实施"石膏板 +"营销模式，不断增加营收，山东威宝节能科技集团有限公司新培育为省级瞪羚企业、省级制造业单项冠军企业。提升腰部企业市场竞争力，9 家企业入选省级"专精特新"中小企业，34 家企业入选省级首批创新型中小企业，2 家企业入选省"一企一技术"研发中心名单。培育"小升规"企业，凤凰节能、书豪建材等企业成功升规纳统，形成营业收入新的增长点。三是深入实施泰山红链工程。产业链党委锚定"把方向、议大事、聚合力、促发展"定位，不定期召开党委扩大会议，吸收骨干企业负责人参加，策划开展企业文化、产品研发、技术创新、市场营销等专题互访互学互鉴主题党日活动，搭建链上企业增进友谊、密切交流、合作洽谈的红色平台。在产业链第一次党委会上，党委成员充分认识到合作发展的重要性，党委成员所在企业泰山石膏、中联水泥、鲁泰建材、联强科技、泰石节能、大唐宅配等深入研究合作发展事宜，现场谋划合作创意 15 项，真正做到以党建联建凝聚合力，为新型建材产业高质量发展提供坚强组织保障。

坚持"园区筑巢"，激发产业发展新活力

立足产业优势，建设特色园区，培育产业集群，发挥产业集聚效应，新

型建材产业集聚发展成效明显，特色亮点突出。

高端谋划，在服务保障上下功夫。一是推动集聚发展。不断强化"园区是新型工业化强市建设的主阵地"理念，依托骨干企业、重大项目，发挥当地优势，积极规划建设14个新型建材特色园区，每个县（市、区）都有建材产业园区，形成齐头并进发展新格局，把园区打造成为推动经济发展的新引擎。二是强力攻坚突破。市领导以及当地党委政府高度重视园区建设工作，链长、副链长多次现场调研绿建产业园、华杰产业园等园区建设情况，现场办公解难题。市（县）专班、项目属地逐个组建攻坚单元，明确推进措施、形象进度，倒排工期、挂图作战，赫里欧发电建材产业园、东原永新新型建材产业园当年开工当年投产。三是及时纾困解难。强化资源要素保障，抓牢园区规划设计、项目招引、运营维护等各个环节，加快供电、供水、供气等设施配套。积极协调泰安市绿色建筑产业园土地指标等要素，近期将开工建设园区配套道路等设施；加快建设宁阳绿色建材产业园兴隆路、石材大道等道路12公里，有效提升了园区承载能力。

创新思路，在构建机制上下功夫。一是优化园区推进体制。宁阳东疏装饰材料产业园由县政府分管负责人兼任园区党工委书记，加大园区建设统筹推进力度，土地、税收等部门积极予以政策倾斜支持，同时园区内建设统一信息平台，在材料采购、产品销售等方面全方位信息共享，推动园区企业配套协作、优势互补。二是创新园区运营机制。积极推进泰安市绿色建筑产业园建设，发挥泰山城建集团市级国有企业优势，与民营企业联强科技、威宝节能深度合作谋划共同成立园区运营公司，实施统一管理，打造园区利益共同体，下一步入园企业将围绕市场所需，实现产品互补，一起研发新产品，一起抱团抢市场，既降低了生产成本，在项目招标上占优势，又提高了产品质量，努力打响"泰安绿色建材"品牌。三是强力推动产业集群发展。市（县）专班、园区属地政府以及园区运营公司强化园区招引机制，筑巢引凤、强势发力，发挥特色园区虹吸效应，共同做好园区推介，集中吸引企业入园。2023年，岱岳区新材料和新型建材产业集群新入选山东省"十强"产业"雁阵形"集群库。

聚焦优势，在特色引领上下功夫。一是聚焦协同发展，建设泰安市绿色建筑产业园。支持全市大型国有企业在加快新型工业化强市建设进程中发挥"生力军"作用，泰山城建集团与岱岳区政府签订合作协议，投资建设泰安市绿色建筑产业园，园区坚持高点定位、高标设计，一期策划引进装配式建筑、保温材料等全产业链项目6个，规划建设厂区及配套设施36万平方米，打造集设计、生产、施工、运维于一体的纵向链条和集检测、物流、金融、会展于一体的横向链条，推动园内企业强强联合、抱团发展。二是聚焦双链融合，建设肥城建安制造产业园。发挥泰安市建筑业发展优势，推动建材产业链与建安产业链融合发展，加快建设肥城建安制造产业园，园区规划占地4000亩，重点发展绿色建筑、智能建筑产业，已引进凤凰节能、福建威固、中科建材等企业项目8个，预计到2025年实现产值30亿元。三是聚焦循环利用，建设宁阳绿色建材循环经济产业园。充分利用宁阳锈石资源，建设宁阳绿色建材循环经济产业园，形成石材开采、高端定制、板材加工、固废利用"闭环式"产业链。坚持园区多业态多功能发展，集生产、设计、加工、电商、贸易、物流、服务业等多种业态为一体，园区年加工石材750万平方米，已建成国际石材交易中心，将逐步建成江北最大锈石综合开发利用示范区。

坚持"数字赋能"，培育产业发展新动能

坚持问题导向，聚焦企业发展需求，协调各方优势资源，系统发力、集智攻关，制造业数字化转型工作取得一定成效。

坚持数字化思维，全力支持企业数字化转型。一是政策支持，助力转型。按照"一链一策、一企一策"工作要求，以有解思维，创新制定出台了《产业链智能制造数字化转型实施方案（2023—2025）》，进一步明确了产业链数字化目标和重点任务，画定了链内企业数字化转型"时间表""路

线图"。同时，产业链专班配套制定了《产业链数字化转型2023年重点任务调度表》，定期调度工作情况，协调解决企业在数字化转型中遇到的问题和困难，并提出政策建议，全力以赴推动行业领域制造业数字化转型工作。二是强化措施，精准服务。采取政策宣讲、座谈交流、调查问卷等多种形式组织开展制造业数字化转型活动，多次分赴重点企业，对链上企业调研摸底，收集企业诉求，建立问题台账、实施动态跟踪，安排专人对重点任务落实情况进行定期调度，及时掌握项目进展，随时发现问题线索并跟踪解决。三是搭建平台，形成合力。通过组织"高校行""报告会""培训班"等形式，联合山东科技大学、泰山学院、国家建材工业技术情报研究所等高校、科研院所举办院士专家、泰山学者学术报告会，重点围绕数字化转型、智能化提升、技改扩规、科技创新等课题，常态化开展合作交流，深度做好"校链企"数字赋能文章，加快数字信息技术与建筑建材产业融合发展，力促"数实"融合，激发"智造"新活力。

突出工作重点，系统化推进企业数字化转型。一是加快推动制造业"智改数转"行动。大力配合实施"培基、固本、强链、育群"四大工程，不断探索实践数字技术赋能产业发展新路径，加快培育新质生产力，为新型建材产业高质量发展汇聚强劲动能。产业链企业锻造了一支专业技术队伍，突破了一批关键核心技术，培育了一批数字经济"晨星工厂"、工业互联网平台、数字化车间、人工智能应用场景，13家重点需求企业如期完成评估诊断，均已新上实施了数字化转型项目，重点需求企业数字化转型率达到100%；35个制造业项目纳入市级数字化转型管理库。二是加快推动中小企业上云用数赋智行动。突出企业主体地位，强化龙头企业示范引领，开展集成创新；鼓励企业应用轻量化、易部署的数字化软件产品和服务，推动普及应用；鼓励企业走出国门，实现"外出取经"与"内部提升"有机结合，双向发力，提升企业竞争力；助力上下游企业数字化协作和精准对接，形成"核聚"反应，激扬发展新动能、新活力，提升产业链韧性，努力实现全产业链数字化转型。三是加快推动数字化生产线建设。以实施技改项目为抓手,加大传统生产车间升级改造力度,助力企业转型升级。山东大唐宅配家居有限公司建设的 5G 技术全屋定制柔性化智慧生产线和智慧物流仓储车间项目,设备实现智能化,钻孔、分拣、包装设备智能化率均达 100%,产能提升 68%,运营成本降低 33%;山东联强建筑工业科技有限公司装配式建筑生产车间采用智能钢筋网焊接"机器人",日产高达 5000 平方米,功效提高了 30 倍,授予"山东省新型建筑工业化产业基地"等称号。

强化典型引领,打造企业数字化转型标杆。坚持树典型、立标杆、学样打样,积极培育一批智能场景、数字化车间。泰安中联水泥有限公司等 4 家企业年度新增认定国家级数字化转型试点示范项目（案例）;泰安大汶口工业园入选省数字经济"晨星工厂"试点园区;泰山石膏有限公司等 14 家企业入选省级数字经济"晨星工厂";山东腾飞机电科技有限公司等 6 家企业年度新增认定省级数字化转型试点示范项目（案列）;山东威宝节能科技集团有限公司、东平中联有限公司入选市级"智能制造场景"名单;山东鲁泰建筑产业化材料有限公司、东平中联有限公司入选市级"数字化车间"名单等。

做强园区平台　放大集群效应
推动现代食品产业高质量发展

市现代食品产业链（集群）专班

　　市现代食品产业链坚持以标准化产业园区建设为重要工作抓手，紧密结合实际，在园区规划布局、标准定位、开发建设、管理运营等方面创新创优，着力构建现代食品全产业链条和集群发展的重要载体平台。工作经验和创新做法在全市特色产业园区现场推进会上作典型推广。

5月19日，市现代食品产业链惠企靶向政策集中兑现视频会议召开　　（孙志文　供）

做强园区平台放大集群效应的典型做法

在建设思路上，坚持因地制宜，统筹谋划推进

精心布局，协同推进。构建"1+6+N"的发展格局，"1"，即市级层面建设一处特色产业示范园区，重点推动泰安（东平）健康食品食品产业园区建设；"6"，围绕现代乳业、预制菜、肉制品加工、饲料加工与宠物食品、粮油加工、酒水饮料等重点领域，每个县（市、区）打造一处龙头产业园；"N"，在镇村配套建设一批服务于龙头园区的产业基地、专业园区、共享园区。市县乡协同布点、构链、成面，着力构建"大园区"发展格局。

精准定位，彰显特色。创新探索三种园区建设模式：龙头企业带动型，以骨干龙头引领延伸产业链条，如新泰市以山东众客食品为龙头引领，计划投资 5.8 亿元，规划建设集孵化养殖、饲料生产、食品加工、食品包装、食品机械、羽绒制品和商业连锁于一体的循环协同产业链园区。主导产业引领型，依托优势产业拉动关联产业聚集扩张，如岱岳区国泰民安宠物食品全链条产业园，规划占地 360 亩，以宠物食品为重点，打造集宠物营养研究、宠物用品开发及产品生产、销售于一体的产业园区。优势资源聚集型，推动具有地方特色和产业传统的小作坊、农产品初加工及初创小微企业聚集，如肥城现代食品产业园，依托周边特色农产品资源，聚集净菜加工、预制菜等生产企业，同时吸引关联产业企业入驻，建设精品园区。

精细配套，树立标杆。制定园区建设"10/8/1"泰安标准："10"，即道路、雨水、污水、自来水、天然气、电力、电信、热力、有线网络、土地平整等"九通一平"；"8"，即统筹布建集约加工、冷库仓储、物流配送、展示营销、科技研发、检验检测、品牌运营、综合服务等八个功能中心；"1"，即数字化和智能化建设，实现一网互联，形成有规模、有特色、高层次、高效益的现代化"超级工厂"。

在项目填充上，坚持集聚增能，促进转型升级

强化招商引资，实现增量增效。突出"招大引强"，创新招商理念和招商方法，以园区为单位，围绕主导产业、主体企业，以项目为重心，分类绘制招商图谱，按图索骥，挂图作战。一方面，开展以企引企、以商招商、以链补链的"裂变式"招商，如东平在招引园区项目上，先引进链主企业，策划延链补链项目，再依托专业公司和园区企业，引进产业链关联项目，形成"引进一个、带动一批"的"乘法效应"。另一方面，用足用好现有政策，撬动金融资本和工商资本产业投入，开展基金招商，同时发挥现有国有企业的资金和信誉等方面优势，先期订单式、高标准建设厂房和配套园区，筑巢引凤，精准对接企业特别是招商企业的需求，让企业"拎包入住""进驻即产"。

强化龙头培育，实现存量扩规。加大人才、科技等要素供给和配套政策支持，结合企业梯次培育行动，聚焦山东福宽生物工程有限公司、蒙牛乳业泰安有限公司、山东众客食品有限公司等链主企业，定规划、定项目、定时限，着力打造1个百亿级、2个50亿级产业集群。加快推动中小企业、配套企业向园区集中，推动山东联农食品有限公司、东平县科海菌业有限公司等41家企业升规纳统，配套发展新泰市天信农牧发展有限公司、泰安市金麦香面粉制品厂、中益汇海（泰安）粮油有限公司等原材料生产供应企业，逐步打造既有顶天立地的龙头强企，又有铺天盖地的中小企业和原料基地的现代食品产业集群。

蒙牛乳业泰安有限责任公司中央控制室立体智能化仓库

（产业链专班　供）

强化技改升级，实现变量优化。加快数转智改，优选山东泰尚黄精生物科技有限公司、山东泰乐源农业科技有限公司等 12 家企业开展首批数字化转型试点。鼓励企业加大研发投入，培养一批创新能力强、规模实力强、产业引领性强的龙头企业和瞪羚企业，新培育山东泰宠宠物食品有限公司、山东食安公社食品科技有限责任公司等省级"专精特新"中小企业 22 家。支持园区龙头骨干企业和高新技术企业建设研发机构、产业公共技术服务平台和科技成果中试工程化服务平台，山东碧蓝生物科技有限公司、普瑞特机械制造 2 家企业入选省级"一企一技术"研发中心。

在管理运营上，坚持效率优先，提升服务效能

创新投资管理模式。大力推广政府主导、国企参与、专业运营的"链接式"模式，政府负责整体规划，国企负责项目建设服务，专业公司负责产业导入，实现各环节有序高效衔接，加快建设进度、提高建设标准、高效管理运营。同时，专班在园区规划布局、投资建设、管理运营等各个环节进行全程审核把关、咨询建议、服务保障。比如，东平县实行"一个重点企业 + 一名县级领导 + 一名开发区班子 + 一名党建指导员"的"四个一"服务，全过程为企业发展、项目建设保驾护航。

提高资源利用效率。大力发挥园区资源要素集聚作用，不断汇集资金、政策、人才、创新等发展要素。制定出台 3 项食品产业发展靶向政策、2 项产业配套政策，构筑靶向明确、精准有效的政策保障体系。率先召开全市食品产业靶向政策兑现大会，兑现首批惠企资金 737.46 万元。先后召开 3 次银企对接会，引导产业园区和农发行开展对接，利用农发行等政策性金融平台，不断提升园区基础建设及配套水平，夯实产业发展基础。同时，在产业园区内，优先布局"三新一高"等精干主体，推动资源节约利用、综合利用、循环利用，坚决淘汰停产、低产以及"两高一低"企业，盘活闲置土地，提高工业用地综合利用效率，实现"腾

笼换鸟"。

优化服务保障能力。开展"大调研、大服务、大解题"活动,深入企业生产一线,及时发现问题,对企业反映的问题和诉求,建立完善"即呼即应"机制,通过"政企直通车"联席会、专班协调推进会、链长现场办公会和提级办理报告,协同联合,合力攻坚,重点解决范镇绿色食品产业园、大窑嘉宾饮品等用地、资金方面问题,全力保障企业生产经营。

做强园区平台取得明显成效

以产业园区为平台支撑,推动优势资源聚集,产业政策集束,产业链在企业培育、项目建设、产业融合发展等方面取得明显成效。

企业发展势头强劲。深入推进企业梯次培育,产业链共有规模以上企业 181 家,较 2021 年底新增 62 家,营收规模 340.9 亿元。持续培育国家级制造业单项冠军 3 家,省级制造业单项冠军 3 家。泰山啤酒、泰山恒信、普瑞特机械、泰乐源科技 4 家企业筹备上市。培育省级专精特新中小企业 17 家,省级"一企一技术"研发中心 2 家,市工业领军企业 50 强企业 7 家,市科技创新企业"50 强"企业 2 家。

项目投资加快增长。共策划入库项目 200 个,投资额 575.1 亿元,在全市优秀策划项目评选中,共获得 1 个金牌案例、3 个银牌案例、6 个铜牌案例。强化招商引资,推动 91 个重点项目签约,宁夏大窑、大连韩伟、滨州中裕、深圳前海粤十、山东帅克等一批行业知名企业投资项目签约落地。加快签约项目快开展,共推动 208 个开工项目。着力加强项目服务保障,福宽集团阿洛酮糖、旱天下冷链基地等"双大双强"市级重点建设项目顺利推进。产业链项目投资保持持续快速增长,两年来,产业链共实现固定资产投资 101 亿元。

产业链条加速融合。通过补链延链,加快产业链融合。上游,重点推动泰山茶、高端畜牧、高效蔬菜等特色优势农产品产业发展,打造规模化、标准化生产基地和示范区，构建起高产高效的食品加工供应体系；形成以普瑞特机械制造、泰山恒信等龙头企业为引领的食品装备和包装供应链。下游，建设新泰全国肉鸭交易中心数字化平台、肥城全省生猪网络交易中心等区域性网络营销平台；打造立华冰鲜冷链、早天下冷链交易基地等区域综合性冷链物流项目。形成原料供应、加工包装、仓储物流、营销配送等上中下游完整产业链条，初步构建起链条清晰、闭环完整、功能匹配、协调运转的食品生态产业链。

产业聚集成效明显。通过优化园区布局和产业协同，加快优势要素资源在时间和空间两个维度高度聚集。一是共享共赢，协同发展。开展企业结对活动，引导富世康公司、中益汇海粮油公司等 23 对链上企业，建立技术、业务、产销等常态化合作。推动 14 家骨干企业与山东农业大学、中科院等市内外科研院所合作，打造技术孵化与产业化转化园区，以产学研深度融合促进产业链条的优化与畅通，推动优势科技资源向企业聚集。二是平台支撑，集群发展。涌现出岱岳绿色食品产业园、新泰汶南食品产业园、宁阳现代食品产业园、东平健康食品产业园等标准化特色产业园区。初步形成以蒙牛乳业为引领的百亿乳业产业集群，以亚细亚、锁鲜食品为引领的预制菜（中央厨房）产业集群，以泰山酒业、泰山啤酒为引领的酒水饮料产业集群，以众客食品为引领的肉制品加工产业集群，以六和经纬为引领的饲料加工产业集群，以国泰民安集团为引领的宠物食品产业集群，以益海嘉里为引领的粮油产业集群，以胜利盐业为引领的盐加工产业集群。

品牌影响不断扩大。"泰山茶""肥城桃""泰山板栗"入选中国农业品牌目录，拥有 5 个山东省知名农产品区域公用品牌，培育 97 个知名农产品品牌。在北京召开"泰安农品·泰好吃"市级农产品区域公用品牌发布会，组织 100 余家企业到深圳、东莞、潍坊等地参展，扩大品牌知名度和影响力。成功举办现代食品产业博览会，交易 7071 单，实现品牌价值和品牌形象双提升。

经验与启示

强化链条思维统筹布局。实现现代食品产业高质量发展，要拉长产业链条、拓展产业赛道、提高产业层次、集聚产业布局，必须以项目建设为前提和基础，既要大项目带动，更要小项目聚集。聚焦链条缺失环节，精准招商引资上项目，聚点成面，融合促进，实现全链条发展。

强化共享思维运营园区。集群发展是产业发展的核心。智慧经济趋势下，园区及其配套设施的规划建设，必须坚持"共享"导向，这有利于园区内部资源深度开发，使企业资源流动更便捷、成本更低廉，也有利于园区开发利用外部资源，可使具有核心竞争力的园区开展外部合作的成本更低，同时还更容易收获政策红利、项目支持。

强化资本思维优化配置。资源供给是产业发展的关键。企业发展、园区建设等都要有高超的资本运作能力，政府提供优质的营商环境和政务服务同样需要巧用资本思维优化资源配置。应借助专业的机构管理运作，高效盘活闲置资源、深入挖掘存量资产、撬动整合资金杠杆，推动资本向最有效率产业、企业和项目流动，在园区建设、企业扩规、品牌打造、校地合作等方面实现大突破、大提升。

创新思路方法　聚力精准招商

市高端化工产业链（集群）专班

2023年以来，市高端化工产业链专班锐意进取，勇于开拓，聚焦工作重点，狠抓工作落实，把招商引资工作作为推进产业第一动力，努力在招大引强、提质增量上实现新突破。

创新工作机制，精心组织实施

把招商引资作为富集产业活水、推动产业发展的第一战场，落实产业链招商行动计划，健全完善工作机制和推进措施，扎实推进招商引资工作。

创新工作思路和方法。创新实施明方向、托底子、绘地图、线上谈、抓

3月9日，市高端化工产业链招商推介会在上海举行

（潘继儒　摄）

落实"五步法"招商思路，围绕产业图谱按图索骥，全面托清产业底数，明确招引方向，"红蓝绿"三色绘制月度招商地图，动态管理招商进展。

建立月度（季

度）签约推进机制。强化调度督导,全力促进签约,首创线上签约组织方式,根据工作开展情况,每月或每季度开展一次由链长、副链长参加的签约活动,确保招商成果及时签约落地。

建立市、县联动工作机制。树立市、县产业链"一盘棋"思想,建立信息共享机制,共同参与招引活动,对暂不符合本地产业需求的招商信息及时向其他县（市、区）引荐,形成全产业招商的浓厚氛围。2023 年以来,市高端化工产业链累计签约项目 71 个,总投资 304.1 亿元。

集中优势资源,实施精准招商

充分利用驻点招商机构作用。加强沟通对接,调动一切优势资源,形成招引工作合力。发挥泰安市在北京、上海、深圳设立的三个驻点招商联络处前沿阵地作用,借助其平台优势和信息优势,为产业链外出招商以及举办招商活动提供便利。2023 年 3 月,在驻沪招商联络处的配合帮助下,市高端化工产业链率先在上海举办招商推介活动,宣传推介全市化工园区和产业,成功签约项目 20 个,收到良好效果。

大力实施产业链招商和以商招商。结合市工业推进委印发的《产业链产业图谱暨 2022—2025 年行动计划》,围绕产业链基础优势和发展方向,立足产业发展定位,进一步细化产业链图谱,找准空白点和薄弱点,确定招引方向,实施建链延链补链工程,开展链式招引。如蓝天助剂产业园项目、明升达新吡啶系列产品项目,均对延伸强化产业链条有重要作用。同时,充分利用现有企业资源,以现有大企业、链主企业为载体,发挥龙头带动作用,分析企业上下游产业布局以及目前企业在产业链中的位置,协调引导龙头企业利用自身资源以商招商,健全完善产业链条,做到强链延链补链。比如,充分发挥汉威集团、西尼尔公司等企业的核心技术优势做大做强精细化工和高端新材料产业链条,发挥山东联合农药行业优势,打造绿色农化全产业链等,先后有汉威产业园二期、西尼尔产业园二期、环境友好型农药生产及研发基地建设项目顺利签约。

实行"点对点"精准招引。针对零散但有效的招商信息,按信息来源、项目属地等分类管理,发挥园区、县(市、区)主体作用,成立联合招商小分队,点对点出击、点对点洽谈,提升招引工作的机动性和精准性,先后会同新泰、宁阳专班和有关企业到浙江杭州、宁波开展招商活动,会同肥城专班和园区到江苏常州与江苏磐斯特生化科技有限公司、金澄医药化工有限公司等企业进行对接洽谈,并达成合作意向。

利用各种平台强化宣传推介。抓住"登山节"等重大节庆平台,以及各种论坛、推介会等活动机会,高标准制作视频、PPT、招商手册等资料,开展招商引资宣传推介活动。2023 年以来,先后在全国环氧树脂高峰论坛、全国腐植酸 + 护理中国土壤健康高峰论坛、第 37 届泰山国际登山节暨 2023 年中国泰安投资贸易合作洽谈会、中国化肥高质量发展高峰论坛、市高端化工产业链招商推介会(上海)等活动现场播放视频、发放手册,上台推介全市化工产业的基础和优势以及下一步招引重点,进一步提升了全市化工产业的影响力和知名度。

聚焦项目落地,强化园区建设

化工园区是化工项目落地的载体,针对化工产业发展的特殊要求,把园区建设作为宝贵资源精心打造。以四大化工园区和五大化工监测点为依托,通过建设"园中园""园外园"等模式,构建"4+5+N"园区发展格局,为化工产业高质量发展提供载体和支撑。

明确功能定位。突出规划引领,以建设山东省高端化工园区为标准,按照高端化、差异化竞争策略,摸清园区资源禀赋、产品产能、产业规模、突围方向等情况,逐一精准论证,明确功能定位,精确规划园区发展路线图,实现优势互补错位发展,改变园区间同质化竞争局面,打造"特色鲜明、产业清晰、差异发展"的园区发展新模式,精准招引配套企业,拉伸拓宽产业链条,确保招引项目各得其所,稳妥落地,推动产业集约发展、蝶变升级。

强化赋能提效。落实山东省化工园区优化专项行动计划,累计投入资金 70 亿元,建设完善四大园区"十通一平"基础设施体系,为发展"园中园"创造了条件。其中,供水能力达到 50 万米 / 天,污水处理能力 20 万吨 / 天,供气能力 400 万米 / 天,为项目落地提供坚强保障。坚持科技引领、数字赋能、智慧运行,相继投入 9000 多万元建成了集视频监控、危化车辆管理、应急救援指挥等功能于一体的智慧监管平台,数字化、智能化水平不断提升。岱岳化工园区入选"晨星工厂"试点园区,肥城、宁阳化工产业成功入选省级数字经济园区。

加大服务保障。指导园区制定个性化、菜单式政策,把用地、用能、用水等要素保障作为推进项目建设的先导条件,做到重大项目一事一议。确定年度重点打造园区和重点建设名单,实行"一线工作法",定期调研项目进展和工程进度,倒排工期、挂图作战。对列入"攻坚突破"重点任务清单的园区或建设项目,用好"链长问效"推进机制,提级加大服务保障,推动重大问题解决,有力保障重点项目建设。先后通过开展"链长问效"活动,解决德普新材料、汉威集团、明升达、恒信高科等龙头企业用地 996 亩,帮助山东德普碳酸二甲酯、农大肥业建设筹集资金近 20 亿元。

创新推动校链企融合发展
协同助力新型工业化强市建设

市纺织服装产业链（集群）专班

为认真贯彻市委、市政府"校城融合"工作部署，深入落实"制造业协同发展"和"五链融合"有关要求，助力新型工业化强市建设，市纺织服装产业链工作专班以"服务企业、助力产业、融合发展、共建共享"为理念初衷，积极推进链上企业与服装学院开展全面对接和深度合作，大胆探索出一条"优势互补、双向赋能、深度融合、共赢发展"的校链企融合发展新路径。

优势互补，探索创新融合发展"新路径"

发挥产业链专班服务企业、联动产业链商会（协会）、链接高校的桥梁纽带作用，紧紧围绕产业和教育协同发展需求，探索拓展"校链企"全面融合新路径。一是科学分析合作基础。纺织服装产业正面临转型发展的新形势，对先进科研成果、高技能专业人才和高品质招商项目具有迫切需求。服装学院为省内唯一一所专业的纺织服装类院校，有着多年深耕校地合作的丰硕实践成果。产业链、服装学院开展"校链企"融合发展具备得天独厚的条件。二是精准调研合作需求。专班协同商会（协会）先后下发专项通知，全面了解掌握企业与高校合作情况，鼓励发动企业与高校特别是服装学院开展合作，破解发展过程中存在的技术瓶颈、人才短缺等突出问题。链上企业合作意愿强烈，首批提出与省内外高校的合作需求已达 50 余项。三是探索创新合作模式。在调研分析的基础上，专班与服装学院共同设计搭建了校链企融合战略合作整体框架，起草了《校链企融合发展实施方案》，按照"人才共育、技术共研、资源共享、招商共促、项目共建"的合作模式，确定了"产业人才培育""智力成果交流""要素资源共享""产业项目共建"等四个方面 12 个方向的具体合作模式，为全面铺开校链企融合发展奠定了坚实基础。

双向赋能，全面构建产教合作"联合体"

发挥校企双方主观能动性，推进产业企业与教育教学紧密对接，加快校企携手共进、产教联合、双向赋能，实现产业链、教育链、科技链、创新链深度融合。一是鼓励企业骨干入校助教。从链上企业聘请 3 名客座教授，优选 3 名技术骨干到服装学院兼职任教，参与课程设定和教材编制，利用

建设中的国家先进印染技术创新中心中试基地项目　　　　　　（产业链专班　供）

前沿生产实践经验指导改进教学方式，提升教学效果。招募5名优秀企业家，充实壮大服装学院创新创业导师团团队，分享交流成功经验和人生感悟，引导在校学生自主创新创业。二是倡导高校师资联企助产。选派3名学院中层、专家教授到企业任科技（人力资源）副总，深度参与解决企业科技研发、技术改造、人才保障等现实问题。基于"厂中校""校中厂"联合培训模式，推进天源服装、如意科技等5家企业现代学徒制培养，通过送教入企满足企业职工技能提升培训需求。三是支持校企跨界协作。学院与岱银集团联合共建公共实训基地，扩大联合实习实训规模，逐步提高在校生入企实习实训比例。与鲁普耐特、傲饰服饰等5家企业联合招募"订单班""冠名班"，紧扣企业生产经营实际量身定制培养方案，学生"入学即入职、学习即上岗、毕业即就业"，有效化解学生就业难、企业用工难、产业引才难问题。

资源共享，助力提升供需衔接"适配度"

积极发挥穿针引线、协同推进作用，整合校企双方优质资源，实行清单化动态管理，集约化精准配置，提升合作质效。一是用好学术资源，促科研提升。鼓励企业高校开展关键共性、基础底层等"卡脖子"技术联合攻关，推动服装学院与圣锦服装、东升服装、中康国创、梦之翼服饰等企业开展合作，达成创新项目协同申报，推动新型产品工艺联合开发。策划推动服装学院与产业链商（协）会共建"泰山纺织服装大讲堂"，企业职工与高校师生共同分享产业发展最新技术和成果。二是用足平台资源，促项目共建。发挥服装学院现有省级、市级汉服科研平台优势，聚焦汉服设计、校服制造等特色细分领域，推进福建校服、汉服加工合作等重点项目落地；依托中康国创研发中心，共享人才、设备、技术等资源，打造高素质产业人才培训中心和产品研发中试基地。三是用活人脉资源，促招商引资。学院建立优秀毕业生"校友圈"，专班组建产业链"企业群"，共享高校优质校友资源,对接链上企业发展规划和招商意愿,聘任学院 6 名师生为产业链"招商大使",既拓展招商引资渠道,又吸引优秀毕业生返乡就业创业。

机制保障,不断增强协同推进"凝聚力"

为建立长期稳定战略合作关系,保障各项工作常态化有序推进,推动"校链企"融合发展行稳致远,探索形成了一套工作机制。一是专班推进机制。产业链专班、商(协)会、学校、企业各自成立融合推进工作专班,明确专人负责牵头联络,根据合作内容与岗位职责进一步细化分工,安排专人盯靠落实。二是联席共商机制。校链企合作各方,每半年召开一次工作专班联席会议,专题分析研判产教融合工作推进情况,拟定合作计划,指导业务开展。三是激励评价机制。对参与合作的企业单位和个人,半年开展一次工作述职交流,年底进行总体综合评价,对于合作成效显著、作用发挥突出的予以适当形式奖励鼓励。对工作开展不力、成效不佳的予以解约解聘。四是领导互访机制。建立合作关系的校链双方、校企双方加强日常联系交流,主要领导、分管领导不定期开展互访,随时检查督促合作项目落实情况,及时协调处理合作过程中的问题,推进合作的深度和广度。

抢抓机遇　主动作为
全力以赴承接书企转移

市出版印刷产业链（集群）专班

　　2023 年，市出版印刷产业链深入研究把握新闻出版行业、造纸及纸制品业发展方向，统筹考虑产业链上下游有机衔接，精准匹配目标招引对象，融合招引企业与出版印刷产业链的发展诉求，深入落实"分类施策、链式延展、生态融通"等招引策略，提高产业链招引的可行性、成功率。按照市工业推进委"招大引强、做大培强"工作部署，立足补链、延链、强链，坚持产业链招商、企业主体招商、以商招商、商会招商和以会招商，打响"登高望远、选择泰安"招商品牌，为产业高质量发展注入强劲动力。

　　泰山新闻出版小镇自 2017 年底启动建设以来，积极承接北京新闻出版领域外溢项目，汇聚国内外新闻出版行业优质资源，影响力、吸引力、承载力不断增强。7 月底，省外出版业库房重镇因暴雨受灾严重，书企急需转移。泰山新闻出版小镇具备良好的承接条件，在中国出版协会号召下，在市委市政府大力支持下，泰安市积极作为，先后吸引 260 多家书企到泰安现场考察，举办三批签约仪式，涵盖出版、馆配、批发、零售、电商等领域，已签约书企 91 家，搬迁入驻 51 家，完成公司注册 56 家。首批入驻的华涵书香公司、金桥轩电子科技公司、鑫华馆配等公司均已实现营收 200万元以上，唐竹文化公司营收已达 1200 万元。其余正在陆续搬迁入驻。协调解决 16 万平方米库房。还有河北、北京、黑龙江、广州等地的书企、出版社来访考察，入驻意向强烈，虹吸效应已经形成。

高度重视，专门成立书企转移领导小组

市委、市政府把出版印刷（版权）业作为四大优势产业之一，专门成立市、县出版印刷产业链专班，按照"总链长＋链长＋副链长＋专班"的组织体系来强力推动，加快促进全市出版印刷业高质量发展。泰山新闻出版小镇作为链主企业，市委、市政府主要领导高度重视、现场办公，多次调度、安排部署，成立书企转移领导小组，重点协调解决转移书企公司注册、证照办理、仓储物流及相关扶持政策落地等问题。市高新区专门成立了泰山新闻出版小镇管理服务中心，设置综合处、产业发展投资管理处、项目建设服务处三个内设机构，核定员额 25 人，具体推进落实。

市领导挂帅，亲赴一线对接督导

市委有关领导带领泰安市文化和旅游局、泰安高新区、泰山新闻出版小镇有关人员第一时间赴受灾书企走访，第一时间在京召开对接座谈会，第一时间会同高新区推出租金减免等一系列政策措施。8 月 10 日，在北京举办了"风雨同舟　守望相助"协同解决书业灾后恢复生产座谈会，受到与会出版文化企业和单位的高度评价和热情欢迎，短短 4 天时间，200 多家企业报名愿意入驻泰安。三年内，陆续迁到泰安的图书公司将达 400 余家，解决就业人员达 1.6 万人，带动相关行业约 10 万人。经摸底，400 家企业中规模以上企业约 110 家，产值达到 100 亿元规模，实现利税 10 亿元以上。

市区联动，制定出台优惠扶持政策

9 月 4 日，市委、市政府协调高新区管委会出台《关于新闻出版企业

入驻泰山新闻出版小镇的专项扶持政策》，从仓储租赁、物流运输、财政扶持、人才、教育、征地建设、金融、入库纳统奖补等八个方面进行扶持，并在北京签约仪式上对外进行了发布。9月7日，市政府第42次常务会议要求，要树立"一盘棋"的思想，泰安高新区要发挥好主体作用，各有关部门单位要立足自身职能，密切协作配合，强化要素保障和政策支持，本着市区共担的原则，由市财政给予高新区一定补贴，全力推动泰山新闻出版小镇做大做强。市财政局已拨付700万元库房租赁费及物流补贴费。随后，又专门召集泰安高新区及邮政等部门开会协调解决入驻小镇书企的政策兑现及物流快递事宜；协调泰山新闻出版小镇与泰安银行联合举办了银企座谈会，向入驻小镇书企介绍了其信贷政策，全力以赴提供资金支持，帮助他们早日恢复生产。

国有平台介入，推动企业混改

为解决资金等问题，推动小镇快速发展，市领导积极协调会商实施国

8月10日，"风雨同舟 守望相助"协同解决书业灾后恢复生产座谈会在北京召开
（产业链专班 供）

有平台介入。合资公司山东泰山国岳建设发展有限公司已成立，正在研究公司内部执行章程、架构及建设发展计划。同时积极与国开行、农发行等政策性银行对接，争取政策性贷款扶持。正在策划"泰山新闻产业集群产业园配套基础设施建设项目"，争取列入 2024 年专项债券。12 月 14 日，上海文化产权交易所、齐鲁金融研究院到泰山新闻出版小镇现场考察调研，双方就图书数字化的发展达成共识。并确定今后以图书采购的数字人民币结算通道、国有文化数字出版的版权规范制定（规范管理服务平台）、出版企业数字化版权市场通道等三方面作为双方合作基础；以出版印刷行业信息发布中心、元宇宙图书、版权与资产保护中心、国版链的城市节点落在泰安等四个方面为后续工作重点。

市出版印刷产业链在市委市政府、市工业推进办的领导和指导下，积极作为，切实解决好项目落地中遇到的生产生活问题，为客商营造良好的市场化、法治化营商环境。

创新开拓盐穴储能 奋力建设"储能之都"

市新能源产业链（集群）专班

　　盐穴储能是利用地下采空盐腔，大规模储存电能、天然气等多种能源，实现能源的调峰消纳和规模储备，对于构建绿色能源系统、矿产可持续开发、保障能源安全意义重大。泰安市深入践行绿色低碳高质量发展理念，聚力打造全国知名的"储能之都"，构建以抽水蓄能、盐穴储能、电化学储能为支撑，制氢储能、储热储气等为辅的新型多元储能体系。坚持从最具资源禀赋、最具地域特色、最具增长潜力的盐穴储能产业抓起，全力打造集采盐制盐、储能储气、装备制造、源网荷储全链融合的储能产业集

肥城市压缩空气储能国家示范电站　　　　　　　　　　　（产业链专班　供）

群,闯出一条"政府引导、企业主体、市场运作"的新能源高质量发展之路,为实施新型工业化强市战略提供了重要支撑。

破传统之"冰",以创新思维开拓新兴产业

泰安市拥有山东省最大岩盐资源,探明储量 75 亿吨,现有盐腔 79 对,采空容积 2000 万立方米。为满足储能高速增长需求,破解盐穴综合利用难题,摒弃先开采后治理的老路,变资源区位优势为储能调峰优势,创新推进采盐制盐产业向储能储气领域开拓延伸。赴先进地区考察学习,引进行业领先院所深入合作,对市场前景、发展基础、目标任务、重大工程、政策措施进行全方位调研论证,编制了全球首个区域盐穴储能储气专项规划,突出破解规划科学引领、资源有序开发、商业模式创新等关键问题,采盐、储能、储气、装备制造融合成链,由单纯采盐向储能储气融合发展转变,由资源一次性开采向综合利用可持续发展转变。从决策层面保障规划落实,出台《泰安市人民政府促进盐穴储能储气产业高质量发展实施意见》,聚焦矿产管理、资源保护、产业融合、标准工艺、运营模式、安全生产、要素保障等重点领域,明确改革创新举措,将盐穴储能储气产业发展纳入规范化、制度化发展轨道。2021 年 9 月世界首座 10 兆瓦盐穴储能示范电站并网发电,2023 年 2 月中储国能 300 兆瓦盐穴储能商业电站开工建设,能量转换率达 70% 以上,处国际领先水平,被列入国家能源领域首台(套)重大技术装备项目。

聚发展之"势",以链式思维催生聚变效应

牢固树立链式思维,明确"前端采盐建穴—中端储能储气—后端建网延链"的产业链发展路径,在"融链延链补链强链"上持续发力,规划建设了 25 平方公里的盐穴储能产业园,在已落地和正在推进的 12 个项

目中,前端采盐建穴项目 4 个、中端储能储气项目 6 个、后端延伸建设储能装备智能制造产业园及源网荷储一体化项目 2 个,涵盖采盐建穴、储能储气、装备制造、源网荷储等全产业链条。中储国能 300 兆瓦项目建成后,年发电 6.2 亿度,将成为全球首座规模最大的商业化运营的无补燃压缩空气储能电站,储能模式创新将获得成熟案例,市场化运营机制、储能政策成效将得到综合验证,行业龙头地位将进一步确立。到 2025 年,泰安市盐穴储能规模达到 200 万千瓦,年发电 20 亿度,销售收入 25 亿元,整个盐穴储能产业产值突破 150 亿元。到 2030 年,储能规模达到 300 万千瓦,有效增强电网消纳能力,支撑新增绿电装机 1500 万千瓦,共计新增绿电 200 亿度,节约标煤 600 万吨,减排二氧化碳 1654 万吨。有效保障电网安全,成为新型电力系统的"压舱石"。

聚内外之"力",以合作思维激增产业动能

成立产业工作专班,聚焦策划招商、项目推进、技术创新、企业培育和园区建设,专业专职推进盐穴储能发展。建立协调推进、专人跟办、定期会商"三大机制"和问题收集、研判、处置、反馈、评价"五步工作法","一条龙"跟进突破堵点、难点问题。聚焦关键共性技术、前沿引领技术,锚定盐穴利用多元化发展方向,推进校地企深度合作、融合发展。同中科院工程热物理研究所、武汉岩土力学研究所等 8 家科研院所达成战略合作协议,先后引进国家级高层次人才 33 名。定期组织周末沙龙,开展技能论证、科普讲座等联谊活动,搭建人才学术交流平台。举荐中科院工程热物理研究所攀登人才周学志挂职肥城市科技副市长,负责专家对接、项目推进等工作,畅通院地沟通渠道。与天津科技大学合作共建泰山矿盐产业发展研究院,成立山东泰科智慧盐业有限公司、天津泰发智联科技有限公司,打造"人才飞地"。联合中国石油储气库技术研究中心建设盐穴储能产业创新创业中心和压缩空气储能研究平台,进行技术攻关、人才培养,

全力突破盐穴储能储气关键技术，为盐穴储能产业发展提供科技支撑。在中储国能示范项目成功带动下，中能建350兆瓦、中电建2×300兆瓦等盐穴储能项目竞相落地，华能2×300兆瓦盐穴储能、山东鲁银盐穴天然气储气库等重大项目加速推进。

立政策之"效"，以系统思维塑优发展生态

坚持需求导向、强化系统思维，率先出台专项政策，全方位提升服务精准度。省委、省政府对泰安盐穴储能给予充分肯定和大力支持，出台了专项优惠政策，涵盖了优先列入储能示范、加大容量补偿力度、加大容量租赁支持、落实电价政策、支持参与现货交易五个方面。泰安市制定出台工业经济"金十条"、人才"新八条"等优惠政策，真金白银助企发展。举办精英企业家赋能提升培训班，对骨干企业负责人开展系统培训。在政治待遇、生活保障等方面，给予企业家更多优惠政策，鼓励引导企业扎根实业、深耕主业、做大做强。组建服务专班，开辟绿色通道，提供贴心服务，持续破解堵点难点问题。10兆瓦压缩空气储能电站所用盐穴，从勘探定位到交付使用仅用时3个月。发挥国企生力军作用，累计投资3亿元，承接"三纵三横"产业园路网、综合管网等基础工程。借助国土空间规划和"三区三线"调整机遇，预留出充足发展空间。积极引导城投、城资、华电集团等资本注入，策划争取10亿元专项债券，为产业发展注入了"源头活水"。

牢树链式思维 聚力打造"3+N"园区格局

市医药及医疗器械产业链（集群）专班

市医药及医疗器械产业链牢固树立链式思维，以园区建设为突破口，聚力构建了"3+N"园区格局。"3"即高标准规划建设三个专业园区，分别为泰山药谷产业园、远望海天智能医疗器械产业园、泰山中医药产业园；"N"，即着力培育宝来利来生物产业园、贝信生物科技产业园、中至生命健康产业园等N个企业园区，加强协同与差异化发展，形成"专业园区＋企业园区"各具特色、相互促进、联动发展的园区集群。

高标准打造泰山药谷产业园

为集中优势资源，推进产业链集群化发展，副链长带队先后到岱岳区、泰山区、宁阳县、肥城市化工园区调研，与企业家座谈等多种方式，充分认识到医药产业特点、发展趋势和泰安市医药产业基础，决定在化学药方面，推动"中间体、原料药、化药制剂"产业链一体化发展，打造高端化学药产业链。在此背景下，我们筹划建设特色鲜明、配套完善、规模较大的泰山药谷产业园。

高起点规划。充分发挥专业咨询机构力量，积极对接和君集团，做优做细泰安市医药及医疗器械产业链2022—2025年行动计划。通过实地参观对标张江生物医药园、苏州生物医药园等国内先进医药园区，高起点规划、高标准建设医药产业园，致力打造医药产业发展新高地。

9月7日,泰山医药及医疗器械高质量发展论坛在泰安举办 （刘　浩　摄）

深入调研研究。通过考察调研,发现位于园区西侧宁阳化工产业园现有化学药产业基础较好,区位优势明显,能够承接全产业链条中医药中间体的生产。以企业需求为导向,结合产业链企业上下游产业,合理规划特色产业园建设。

对接建设投资。积极对接泰山产业发展投资集团,邀请集团领导与产业链专班共同调研产业园区建设用地情况,考察了解产业园选址的区位条件、规划意向、基础设施配套等情况。

对接要素保障。专班超前谋划,坚持要素保障走在前面。通过调研发现,依托磁窑化工园区可以满足入驻园区的企业蒸汽、高压电、污水处理等要素需求,提高园区资源合理化配置。

领导高位推动。为保障项目尽快取得进展,链长分别到宁阳和泰山区围绕特色园区建设开展"链长问效"活动,副链长多次主持召开泰山药谷产业园项目推进会。

该项目现已被列为省、市两级重点项目——山东省绿色发展低碳重点项目、市绿卡项目。项目总投资 20 亿元，规划用地面积约 456 亩，规划建设 43.89 万平方米。包括项目主体建筑 31 栋，其中生产车间 16 栋，仓储 6 栋，园区综合楼 1 栋，污水、动力、危品库设备房 8 栋，车位 1049 个。生产车间主要为三层型 9 栋、六层型 7 栋，生产车间首层层高 8 米，其他层高 7.5 米；仓储首层层高 8 米，其他层高 7.5 米。东部区域计划建设生产车间 6 栋、仓储 2 栋。园区综合楼功能兼顾招商展示中心、企业办公、人才孵化器、中小企业孵化器、总部研发办公、综合服务中心、生产车间、检验检测、研发办公、生活服务设施等功能。厂房可兼顾以上综合服务办公功能。计划通过对外招商、本地区产业集聚和发展小微众创空间—孵化器—加速器平台，共同打造高端原料药、新型制剂、医药中间体等"科工贸、产学融"创新创业发展运营基地，全力打通技术研发、高端制造、质量检测和应用示范的医药制造装备全产业链，形成总部研发、生产、销售、贸易、物流、融资为一体的医药链条全覆盖园区，充分带动泰安市医药产业提质发展，致力于打造成为泰安市的一张名片、一个样板、一个先行区、一个产业聚集区，全力完成"四个一"重点项目工程，实现专业化、产业化和零碳化目标。

该项目东地块 1 号楼至 9 号楼完成楼主体施工的 98% 生产任务。1 号楼、3 号楼主体建设已完成，材料正在清理中；2 号楼主体建设已完成；4 号楼、7 号楼、8 号楼主体建设已完成，材料清理已完成；5 号楼设备房进度完成 80%；6 号楼、9 号楼主体建设已完成，6 号楼北段三层外架体拆除完成；9 号楼材料清理中。现已通过市医药及医疗器械产业链投资推介、各级政府招商推介、上级集团外出招商、参加医药展会招商及网上招商等多种形式的招商活动，目前新型植物胶囊项目、中京生物项目拟落户泰山药谷产业园。

破解远望海天智能医疗器械产业园难题

远望海天智能医疗器械产业园由山东海天智能工程有限公司与泰安市泰山国信科技发展集团有限公司共同注册成立泰安市远望海天投资发展有限公司，作为项目投资主体，总投资 15 亿元。项目分两个地块建设，地块一位于泰山区明堂路以西、科技北街以北，地块二位于明堂路以东、北上高大街以南山东海天智能工程有限公司院内，项目占地 22.89 亩，总建筑面积 30755.6 平方米，建设包括家用服务机器人组装车间、1#—6# 服务机器人组装车间 24086.31 平方米，地下车库 6669.29 平方米。产业园计划打造成为以"脑科学""人工智能""大数据"为核心的高精尖创新产业集群，以培育壮大人工智能、脑机接口技术在康复辅具领域的应用研究，实现康复辅助器具在养老、助残、医疗、健康等领域的产业化，打造泰安市新型工业化强市建设的品质项目和标杆项目。

项目初期面临容积率难题，影响整个项目开工建设。专班通过深入研究《山东省人民政府关于印发山东省制造业数字化转型行动方案（2022—2025 年）的通知》文件，多次协调市自然资源和规划局，在调整用地规划、调剂土地指标方面加快审批流程，帮助山东海天智能工程有限公司认定其"中国脑谷·海天智能医疗器械产业园项目"为新产业项目（M0），解决了建设容积率问题。对明堂路西地块，产业链多次到企业调研，深入了解问题症结，认真研究我省建设用地使用权转让、出租、抵押交易实施细则，协调市不动产登记和交易中心，办理泰安市首次国有建设用地使用权转让预告登记，将土地过户到项目公司名下，推动了历史问题解决。

该项目已完成 1 号楼地下室及一层主体结构、2 号楼地下室及一层主体结构、车库筏板基础等相关工作，正在进行车库区域地下一层主体施工阶段。产业链通过外出招商对接，引入山东第一医科大学球管项目落户该园区,该项目由霍夫曼(苏州)电子科技有限公司投资,该公司是一家高端X—射线球管制造商。公司拥有自主的知识产权,2010年研制出中国第一支CT金属球管并申请专利;且已批量制造出高端医用X—射线球管,为国际主流厂商的CT、DR、DSA等设备提供核心零部件的兼容服务,打破国外的垄断。

规划建设泰山中医药产业园

为充分依托特色中药资源,推动药材种植规模化、产业发展集群化,产业链规划建设泰山中医药产业园。该项目位于泰山区徐家楼街道,北邻青兰高速和万官大街,西邻龙潭路和京沪铁路线,东邻南关大街,规划占地面积150亩,计划投资10亿元,围绕黄精、灵芝、丹参、芡实等大宗品种,打造有示范带动作用、连片集约发展的中药材产业带,挖掘道地资源优势,做大做强中药材产业。依托泰山黄精、泰山赤灵芝等现代化智能工厂建成投产,并延伸出健康药膳、休闲观光等"中医药+"新业态,一、二、三产融合发展的中医药产业集群加速形成,打造齐鲁中医药健康产业新高地。

项目地块土地性质已调整为工业用地,地上附属物完成评估丈量,进行地表清理,土地成片开放方案已报省自然资源厅,编制控规、区域环评和林地指标调整等工作同步推进。

全力发展特色园区建设

市医药及医疗器械产业链专班持续推动专业园区和特色园区建设,发挥链主企业带头作用,推动产业协同发展,助力打造特色产业集群。

肥城孙伯镇医药健康产业园,规划占地面积1000亩,现实际利用600余亩,园区现有企业近20家,其中医疗器械类企业5家,分别是恒昌医疗年产 90 亿支隔离防护手套项目、昊祥模具年产 400 万支手套模具项目、恒昌医疗科技总部项目、汇牧人生物医药项目和珍益中药饮片深加工项目。园区持续优化产业布局,按照"亩均效益和亩均税收"双评价机制,持续重点发展医药健康产业,已初步形成以现代医疗器械为主导的特色产业园区。

泰安中至生命健康产业园由泰安中至生物制药有限公司投资建设,项目总投资 5 亿元,占地约 80 亩,总建筑面积 6.3 万平方米,主要建设生产车间、综合楼及其配套设施。同时,购置高效湿法制粒机、CO_2 萃取器、不锈钢万能粉碎机组、自动装盒机等生产设备 107 台(套)。项目达产后,正常年实现销售收入 10 亿元,实现利税 1.1 亿元。项目被列入省重大项目,目前一期工程已完工,现在进行内部车间建设。

贝信生物科技产业园项目位于泰山区省庄镇博阳路 163 号,建设厂房 16000 平方米,新上医疗技术设备生产线 1 套,生产医用高速离心机;建设多肽生物研发生产线、洁净车间,新增研发、检测、生产、储存设备 210 台(套),增加医药医疗技术设备生产线 3 套,专用设备及生产设备(包括新上各型特制设备)19 台(套)、辅助设备 120 台(套)。目前土地已经征收,规划方案已通过审核。

同泰生物医药产业园项目占地 72 亩,总建筑面积 6 万平方米,打造健康智造科技谷,生物医学产业园区,年产护肝片、消栓通络片、精制冠心片、格列吡嗪片等产品 13.4 亿片,吸入用溶液 4000 万支。目前项目一期开工准备就绪,二期正在制作规划设计方案。

数字赋能　助力新型工业化强市建设

市数字经济产业链（集群）专班

2023 年，市数字经济产业链坚持问题导向，深化"有解思维"，以数字赋能助力新型工业化强市建设。

发挥资源优势，探索"工匠学院"建在链上新路径

作为全国首个建在产业链上的工匠学院——泰山数字经济工匠学院依托泰安市数字经济产业链云计算服务链主企业山东众志电子有限公

泰山数字经济工匠学院　　　　　　　　　　　　（产业链专班　供）

司,充分发挥公司在数字经济领域的资源优势,实施资源整合,根据数字经济产业链和其他链上企业发展过程中的实际需求,赋能人才培养,推动数字经济发展,强势赋能泰安市新型工业化强市战略。

泰山数字经济工匠学院由"匠心堂、上云台、精工坊、赋能厅"4个主要功能区组成。其中,"匠心堂"以培训、沙龙等活动为主;"上云台"以企业上云、用数为主;"精工坊"设置工业互联网软件实训室、工业互联网交流室、智能化车间实训室等,通过实战专家来助推企业实战人才队伍的培养;"赋能厅"则以工业互联网各类场景建设为主,帮助企业提升生产环节数字化水平。

自成立以来,泰山数字经济工匠学院积极推动线上 VR 模拟教学与人工智能授课,已在数字经济产业链优秀企业和各类高校等科研机构建立了"工匠学堂""现场课堂""教学实践基地",共开设工业互联网、企业上云、数字化工厂等各类专业课程 10 余项,为全市各产业链培养数字技能人才千余人。

为有效助推企业数字化转型,学院组织开展"数字转型专家到企业走访问诊"活动和"送技上门"服务,采用"一链一策、一行业一小组"的形式帮助企业实现企业大数据转型、智能化工程升级等工作。现已开展"数字问诊"企业、"送技上门"服务等,切实帮助部分企业解决了数字化转型中遇到的困难。

助推校城合作,加速科技成果转化

泰安是山东省三大科教文化中心之一,拥有山东农业大学、山东科技大学、山东第一医科大学、泰山学院等 15 所高等院校和 20 多家科研单位,在校生 26 万人。产业链企业始终将校企合作和产教融合作为企业发展的一项重大战略。以企业需求为导向,积极搭建校企合作桥梁,借智聚力、柔性引才,与多所高校建立产学研合作关系,加快高校院所科研成果的生产转化。

浪潮自 2023 年与泰山学院合作共建软件工程（智能软件服务方向）、数据科学与大数据技术（数据管理与分析方向）两个专业，已招生 100 人。自合作以来双方在多方面展开合作，双方联合磋商人才培养方案近 10 次，开展专业技术讲座 2 次，学院领导带师生 100 余人到浪潮进行参观实践学习，联合参与编写教材 2 本，联合申报教育部产学合作协同育人项目 3 项。

众志电子与山东农业大学联合成立山东农业大学智慧农业产业学院，充分发挥高校的人才培养优势和企业的技术优势、平台优势，围绕乡村振兴、数字农业农村发展、数字经济发展等需求，搭建产学研用一体化的校企合作平台。同时，建立了青年红色筑梦之旅实践基地，引导大学生聚焦乡村振兴，在创新实践中增长智慧才干，推动高校智力、技术和项目资源在地方、企业落地生根。

链上企业与泰山科技学院、泰山职业技术学院、山东财经大学东方学院签署战略合作协议，响应泰安新型工业化强市建设战略，在人才培养、师资队伍、科学研究、就业创业等方面加强校企合作，实现学校发展与企业发展的对接双赢。浪潮软件与泰山学院建立"双师型"教师培训基地以及研究生联合培养基地，加快了产教融合发展，提升专业学位研究生实践创新能力和未来职业发展能力。

立足园区培育，打造"多园驱动"发展格局

泰安市数字经济产业链坚持高起点定位、高标准推进，以差异化、特色化、品牌化、标杆化"四化原则"，不断完善园区建设，形成了"一区两谷"发展格局（一区：新泰科创新区；两谷：泰山数谷、神农智谷）。

园区是经济发展的主战场，抓住了园区就赢得了发展的优势。产业链始终坚持高起点定位、高标准推进，深入挖掘县（市、区）、功能区数字经济产业特点，以差异化、特色化、品牌化、标杆化为原则，把建设特色园区

作为数字产业发展的"主引擎""主战场"。2022 年 9 月 30 日，在新泰市组织召开了全市特色产业园区（集群）现场建设推进会上，数字经济产业链专班和新泰市分别作了典型发言。

坚持规划引领，打造高标准园区。各县（市、区）、功能区在结合各自资源条件和产业基础，学习、借鉴杭州、苏州、青岛、淄博等省内外数字经济发达城市先进经验和做法，紧扣产业链发展图谱，坚持高点定位，邀请权威咨询机构和知名专家，经充分论证，编制园区发展规划。泰山数谷锚定"打造都市工业主阵地、当好工业产业路由器"发展定位，进一步放大数字经济的引擎作用，加快推进数字产业化、产业数字化，推动数字经济和实体经济深度融合，建成全市新型工业化的孵化中心、赋能中心、服务中心。到 2025 年，泰山数谷产业园发展体系基本形成，产业规模不断壮大，形成具有鲜明特色和区域优势的数字经济产业集群，建成一批亿元楼宇、十亿园区，数谷营业收入突破 200 亿元，打造成全市数字经济发展的策源地、新地标，成为国内知名、全省一流的数字经济产业园。新泰数字科创新区、宁阳县数字经济集聚区都制定了明确的建设思路和发展目标，为未来特色园区的建设提供了顶层设计。

坚持集群发展，营造园区品牌效益。各园区对数字经济产业进行详细的解构分析，清晰主导产业节点图、产品分布图，逐步实现数字经济特色产业园主导产业的聚焦，形成产业政策、招商、服务等资源合力，培育出一批"专精特新"企业，在区域产业竞争中更有竞争力。目前，初步形成了以新泰市"数字泰安科创新区"、泰山区"泰山数谷"、岱岳区泰山大数据产业园、高新区"神农智谷"大数据产业园、宁阳县数字经济集聚区为代表的主题鲜明、多点开花的数字经济产业集聚区。

坚持资源流动，培育园区创新动能。通过靶向政策的引领，促进优质资源向产业链中的重点企业和创新企业倾斜，推动各类创新要素在园区内部形成集聚和流动，提升园区的创新效率，使园区有效整合产业创新资源，形成创新内驱力。在重点园区探索建立数字经济人才发展平台，围绕园区龙头企业、主导产业建设人才库,与农业大学、科技大学、泰山学院等高校以及科研院所、培训机构等建立广泛链接,促进人才资源的吸纳和培养,释放数字经济人才创新动能。

抓招商引资,聚力产业全链条发展

泰安市数字经济产业链专班围绕产业布局、企业现状、未来方向和短板弱项等,在补链、延链、增后劲上下实功夫,坚持按图索骥、有的放矢,精心策划项目,在项目策划及招引上挖掘新的增长点,全力做好招商,为产业集聚发展增添了新动能。一是策划项目实现了由数向质的转变。以契合数字经济产业布局和补齐发展短板为基础,策划项目由"面"到"点",由"大水漫灌"转变为"精准施策"。不在数量上论英雄,而在质量上求突破,好中选优,精心策划项目。二是策划项目实现了由小到大转变。策划了一批规模大、科技含量高、带动动力强的项目,力求项目精、准、实。投资12亿元的国星宇航泰安卫星互联网产业基地项目、总投资10亿元的鸿锦盛电子科技(山东)有限公司及年产360万平方米高精度线路板项目已开工建设,策划的东艺数科泰岳宇宙项目等一批优质项目已签约,弥补了产业链条短板,提升了产业链的投资强度和质量。三是招商潜能不断激发。先后赴南京、西安、武汉、北京、成都、赣州等11市精准招商,在青岛山东会客厅、北京航空航天大学等四地开展6场专题招商推介。四是商会招商助力明显。以商会招商为依托,先后拜访或接待湖北山东商会、浙江山东商会、青岛泰安商会、台州山东商会,引进乐胶网等一大批外来客商洽谈投资,"山东老乡"建设家乡热情高涨。

泰山区数字经济产业链专班在以企招商、定向招商、精准招商上下功夫,争做招商引资"排头兵"。工作中实行"产业链+部门+属地"招商体系协同发力,"平台+委托+代理"多点布局,重点依托"泰山数谷"开展对外招商推介。2023年2月中旬以来,区主要负责人把数字经济类企业作为招引重点,突出招大引强,分别带队赴北京、上海、苏州等地开展招商活动 17 次,洽谈对接招商项目 36 个,成功签约项目 15 个,总投资额 38 亿元,实际到位资金 19.5 亿元,泰山区在全市数字经济产业链一季度项目签约中数量居第 1 名。

积极策划招引空天产业,抢抓发展风口。卫星互联网产业首次落户泰安,为泰山区独有,全球首颗在轨可视化区块链卫星"泰安号"于 7 月 22 日成功发射,山东盛华睿星航天科技有限公司注册成立,开辟了泰安卫星产业新赛道,泰山区数字经济产业链也日趋完善。工作中,一是系统谋划,统筹推进。组建卫星互联网产业专班,集聚 10 余名空天信息大学教授、专家、企业家等高精尖人才形成智囊团,同步聘请长城战略咨询研究编制《泰山区卫星互联网产业发展规划》,加快推动规划落地。二是梯次招商,靶向突破。梳理中国卫星、航天科工、银河航天等 67 家卫星互联网产业头部企业,绘制产业招商鱼骨图,筛选建立招商企业库,赴北京、西安、上海等地精准对接 30 余家卫星互联网企业,深入推进产业"建圈强链"。三是链式发展,塑优生态。以卫星互联网产业鱼骨图为蓝本,分类推进企业、项目快落地、早达效。落地项目抓建设。国星宇航项目计划 2024 年 12 月建成投产,建成后卫星年产能达到 100 颗;盛华睿星大数据共享平台建设运营。在谈项目抓签约。国电高科、九天行歌等 14 家企业初步达成合作意向;九州云箭等 4 家企业来泰考察并对接合作细节,航天驭星拟落地航天测控中心 + 航天云项目,近期有望签订商务合同。配套企业抓培育。引导辖区内卫星零部件、信息科技、软件应用等配套产业企业和 82 家专精特新企业参与卫星互联网产业发展,鼓励 120 余家数字经济企业向卫星应用业务转移,助力本地企业搭乘卫星产业快车,形成上中下游协同发展的全产业链生态格局。

肥城市数字经济产业链专班围绕"招什么""谁来招""怎么招""如何落"等问题,创新招商推介体制机制改革方向,研究制定具体方案方法,取得了一定的成效。一是在招商方向上再聚焦。进一步明确对外招引重点,突出招大引强,聚焦数字技术强、经济附加高、示范带动效应明显的大项目、好项目。计划投资 25 亿元的新松机器人智能制造产业园项目参加泰安市第二季度"项目签约大比拼"活动,目前该项目选址已完成,正协调新松集团领导来肥签订正式合作协议。计划投资 12 亿元的深圳进化动力智能复合机器人研发制造基地项目已完成公司注册,准备注资建设。二是在招商方式上再创新。坚持"请进来"和"走出去"相结合,积极引进投资体量大、科技含量高、环境影响小、创税能力强的优质项目。到华为公司坂田总部、功力集团等考察对接,邀请中科院沈阳自动化研究所专家等产学研团队到泰安市考察交流,推动石横特钢、泰西水泥实现功力电机工业互联网平台上线试运行。借力与华为合作,推动万腾科技、青岛欧亚丰等生态伙伴落地肥城,新注册山东多点数字科技有限公司、扶摇数字科技(山东)有限公司 2 家企业。三是在招商环节上再细化。形成"目标决策—精准对接—集中活动—服务落地"的流程机制,以产业转型和数字转型为方向,深化聚焦数字项目招商导向,精准谋划目标企业,梳理在谈项目,对重点项目逐一提出工作目标,量身定制工作举措和任务清单,突出"项目落地"重点工作。2023 年共策划项目 25 个,总投资 70 亿元,展开集中签约项目 8 个,总投资 43 亿元。

实施四大工程　培育优质企业
以制造业单项冠军示范引领新型工业化建设

泰山区新型工业化强区建设推进委员会办公室

泰山区锚定"当标杆、作表率，打造首善之区"目标，以"项目建设年"为抓手，全力推进新型工业化、现代服务业、文旅融合、城市更新、乡村振兴、共同富裕等重点工作，经济和社会各项事业稳中求进、进中提质。2023年，一般公共预算收入、税收收入、税收占比、服务业营收、利润等主要经济指标增幅均列全市前两位。先后获评全省县域经济高质量发展进

10月24日，2023中国工业经济联合会制造业单项冠军企业现场会暨第三期培训班举行
（王宗一　摄）

步县、全省对外开放强县、全省技术转移先进县等称号。

泰山区锚定"打造都市工业主阵地、当好工业产业'路由器'"定位,强力实施新型工业化战略,以实现绿色低碳高质量发展为目标,持续发展壮大数字经济、高端装备制造、纺织服装、现代食品、医药及医疗器械五大产业,积极布局人工智能、元宇宙、卫星互联网、双碳目标未来四大产业领域,精心打造泰山数谷、国星宇航、泰山智能制造、双碳高端装备制造、高新技术纺织服装五大产业园区。2023年,全区规模以上工业企业实现营收249.6亿元、增长4.95%,实现利润12.1亿元,工业税收15.25亿元、增长53.66%,增幅持续位居全市第一。

2023年,泰山区深入贯彻工信部等六部委指导意见和山东省制造业创新能力提升三年行动计划有关部署,按照有特色、有成效、有影响的工作要求,实施优先保障、转型赋能、梯次培育、服务强效四大工程,采用分批次、分阶段方式加快培育一批制造业优质企业,以单项冠军企业示范引领新型工业化建设,提升各产业链现代化水平,为全区工业经济高质量发展注入强劲动力。全区现有制造业单项冠军企业12家,其中国家级单项冠军企业2家,省级单项冠军企业10家。

实施优先保障工程

主要做到三个优先:一是资金优先支持。出台惠企措施、财政支持等13个方面31条政策,在单项冠军示范企业建设项目用地、财税、金融政策等方面给予重点倾斜,每年筹集2000余万元资金用于单项冠军企业扶持培育工作,对获得国家级、省级制造业单项冠军的示范企业,分别奖补100万元、50万元,同时积极为企业争取技改专项贷、智能化技改奖补、机器换人、技改股权投资基金等政策支持,为培育单项冠军企业打下坚实基础。二是研发优先投入。鼓励支持符合条件的单项冠军企业加大研发投入、建立创新平台,带动全社会研发投入。成功争创全省首家、行业唯一的国家级先进印染技术创新中心，65 家联盟成员单位覆盖印染领域 70% 以上国家级创新资源，开展工业压电喷墨打印头等技术研发 70 余项，获得国际专利 2 件、国家发明专利 53 件，11 月中心能力建设项目将迎接工信部评审验收。全区填报科技研发经费投入超过 17.4 亿元，增幅 23.67%，研发强度突破 3%，规模以上工业企业中有研发活动的企业占比将突破 80%，目前拥有有效发明专利 2196 项。三是培训优先组织。每年拿出 50 万元对有潜力的企业进行专题培训，宣讲单项冠军相关政策，指导企业申报方向。组织开展企业对标提升、单项冠军企业现场参观交流等培训活动，引导企业互相学习、取长补短，共同探讨影响行业企业发展的共性关键问题，加强跨界融合和产业链协同发展。目前，共组织各类培训 22 次。

实施转型赋能工程

主要做到三个赋能：一是数字赋能。精准实施制造业数字化转型，着力打造泰山数字能力中心。强力推动现代中药发酵智能化装备制造建设项目等 60 个制造业数字化转型项目，开展数字化转型入企"问诊"行动，市级入库企业诊断率达到 87%。18 个行业场景入选省级应用优秀案例；智能医疗机械产业园等 3 个项目入选山东省 2023 年数字经济重点项目；普瑞特智酿工业互联网平台入选省级工业互联网平台，泰山数谷产业园入选 2023 年度省级数字经济园区（试点）。二是人才赋能。牢固树立"人才是第一资源"的理念，深入实施人才强区战略，聚力打造全市人才中心和创新高地。先后引进国内外院士、万人计划等省级以上高层次人才 158 人；建成国家制造业创新中心、国家级企业技术中心、博士后科研工作站等国家级平台 8 个，在日本、北京、上海等地建设人才飞地 15 个。三是项目赋能。抓实"项目建设年"，强力推进 100 个过亿元重点产业项目、100 个过 500 万元技改项目，完成投资 55.71 亿元；聚焦卫星产业和工业母机等战略新兴领域，推动东方汇富工业母机等一批过 10 亿元项目落地，特别是成功发射国内首颗区块链卫星"泰安号"，开辟了全市卫星产业新赛道；加快中康国创示范基地等 17 个在建重大项目进度，鲁能智能输变电制造基地、虎彩数字印刷等项目 11 月将全面投产，为新型工业化发展积蓄强劲动能。

实施梯次培育工程

主要抓好四个方面工作：一是小微企业抓纳统。引导辖区内中小企业深耕细分市场、塑造核心竞争力，动态更新"小升规"企业培育库，依托美家科技产业园等建成的工业楼宇，大力招引适合"上楼"的小微企业入驻，不断积蓄税源，通过楼宇聚集效应，助力小微企业做大做强，实现升规纳统和营收倍增。二是标杆企业抓培育。打造一批细分领域的标杆企业，明确"创新型（科技型）中小企业—专精特新—瞪羚—'小巨人'—单项冠军"的培育路径，目前泰山区拥有国家级专精特新"小巨人"企业 12 家、国家科技型中小企业 188 家、省级瞪羚企业 20 家、省级"专精特新"中小企业 71 家、省级创新型中小企业 89 家，积极鼓励生产技术、工艺领先的企业深耕主业，关键性能指标达到国内先进水平，进行重点培育。三是潜力企业抓储备。在 10 家现有单项冠军企业的基础上，储备宝来利来生物工程有限公司、山东思科赛德矿业安全工程有限公司等 7 家企业为国家级单项冠军培育库企业，储备威宝节能科技集团、东升服装有限公司、山东泰开电力电子有限公司、泰安盛源粉体有限公司等 13 家企业争创省级单项冠军示范企业，其中思科赛德、厚丰散热器等企业从事相关领域均在 10 年以上，主导产品国内市场占有率遥遥领先。四是冠军企业抓示范。发挥国家级制造业单项冠军的辐射带动作用，进一步将单项冠军项目扩散增加，以点带面，引导更多企业专注产品提升和品牌建设，提高核心竞争力，加快培育一批具有竞争力的全国和世界一流企业，持续保持行业发展领先地位。岱银集团获批国家级绿色工厂，大唐宅配被认定为山东智能制造标杆企业。

实施服务强效工程

一是跟踪服务。完善领导干部包保、链长制、企业秘书等制度机制，深入实施"千人千企六个遍访""千企万户满意行""我为企业办实事"活动，完成帮办代办事项 1100 项。把每月 8 日、18 日、28 日确定为企业家恳谈日，对制造业单项冠军企业及培育企业实施"一企一策"开展"点餐式"服务，梳理、解决企业关注问题，已召开企业家恳谈会 11 期，共收集问题 78 项，已解决 60 项，参与企业 46 家，参与单位 27 个。二是严格把关。重点把好"四关"：把好企业申报关。对照推荐条件和申报重点，注重组织科技含量高、市场占有率高、产品附加值高的"三高"企业申报，并与《中国制造（2025）》重点领域、工业强基工程等相衔接，认真研究选择最适合企业最适合产品的申报门类。把好形式审核关。对照单项冠军量化标准，对申报企业的产业方向、技术水平等软实力进行审查。把好现场考察关。组织专家深入企业、生产车间看现场、看项目，重点评估企业在行业中的位置、核心技术、生产工艺和装备水平等。把好推荐审定关。按照好中选优的原则，确定拟向上级推荐的制造业单项冠军企业建议名单。三是搭建平台。借助"院士专家泰山行"系列活动，举办校企合作交流会，与国内外 50 余所高校的 340 名专家开展对接，达成合作意向 74 项，转化成果 43 项，为企业、项目解决技术攻关等难题近百个。顶格落实支持民营经济发展 31 条政策措施，组织 12 场银企对接活动，为企业融资 36 亿元。

数字化赋能　供应链提质
全力助推钢材市场转型升级

岱岳区新型工业化强区建设推进委员会办公室

　　进入 21 世纪，随着泰安城区不断扩展，位于现万达广场东邻的老钢材市场已不符合城区发展需要，迫切需要搬迁。从 2003 年开始，岱岳区委、区政府即着手新市场的规划建设和老市场的搬迁动员工作。新市场定名为泰山钢材大市场，选址满庄镇，建设历时 20 年，采取分期分批供地的方式，滚动发展。从市场一期、二期、三期、四期到深加工区，共批复项目用地 5000 余亩。一期规划 750 亩，于 2004 年 7 月建成启用。2005 年之后，随着当时房地产行业的迅猛发展，钢材销售形势一片大好，大市场也迎来了快速发展阶段。市场以批发销售建材、型材为主，业务辐射 800 公里，产品销往全国 30 多个省市。截至 2023 年底，工商注册业户达到 2296 家，从业人员 1.2 万人，销售额达到 797.3 亿元，实现税收 1.8 亿元，已成为江北地区面积最大、品种最全、交易量最多、辐射范围最广的钢材现货交易市场。近年来，泰山钢材大市场先后荣获"全国商品交易市场最佳诚信奖""全国商品交易市场系统先进单位""中国商品市场综合百强榜"等十几项国家及省级荣誉称号。

产业转型升级面临的瓶颈制约

　　泰山钢材大市场成立之初，立足"买全国、卖全国"的发展目标，主营钢材经销业务，取得了长足发展，并初具规模。但随着经济社会加快发展，市场初期钢材利润高、需求量大等一系列红利逐步消失，钢材交易市场低迷等问题逐步凸显。

钢材价格优势渐无。随着房地产市场持续走低和信息网络不断发展，钢材行业愈发透明，加之钢材贸易行业入行门槛低、市场竞争加剧，钢材价格震荡波动，普通钢材价格2020年达到4500元/吨，2023年5月仅为3800元/吨，且价格仍在持续下行，单一钢材贸易模式失去市场竞争力。

钢材贸易行情不稳。钢材贸易受宏观经济环境、市场供需状况影响较大，自2020年以来，受疫情影响，市场需求不旺，钢材市场内180余家小微业户库存积压较多，库存量高达2000万吨，导致财务成本增加、资金链紧张，甚至有20多家业户难以维持正常经营，出现停业现象。据统计，整个市场个头小、实力弱且不具备生产加工能力的贸易企业占比高达73.3%；规模以上企业只有10家，占比不足17%。

税收贡献逐步收窄。由于贸易行业本身附加值低，市场产品同质化现

泰山钢材大市场航拍图 　　　　　　　　　　　　（尹序亮　摄）

象明显，加上近几年钢材价格低迷，直接影响了企业销售收入和利润。另外，中小企业生产经营管理粗放，部分企业纳税意识不强，致使税收贡献增长受限。近三年，整个市场税收基本维持在 1.2 亿—1.7 亿元之间，亩均税收不足 3.5 万元，除去每年 4000 万元左右的耕地占用税，增值税等主体税种占比不大、增幅较小，与整个市场所占面积相比，投入产出不成正比，对园区的贡献度不够。

产业转型升级的典型性做法

基于钢材贸易面临的钢材价格优势渐无、钢材贸易行情不稳、税收贡献逐步收窄"三大困局"，自 2021 年开始，泰山钢材大市场就积极探索转型的有效做法，在全面深入调研基础上，制定钢材大市场转型升级实施方案，通过实施"内聚外扩、共建共享、腾笼换鸟、政策支持"四大举措，力促企业集中、资源集约、产业集聚，推动传统产业转型升级，由低端向高端迈进、由粗放型增长向高质量发展跨越，提升发展质量效益。

推进"内聚外扩"。着眼泰山钢材大市场长期发展形成的既有产业规模、要素资源和关联产业链基础，综合考虑行业竞争力提升、产业集聚发展等因素，推进市场商户"内聚外扩"。一是内向集聚。依托成功实现转型升级的鑫国矿业、通力达等企业，整合周边德乐工贸、安拓矿山、富通冷弯型钢等 12 家具备转型条件的企业，打造电力铁塔用角钢、船用特种钢、汽车用圆管、多频焊管、冷轧薄板、矿用锚杆等专用钢材深加工基地，逐步实现由初级加工向精深加工转变，走定制加工、高端制造路子，拉长专用钢材加工链条，实现企业聚合升级，放大乘数效应，形成具有较强市场竞争力的产业集群，提高企业附加值。二是外向扩散。推进低效工业用地和供而未用工业用地整治，实施"一企一策"，按照"提升发展一批、兼并重组一批、政府收储一批、关停淘汰一批"的原则，想方设法腾出市场及周边建设用地 750 亩，推动市场重点业户新上德乐重工、富通重工等高附加值钢材深加工项目,为市场企业转型求得发展空间。

实施"共享模式"。发挥龙头企业带动作用,科学谋划"共享工厂"建设,实现数据信息协同共享。一是建设"共享工厂"。引导金虹新能源、通力达等有条件的企业,筹建具备检验检测、定制开发、技术咨询等能力的共享工厂建设试点,为钢材深加工需求企业精准匹配技术、设备、工艺,满足钢材大市场内小微企业生产加工需求,降低生产经营及运输成本,推动产业集聚,实现市场资源共享、循环发展。二是打造"共享平台"。依托泰山钢网和为企服务中心,创新扁平化服务模式,划分商贸、工贸、化工、景区、绿色建材、钢材大市场"六大管理区",配备服务专员 246 名,解决企业困难 3000 余件、要素保障事项 120 项,助推 35 家企业实现技改扩规升级,激发市场发展活力。通过为企协商,制定低于市场价格的加工费用,通过薄利多销、让利小微企业促进联盟企业合作共赢,实现市场内循环,打造更具活力、更具竞争力的全国性钢材市场。

做好"减法文章"。市场转型不可避免地要淘汰一些不符合发展要求的企业,对此园区积极开展市场企业调研评估,从企业生产经营、安全环保管理等方面进行全面摸排,对首批 9 家经营不佳、安全环保不达标的企业启动退出程序,坚决摒弃"散乱污"企业,同时盘活闲置土地、闲置资产,通过二次出让实现"腾笼换鸟",倒逼企业转型升级。

完善"服务网络"。2021 年,钢材大市场部分业户由于资金链担保出现问题,导致个别企业举步维艰,甚至面临破产。特别是全市实施新型工业化强市战略以来,为进一步支持企业提质增效,园区积极制定扶持政策,从银企沟通、基金扶持、税收减免等方面予以支持。一是政府搭桥。进一步畅通银企沟通渠道,加大信贷支持力度,鼓励有条件的企业上市融资,累计协助经营业户办理贷款 216 亿元。二是基金赋能。探索建立市场转型升级基金,筛选能够填补国内空白、有市场前景的转型升级项目给予基金支持,鼓励有实力的钢贸企业研发生产新型高附加值钢材,形成自己的特色产品。三是减税纾困。坚决落实减税降费政策,切实将增值税留抵退税、研发费用加计扣除等优惠政策落地落实，帮助企业缓解资金困难。2022年，成功帮助市场退税2400万元。四是完善配套。依托园区内长鑫物流、公铁联运等物流企业，加快智慧化改造，深度融入信息平台，为市场客户提供精准、高效的配载和运输服务，推进市场跨地区集中采购的钢铁材料实现全国性配送，降低采购物流成本。引进第三方公司建立智能化仓储基地，通过给经营业户提供场地租赁服务，降低企业运行成本。

产业转型升级取得的成效

截至2023年末，钢材大市场转型升级盘活闲置资产10余处、共计700余亩，新上金虹新能源等12个项目，助推17家企业实现了从贸易向加工的成功转型，2023年实现税收1.8亿元。

鑫国矿业由过去批发销售钢材转型研发生产矿用安全支护产品后，在澳大利亚的市场占有率达到50%，公司销售收入由2020年的2.2亿元提高至2022年的4.69亿元，上缴税收由330万元增长至1300万元，2023年税收达到3242万元。通力达重工由原来的商贸转型为加工制造商后，由单纯的卖钢材到抢占行业前端，有效避免价格波动风险，进一步实现稳健盈利，利润比原来提高了15%—20%，年增加销售收入2000余万元，税收年增长100万元。2022年成立的中灿电梯智能科技（山东）有限公司，借助钢材大市场的地理、产业优势，就地取材，实现了从电梯行业的代销售到企业的自主组装生产，年产量600余台（套），产品远销东南亚、美洲、非洲等30多个国家和地区。

产业转型升级成功的关键

泰山钢材大市场通过20年的发展，已经到了贸易的瓶颈期、转型的关键期、提质的跨越期，如果继续走贸易这条路，只能是越走越窄，直至难以为继。只有加快推进转型升级，才能实现跨越发展。钢材大市场的转型升级之所以能成功，关键依靠以下几点。

加强党的领导是核心。为推进市场规范化、科学化发展，建立钢材大市场党委，发挥党委"把方向、管大局、促落实"作用，将市场各项事务"统"起来，为业户提供资金、技术、政策咨询等全方位支持，帮助引导业户改进经营管理模式，助推市场转型升级。

建立产业生态是基础。塑造优良的市场产业生态，既要有产业链的上游，也要有产业链的下游，形成完整的产业链才能充分发挥产业集聚优势。泰山钢材大市场已经有成熟的上游，拥有上千家大中小钢材贸易企业，在售万种规格钢材，几乎囊括全行业产品类别，能够为下游企业提供充足原材料。目前，市场转型主要是丰富下游产业链，引入钢材深加工和高端装备制造企业，增加产业附加值，不断提升亩均效益。因此，园区从建立完善的产业生态着手，把钢材深加工作为主导产业来培育，聚焦特色金属、矿山装备等产业链条，发挥产业链资源优势，推进延链、补链、强链，稳妥有序推动钢材大市场商贸行业结构调整，并围绕市场完善检测、检验、物流、研发等综合性配套，形成完备的市场业态，聚力打造千亿级钢材特色小镇。

敢于刮骨疗毒是关键。市场内企业大小不一、良莠不齐，不能放任不管、恣意发展。园区主动向低端企业、落后企业、闲置企业、倒闭企业"亮剑"，对闲置资产、"僵尸"企业逐一排查，想方设法盘活低效闲置土地和厂房，近几年已经盘活闲置资产10余处、700余亩，新上金虹新能源等12个项目，有效释放了工业经济发展的新空间。

勇于突破创新是保障。市场转型升级没有固定模式，必须树立有解思维，深度剖析转型发展过程中的矛盾问题，为转型提供思想上的"新能源、新动力"。另外，还要紧跟时代要求，把数字化、信息化与产业深度融合作为推动转型升级的长期努力方向，搭建创新平台，加快数字化、信息化与产业化深度融合，推进技术创新、模式创新和管理创新，形成创新驱动发展模式，持续把企业做专、做久、做强、做大。

系统谋划　精准布局
奋力跑出数转智改"新泰速度"

新泰市新型工业化强市建设推进委员会办公室

新泰市委、市政府牢牢把握"全面推进制造业数字化转型"发展新赛道,对标六大产业,聚力做好数字产业提升、数转项目驱动、数字基建领航、数字服务赋能"四篇文章",走出了一条可借鉴可复制的关键路径。省委书记林武、副省长周立伟对《昔日煤城变数字新城——新泰市探索资源型小县城数字化转型相关经验做法》予以批示肯定。新泰获评省级促进工业稳增长和转型升级成效明显县、数字经济"晨星工厂"试点县、2022 年度全省工业强县。

7月27日,泰安市工业互联网标识解析二级节点启动仪式在新泰市举行　（马　雷　摄）

数转智改创新举措

聚焦高标定位，建设数转智改"指挥部"。深入贯彻落实党的二十大关于建设制造强国、网络强国、数字中国的战略部署，全面推动《山东省制造业数字化转型行动方案（2022—2025年）》和《泰安市制造业数字化转型实施方案（2023—2025年）》顺利实施，推进全市制造业企业数字化转型，构建高质量发展新优势。一是建立领导机制。建立全市领导统筹工作机制，一方面高位部署，由市工业推进委、推进办高位推动、统筹促进"智改数转"工作；另一方面迅速行动，成立全市制造业数字化转型工作专班，下设项目、综合、考核3个工作组，牵头协调14条产业链专班联动发力、共同落实。二是健全规划机制。制发《制造业数字化转型实施方案（2023—2025年）》，坚持应用牵引、创新驱动、示范带动、系统推进，创新实施数字化转型十大工程，加快培育基于互联网的新产业新技术新业态新模式。力争到2025年底，实施制造业数字化转型项目310个，实现规模以上制造业企业数字化智能化技改全覆盖，规模以上制造业企业关键业务环节全面数字化率达到80%。三是落实考核机制。发挥好考核指挥棒的引导推进作用，将制造业数字化转型工作纳入全市高质量发展综合绩效考核；将本年度重点任务细化为17项工作举措和22个工作目标，明确各阶段具体任务和时间节点，切实把目标任务分解到乡镇部门、具体到项目，落实到岗位、量化到人头，形成齐抓共管的工作格局。

聚焦园区建设，打造数字产业"新基地"。将园区培育作为数转智改的主职主业，书记、市长亲自挂帅，推进委、推进办聚力攻坚，合力打造新一代信息技术、光电科技、激光三大特色产业园区。精选赛道、明确方向。将新一代信息技术产业作为六大支撑产业之一，以光电科技、光纤通信、激光及激光装备为主攻方向，浪潮智能终端生产基地、优色夫通信模组项目暨新一代共享锂电终端项目等一批数字大项目落地在建。招大引强、重点突破。瞄准"税收贡献、新兴产业、高端科技、产业链条"四大方向，精研产业、选准赛道，绘制鱼骨图，突出策划项目，开展精准招商。签约项目40个，总投资316.46亿元。链式运作、集群发展。三大特色产业园采取市场化运作方式，建成标准化厂房100万平方米，以鸿锦盛为龙头引进光电科技产业项目18个、建成12个，以华能光电为核心引进光纤通信产业项目5个、建成3个，以立为激光为依托引进相关产业项目7个、建成5个。

聚焦择优培强，打造产业链条"强支撑"。将项目建设作为数转智改的核心工作，数字专班统筹负责项目谋划培育和全面推进，分类指导各产业链着力建设储备数字化大项目，101个数转项目列入泰安市制造业数字化转型重点项目，争取省级以上各类试点示范荣誉52项。顶层推动强谋划。深入挖掘企业"数转智改"意向需求，集中精力开展项目谋划，召开数转项目建设推进会2次，申报说明会3次，重点企业项目座谈会20余次，坚定企业发展信念，增强企业转型信心，着力培育高质量发展新引擎。全面调度绘蓝图。实施"一主一辅企业库"周调度制度，建立制造业

10月5日，全市制造业数字化转型工作推进会议在新泰市举行

（新泰市工业推进办　供）

数字化转型效能评估体系，全面梳理"龙头骨干、转型重点、示范标杆、转型服务商、支持政策"五张清单，定期开展效能评价，监测诊断服务效果、督导重点项目建设、评价服务商绩效等，提升数字化转型整体效能。协同推进强建设。对标六大产业、14条产业链，分别落实产业链专班工作推进，实现一条产业链建立一个工作专班，配套一个优秀服务商，制定一张推进路线图，部署实施一套行业特色解决方案，按照"一链一班一商一图一方案"加快推进产业链"智改数转"。

聚焦数据领航，筑牢数字基建"硬底座"。将数字基建作为数转智改的引领工程，成立数字转型促进中心，以数据驱动为重心，信息化改造提升传统产业链条。数智赋能、大脑先行。建设智能起重等产业大脑，作为县域级数据指挥部，以数据驱动产业链、供应链、资金链、创新链深度融合，实现产业协同、资源共享和数据互通，为起重企业提供数字化赋能，为集群发展提供数字化服务，为政府监管提供数字化手段，促进起重产业集群做大做强，实现高质量发展。平台联动、共享共赢。围绕促进中心，大力兴建园区级、行业级、专业级工业互联网平台，以开发区赋能中心、新汶新型特色工业集群、羊流数字经济总部、楼德循环经济产业园为依托，着力构建"1+N"多层次工业互联平台体系，为企业提供覆盖设计研发、生产制造、管理决策、物流电商等全产业链条数字服务，实现与企业共享融通发展。网络构建，信息领航。成立5G建设领导小组，市长坐镇勤抓规划建设、布局优化、攻难克坚等关键环节，新建5G基站469个，全力构造城、镇、村三级全覆盖的立体式无线网络。

聚焦生态建设，构筑惠企发展"新担当"。将营商环境作为数转智改的根本土壤。夯实政策、人才、金融支撑，形成完善的工作机制，优化数字化转型生态体系。"基金＋政策"力促企业数字转型。设立数转智改专项基金，储备数字化转型专项资金8169万元，"真金白银"支持企业转型发展；印发国家、省、市、县四级《政策汇编》，发挥制造业数字化转型政策的红利叠加效应，年内为园区、企业对上争取奖补资金超过2000万元。数字服务强化人才培育。遴选移动、浪潮等 79 家数字服务商组建数字服务联盟、"智库"，对 85 家制造业企业系统诊断，一企一策定制解决方案，分批开展"百名企业家数字行""数字专员培育提升"等活动，两次召开全市制造业数字化转型现场会，累计培训数字人才 1000 余人次。科技金融提升企业内功。健全科技金融工作"五个机制"，形成体系化、常态化对接机制，靶向精准、服务企业。持续开展企业"1+1+1"包保服务，赋能数字金融、数字科技，大力推广科技金融服务，助力市场主体纾困解难。

数转智改工作实效

数字动能持续释放。企业"上云用数赋智"不断加快，规模以上工业企业上云用数率和数字化研发设计工具普及率达到 100% 和 78.6%，连接工业设备超 10 万台（套）。工业互联网平台、网络、标识解析体系不断完善，全省唯一县级市连续两年通过省级工业互联网平台评价，建成首批 2 家工业互联网标识解析二级节点，国家级、省级工业互联网平台新增数量占全市 2/3、1/3。"数转智改"后，规模以上重点数转企业运营成本平均下降 15%，订单准时交付率提升 35%，生产效率提升 25%，研发周期缩短 10%，产品不良品率下降 10%。部分企业每年节约能耗过百万元。

数字格局不断放大。数字辐射力以城区为中心持续向重点乡镇蔓延。新泰经济开发区获评省级数字经济示范型园区；"产业大脑"项目获评省级"产业大脑"建设试点项目；羊流工业园区、汶南食品产业园获评省级数字经济"晨星工厂"试点园区。数字大项目建设持续提速。精准引进天成智佳、泰容电子、优色夫通信等产业项目 35 个，其中 10 亿元以上项目 2 个，3 个项目列入省重点。华能光电是华北地区唯一一家"棒纤缆"一体化完整产业基地。

数字供给走深向实。强化政策扶持，从当年企业实缴税金的 2% 和地方财力增量的 50% 中提取专项扶持基金 8100 余万元，鼓励支持企业数字化转型。服务商联盟持续为企业家开拓数字思维、提升数字能力，下发收集240余家企业数字化转型调查问卷，深入140余家企业实地调研，精准掌握企业转型需求、难点堵点，分产业、分行业常态化组织产业链企业赴京、浙、陕、豫等地对标游学。建立"数字特派员"制度，持续为企业提供政策解读、对上争取、科技金融赋能，为企解难题、指明灯，共开展供应链金融业务7.51亿元，科技贷2.7亿元。

数字能级全面攀升。两年来，新泰数字经济核心产业规模增长7.4倍，企业数字化投入增长1610%，两化融合发展指数突破90，规模以上制造业企业关键业务环节全面数字化率突破85%。数字基建持续发力，"双千兆城市"主要指标全部达到国家标准。三年新建5G基站1500余个，城区万兆无源光网络覆盖率达到100%，全市10G-PON及以上端口数量突破万个大关。宽带网络平均下载速率相比2012年提高40倍，移动网络单位流量平均资费降幅超过95%，面向企业连续4年推进的宽带和专线降费让利超过2亿元。

开拓奋进　敢作善为
全力推动新型工业化强市建设再上新台阶

肥城市新型工业化强市建设推进委员会办公室

　　2023 年，肥城市深入实施新型工业化强市战略，坚持新老产业并行、内培外引并举、规模效益并重，工业经济高质量发展加力提速、突破提升。全年，完成地区生产总值 872.8 亿元，同比增长 6.7%；固定资产投资 219.8 亿元，增长 8.6%；完成规模以上工业总产值 678.9 亿元，增加值增长 12.6%，制造业技改投资增长 8.3%。在泰安年度重点项目"集中观摩大比拼"中，肥城市项目评议及满意度测评总分居第一位。

优化顶层设计，塑造工业发展新优势

　　完善新型工业化强市建设顶层设计，聘请专业机构编制《产业园区发展总体规划》《泰山锂谷中长期发展战略规划》，不断健全规划体系，明晰产业发展路径和园区发展定位；优化调整"泰山锂谷"建设、招大引强突破提升等 12 个重点工作专班和 5 个优势主导产业链专班，压实责任、闭环管理，汇聚齐抓工业的强大合力。一方面，改造提升传统产业。坚持高端化、智能化、绿色化方向，一体推进科技创新、技术改造、减污降碳，在这些因素的共同驱动下，许多传统产业企业坚定不移转型升级，收获了新动能、打开了新市场。石横特钢新增粗钢产量指标 209 万吨、总量达到 680 万吨，在全国 90% 以上钢铁企业亏损的情况下依然保持盈利，带

11 月 16 日,山东泰鹏智能家居股份有限公司在北交所成功上市

（肥城市工业推进办　供）

动产业链完成营收 540 亿元、增长 10.5%,获评全国钢铁绿色发展优秀企业,被认定为国家级企业技术中心"数字领航"企业,顺利迎接全省绿色低碳高质量发展现场观摩会,与会领导给予高度评价。建安业总产值增长7.4%,新晋一级资质企业 6 家、总数达到 50 家,3 家企业入选"全省建筑企业综合实力 30 强",连续五年位居全省"建筑业十强县"榜首。另一方面,培育壮大新兴产业。以"泰山锂谷"为引领,按照"紧盯前沿、延链聚合、集群发展"的思路,锚定优势赛道、深化产业协同,全力推动战略新兴产业集聚成势。大力发展新型电池电极材料产业。以瑞福锂业、昌盛石墨、宏匀科技等企业为龙头,搭建起蔚蓝科技孵化器、锂电新材料中试基地,以及锂电新材料产业园、蔚蓝科技产业园、化工产业园"1+1+3"园区矩阵,华劲年产 5 万吨锂电正极材料回收修复项目当年签约、当年开工、4 个月首线投产,填补省内空白;蔚蓝科技产业园建成投用,高位构筑起钠电产业孵化、小试、中试到产业化的联动配套平台,全国首个采用普鲁士蓝正极材料的年产 0.5 吉瓦时钠电池电芯项目和年产 1000 吨钠电池

正极材料项目入驻投产。创新发展新型储能产业，高标准规划建设盐穴储能产业园，中储国能 300 兆瓦压缩空气储能项目顺利推进，将于 5 月并网发电，以第一名的位次入选国家新型储能试点示范项目，中能建 350 兆瓦、中电建 2×300 兆瓦两个储能示范项目同日开工，中储国能、北京前沿动力两个储能装备制造项目同日签约，百亿级新型储能产业集群加速形成，省委林武书记亲临调研，省政府专门出台 6 项支持政策，肥城市被确定为"鲁中先进压缩空气储能重点区"，"泰山锂谷"列入全省建设绿色低碳高质量发展先行区三年行动计划。新型电池电极材料产业集群、盐穴储能储气产业集群均作为泰安唯一，分别入选国家级中小企业特色产业集群、全省未来产业集群。

攻坚双大双强，厚植工业发展新引擎

坚持内育外引并重，积极扩大有效投入，培育新的增长点。一是狠抓招大引强。坚持"按图索骥、有的放矢"原则，全力完善产业链图、技术路线图、应用领域图和区域分布图"四张图"，全力攻关行业龙头和核心配套企业，深入开展专业招商、委托招商、以商招商，签约落地进化动力智能机器人基地、汽车三元锂电池循环利用等一批重大项目，到位资金 105 亿元。加强项目全生命周期管理，优化"项目直通车"服务，全面提高项目开工率、竣工率、达产率和转化率。赫里欧光伏建材一体化（BIPV）、首农阿洛酮糖、凤凰建筑产业园等 167 个省、市、县重点项目超计划完成任务。15 个项目列入省（市）黄河战略重点项目库。对上争取各类资金 34.8 亿元。发行政府专项债券项目 28 个，到位资金 28.6 亿元。二是狠抓做大培强。着力培优骨干企业，支持"20 强"工业企业延伸链条、对外合作、兼并重组，提高工业经济支撑能力，联谊公司获批山东省唯一一家全国工业领域电力需求侧管理示范企业，金塔科技、农大肥业、鲁泰建材入选国家级绿色工厂，总数达到 8 家，金塔集团入选国家级工业产品绿色设计示范企业。纵深推进专精特新企业培育，建立分层分类、动态管理的梯队培育名单，德源环氧入选国家级专精特新"小巨人"企业，总数达到7家，国家级制造业单项冠军企业达到6家，数量居全省第2位。支持"个转企、小升规"，建立"小升规"企业培育库，常态化开展服务指导，规模以上工业企业达到260家。三是狠抓园区提升。调整优化园区产业发展规划，一体完善物流系统、金融平台、行政审批等配套服务，统筹推进建安制造、锂电新材料等特色园区建设。支持打造园区"飞地"，合力推动优势产业延链强链、扩量提质。提高"标准地"供应总量和比例，实现重点工业园区全覆盖。支持高新区创建省级高新区，发展新材料、智能制造、高端食品加工产业，建设绿色低碳高质量发展先行区；支持经开区创建省级生态工业园区，培育盐穴储能、汽车配件、装备制造产业。四是狠抓企业上市。以省级上市公司孵化聚集区试点为抓手，引导企业抢抓资本市场改革机遇。突出"持续发展、梯次跟进"，做好上市挂牌后备企业的挖掘培育。组织券商、会所、律所等专业机构，针对不同阶段、不同情况的企业分类施策，强化培训指导，帮助制订上市规划。强化拟上市挂牌企业服务，密切掌握企业上市挂牌动态，及时帮助规范化解制约问题，加快推动上市挂牌进程，泰鹏智能家居成功上市，实现本土企业上市零的突破。

加快数实融合，激增工业发展新活力

突出制造业数字化转型，深入实施"数字赋能"突破提升行动，优化政策供给、拓展场景应用、强化协同发展，培育国家级数字化转型标杆9个、省级数字经济园区3家，39家企业入选省数字经济"晨星工厂"，数量保持泰安县（市、区）首位；工业互联网数字化转型促进中心入选省级首批数字化转型促进中心试点，石横特钢获评工信部"数字领航"企业、省工业互联网标杆工厂，征途科技成为全省智能制造系统解决方案供应商。推动现代服务业与新型工业化双向赋能、融合发展，新增规模以上服务业企业 40 家，居泰安县（市、区）首位。一是优化政策供给，由"政府主推"转向"企业主为"。实施主体升级，经过近年来我们持续不断地对企业数字转型升级的扶持推动，企业逐步实现了从"要我转"到"我要转"的转变，特别是我们的部分骨干企业，2023 年主动投资实施数转智改项目 35 个、占到了项目总数的 1/3；调整优化制造业数字化转型 10 项措施，将有限的政府专项资金解放出来，重点支持转型意愿强、发展潜力足的中小企业，转型企业数量达到 138 家，较 2022 年增长 2 倍以上。投资结构升级，放大政策资金撬动作用，企业数字化转型硬件投资占比由 2020 年的不到 1/5 提高到目前的 2/3 以上，工业互联网应用更多投向生产环节，释放出数实融合的倍增效应。2023 年以来，累计发放奖补资金 2727.6 万元，撬动企业投资 18.9 亿元。转型路径升级，依托在全省建成投运最早的县域"数字底座"，投资 2300 万元升级打造工业互联网数字化转型促进中心，引入华为云盘古大模型服务，为企业量身定制或复制输出"菜单式"转型方案，精准服务企业数字转型需求，成功入选首批省级数字化转型促进中心试点。二是拓展场景应用，由"点上突破"转向"系统集成"。实施"领航企业"提标工程，由华为专家与征途科技组成 21 人的技术团队，对重点企业逐一制定优化提升方案，推动数字化转型从单台设备、单道工序向全要素、全流程转变，实现从数字设备到智能产线再到智慧工厂的跃升。石横特钢在完成 AI 智能配煤应用的基础上，启动投资 2 亿元的数字智能中心项目建设，将物流、计量等 50 多项操控系统整合为一个集中指挥平台，项目建成后年可降本增效 8000 万元以上。索力得焊材投资 9300 余万元对所有产线进行数字化改造，30 条生产线、597 台设备全部智能化管控，实现了关键工序在线检测、自动控制和优化运转，生产效率提高 30%，不良品率和万元产值综合能耗均降低 20% 以上。三是强化协同发展，由"各自为战"转向"高效联动"。一方面，龙头牵引、链式转型。聚焦优势主导产业，实施"产业大脑"培育行动，推动链上企业协同转型，积极打造"5G+ 工业互联网"示范群。以新型电池电极材料产业集群入选国家级中小企业特色产业集群为契机，充分发挥蔚蓝科技产业园数字化示范引领作用，融通瑞福锂业数智工厂、华劲电池 PLM 产品全生命周期管理等数字应用项目，开发锂电产业工业互联网创新服务平台，对 31 家链内企业设备、工艺、产品等各环节进行实时监测和数据分析，实现订单生产、能耗管理、资源循环、仓储物流的高效协同，企业生产成本平均降低 13%，能源利用率提升 15% 以上。另一方面，创新驱动、培优生态。强化数字技术突破，2023 年已引进"华为云生态合作伙伴"万腾电子科技、华鲲振宇、汉鑫科技等 5 家企业，加力攻关关键核心技术。农大肥业智慧物流等 11 个应用场景在全国推广，征途科技在淄博、临沂等 5 个城市输出服务，实现了从单纯引进方案到消化吸收改进再到自主研发创新的突破提升。

实施要素协同，集聚工业发展新动能

聚焦项目所需、企业所需，强化市级统筹，分清轻重缓急，优先保障关乎全局、支撑带动力强、影响大的重点工业项目、龙头骨干企业，做到"应保尽保"。一是强化土地供应。全年批复建设用地 782 亩（含新增 519 亩），包含蔚蓝科技等 11 个产业链项目，将压缩空气储能电站（二期）等 6 个基础设施项目列入第一批省级重大基础设施项目清单。目前，6 个单独选址项目已获省政府批复 4 个，落实国家统筹新增用地指标 181 亩。积极使用指标预支政策，保障了恒义轴承（二期）等重点工业项目、化工园区南外环等基础设施项目用地需求。二是加大金融支持。加大金融支持实体经济力度，贷款余额达 574.7 亿元、同比增长 18.7%；积极争取专项债券，105 个项目通过省级审核，已发行债券项目 24 个、到位 18.54 亿元；创新"财政＋国企＋基金"模式，成立 10 亿元新型工业化发展基金和 5 亿元绿色低碳高质量发展基金，引入省新动能基金、洪泰基金、山能资本，采取"产业引导基金＋重大项目直投"方式，为产业发展提供资金保障。三是突出科技赋能。圆满完成国家高新技术企业、科技型中小企业"双倍增"计划，总数分别达到 162 家、216 家，较 2021 年计划实施之初分别增长 145%、196%，高新技术产业产值占比达到 70.3%，高于全省 18.9 个百分点。3 家企业入选省级技术创新示范企业。农大肥业获批省级国际科技合作基地，省级以上重点科创平台达到 84 家。开展"书记、市长高校行"系列活动，举办"泰山锂谷"人才创新发展大会，2 人入选工信部重点人才项目，9 人入选泰山、齐鲁系列人才工程，累计引进"高精尖缺"人才 112 名。四是优化营商环境。坚持"无事不扰、有需必应"，坚决做到"三个不能"，丰富完善企业服务专员等制度，"一企一策"帮助企业纾困解难，为企业提供公平、公正、稳定、可预期的发展生态。持续深化"放管服"改革，推行施工许可"四个一"集成服务，实现"三书四证"一天发放，助力项目建设跑出加速度。不断优化涉企服务，为 1.9 万家企业配备服务专员 2101 名，落实"企业宁静日"制度，入企次数下降 51.9%；深入开展企业管理者和机关干部"双赋能""我为企业办实事"等活动，以良好营商环境保障企业安心发展。加快"信用肥城"建设，城市信用监测排名在全国 383 个县级监测点中列第 17 位。深化现代物流业与制造业"两业融合"，成立城资物流有限公司，组建物流与供应链协会，积极推进"肥城内陆港"一港两站建设，自有网络货运平台"泰畅通"上线运行，鑫拓物流、城资物流多式联运"一单制"业务入选全省试点。外贸形势回升向好，完成进出口额 65 亿元、增长 5.9%；新增世鑫、卓岳等 9 家跨境电商备案企业，总数达到 57 家，完成交易额 15 亿元、增长 12%。落实减税降费等政策措施，用足用好工业经济"金十条"、人才"新八条"和促进建安业高质量发展"十条措施"，线上、线下双管齐下，提高政策直达快享覆盖率，兑现奖励 1.97 亿元；推动上级惠企政策免申即享、直达快享，落实减税降费 3.34 亿元。

守正创新　多措并举
助推新型工业化强县建设

宁阳县新型工业化强县建设推进委员会办公室

　　2023年,宁阳县委、县政府坚持把发展放在第一位、把工业放在第一位、把企业和项目放在第一位、把人才放在第一位,聚焦新型工业化强县建设战略,锚定工业经济"12345"目标,积极构建"4+3+X"产业体系,真抓实干、聚力攻坚,新型工业化强势突破,全县制造业发展迈入新赛道。

2月14日,全市2023年第一季度"项目开工大比拼"集中开工活动举行,图为宁阳县分会场
（宁阳县工业推进办　供）

多措并举抓实招商引资

创新思路招大引强,构建强力抓招商引资工作体系,深入实施"一把手"挂帅招商、"小分队"精准招商、"链条式"谋划招商、"保姆式"服务招商,以大招商引进大项目,以大项目带动大发展,打好招商引资组合拳。

"一把手"挂帅招商。县委、县政府高度重视招商引资工作,主要负责人挂帅招商,实行"书记、县长"工程,县委、县政府主要负责人带队,带头洽谈项目、接待客商,对重点招商引资项目,亲自调度、直接包保、现场办公。

"小分队"精准招商。推动各镇街园区成立专职招商队伍,大力走出去招商,营造浓厚招商氛围。聚焦京津冀、长三角、珠三角等重点区域,建立驻外招商联络处,选派精兵强将充实驻点招商力量,明确驻点招商主攻方向,精准对接项目信息,谋划招商路径,调动企业资源,聘任企业家兼职副会长,发挥其优势,邀请共同赴外地考察对接项目,现身说法,增强客商投资信心。

"链条式"谋划招商。立足宁阳县"4+3+X"现代化产业体系,围绕重点产业建链强链、延链补链,开展精准招商。推动高端化工、高端装备制造、新能源、新型建材4条重点产业链攻坚延链,推动绿色造纸、纺织服装、现代食品3条产业链做大强链,推动现代物流、数字经济、文化旅游等产业壮大建链,主动对接行业龙头、央企强企、高校院所等,有针对性地走出去、引进来,强龙头、补链条、聚集群。金天和食品级包装材料及配套工程项目开工,补齐了绿色造纸从制浆到纸产品深加工的造纸全产业链条,增强了产业链供应链的稳定性和竞争力。泰安智能汽车研究院揭牌,打通汽车及零部件产业链提高产业科技含量、实现精细化发展的关键环节。

"保姆式"服务招商。实行招商引资项目全生命周期管理,从洽谈到落地提供全流程"保姆式"服务。广泛收集投资合作信息,瞄准"三个500

山东恒信高科数字化管理平台 （宁阳县工业推进办 供）

强"和行业龙头企业、领军企业建立"客商库"和"项目库"，做好产业链招商基础性工作。健全项目"帮办代办"机制，对招商引资项目主动靠上提供全流程"保姆式"服务，加强统筹，强化项目建设要素保障，推进在谈项目早签约、快落地。对重点项目，实行县领导专班包保、协调推进机制，制定"时间表""路线图"，坚持一周一调度。同时，突出考核导向作用，抓实奖惩激励，增强各级各单位工作紧迫感与责任感，形成全县大抓招商浓厚氛围，以上措施形成"组合拳"，跑出招商引资"宁阳速度"。辰信基础零部件智造产业基地、山东高速养护装备中心等50余个项目实现签约即开工，宁阳县招商引资的经验做法在《山东商报》、"泰安商务"公众号刊发，是泰安市所辖县（市、区）中第一个获上级认可推广的经验。

强化人才队伍保障

把"就业第一、人才第一"摆在服务企业首要位置，在推进过程中大胆创新，形成了以下几个亮点特色。

为企业搭台赋能，积极构建人才平台。通过超前谋划，深度参与，靠上争取，3月，"东疏镇装饰材料产业园项目"被省人社厅确定为"省级专家服务基层示范项目"。4月，推荐宝胜电缆成功入选博士后科研工作站，实现了15年来国家级平台创建突破。6月，推荐山东华阳农药化工集团有限公司入选"齐鲁技能大师特色工作站"。8月，积极向市里争取"金蓝领"培训基地落户宁阳县。

成功揭榜营商环境"揭榜挂帅"项目。9月，县人社局向省人社厅积极认领了3个项目，其中《推进青年人才发展"微生态"建设》项目成功入选市局推荐范围（泰安市共推荐4项，其中市本级2项，宁阳县、泰山区各1项）。省厅公布的优化营商环境"揭榜挂帅"改革创新试点任务清单，宁阳县成功揭榜。

全省率先开展数字化技术工程师培训。7月底，抢抓数字转型发展机遇，以"抢跑数字经济新赛道，培育高素质数字技术人才"为主题，在中国石油大学（华东）率先开展数字技术工程师培训，超威电源、宝胜电缆等企业45名大数据相关领域的专业技术人员参加培训，为做大做强数字经济注入强劲的人才动能。此项工作在《中国劳动保障报》宣传报道。

强化硬件设施建设，与企业"和谐同行"。新建省级标准档案室，以数字化为核心，以规范服务流程、提高服务效率、掌握流动人员档案动态、提升现场管理为根本，重点体现"一点存档，多点办理"的服务品牌特色，目前累计开展企业职工档案类服务1000余次。为推动劳动人事争议仲裁机构实体化建设的步伐，提高仲裁的公信力，县人社局争取资金20余万元，建成省级标准仲裁庭。2023年以来，共立案受理劳动人事争议案件237件，其中调解53件，裁决134件，出具仲裁决定50件，结案率100%。

创新推动企业上市

把推动企业上市挂牌作为实施新型工业化强县战略的重要抓手，优化上市服务，精准破解上市难题，全力推动企业上市挂牌工作。2023年4月，迪尔化工在北交所实现首发上市，成为泰安市第一家北交所上市企业，企业上市挂牌工作取得历史性突破。

高位推动定政策。成立书记、县长任双组长的企业上市挂牌工作领导小组，组建工作专班，建立联席会议制度，按照"墙内帮办、墙外包办"工作机制,开通"绿色通道",全流程一对一跟踪服务,高频次召开银企对接会、企业家座谈会、上市专题会等会议,聚焦环评、安评、土地手续等方面,为迪尔化工、泰乐源等企业解决困难和问题160余项,提速企业上市挂牌进程。率先在全市出台《关于大力支持企业上市挂牌的实施意见》,制定"七项优先扶持"措施,拿出真金白银重奖上市挂牌企业,最高奖励1000万元,在全县营造了"上市有价值、上市有荣耀"的浓厚氛围。

梯队培育强后劲。按照"选企业、签券商、搞股改、抓规范、报辅导"的工作思路,将后备企业培育作为基础性工作来抓,加强与工信、科技、镇街园区等部门单位的沟通联系,会同中泰证券、国金证券等机构,深挖上市挂牌后备企业,分门别类建立企业上市挂牌后备资源库,帮助企业理思路、定规划、绘路径,形成压茬推进、梯次培育新格局。目前泰乐源正在申报新三板挂牌,亚荣化学完成股改,37家企业在区域股交市场挂牌,实现镇街园区挂牌企业全覆盖。

创新模式显时效。实施"模拟上市"模式,引导券商、会所、律所提前介入,对标上市挂牌标准,帮助企业选准板块,推动企业尽早规范达标,大幅缩短企业上市周期,迪尔化工仅用100天完成省证监局辅导验收,160余天完成证监会注册,跑出了企业上市的"宁阳速度"。该模式被省委办公厅《今日信息(动态)》(2023年第138期)采用,推进企业上市挂牌相关做法在山东电视台、泰安电视台、《证券时报》《经济日报》等主流媒体宣传报道。同时,加强与沪深北证券交易所、省证监局和券商的沟通对接,邀请业内专家与铁斯曼、安伏电气等"专精特新"企业"面对面"交流,引导企业关注最新资本市场政策,转变观念、规范经营、增强竞争力,帮助企业熟悉上市流程,激发企业上市"内生动力"。

建设产业融合发展先行区

以化工园区为载体,聚焦高端化工首位产业,狠抓产业链、创新链、服务链全链条协同,加快建设国内一流的绿色低碳高端化工产业基地。

深化产业链协同。强化链式思维,促进园区企业资源共享、相互配套,形成循环产业链条。推动企业互联互通。投资 12 亿元建成中京鼎特资源配置中心,整合上游企业的蒸汽、氢气等资源,通过公共管廊配送到下游企业,年交易额超过 10 亿元。华阳集团将氯气输送到亚荣生物,每吨节省运费 160 元。推动板块交汇联动。依托基础化工、精细化工,延链补链新上项目,实现向生物医药、新材料的延伸。圣奥化工新上甲醛树脂中试项目,从基础化工拓展到新材料领域。投资 20 亿元建设泰山药谷产业园项目,打通精细化工与生物医药板块的转型环节。推动企业扩张建园。引导骨干企业扩张延伸,规划建设亚荣新材料、恒信氢能、明升达高分子材料、华阳科创、泰山药谷产业园 5 个特色园中园,实现"聚链成群"。晋煤明升达新上 15 万吨吡啶等 3 个项目,建成后将成为百亿级龙头企业。亚荣生物新上 6 万吨离子膜烧碱等 5 个项目,建成后将成为全球最大的含磷阻燃剂生产基地。

强化创新链协同。深入推进企业、平台、人才协同发展,打造区域创新高地。深化数字赋能。依托数字宁阳赋能中心,对 23 家规模以上化工企业全部进行数字化改造,高标准建设 6 家数字化转型标杆企业。引导德诺森等项目超前布局智能工厂,建成数字化车间 20 万平方米。加快建设数字园区,建成 24 小时应急环保智慧监管中心,提高园区智能水平和应急能力。强化人才支撑。与齐鲁工业大学合作设立 500 万元产学研协同创新基金,首批 78 名学生进入园区企业实习。先后赴济南大学、厦门大学等开展高校行活动,引进各类人才 80 多人。建成泰山美郡公寓 550 套,已入住 415 套、491 人。搭建创新平台。投资 10 亿元建成中京智能产业园,吸引华阳科创中心等 13 家企业研发中心入驻。与南京栖霞高新区共建创新飞地,承接医药中试生产等项目。与上海大学等 30 多所高校建立合作关系,其中与北京化工大学等高校联合,努力建设鲁中地区有影响力的中试中心。

优化服务链协同。紧紧围绕企业发展、项目建设，推动各类资源要素向园区集聚。提升物流效率。成立现代物流工作专班，整合恒信铁路物流园、瓦日铁路万吨级煤炭专用编组站、山东现代公路港等资源，规划建设鲁中地区最大的"公铁水联运"物流中心，恒信铁路物流园2022年吞吐量达400多万吨。缩短审批时限。成立行政审批服务局宁东分局和政务服务中心宁东分中心，让东部企业、群众少跑路。将170项涉企服务事项权限下放分中心，推出9个"一件事"主题服务事项，缩短办理时间1.5个工作日以上。完善配套设施。2022年以来，投资12亿元完善园区基础设施，污水日处理能力达到5万吨，实现了"十通一平"。完成"一企一管"工程，实现工业污水从企业到污水处理厂封闭运行。推进中水回用，工业用水重复利用率达到80%以上。建成危废资源化利用项目，每年节约危废处理成本3000万元。强化要素保障。成立要素保障工作领导小组，统筹土地、能耗等资源，优先支持园区企业项目。引进中京瑞达供应链管理等金融企业，帮助10多家企业融资1.5亿元。依托经开发展集团设立资金池，解决企业融资难题。

打造数字经济集聚区

聚焦园区平台赋能，整合地产、人才、产业、公园、商务区等资源要素，科学布局、创新模式、强化保障，打造产业聚集、最具活力的东部新城数字经济集聚区，不断壮大数字经济发展动能。

科学优化规划布局，推进数字经济顶层设计和底层建设。宁阳县数字经济集聚区，重点打造数字宁阳（华为）赋能中心、阿里云（宁阳）数字经济产业园、绿景数实综合体、宁阳红品馆、电商直播基地等五大板块，推动"招、聚、链、智、销"融合发展。聚焦产业数字化，打造县域工业"最强大脑"。投资4700万元，建成全国首个与华为合作的县级数字赋能中心，对全县化工园区23家规模以上企业进行远程安全监测，为县内25家重点工业企业量身打造数字化转型方案，首批 9 个数字化改造标杆项目已交付企业使用，每年可为企业提升综合效益 8000 万元以上。聚焦数字产业化，引入高端平台经济。瞄准行业龙头，引进浙江快驴科技、浙江拾焰科技等总部经济、平台经济，通过塔尖企业引领，瞄准智慧零售、智慧新能源等方向，积极外引内扶，壮大数字经济产业集群。目前，集聚区内已招引数字经济市场主体 140 余家。聚焦数实一体化，打造电商直播阵地。建设百家星耀董先生集团全国唯一县级服务中心，引入抖音超头部主播董先生集团专业团队运营指导，通过"达人带货 + 网红孵化 + 人才培养 + 供应链资源 + 管理服务"，搭建直播电商生态圈，为县域企业、商业、农特产品上行加油助力。

创新集聚区发展新模式，汇聚数字产业发展新动能。实施市场化运作。由国有平台公司成立数字经济集聚区管理服务公司，负责招商引资、管理服务、运营规划等。招引项目，根据发展前景和发展需要，引入国有平台公司参股投资，实现项目落地、国企受益、公司壮大三赢。比如，在建设阿里云（宁阳）数字产业园项目时，由县统筹城乡发展有限公司与建设方浙江拾焰数字科技有限公司共同出资成立合资公司，受益合理分配，极大地加快了项目落地的进程。实施精准招商。聚力强链、补链、延链，紧密围绕数字经济上下游产业链招商培育，立足宁阳实际，采取以商招商、亲情招商、平台招商等，多措并举推动行业龙头企业落户宁阳。浙江快驴科技有限公司是超威集团下游产业，借助这一优势，将快驴科技总部引入宁阳，预计首年度营业收入不低于 17 亿元，五年内可挂牌上市。打造创客平台。一方面，依托本地自媒体资源优势和良好的电商产业基础，扶植本土电商企业鑫起点、希慕檬、巴夫巴夫等，带动县域电商产业抱团发展；另一方面，打造创客云集的"数实经济综合体"，塑造区域公共品牌"宁阳红品"，探索双电（店）融合、双线销售的融合经营模式，培育宁阳本地数字经济产业发展中坚力量。

强化要素服务保障，营造集聚区开放新生态。强化政策资金扶持。制定《宁阳县支持制造业数字化转型六项措施》，设立 5000 多万元的专项资金，争取专项债 9800 万元，支持数字化转型项目建设。制定《宁阳县推进电子商务产业高质量发展政策措施》，拿出 1000 万元扶持奖励宁阳县数字经济集聚区建设，给予入驻企业运营、销售扶持帮助。优化完善审批服务。优化审批流程，推出"集群注册"新模式，解决新业态、新模式企业不具备或不需要固定场所也能开展经营的问题。深入贯彻"1545"审批服务模式，创新管理方式，主动提前介入，安排专人为企业提供服务指导，加快办理规划许可等手续，推动项目快速落地。做好人才引育工作。引进硕士以上青年人才 400 名，在全省率先举办全县数字技术工程师培育项目，依托中国石油大学培养数字技术工程师 40 余名。借助数字化标杆项目建设，通过技术沙龙、实操实训等方式，培养本地数字化应用型人才200 多人，为数字经济发展提供支撑。

数实融合发展

聚焦新型工业化建设，以"两化融合"为抓手，加快制造业"智改数转"步伐，推动数实融合发展。宁阳数字化转型模式先后被新华社、《经济日报》《大众日报》等多家媒体宣传报道。

强化顶层设计，完善体制机制。成立副县级"工业化和数字化建设中心"，与县工业推进委合署办公，实体化运行。投资 4700 万元建成数字宁阳赋能中心，设立 5000 多万元专项资金，支持企业数字化转型。制定《宁阳县制造业数字化转型实施方案（2023—2025）》《宁阳县推进制造业数字化转型六项政策措施》，成立山东兴宁数字科技有限公司，填补互联网及相关服务业的空白。建成 5G 基站 884 个，实现 5G 信号城区、园区、重点企业、标杆示范车间全覆盖。

深化入企诊断，力推项目建设。为 25 家重点企业定制转型方案，市级评估诊断企业数字化转型项目达 13 个，市级入库企业诊断率达到 100%。

在首批 9 家数字化转型试点项目的基础上，开展第二批数字化转型项目，引入第三方监理，提高项目建设质量，争取年内完成 20 个项目竣工上线。加快推进煤基精细化工"产业大脑"建设，统筹各方力量市场化运营，争取年底完成企业侧和政府侧功能系统开发，基本建设上线。

强化数字赋能，争创示范带动。先后举办工信部"促进数实融合"全国行活动、全市"数智引航　开创未来"千企行活动、全县制造业数字化转型现场推进会，推动转型赋能起势。以"数转智改"为主题，先后在西安交大、深圳华为总部、临沂青岛、武汉合肥举办赋能研修班，强化企业家数字思维。2023 年以来，煤基精细化工产业大脑被确定为省"产业大脑"揭榜挂帅建设试点；化工园区入选省级数字经济园区（试点）入库园区；圣奥化工入选省 DCMM 贯标试点企业；宝胜申报的工信部新一代信息技术典型应用案例，已推荐到工信部；腾飞机电成功入选省级工业互联网重点平台；恒信高科入选山东省元宇宙产业创新发展联盟首批成员名单、省级工业互联网储备平台，其虚拟仿真工厂案例成功入选山东省虚拟现实工业生产领域先锋应用案例，超威、恒信、华阳等 13 家企业入选省首批数字经济"晨星工厂"入库培育项目。

以园聚产　以特破题
全力激活新型工业化建设"强引擎"

东平县新型工业化强县建设推进委员会办公室

东平县认真落实市委、市政府决策部署,强化产业链思维,树牢集群化理念,将特色产业园区作为推进新型工业化建设的关键切口,聚焦聚力、攻坚突破,切实以特色园区带动特色产业,以特色产业驱动高质量发展。2023年上半年,全县规模工业增加值同比增长12.6%;工业投资增长26.3%,其中技改投资增长35.8%;全县地方税收增长16.9%,税收占一般公共预算收入的比重提高13个百分点。

12月5日,山东能源集团兖矿泰安港公铁水联运物流园开园运营　　（王云波　摄）

精准布局赛道，让特色产业园区更具特色

在深入对接全市 13 条重点产业链基础上，立足县域产业基础和资源禀赋，找准目标定位，把牢主攻方向，重点规划建设生物医药、现代食品、高端金属表面处理、纺织服装、绿色建材、特种纸六大特色产业园区。生物医药产业园，重点以瑞星集团为龙头，以汉昂医药、国泰民安为骨干，依托山大·瑞星苏州研究院，积极对接苏州工业园产业转移，加快推进投资 25 亿元的普瑞曼制剂药、鲁瑞化学原料药、祥瑞生物原料药 3 个项目，打造集生物制药、医疗器械、医药包装等多元发展的产业格局，力争到 2025 年园区产值突破 100 亿元。现代食品产业园，依托设施农业、生态渔业"双 30 万亩"工程，聚焦"粮头食尾"，推动产业融合，投资 40 亿元，规划建设健康食品产业园、宠物食品产业园、粮油油脂产业园、东平湖生态渔业产业园、预制菜产业园、东平郡郡酒酒庄、智慧物流园"七个子园区"，构建布局合理、特色鲜明、优势凸显的现代食品产业体系，全部达产后，年可实现营业收入 50 亿元、税收 3 亿元，力争 3 年内产值突破 100 亿元。高端金属表面处理循环经济产业园，充分发挥电镀稀缺资源优势和集聚效应，投资 60 亿元，建设占地 1500 亩的集表面处理、高端装备、汽车零部件铸件、贵金属材料、物流、科技研发、电子商务等于一体的专业园区，全部建成后可容纳 100 余家企业入驻，产值突破 100 亿元。纺织服装产业园，立足县域人力资源优势，聚焦群众增收、产业提质两条主线，按照"1+1+N"发展布局，重点打造峤阳纺织服装创意平台，建设滨河服装产业园区，培育 N 个城镇产业集聚区，力争到 2025 年纺织服装从业人员达到 3 万人以上，年产值突破 20 亿元，成为国内外品牌服装代工基地。绿色建材产业园，放大山石资源优势，延伸产业链条，规划建设装配式建筑产业园，着力打造"骨料—机制砂—熟料—水泥—装配式建筑—脱硫剂、高钙粉"全产业链发展格局。特种纸产业园，发挥泰中特种纸龙头引领作用，加强与

科研院所、高端智库合作，加快推动传统造纸企业向医疗用特种纸、文化印刷业和电气工业用特种纸进军，建设中高端特种纸产业集聚区。

突出项目牵引，让特色产业园区更具支撑

树牢"项目为王"理念，坚持产业集聚发展，围绕建链、补链、延链、强链，按图索骥、有的放矢，全力以赴抓招商、上项目，着力夯实特色产业园区发展的硬核支撑。

精准招商一批。坚持"走出去"与"请进来"相结合，聚焦重点区域、重点行业，加大产业链招商、以商招商、园区招商力度，切实引进一批产业契合度高、辐射带动能力强的大项目、好项目。截至8月底，现代食品产业园招引入驻企业25家，其中投资2.65亿元的中林东平湖生态渔业深加工项目正在安装调试设备，投产后年可实现产值3.1亿元；山东德乐、中闽2家宠物食品生产企业已正式投产，年均可实现产值3.5亿元。高端金属表面处理循环经济产业园入驻企业20家，纺织服装产业园已与7家企业达成合作意向，与山东土地集团合作投资10亿元建设的装配式建筑产业园年内开工。

技改扩规一批。强化政策激励，鼓励引导重点企业加快技术改造和产业升级，全面塑造发展新优势。瑞星集团依托自身发展基础，加快向生物医药产业布局，"化学原料药、生物原料药、药物制剂"三大板块齐头并进，普瑞曼制剂药、鲁瑞药业二甲双胍原料药、药用淀粉糊精项目已具备生产能力。汉昂医药大健康产业园、国泰民安药用包装材料生产线智能化改造等项目加快推进。泰中特种纸与中科大开展技术合作，投资13亿元建设30万吨功能纸基及辅助材料项目，该项目为全市首个院士持股项目，达产后年可生产功能纸基材料20万吨、关键辅助材料10万吨，将彻底打破显示器用间隔材料国外垄断局面，实现相关材料的国产化替代。

国企参建一批。针对经济下行、民企投资意愿不高、投资动力不强等

问题,探索推行政府"以投带引"模式,依托县属国有企业,积极争取地方政府专项债等政策资金,直接参与园区基础设施配套、重点产业平台建设,确保招引企业拎包就能入驻、落地即可投产,"筑巢引凤"带动关联企业入驻园区。截至8月底,已累计争取地方政府专项债9.7亿元,依托县属国企东原发展集团,重点打造了健康食品产业园、预制菜产业园等园区平台,建设标准化厂房25万平方米。

策划储备一批。围绕自身优势和产业布局,深入研究,精准聚焦,不断加强项目策划储备力度,努力形成大项目源源不断、滚动发展的良好局面。2022年以来,已策划特色园区产业项目48个,总投资126.3亿元。其中,阿卡波糖原料药及制剂、聚利和中央厨房、普瑞曼药用包装材料、九鑫电镀中心二期等12个项目正在办理前期手续,大连海滋味、延边韩食府、天津金茂源等项目正在积极对接洽谈。

优化服务保障,让特色产业园区更具活力

突出特色园区优势地位,创新方式、创优服务,全力推动要素向园区聚焦、资源向园区聚集、力量向园区聚合,着力打造好园区发展的"微生态"。

强化高位推动。成立6个特色产业园区建设指挥部,全部由县级领导挂帅包保,按照"责权利"相统一原则,实行实体化运作,统筹负责园区规划建设、招商引资、项目推进等工作。县委常委会每两周听取一次园区建设情况汇报,每季度开展一次重点项目观摩,"比拼晾晒"倒逼工作高效落实。

强化土地供应。坚持以"亩均论英雄",大力推进"僵尸企业"处置和闲置资产盘活,把宝贵的土地资源都用起来、用到关键处,切实提升土地"含金量"。2022年以来,先后处置14家企业闲置低效资产,盘活土地1718亩,为健康食品产业园、东平郡郡酒酒庄、30万吨功能纸基及辅

助材料、预制菜产业园等重点项目落地提供了有力支撑。积极推进县经济开发区扩区,面积扩展至 1244.3 公顷,承载能力明显提升。

强化金融支持。下大气力优化金融生态,强力开展不良贷款清收行动,着力压降重点企业不良贷款规模,依法依规推进金融风险化解,全县不良贷款率由 2022 年的 9.5% 下降至 2.85%。东顺集团正在破产重整中,剔除该公司 5.06 亿元不良贷款,全县不良贷款率将降至 1.33%。强化政银企联动,成立 11 支金融辅导队,出台《支持银行业金融机构服务经济社会高质量发展的考核激励办法》,推动更多"金融活水"流向特色园区、重点产业,2023 年以来累计为 21 个重点园区项目授信 110 亿元,新增企业贷款同比增长 17.24%。

强化政策供给。坚持优惠政策应给尽给、能给尽给、一次给足,用真金白银助力园区做大做强。先后制定出台《支持工业经济发展的若干意见》《激励企业家干事创业的若干意见》《成长型工业企业精准培育工程实施意见》等,从"机器换人""两化融合"到科技研发、资质认定、对外贸易、上市融资等各个环节给予扶持奖励,激发企业发展内生动力。深入研究上级政策,编制《支持新型工业化强县政策汇编》,依托服务企业专员,开展送政策上门活动,确保政策直达、企业快享。

招强引优　延链集群
打造新型工业化强市建设"高新样板"

泰安高新区新型工业化强区建设推进委员会办公室

2023 年以来，泰安高新区紧紧围绕"发展高新技术产业、战略性新兴产业，打造高质量发展先行区"的定位要求，聚焦"招大引强、做大培强"，抓龙头、补链条、扩集群，加快提升产业集聚力和核心竞争力，全力打造新型工业化强市战略的"高新样板"。

绘制一张蓝图

抬高战略定位，精心谋划部署，制定《泰安高新区关于加快建设新型工业化强区的实施意见》，将工业经济建设作为全区发展战略来抓；坚持以系统思维抓好顶层设计，布局发展"9+1"产业体系，科学选择产业赛道，高标准推进落实。

聚焦两个重点

实施产业链招商。提级选派招商部、室负责人入链助力，聚焦"9+1"产业体系开展专项研究，实施精准招商，配套引进一批产业链上下游企业高端项目，实现产业筑基赋能。其间，先后签约、建设了皇氏 10 吉瓦光伏电池制造项目、圣阳股份年产 4 吉瓦时圆柱锂电池项目、新艾电气 2 吉瓦电化学储能自动化产线项目、泰山新闻出版小镇高端绿色印刷项目、现代化医药仓储物流中心等一批优质产业项目。

开展项目攻坚。实施项目攻坚行动,延链梳理重点项目清单,形成产业专班认领包保,项目服务组跟进指导,考核督导组定期通报的有效推进机制,全力保障产业支撑项目早建成早见效。年内,推动锦豪智谷科创园等32个项目开工建设,圣阳锂电池等32个项目相继竣工投产,全年实施工业技改项目90个,投资总额159亿元。推动全市集中开工比拼项目入库纳统,三级项目清单、"双大双强"项目按计划推进落实。

坚持三级推进

强化组织领导,创新推进体制,建立了管委部门一体联动,链内企业全员参与的高效推进机制,开创了全员上阵、共谋发展的工业建设新

4月20日,中国联通工业互联网（泰安）创新中心正式落户泰安高新区

（泰安高新区工业推进办　供）

局面。

推进委全面领导。打造"一把手"工程,成立主要负责人任主任,分管委领导任副主任的推进委员会,全面领导新型工业化工作。

推进办主导推进。组建推进办公室,抽调经发、科技、项目、要素等22个业务部门的44名业务骨干,进行专项研究,制定推进措施,保障高效运行。

专班具体落实。实施链长制,逐链组建攻坚单元,开展一线办公,服务项目破题解难,培植企业做大做强,实现各项工作落地见效。配套制定《泰安高新区新型工业化强区建设推进机构管理办法(试行)》《泰安高新区新型工业化强区建设推进领导小组会议制度》《泰安高新区重点产业链(集群)链长制工作方案》等系列文件,实施规范化管理,优化工作流程、强化协调服务,为工作推进提供制度保障。

做好四篇文章

坚持党建引领。强化党建引领,提供有力保障。组建9个"龙头企业党组织 + 专班党组织 + 商会(协会)党组织 + 相关企业"四位一体产业链党建联盟,开展产业链党建"联盟 +"行动,加强活动策划、经验推广、成果宣传。今年以来,组织开展安全生产培训、链上银企交流等活动30余次,吸收12家企业成为产业链成员单位,加强"政产学研金服用"合作共赢,促成众志电子、山东农业大学等7家企业、高校达成战略合作,培育数字经济产业链"数聚高新·E网无前"、出版印刷产业链"新新相印"等产业链党建品牌,指导路德新材料、蒙牛乳业、新闻出版小镇等链主企业党组织完成党群阵地建设,对链上企业开放使用。

推动数字赋能。一是打造数字化转型服务联盟、数字化转型促进中心等赋能平台,推动企业加速转型。其间组织供需对接活动3期,促成泰开高压、蒙牛乳业、泰开成套、京卫制药与数字化转型供应商达成合作意向,邀请智能制造专家团队入企把脉,指导泰开集团、泰邦生物等链主企业技改升级。二是开展企业挖潜增能行动,不断完善企业发展规划,加速技改焕新,增强核心竞争能力。年内,新挖潜技改项目 24 个,累计在库项目 84个,智能制造技改项目占比达 90% 以上。三是培树发展标杆。紧盯蒙牛、泰开、尤洛卡等龙头骨干企业技改项目实施,推动"尤洛卡单轨运输系统数字化赋能制造项目""泰开互感器公司数字化转型成果项目""山东路德高性能纤维复合材料智能制造新模式应用项目"等数字化标杆项目参与省市观摩活动,推广发展经验,持续扩大数字化转型企业覆盖面。

加速协同发展。一是推动链内企业协同实现新发展。推动特色产业链和价值链的专业化、集团化和规模化发展,充分发挥泰开集团链主企业优势,强化产业链上下游企业分工合作,加快内部资源深入融合,外部资源有效整合,不断拓展产业链条、完善产业生态,打造产业特色明显,聚集效应突出的产业集群。二是集团内部企业分工协作,实现降本增效。比如泰开精密铸造、泰开互感器等集团内部公司为高压开关有限公司提供铸铝件、互感器组件产品,实现产品供应安全、可靠;变压器公司为高压开关大型工程订单提供配套产品,实现互利共赢;泰开绝缘、泰开电器机构等项目的实施重点解决集团内部产品关键零部件及关键领域"卡脖子"技术问题,不断提升行业竞争力。三是积极开展跨区域、跨产业链合作,跨界牵手共同构建安全稳定的产业发展生态,山东泰开电缆有限公司为新型建筑材料产业链企业泰山石膏有限公司供应电线电缆,山东泰开自动化有限公司为特色金属材料产业链企业石横特钢集团有限公司供应电源系统、高压变频器,山东大明协好金属科技有限公司为汽车及零部件产业链企业泰安航天特种车有限公司、中国重汽集团泰安五岳专用汽车有限公司提供专用车配件,山东路德新材料股份有限公司为泰山区企业泰安林源工程材料有限公司提供土工格栅。四是积极构建制造服务协同新生态。重点培育和发展了一批优秀的服务性企业,为传统产业转型发展提供坚实保障,其中,飞畅物流公司自 2005 年起与蒙牛乳业公司建立长期合作关系，为蒙牛提供第三方物流服务，保障产成品货运高效畅通。众志电子等信息企业已经与泰开集团、山能重工、京卫制药等公司开展了合作，提供定制化系统服务，持续赋能企业高效发展。推动力博重工、兴合环保、泰山集团、泰山恒信、爱客多等传统制造企业，从单一的装备制造销售商，向从生产设计到安装售后为一体的总承包商过渡。

打造创新高地。一是提升高能级科技平台建设水平。高效聚集优势科技创新资源，在重点领域布局培育了一批专注产业细分领域、具有较强竞争力的高能级创新平台。截至目前，全区共有国家级平台 13 个，实现科技赋能产业高效发展。二是积极培育新型研发机构。搭建"校地企战略联盟"，以企业创新需求为导向，以高校科研院所创新力量为支撑，以政府搭建桥梁、政策引导为保障，打造"校、地、企"三位一体生态圈，设立"齐鲁工业大学（山东省科学院）泰安成果转化中心"，推动技术成果到产业化的转化。成立"协同创新基金"，支持 11 个项目共计 373 万元。打造"山东科技大学·泰山智慧谷大学科技园"，引进山科大技术转移中心等 5 个合作平台机构。三是大力发展科技孵化平台。构建一体两翼 N 个园区体系，持续优化孵化链条。已建成孵化载体总面积 34.6 万平方米，完善综合服务窗口，为在孵企业提供代办服务，促进了孵化器与在孵企业的高效互动。四是加强关键核心技术攻关。重点支持产业链龙头骨干企业集中攻关，突破一批核心关键技术，推动关键核心技术供给由"外生"向"内生"迁移。"十四五"以来，全区共获批省级科技计划项目 31 项，市级科技计划项目 32 项，共获得资金支持 5596.64 万元。

附录

泰安市新型工业化强市建设推进委员会文件

泰工业推进委发〔2023〕5 号

泰安市新型工业化强市建设推进委员会
关于印发《2023 年度泰安市新型工业化强市
建设专项考核办法》的通知

各县（市、区）、功能区新型工业化强市建设推进委员会，市新型工业化强市建设推进委员会各成员单位，市新型工业化强市建设推进委员会办公室，各产业链（集群）专班，市直及省属以上驻泰有关单位：

《2023 年度泰安市新型工业化强市建设专项考核办法》已经市新型工业化强市建设推进委员会同意，现印发给你们，请结合实际认真贯彻落实。

泰安市新型工业化强市建设推进委员会
2023 年 4 月 6 日

—1—

2023 年度泰安市新型工业化强市建设专项考核办法

为充分发挥考核的导向和激励作用，推动新型工业化强市建设，根据市委、市政府《关于加快新型工业化强市建设的实施意见》（泰发〔2022〕5 号）、《泰安市重点产业链（集群）链长制工作方案》（泰办发〔2022〕4 号）、《泰安市新型工业化强市战略总体规划》及市工业推进委、市工业推进办 2023 年工作要点有关要求，结合我市工业经济发展实际，制定本办法。

一、总体要求

深入贯彻落实党的二十大精神，以习近平新时代中国特色社会主义思想为指导，紧扣市委、市政府关于新型工业化强市建设的决策部署和目标任务，突出"一业定乾坤"导向，聚焦"五大行动"等重点任务，科学设置考核指标，合理调配分值权重，充分发挥考核指挥棒、风向标、助推器作用，激励引导全市上下登高望远、奋力争先，力促泰安工业经济跨越赶超。

1.坚持动静结合、注重过程。实行季度考核、年终总评相结合的考核办法。季度考核重在促进度、鼓干劲，年终总评重在看结果、评优劣。季度考核对产业链（集群）工作专班开展，季度考核成绩不计入年度总成绩。

2.坚持突出重点、统筹安排。以定量考核为主，分类设置共性指标、目标差异指标和评价指标，客观衡量新型工业化强市建设成效。突出差异化定位、分类化考核，根据各考核对象发展基础不同、承担任务不同，合理设定差异化目标值和任务数，提高考核科学性。

3.坚持奖罚分明、激励担当。考出分数差距，不搞平衡照顾，科学运用考核结果，旗帜鲜明奖优罚劣、树立导向，确保顺利实现年度规划任务目标。

二、考核对象

1.产业链（集群）工作专班（13 个）：输变电装备及电线电缆产业链（集群）工作专班、矿山装备及工程机械产业链（集群）工作专班、汽车及零部件产业链（集群）工作专班、特色金属材料产业链（集群）工作专班、高性能纤维及复合材料产业链（集群）工作专班、新型建筑材料产业链（集群）工作专班、现代食品产业链（集群）工作专班、高端化工产业链（集群）工作专班、纺织服装产业链（集群）工作专班、出版印刷产业链（集群）工作专班、新能源产业链（集群）工作专班、医药及医疗器械产业链（集群）工作专班、数字经济产业链（集群）工作专班

2.县市区（高新区）（7 个）：泰山区、岱岳区、新泰市、肥城市、宁阳县、东平县、泰安高新区

3.市直部门单位：承担市新型工业化强市建设相关任务的市直部门单位

三、考核内容及方式

坚持目标导向、结果导向，选取关系新型工业化强市建设

的核心性、关键性指标，合理拉开每个指标要点的得分差距，构建精简高效的指标体系。对产业链（集群）工作专班、县市区（高新区）实行 200 分量化考核，对市直部门单位实行 100 分量化考核。

（一）产业链（集群）工作专班（200 分）。坚持过程考核与年度集中考核相结合。过程考核另行出台季度考核公示办法。年度集中考核包括主要指标和任务完成情况、满意度情况、加分项 3 个部分。

1.主要指标和任务完成情况。主要考核产业链规上企业营业收入年度目标值完成情况，产业链固定资产投资年度目标值完成情况，项目策划任务完成和质量，招商推介活动次数、签约项目个数及开工率，签约项目到位资金，制造业数字化转型情况，工业技改项目覆盖率，重点攻坚突破任务完成情况，产业链（集群）项目集中观摩评价。其中，重点攻坚突破任务完成情况包括招大引强项目突破情况、做大培强企业突破情况、特色产业园区突破情况。

对年度目标值完成情况的考核，依据《泰安市新型工业化强市战略总体规划》及 13 个产业链《产业图谱暨 2022-2025 行动计划》，统筹考虑各产业链差异化，合理确定年度目标任务，按照完成情况量化赋分。

产业链（集群）项目集中观摩评价半年和年终各组织一次，按 4:6 的比例计分。

2.满意度情况。主要考核协调督导落实政策情况、满意度测评、日常工作督导调度情况。

满意度测评半年和年终各组织一次，按4:6的比例计分。项目观摩结束后，各产业链专班进行述职；市工业考核委全体成员、市工业推进办、各县市区（高新区）新型工业化推进机构、各产业链代表企业对各产业链专班在服务企业过程中的问题发现情况和问题协调解决情况进行打分测评。各产业链代表企业只对本产业链专班进行打分测评。

3.加分项。根据上市企业培育情况，解决企业项目制约因素情况，项目策划突破情况，推动生产性服务业发展情况，省级以上专项补贴获得、产业基金建设与投资情况，市级及以上召开专题推进会推广经验做法情况，在人民日报、新华社、中央广播电视总台等国家级媒体发表稿件情况予以加分。

（二）县市区（高新区）（200分）。注重承接产业链（集群）指标任务，承接省对市考核指标任务，包括工业发展规模、工业投入、工业发展质量效益、重点攻坚突破任务完成情况、满意度情况、加分项6个部分，重点看发展变化、看增量增幅。

1.工业发展规模。主要考核规模以上工业企业营业收入增速及增量、规模以上工业企业净增数量、规模以上工业增加值增速。

2.工业投入。主要考核制造业技改投资增幅、工业固定资产投资占比及增幅、项目策划情况、招商引资情况、制造业实际使用外资总量和任务完成率。

3.工业发展质量效益。主要考核工业税收总额及增幅、制造业数字化转型情况、重点骨干企业梯次培育、规模以上工业企业研发经费支出占主营业务收入比重及增幅。

4.重点攻坚突破任务完成情况。根据县市区（高新区）攻坚突破任务实施情况、配合产业链专班攻坚突破任务实施情况、项目观摩评价情况进行打分。其中，项目观摩评价情况主要是结合产业链（集群）项目集中观摩评价，对县市区（高新区）项目建设情况评价打分，半年和年终按4:6的比例计分。

5.满意度情况。主要考核政策制定和落实情况、满意度测评、日常工作督导调度情况。

满意度测评半年和年终各组织一次，按4:6的比例计分。项目观摩结束后，各县市区（高新区）进行述职；市工业考核委全体成员、市工业推进办、有关部门单位、各县市区（高新区）代表企业对各县市区（高新区）服务企业情况及承担市工业推进委、市工业推进办、各产业链专班分解交办任务落实情况进行打分测评。各县市区（高新区）代表企业只对本县市区（高新区）进行打分测评。

6.加分项。根据上市增量和上市融资增量增速情况，项目策划、签约、开工大比拼活动中获得金、银、铜牌策划项目或承办集中签约、集中开工活动情况，产业基金设立、打造城市工业品牌情况，市级及以上召开专题推进会推广经验做法情况，在人民日报、新华社、中央广播电视总台等国家级媒体发表稿件情况予以加分。

（三）市直部门单位（100分）。包括任务清单完成情况、工作写实情况、满意度情况、加分项 4 个部分，亮明任务清单，压实工作责任，引导各部门进一步改进作风、提高效率。

1.任务清单完成情况。根据市委、市政府和市工业推进委有关部署要求、《泰安市新型工业化强市战略总体规划》《关于加快新型工业化强市建设的实施意见》及市直部门单位承担的新型工业化强市建设目标任务，按部门单位编制《泰安市直相关单位 2023 年度新型工业化强市建设重点任务清单》，根据清单任务完成情况评价打分。清单编制坚持可量化、可评价、可监测的原则，按照高点定位、高标推进要求，确定激励性目标任务。清单经市工业推进办审核后，报市工业推进委审定。

根据各项任务的不同性质，能量化赋分的按完成比例计分，或根据工作推进情况采取"倒扣分"的方式计分。

2.工作写实情况。由市工业推进办对相关部门单位政策制定和落实情况、要素保障及攻坚突破情况评价打分。

3.满意度情况。根据满意度测评、日常工作督导调度情况进行考核打分。

满意度测评半年和年终各组织一次，按 4:6 的比例计分。项目观摩结束后，市直有关部门单位进行述职；市工业考核委全体成员、市工业推进办、各产业链专班、各县市区（高新区）新型工业化推进机构对市直有关部门单位承担市工业推进委、市工业推进办分解交办任务落实情况及各产业链专班、各县市区（高新区）反映问题解决情况进行打分测评。

4.加分项。根据项目策划大比拼活动中获得金、银、铜牌策划项目情况，市级及以上召开专题推进会推广经验做法情况，在人民日报、新华社、中央广播电视总台等国家级媒体发表稿件情况予以加分。

四、考核程序

1.制定方案。考核责任部门根据本办法，严格按照确定的指标要点、程序步骤和计分方法，对所负责的考核指标研究制定考核指标标准和考核工作实施方案，报市工业推进办审核。

2.平时考核。加大平时考核力度，建立指标监控机制，实时跟踪考核指标进展情况，加强考核与调研、督查、检查、观摩等的衔接，及时发现和解决问题。实行一月一调度、一季度一考评、半年一测评、年终总评价的考核办法。根据平时调度情况，进行工作通报。

3.年终考核。考核责任部门根据考核对象指标完成情况，计算定量分值，提出评价建议，研究审定后报市工业推进办。

4.确定结果。市工业推进办会同有关部门，对考核责任部门提供的相关情况进行汇总和复核，加强综合分析研判，提出年度考核成绩建议，经市工业推进委研究后提请市委常委会议审定。

五、奖惩激励

1.专项考核成绩纳入全市综合绩效考核。按照"一业定乾坤"导向，合理确定分值权重，将县市区（高新区）、市直部门单位的专项考核成绩计入其年度综合绩效考核成绩；将产业链（集群）工作专班的专项考核成绩纳入其牵头部门和配合部门的年度综合绩效考核成绩。

—8—

2.旗帜鲜明奖优罚劣。设立"1+N"的奖励体系。"1"是设立综合奖，对专项考核排名前3位的县市区（高新区）、前5位的产业链（集群）工作专班和专项考核成绩优秀的市直部门单位进行表扬，授予"新型工业化强市建设先进单位"奖牌。专项考核成绩优秀的市直部门单位比例掌握在30%左右。"N"是设立N个单项奖，对在"五大比拼、两大问效""五大攻坚突破""五链融合、科技支撑"等五大行动中表现突出的单位进行表扬。

对专项考核排名靠后、重点指标低于全省平均水平的进行通报；对专项考核排名最后一位的县市区（高新区），约谈主要负责同志。

由市工商联研究制定产业链商会年度考核办法，会同市工业推进办对年度考核排名前5位的产业链商会进行表扬，授予"助力新型工业化强市建设先进商会"奖牌。

3.大力选拔使用优秀干部。加大在推进工业经济发展中考察识别干部力度，精准识别一批懂经济、会发展、专业能力强的优秀干部，对表现突出的干部优先提拔使用。

六、组织实施

1.加强组织领导。在市工业推进委领导下，由市新型工业化强市建设考核工作委员会（以下简称"市工业考核委"）负责组织新型工业化强市建设考核工作、研究拟定有关考核文件、研究审议考核工作重要事项和重大问题、统筹协调有关考核事宜。新型工业化强市建设专项考核由市工业考核委统筹组织，

—9—

市工业推进办牵头实施。

2.规范高效实施。考核责任部门要各负其责、搞好配合。相关指标数据由市统计局提供。要坚持从事业需要出发,科学设置考核指标要点,规范高效开展考核工作,树立正确工作导向。各县市区(高新区)、产业链(集群)工作专班和市直部门单位要及时准确上报工作推进情况,认真抓好问题整改提升。

3.严肃工作纪律。参加考核的单位和人员,要严肃考核工作纪律,力戒形式主义、官僚主义,不得徇私舞弊、弄虚作假,对违反考核工作纪律的,按照有关规定严肃追究责任。

附件: 1.市新型工业化强市建设考核工作委员会成员名单
2.产业链(集群)工作专班2023年度新型
工业化强市建设专项考核体系
3.县市区(高新区)2023年度新型工业化
强市建设专项考核体系
4.市直部门单位2023年度新型工业化强市
建设专项考核体系

—10—

附件1

市新型工业化强市建设考核工作委员会
成　员　名　单

　　为推动全市新型工业化强市建设考核工作高效开展、落实到位，按照市委、市政府部署安排，成立市新型工业化强市建设考核工作委员会（以下简称"市工业考核委"）。市工业考核委领导和成员名单如下：

　　主　任：杨洪涛　市工业推进委主任、总链长
　　　　　　李兰祥　市工业推进委主任、总链长
　　成　员：武林中　输变电装备及电线电缆产业链（集群）
　　　　　　　　　　链长
　　　　　　于瑞波　市工业推进委副主任、数字经济产业
　　　　　　　　　　链（集群）链长
　　　　　　成　丽　纺织服装产业链（集群）链长
　　　　　　程远军　市工业推进委副主任、高端化工产业
　　　　　　　　　　链（集群）链长
　　　　　　常绪扩　市工业推进委副主任、新能源产业链
　　　　　　　　　　（集群）链长
　　　　　　刘泮英　市工业推进委副主任、医药及医疗器
　　　　　　　　　　械产业链（集群）链长
　　　　　　张　颖　市工业推进委副主任、高性能纤维及
　　　　　　　　　　复合材料产业链（集群）链长

姜　宁	市工业推进委副主任、市工业推进办主任
王爱新	出版印刷产业链（集群）链长
宋洪银	市工业推进委党委书记、副主任，市工业推进办主任
唐传营	市工业推进委副主任、新型建筑材料产业链（集群）链长
刘峰梅	矿山装备及工程机械产业链（集群）链长
冯能斌	市工业推进委副主任、汽车及零部件产业链（集群）链长
窦清波	特色金属材料产业链（集群）链长
马保文	现代食品产业链（集群）链长
马恒艳	和君集团山东君润企业管理咨询有限公司董事长

市工业考核委下设办公室，设在市工业推进办，负责做好市工业考核委日常工作。市工业推进委党委书记、副主任，市工业推进办主任宋洪银同志兼任办公室主任。

—12—

附件 2

产业链（集群）工作专班 2023 年度
新型工业化强市建设专项考核体系

序号	类别	考核指标		分值	考核责任部门
1	主要指标和任务完成情况	产业链规上企业营业收入年度目标值完成情况		30	市工信局
		产业链固定资产投资年度目标值完成情况		25	市发改委
		项目策划任务完成和质量		10	
		招商推介活动次数、签约项目个数及开工率		15	市商务局
		签约项目到位资金		10	
		制造业数字化转型情况		10	市工信局
		工业技改项目覆盖率		10	
		重点攻坚突破任务完成情况	招大引强项目突破情况	15	市工业推进办牵头市直有关责任部门
			做大培强企业突破情况	15	
			特色产业园区突破情况	15	
		产业链（集群）项目集中观摩评价		15	
2	满意度情况	协调督导落实政策情况		10	市工业推进办
		满意度测评		10	
		日常工作督导调度情况		10	
3	加分项	上市企业培育情况		最高加30分	市地方金融监管局
		解决企业项目制约因素情况			市工业推进办
		项目策划突破情况			
		推动生产性服务业发展情况			
		省级以上专项补贴获得、产业基金建设与投资情况			
		市级及以上召开专题推进会推广经验做法情况			
		在人民日报、新华社、中央广播电视总台等国家级媒体发表稿件情况			

附件3

县市区（高新区）2023年度新型工业化
强市建设专项考核体系

序号	类别	考核指标	指标性质	分值	考核责任部门
1	工业发展规模	规模以上工业企业营业收入增速及增量	目标差异指标	20	市工信局
		规模以上工业企业净增数量	目标差异指标	15	
		规模以上工业增加值增速	共性指标	15	
2	工业投入	制造业技改投资增幅	共性指标	12	市发改委
		工业固定资产投资占比及增幅	共性指标	12	
		项目策划情况	共性指标	8	
		招商引资情况	共性指标	8	市商务局
		制造业实际使用外资总量和任务完成率	共性指标	5	
3	工业发展质量效益	工业税收总额及增幅	共性指标	10	市财政局市税务局
		制造业数字化转型情况	共性指标	10	市工信局
		重点骨干企业梯次培育	共性指标约束性指标	5	
		规模以上工业企业研发经费支出占主营业务收入比重及增幅	共性指标	5	市科技局
4	重点攻坚突破任务完成情况	县市区（高新区）攻坚突破任务实施情况		25	市工业推进办牵头各产业链专班
		配合产业链专班攻坚突破任务实施情况		10	
		项目观摩评价情况		10	
5	满意度情况	政策制定和落实情况		10	市工业推进办
		满意度测评		10	
		日常工作督导调度情况		10	
6	加分项	上市增量和上市融资增量增速情况		最高加15分	市地方金融监管局
		项目策划、签约、开工大比拼活动中获得金、银、铜牌策划项目或承办集中签约、集中开工活动情况		最高加15分	市工业推进办牵头市直有关责任部门
		产业基金设立、打造城市工业品牌情况			市工业推进办
		市级及以上召开专题推进会推广经验做法情况			
		在人民日报、新华社、中央广播电视总台等国家级媒体发表稿件情况			

—14—

附件4

市直部门单位2023年度新型工业化
强市建设专项考核体系

序号	考核指标	考核要点	分值	考核责任部门
1	任务清单完成情况	编制《泰安市直相关单位2023年度新型工业化强市建设重点任务清单》，根据清单任务完成情况评价打分	40	市工业推进办牵头市直有关责任部门
2	工作写实情况	政策制定和落实情况	15	市工业推进办
		要素保障及攻坚突破情况	25	
3	满意度情况	满意度测评	10	
		日常工作督导调度情况	10	
4	加分项	项目策划大比拼活动中获得金、银、铜牌策划项目情况	最高加4分	市工业推进办牵头市直有关责任部门
		市级及以上召开专题推进会推广经验做法情况	最高加3分	市工业推进办
		在人民日报、新华社、中央广播电视总台等国家级媒体发表稿件情况	最高加3分	

泰安市新型工业化强市建设推进委员会文件

泰工业推进委发〔2023〕11号

泰安市新型工业化强市建设推进委员会
印发《关于进一步提升工业企业满意度的
实施方案》的通知

各县市区、泰安高新区，市直有关部门单位，市工业推进办，各产业链专班：

《关于进一步提升工业企业满意度的实施方案》已经市工业推进委同意，现印发给你们，请结合实际抓好贯彻落实。

泰安市新型工业化强市建设推进委员会

2023 年 9 月 7 日

—1—

关于进一步提升工业企业满意度的
实　施　方　案

为深入贯彻落实市委、市政府进一步提升市场主体满意度工作部署，着力打造极简架构、极致服务、极高效率的扁平化服务工业企业工作体制机制，全面提升工业企业满意度，制定本实施方案。

一、全面加强要素保障

1.常态化开展要素保障大集活动。建立要素保障周制度，每季度首月最后一周，组织相关要素保障部门，在产业会客厅集中办公，集中受理企业项目要素需求。能够现场解决的问题，第一时间予以答复；对需多部门统筹协调的问题，在产业会客厅组织联合会商，研究解决办法；需要后期持续推动的，充分立足全市要素资源，从企业发展实际需要出发，拿出最优解决方案，明确时间表、路线图，全力推动问题解决。强化一线服务，组织要素保障部门，成立要素保障服务队，不定期深入企业项目现场办公，推动要素需求落实落地。（牵头单位：市工业推进办；责任单位：市直要素保障部门）

2.常态化开展或为项目解难题活动。采取"一线工作法"，到重点项目开展联合会商，合力攻坚难点问题。坚持提前谋划，对企业和项目提报的要素需求清单进行综合研判分析，根据政策性、合规性等要求，量身定制要素保障现场服务流程。联合要素保障和审批服务部门，到县市区、产业链专班和项目现场，组织要素需求企业和相关部门参加联合会商，逐一研究企业要素需求解决方案，推动问题在一线解决。（牵头单位：市工业推进办、市行政审批服务局；责任单位：市直要素保障部门，各县市区、功能区）

3.常态化落实要素需求交办制度。深入贯彻落实《泰安市重点工业项目要素保障实施办法》（泰办发〔2022〕12号），结合要素保障大集、我为项目解难题以及平时工作中收集的要素需求，即时向要素保障部门进行交办，由承办部门在10个工作日内拿出解决方案，转入市工业推进办工作台账，进行台账化管理。深入开展要素保障大比拼，对纳入台账的要素需求，落实限期办理、定期督办制度。对要素保障部门开展工作情况每月一排名、每季一通报、半年一小结、年终一总结，年底汇总比拼情况进行赋分并纳入年度考核。（牵头单位：市工业推进办；责任单位：市直要素保障部门）

二、全面加强政策保障

4.力促政策应享尽享。梳理汇总各级普惠政策，通过泰企通政策服务平台公开发布，实现普惠政策广泛推送。重点针对技改扩规、科技创新、上市融资、双招双引等方面，逐条逐项明确牵头部门和责任单位，细化执行标准和工作措施，建立政策兑现清单，推动惠企政策快速落地见效。（牵头单位：市工业

—3—

推进办；责任单位：涉企政策保障部门，各县市区、泰安高新区）

5.强化政策精准供给。会同各县市区、泰安高新区和市直有关部门，找准突破口和发力点，针对覆盖范围广、投资规模大、引领作用强的产业集群、园区、企业、项目，通过"一事一议""一企一策""一园一策"方式，给予"订单式"政策扶持，实现靶向政策"精准滴灌"定向式推送。（牵头单位：市工业推进办；责任单位：涉企政策保障部门，各产业链专班，各县市区、泰安高新区）

6.强化政策兑现监督。坚持清单化推进，将政策保障纳入新型工业化强市建设专项考核，每季度调度政策兑现落实工作进展情况，每半年进行一次通报，定期抽取一定比例企业进行暗访检查，推动政策落实。（牵头单位：市工业推进办；责任单位：涉企政策保障部门，各产业链专班，各县市区、泰安高新区）

三、全面落实问题分级分类解决机制

7.强化问题及时发现和动态收集机制。建好用好"泰企通"网络平台，落实接诉即办制度。加强与12345热线、泰安市"企业服务专员"管理平台、"泰安营商环境"公众号、爱山东APP等线上渠道的对接沟通，高度关注"市领导公开接待企业日"收集的问题诉求，全面、精准、动态掌握企业发展和项目建设中遇到的各类问题和困难。（牵头单位：市工业推进办；责任单位：

市政府办公室、市行政审批服务局、市大数据中心）

8.强化问题分级分类处理机制。对企业和项目单位反映的各类诉求，实行三级分类解决机制：对于一般性问题，由属地县市区和有关功能区解决；对于涉及产业链发展的问题，由产业链专班解决，复杂问题由链长亲自协调解决；对于涉及政策和体制机制的共性问题，由市工业推进委协调解决。（牵头单位：市工业推进办；责任单位：市直有关部门单位，各县市区、功能区）

9.强化问题反馈督导考核机制。及时反馈问题解决情况，10个工作日内向企业反馈办理情况。加强问题解决全过程的调度督导，市工业推进办定期汇总分析涉企问题解决情况，将问题办理的质量和效率、企业对问题解决的满意度纳入对县市区和功能区、市直有关部门、重点产业链（集群）工作专班的考核范围，引导全市各级各部门把工作的着力点放在解决问题上。（牵头单位：市工业推进办；责任单位：各产业链专班，市直有关部门单位，各县市区、功能区）

四、全面优化联系服务企业制度

10.抓实攻坚作战单元。聚焦74家重点攻坚突破的企业、项目，压紧压实攻坚作战单元责任，明确包保工作人员具体任务。加强资源要素统筹，根据企业、项目策划方案和推进计划，打好要素保障的提前量。推行要素保障难题"揭榜挂帅"机制，由攻坚作战单元、要素保障部门、项目建设单位共同认领任务，

—5—

加大对上争取，确保能保尽保。（牵头单位：各攻坚作战单元牵头单位，市工业推进办；责任单位：市直要素保障部门）

11.落实服务专员制度。充分发挥"企业服务专员"在问题收集、问题解决、事后回访等环节中的兜底作用，进一步明确工业"企业服务专员"配备要求、包保范围、职责边界、服务方式，打造泰安"企业服务专员"2.0版。"企业服务专员"每月至少开展一次送政策、收集问题活动，平时通过电话、微信等方式保持常态化联系，精准摸排企业在融资、科技、用工、人才、土地、能源等方面问题诉求，按照规定程序办理或转办。（牵头单位：市工业推进办、各产业链专班、市工信局、县级工业推进机构；责任单位：市直有关部门单位）

12.发挥"1+13"商（协）会体系服务企业职能。不断拓展"1+13"商（协）会体系服务企业功能，搭建产业链内企业、上下游企业常态化沟通交流平台，建立"链主"企业、"会长"企业走访会员企业制度，加快推动企业原材料集中采购、技术研发共享、市场订单共享、相互协作配套等全领域的协同发展。帮助企业链接科创资源，提供技术难题解决方案。加强与市内外金融机构和协会沟通力度，积极帮助企业融资。加大企业家、管理销售、研发生产等人才培训力度，提升行业从业人员素质能力。鼓励商（协）会联合国家、省商（协）会举办全国性、区域性创新行业大赛、技能比武等活动，发掘、培育、引进创新型人才和团队，为企业发展造势。不断创新商（协）会自身建设模式，坚持市场化理念，拓宽人才选育渠道和经费来源渠道，推动商（协）会工作高效开展。（牵头单位：市工业推进办，市制造业联盟（协会）、各产业链商（协）会；责任单位：各产业链专班，市工商联、市民政局）

五、全面加强组织保障

13.加强组织领导。市、县工业推进机构要把提升工业企业满意度作为一项重点工作，扎实有序推进。市、县工业推进办要发挥好综合协调、督办落实、考核评价等职能。要依托市级开发的管理平台，加强网格管理。要强化氛围营造，注重与全市市场主体满意度宣传工作相衔接，突出抓好工业企业宣传。各相关责任单位要分别形成提升工业企业满意度工作安排表，明确责任、加快推进，切实把服务企业工作做细、做实、做出成效。

14.严格落实企业"宁静日"制度。每月1至20日为全市"企业宁静日"。在"企业宁静日"期间，不符合制度所列情形的，未经市营转办备案同意的，市工业推进机构工作人员不得以任何理由、任何形式到企业开展影响企业正常生产经营的检查、考核、调研、走访、考察等活动。攻坚作战单元包保人员、"企业服务专员"，可按照制度要求，根据工作需要，到企业进行走访服务。

15.加强评议督导。认真开展"产业链评部门"活动，按要求组织市工业推进办领导同志和各工作组负责同志，各产业链链长、副链长，专班组长、副组长参加评议活动。每半年组织一次县市区、泰安高新区、各产业链专班、市直有关部门单位满意度测评，组织集中述职，开展打分测评，并将结果纳入年度考核。市工业推进办考核督导组要加强提升工业企业满意度工作统筹调度，产业政策组、项目推进组要根据自身职责，抓好专项调度，每月梳理汇总工作开展情况，每季度通报工作开展情况。对满意度低的事项和单位，认真查摆分析原因，制定有力改进措施，千方百计增强为工业企业服务质效，持续提升工业企业满意度。

泰安市新型工业化强市建设推进委员会办公室　2023年9月7日印发

泰安市新型工业化促进条例

（2023 年 6 月 27 日泰安市第十八届人民代表大会
常务委员会第十一次会议通过；2023 年 7 月 26 日
山东省第十四届人民代表大会常务委员会
第四次会议批准）

第一条 为推动工业产业高端化、智能化、绿色化融合发展，促进工业体系优化升级，加快推进新型工业化，根据有关法律、法规，结合本市实际，制定本条例。

第二条 本市行政区域内促进新型工业化的相关活动，适用本条例。

第三条 市、县（市、区）人民政府应当将经济发展的着力点放在实体经济上，大力推动新型工业化，支撑和保障三次产业融合发展。明确新型工业化的重点发展方向和推进方式，加大招商引资、招才引智力度，推动建立数字转型、资源统筹、科技赋能、金融保障的泰安发展模式，以新型工业化促进全市经济社会高质量发展。

第四条 促进新型工业化，应当坚持中国共产党领导，遵循市场主导、政府引导、协同发展、创新驱动、绿色低碳、安全可控的原则。

第五条 市、县（市、区）人民政府应当将新型工业化发展纳入国民经济和社会发展规划，与国土空间规划、环境保护规划相衔接。建立健全新型工业化发展综合协调和统筹推进机制，及时协调解决新型工业化发展中的重大问题，完善保障体系，强化考核评价，并将与新型工业化促进相关工作经费纳入同级财政预算。

第六条　市、县（市、区）人民政府工业和信息化部门负责新型工业化发展的协调、推进、督促等工作。

发展和改革、科学技术、财政、人力资源和社会保障、自然资源和规划、生态环境、住房和城乡建设、商务、行政审批服务、市场监督管理、统计、地方金融监督管理等与新型工业化发展有关的部门，应当按照各自职责，做好新型工业化促进工作。

第七条　新型工业化行业协会商会、行业联盟应当依照法律、法规和章程，加强行业指导和自律管理，对新型工业化运行态势进行研究分析和预测预警，强化与市外行业协会商会、行业联盟的交流合作，反映企业和行业诉求，为市场主体提供信息咨询、市场拓展、权益保护、纠纷处理等服务。

市、县（市、区）人民政府制定行业发展政策措施和开展实施效果评价时，应当充分听取行业协会商会、行业联盟的意见。

第八条　市、县（市、区）人民政府应当持续优化新型工业化发展营商环境。建立健全政企沟通机制、企业需求响应机制，全面构建亲清新型政商关系，探索与经济社会发展相适宜的新办法、新措施，推动高效规范、公平竞争的统一开放市场建设。

市、县（市、区）人民政府有关部门应当通过网络、报刊、广播电视等媒体公开与新型工业化发展有关的政务信息和服务信息。

第九条　市人民政府应当组织工业和信息化、发展和改革、自然资源和规划等部门，根据黄河国家战略、省会城市群经济圈发展战略以及国民经济和社会发展规划、国土空间总体规划等，编制本市新型工业化发展规划，明确新型工业化发展的总体目标、主要任务、产业布局、保障措施等，并根据经济社会发展实际及时修订完善。

县（市、区）人民政府应当根据市新型工业化发展规划，结合实际制定具体实施方案。

第十条　市、县（市、区）人民政府应当坚持绿色低碳高质量发展，实施全面节约战略,协同推进降碳、减污、扩绿、增长,推动重化工业转型、低碳技术研发推广、绿色发展机制创新,推动实现碳达峰、碳中和。

第十一条 市人民政府应当统筹产业集群区域布局,建立产业集群梯次培育体系,重点发展高端装备制造、新材料、现代食品、高端化工等支柱产业,推动新能源、医药以及医疗器械、出版印刷、纺织服装等优势产业,培育数字经济等未来产业。

市、县(市、区)人民政府应当根据新型工业化发展实际,定期公布优先发展的重点领域名录、示范工程项目,鼓励、支持和引导重点领域名录、示范工程项目的实施。

县(市、区)人民政府应当依据产业集群区域布局,立足自身资源优势,明确重点培育打造的特色产业。

第十二条 市、县(市、区)人民政府应当推进新型工业化重点产业发展,确定重点产业链、产业集群,建立健全定期调度机制,及时协调解决产业发展和产业链、产业集群重点项目建设中的困难与问题,促进各产业链、产业集群的协作配合。

鼓励具有生态主导力、核心竞争力的企业牵头组建产业链、产业集群上下游企业共同体,协同开展技术创新和产业化协作。

第十三条 市、县(市、区)人民政府应当科学规划特色产业园区,建立以土地节约集约利用、科技创新、节能减排和安全生产等指标为核心内容的园区综合评价体系,推动园区链条化、市场化、差异化、特色化发展,避免同质化竞争。

鼓励有条件的企业牵头建设特色产业园区。鼓励产业园区开展新型工业化高质量发展改革试验。

第十四条 市、县(市、区)人民政府及其有关部门应当建立健全以企业为主体、市场为导向、产学研用深度融合的产业技术创新、产业上下游协同创新体系,推动创新链和产业链、产业集群深度融合。

支持国家重大科技基础设施、全国重点实验室、国家技术创新中心、国家产业创新中心、国家制造业创新中心等重大创新平台在本地落户或者设立分中心，可以按照相关规定享受优惠政策，申请国家、省和市相应专项资金支持。

支持企业联合高校、科研院所等建设创新中心，承担国家、省和市重大创新项目。

第十五条 市、县（市、区）人民政府科学技术部门应当健全完善奖补结合的科技悬赏制度，支持企业组织开展重点环节、核心技术攻关，实现关键核心技术以及产品创新突破。

市、县（市、区）人民政府工业和信息化部门应当建立激励机制，推动首台（套）重大技术装备、首批次材料、首版次高端软件等示范应用，推广应用新技术、新产品、新服务。

第十六条 市、县（市、区）人民政府应当推动现代服务业与新型工业化产业深度融合，鼓励发展面向新型工业化企业的生产性金融服务、电子商务、现代物流服务、检验检测认证服务、研发设计等生产性服务业。

市、县（市、区）人民政府应当促进服务型制造业发展，支持发展产品全生命周期管理、总集成总承包服务、在线监测和运行维护等新模式新业态，培育服务型制造解决方案供应商和咨询服务机构，布局建设区域性共享制造平台、共享工厂，推动建设服务型制造示范企业、平台、项目。

第十七条 市、县（市、区）人民政府应当加快布局冷链物流、多式联运、保税物流等业态，推进物流园区建设。支持物流企业与工业企业通过市场化方式创新供应链协同共建模式，鼓励物流企业融入采购、生产、仓储、分销、配送等全产业链、产业集群各环节，建立互利共赢的长期战略合作关系。

第十八条 各级人民政府及其有关部门应当健全完善公职人员工业素养提升机制，完善学习进修、交流锻炼等培养机制，与高等学校、党校（行政学院）、企业等建立协作沟通机制，通过委托培养、专业进修、挂职锻炼等方式，探索建立工业思维培养长效模式，加强履行岗位职责必备工业专业知识技能、相关工业理论以及实践成果培训教育,联合培养复合型干部队伍。

鼓励和支持各级党校(行政学院)结合新型工业化发展需求,根据实际情况开设产业经济、金融资本、行业发展等相关课程。

第十九条 市、县(市、区)人民政府应当健全完善企业家队伍建设相关政策,制订培养计划,加强企业家培养工作,培育和树立优秀企业家典型,并依法保护企业家人身和财产权、创新收益权和经营自主权。

市、县(市、区)人民政府工业和信息化、科学技术等部门应当制订新型工业化企业培育指导计划,构建企业梯次培育体系,打造技术创新示范企业、高新技术企业、科技型中小企业、制造业单项冠军等优质企业。

鼓励和支持企业编制长期发展规划,推动企业建立现代化管理制度,提升企业长久生命力和整体实力。

第二十条 市、县(市、区)人民政府应当组织有关部门推动实施质量强市和品牌战略,完善质量监管体系,引导企业提升技术工艺、产品体系和服务质量,加强品牌培育和宣传推介,优化品牌建设环境。

企业应当强化品牌培育意识,落实主体责任,完善品牌管理系统,建立健全品牌培育制度,在战略制定、市场定位、产品开发、营销推广等方面持续提升品牌价值,增强企业品牌核心竞争力。

鼓励企业加大研发投入力度,建立研发投入增长机制。鼓励大型企业科技设施、技术验证环境与中小企业共享共用,构建大中小企业融通创新生态。

第二十一条 市、县(市、区)人民政府应当支持新型工业化企业加强国际、国内交流合作,开展产品认证、专利申请、商标注册和制定标准等国际、国内活动,提升新型工业化领域知识产权创造、运用、保护和管理能力。支持有条件的企业参与全球化布局。

市、县(市、区)人民政府应当通过搭建多种形式的交流合作平台,引导企业开展、参与产业推介、招商引资、招才引智等活动,吸引国际、国内资本投资本地新型工业化项目。

第二十二条　市人民政府应当建立健全产业政策导向引领和激励带动机制,建立全市统一的企业普惠政策平台,收集汇总各类普惠政策、靶向政策,制定需求清单、兑现清单等,加强政策落实,为企业发展提供精准政策支持。

市、县(市、区)人民政府制定对新型工业化企业利益、权利义务、正常生产经营有重大影响的政策,应当事先征求相关企业的意见,对可能增加企业成本、影响企业正常生产经营的政策进行调整,应当合理设置缓冲过渡期,保持政策连续性、稳定性和可持续性。

市、县(市、区)人民政府有关部门应当及时、准确落实涉企优惠政策免申即享,通过信息共享等方式,实现符合条件的企业免予申报,直接享受政策。

第二十三条　市、县(市、区)人民政府应当推动数字技术与实体经济融合发展,分级分类引导企业实现数字化转型和智能化改造,打造数字化转型生态体系,培育壮大数字经济新动能,打造"泰山智造"品牌。

市、县(市、区)人民政府工业和信息化部门应当建立健全数字化服务体系,培育示范应用场景和标杆企业,支持新型工业数字化、网络化、智能化改造试点项目。

支持和鼓励企业通过技术改造建设智能工位、智能产线、智能车间、智能工厂。

第二十四条　市、县(市、区)人民政府应当结合新型工业化人才需求,加大招才引智力度,健全完善人才供给、招引、培育、激励政策,加强专业化领导干部、高层次复合型人才、青年科技人才以及高水平创新团队、专业智库建设,优化人才发展环境,为新型工业化人才从事技术创新、科技攻关、技术成果转化或者产业化创造条件。符合新型工业化人才引进条件的,按照人才引进的有关规定享受相应的资金支持和生活补助。

市、县(市、区)人民政府人力资源和社会保障、教育、工业和信息化等部门应当加强新型工业化人才需求预测，开展职业技能培训和职业教育，建立健全现代学徒制和企业新型学徒制，支持职业院校开展补贴性职业技能培训，完善产教融合的人才培养模式，通过政府采购或者政府购买服务、校企合作等方式支持、引导社会力量参与紧缺人才培养。

企业应当积极履行社会责任，重视人才的培养、引进、使用和发展，重视职工培训与职业成长，依法保障职工合法权益，保护劳动者职业健康。

第二十五条 市、县（市、区）人民政府应当统筹考虑新型工业化发展需求，在土地利用年度计划中合理安排用地指标，通过采用长期租赁、先租后让、弹性年期出让等多种供地方式，优先保障新型工业化项目建设使用。

市、县（市、区）人民政府有关部门应当对用地强度、利用结构、投入产出等指标进行监测评价，完善闲置用地盘活机制、低效用地退出机制和用地指标、容积率奖励机制。

第二十六条 市、县（市、区）人民政府应当设立新型工业化专项资金和政府产业投资基金，建立健全以股权投资、财政贴息、事后奖补为主的激励型财政支持机制，引导和带动社会资本支持新型工业化企业。

市、县（市、区）人民政府应当按照有关规定，对争取国家专项、国家基金、国家特殊政策、重大科研项目和重大产业项目落户本市提供配套政策支持。

市、县（市、区）人民政府财政、国有资产监督管理等部门应当推动市属国有资本依法、有序参与新型工业化发展相关工作，并做好资本运作相关监督管理工作。

第二十七条 支持新型工业化企业通过首发上市和发行公司债、企业债、非金融企业债务融资工具等公司信用类债券进行融资。

鼓励新型工业化企业发起设立创业投资企业，依法开展创业投资业务。

支持银行机构与产业投资基金、证券、保险、政府性融资担保机构等合作,加大对新型工业化的信贷支持力度,积极满足新型工业化合理资金需求。

第二十八条　市、县(市、区)人民政府发展和改革部门应当强化能耗要素保障,指导企业通过淘汰落后产能、市场化交易等方式,多渠道解决能耗需求。新建高耗能、高排放项目应当按照要求落实产能、煤耗、能耗、碳排放、污染物排放等量或者减量替代。

第二十九条　市、县(市、区)人民政府水利、发展和改革、工业和信息化等部门应当建立新型工业化项目用水保障机制,按照项目用水需求与水资源禀赋条件相适应、产业结构布局规模与水资源承载能力相协调的原则,优化区域水资源配置,指导企业加快节水技术、设备、设施改造,提升用水效率,通过水权交易、中水免税等措施,保障新型工业化项目用水需求。

第三十条　市、县(市、区)人民政府发展和改革、工业和信息化、住房和城乡建设、能源等部门应当根据相应职责保障新型工业化项目基础设施和公共服务设施的配套建设,制定相关优惠政策,为新型工业化项目在用水、电力、燃气、热力和通信配套等方面提供便利条件。

第三十一条　生态环境部门应当采取措施推动新型工业化项目环境影响评价审批以及排污许可办理工作,保障重大招商引资项目和新型工业化项目落地。

已经进行环境影响评价的新型工业化规划包含具体建设项目的,新型工业化规划的环境影响评价结论应当作为建设项目环境影响评价的重要依据,建设项目环境影响评价的内容可以根据规划环境影响评价的分析论证情况予以简化。

第三十二条　市、县(市、区)人民政府行政审批服务部门对与新型工业化项目有关的审批、认定等事项,应当通过设立绿色通道、提供全程帮办代办、开展联审联办等方式,依法办理、简化程序,推动新型工业化项目审批提速提效。

第三十三条 各级人民政府及有关部门应当履行向企业依法作出的政策承诺以及在招商引资、政府与社会资本合作等活动中和企业依法签订的各类有效合同，不得以行政区划调整、政府换届、机构或者职能调整以及相关责任人更替等理由，单方不履行合同、不信守承诺。

因国家利益、社会公共利益需要改变政策承诺、合同约定的，应当依照法定权限和程序进行，并依法依规对企业因此受到的损失给予补偿。

第三十四条 市、县（市、区）人民政府应当每年向同级人民代表大会常务委员会报告新型工业化促进工作情况。

市、县（市、区）人民代表大会常务委员会可以采取听取工作报告、执法检查、专题调研、视察、质询、询问等方式对新型工业化促进工作进行监督。

第三十五条 市、县（市、区）人民政府司法行政部门、人民法院、人民检察院等应当按照各自职责，完善多元化解纠纷机制，畅通市场主体纠纷解决渠道，创新司法便民利民措施，完善信息公开机制，实现在线办理、咨询、监督以及联网核查。

人民法院、人民检察院和公安机关应当强化平等保护司法理念，遵循谦抑审慎司法原则，在案件办理中严格区分经济纠纷与经济犯罪的界限，审慎采取刑事手段，依法规范强制措施适用，提高案件办理和执行效率，为新型工业化发展营造公平公正的法治环境。

市、县（市、区）人民政府及其有关部门应当加强与法院、检察院的协同联动，推动建立企业破产处置府院联动机制，采取联席会议方式，统筹协调解决企业破产处置工作中的相关问题，为防范化解重大风险、营造良好营商环境创造条件。

第三十六条 建立新型工业化促进社会监督员制度。市、县（市、区）人民政府可以邀请人大代表、政协委员、民主党派成员、专家学者、企业家代表、媒体记者、行业协会商会负责人和群众代表担任监督员，对新型工业化促进工作进行监督。

第三十七条　各级人民政府和有关部门及其工作人员在新型工业化促进工作中,因缺乏经验、先行先试出现失误错误,但是符合下列条件的,按照有关规定从轻、减轻或者免予追责:

（一）符合国家和省确定的改革方向的;

（二）未违反法律、法规禁止性规定的;

（三）决策程序符合法律、法规规定的;

（四）勤勉尽责、未牟取私利的;

（五）主动挽回损失、消除不良影响或者有效阻止危害结果发生的。

第三十八条　本条例自 2023 年 9 月 1 日起施行。

后 记

《泰安新型工业化强市建设实录》（以下简称《实录》）第一卷于2023年7月出版发行，第二卷征编工作于2023年12月启动。

《实录》第二卷的编纂得到了市委、市政府领导的高度重视，先后作出批示，提出指导意见。市工业推进委办公室、市委党史研究院业务指导和编审委员会专题研究并共同制定征编方案和框架结构，经市领导同意后下发实施；市工业推进委办公室主要领导全过程指导了本书的编纂，对送审稿进行了把关审核；市工业推进委办公室综合协调组负责统筹协调工作；市委党史研究院负责本书的组稿、编辑、校对和印刷出版等工作；各相关供稿单位确定一名业务骨干担任联络员，保障了稿件报送、审校工作的高效完成。

《实录》第二卷的"综述""大事记"由市工业推进委办公室综合协调组和市委党史研究院共同完成。"专记""典型经验""附录"稿件由13个产业链（集群）专班、6个县（市、区）及泰安高新区推进办、链主企业以及重点要素保障部门等单位提供。

《实录》第二卷以党委政府网站、政府公报、本地党报党刊、重要文件等为主要资料来源。采用的照片由泰安日报社、市工业推进委办公室、县（市、区）及泰安高新区推进办、链主企业、要素保障部门等单位提供。本卷稿件由于撰稿、审核的人员较多，不能一一标明，部分采用图片无法标明摄影者或提供单位，对此深表遗憾。谨向上述单位、撰稿人、摄影者致以诚挚的谢意！

由于编辑时间仓促和编者水平有限，不足之处在所难免，敬请各位读者批评指正。

本书编写组

2024年6月